自由法曹団物語

人間の尊厳をかけてたたかう30話

自由法曹団＝編

Stories of
Japan Lawyers Association for Freedom

日本評論社

はしがき

自由法曹団　創立100周年を記念して本書を刊行します。

＊

本書は、2002年に団創立80周年を記念して刊行した『自由法曹団物語――世紀をこえて(上)(下)』(02年団物語）の続編となります。02年団物語は、主に1980年代から90年代にかけて発生した人権侵害事件、権力犯罪、行政の不正、環境破壊等に対する自由法曹団員（団員）の裁判闘争や市民運動、災害からの救済の制度づくり、国民の人権を脅かし民主主義の基盤を損ねる悪法阻止の闘い、団の国際活動など40話を題材に、そこで厳しくも、ヒューマニズムにあふれる闘いを遂げてきた団員と関係者の奮闘する姿とその人生を描いたドキュメンタリーです。

＊

本書は、主に21世紀に入ってからの20年間に団員が取り組んだ数多くの事件活動、社会運動から30本を選んで綴りました。02年団物語に登場したテーマと共通するものに加え、この20年間の時代の変化を反映して、3つの特徴が顕れています。

1つは、新自由主義が地球規模で席巻するこの20年間は、わが国では海外派兵を強め、9条明文改憲によりいっそう戦争ができる国を目指そうとする改憲派が勢いづいている時代です。その流れに異をとなえる表現の自由・思想良心の自由に対し国や自治体による攻撃・弾圧が多発しました。こうした海外派兵・9条明文改憲の動きに団員が市民とともに果敢に反撃し、新たな人権侵害救済の裁判闘争に挑んでいる題材を取り上げています。

2つは、「構造改革」や「規制緩和」の名の下に新自由主義的政策が次々と断行され、非正規化・格差・貧困が進行した時代です。団員は、現場主義と被害の掘り起こし、社会的告発と運動づくりに努め、裁判例を変え、行政を変えることに挑戦する活動をしてきています。そこを描いています。

3つは、この20年間は先の20年に比べても国際的に人権の多様化が大きく進行し、とりわけマイノリティの人々の尊厳に大きな光があてられた時代です。そうした分野で多くの人々とともに司法の壁に挑んでいる団員の姿を描いています。

＊

東日本大震災と福島第一原発事故が発生してから10年。その後も相次ぐ自然災害からの復興が被災者の幸福追求権の保障にかなっているかが問われます。安全を軽視し原発稼働・利潤追求を優先したために未曾有の人災となった原発事故の被害者が立ち上がった裁判闘争も正念場を迎える年となります。

＊

困難は人を鍛えます。若い世代の法律家やこれから法律家を目指す世代の皆さんに、全国各地で、人権保障の志をもちチームワークによって困難な課題を乗り越え、時代を切り拓いてきた自由法曹団員の姿に触れていただき、自由法曹団とともに歩むきっかけとなる1冊に本書がなることを期待します。

また、本書と並行して、『自由法曹団百年史 1921-2021』、『自由法曹団百年史 年表』も刊行しますので、あわせてご活用いただけると幸いです。

2021年　春

自由法曹団物語編集委員会

自由法曹団物語
——人間の尊厳をかけてたたかう 30 話

目　次

凡例

1. 本文中の暦年は西暦表記とし、下２桁表示を基本とする。
2. 「自由法曹団」を「団」、自由法曹団所属の弁護士を「団員」と表示する。
3. 人物の氏名については、肩書以外は敬称略とする。
4. 団員の氏名については章ごとの初出のみ「団員」を付記する。

第1部

憲法と平和

1

9.11 とアフガン戦争・イラク戦争 NO
——殺さない、殺されない世界を

9.11

21 世紀の幕が開けたとき、誰もが抱いた。戦争のない平和の新世紀にしたいという希望を。2 度の世界大戦を経て、そして冷戦が終結した世界において、それは可能に見えた。

そんな矢先に勃発した「テロとの戦い」で、超大国主導の国際法違反の血塗られた戦争が開始されることとなった。

発端は、01 年 9 月 11 日、同時多発テロ事件の発生だった。4 機の民間航空機がハイジャックされ、2 機がニューヨークの世界貿易センタービル（WTC）に衝突しツインタワーが炎上瓦解した。1 機がバージニア州アーリントンのアメリカ（以下、米国）国防総省（ペンタゴン）庁舎に激突した。もう 1 機は、ペンシルバニア州ピッツバーグ郊外に墜落した。この同時多発テロで、3,000 人近くが犠牲となり、6,000 人以上が負傷した。

ブッシュ大統領は直ちに「これは戦争だ」と叫び、軍事的報復を行う意思を表明した。9 月 15 日、米英はテロの首謀者はテロ組織アルカイダを率いるオサマ・ビン・ラディンと断定、アフガニスタンのタリバーン政権が彼を匿っていると発表した。ブッシュ大統領は国防総省に、軍事的措置を盛り込んだ作戦計画を準備するよう指示した。

ブッシュ政権は、国内的な治安政策の強化として、軽罪や移民法違反を口実に多数の人々を逮捕し長期間勾留し、弁護人との接見を妨害する人権侵害を行った。そして「愛国法」を制定し、治安機関の権限を拡大し、司法審査による権利保護を著しく後退させた。

米国内には、ブッシュ政権の報復戦争に反対し、テロ対策を理由とした治安政策の強化を批判する声が、少数ながら厳然として存在していた。しかし、米主要メディアが対テロ戦争に駆り立てる洪水のようなプロパガンダを展開した結果、世論は大きく誘導された。

報復の連鎖でよいのか

何の罪のない民間人を大量殺戮するテロは言語道断であり、いかなる理由でも許されない。しかし、テロを根絶する手段として、暴力・軍事攻撃という手段に出るのでは、果てしない報復の連鎖が繰り返され、世界は再び戦争によって血塗られた世界になってしまう。

アフガニスタンは、79 年にソ連軍侵攻を受けて以降、政情が不安なまま、軍閥が跋扈して内戦状態が続き、既に多くの人命が犠牲になっていた。世界最貧国とされ、干ばつなどで人々が水や飢餓に苦しむ状態であった。90 年代からタリバーンが実効支配をしていたが、もともと多民族の部族コミュニティの集まりであり、中央集権的国家は成り立っていなかった。アフガニスタンに軍事報復することは、すでに苦境にある人々をいっそう苦しめることになる。それでいいのか。

音楽家・坂本龍一は 9 月 22 日、朝日新聞に寄稿し訴えた。「ぼくは思う。暴力は暴力の連鎖しか生まない。報復をすればさらに凶悪なテロの被害が、アメリカ人だけでなく世界中の人間に及ぶことになろう。巨大な破壊力をもってしまった人類は、パンドラの箱を開けてはいけない。本当の勇気とは報復しないことではないか。」と。

日本での反戦運動

9.11 を境に、日本でも、報復の名の下に行われる戦争を危惧する人々が声を上げ、行動を始めた。

ところが、小泉純一郎首相は、報復に向かう米国の行動を全面的に支持すると宣言、自衛隊の参戦に備えた法整備を 01 年秋の国会で行う意向を示した。

団では、9 月 21 日の憲法問題全国活動者会議、9 月 22 日開催の常任幹事会で緊急にこの問題を討議、武力報復反対とこれに対する日本の加担・参戦に断固として反対する声明を発表し、日米両政府に声明文を届けた。

声明では、暴力による報復に断固反対することを確認、また、軍事報復が戦争撲滅の方向で形成されてきた国際法に違反すること、今回のテロは米国が強調するような「戦争」ではなく「犯罪」であり、国際犯罪として法により裁かれるべきこと、米国の武力行使はまったく正当化できないことを指摘した。さらに小泉内閣の対米支援方針が、国際法違反であるとともに憲法9条を踏みにじるものとして断固反対することを確認した。

10月4日、団、青法協、日民協、国法協主催の戦争反対国会デモを行い、法律家として「報復ではなく法による解決を」という声を上げた。団本部の事務局次長だった伊藤和子団員は行動の共同づくりに走り回る日々となった。

若者の間では新しい動きが起きた。「CHANCE！——平和を創る人々のネットワーク」が結成され、インターネットで「テロも武力報復も許されない。」と訴え、ピースウォークを呼びかけた。彼らは9月23日から頻繁にピースウォークを開催、若者の参加が増えた。土井香苗ら登録したばかりの若手弁護士は戦争に反対する署名と意見広告を呼びかけるなど、「戦争なんてやめて」という声が日本中に溢れるようになった。

ブッシュの戦争

ところが、10月7日、ブッシュ政権は報復戦争を開始。アフガニスタン各地を巡航ミサイル・トマフォーク、B2ステルス爆撃機などで一斉に空爆を開始した。

空爆の下でどれだけの市民が犠牲になっているのか？　世界中の懸念に対し、米国は「テロリストだけを標的にした限定的な攻撃」「最新鋭兵器を使った綺麗な戦争」「アフガンの女性に自由を取り戻す正義の戦争」などとプロパガンダを振りまいた。ブッシュ政権は一貫して「誤爆」「付随的損害」などとして犠牲を正当化しようとした。アメリカは特殊部隊やCIA工作員をアフガンに潜入させ、反タリバーンの北部同盟に武器・資金を与えた。11月13日、北部同盟はカブールを制圧し、タリバーン政権は崩壊した。

小泉政権は、米国の対テロ戦争に対する後方支援として自衛隊を派遣するテロ特措法（報復戦争参戦法）案を臨時国会に提出。10月29日に十分な審議もしないまま成立、11月2日に施行された。11月9日には、海上自衛隊の艦船3隻がインド洋に向けて出航した。

国家がひとたび決めれば、何があろうと戦争を遂行し軍事力の限りを尽くす、戦争の暴力性をまざまざと見せつけられたことで、伊藤は圧倒的な無力感を感じた。しかし、果たして武力で平和を作り出すことなど可能なのだろうか。このまま終わってよいものだろうか。

アフガン現地では、戦争によって何らの罪もない多くの一般市民が犠牲になり、大量の難民が発生していた。そして100万もの人々が飢餓状態におかれ、生命すら危険にさらされているといわれる現実も変わらず横たわっていた。

団は12月18日に「アフガニスタンに平和を」という集会を開催、現地支援にあたるNGOの声に耳を傾け、改めて紛争の平和的解決を訴えた。

目の前で繰り広げられる超大国から圧倒的な弱者への暴力と殺戮を目の当たりにしながら、それでも「人を殺すな」という声は消えなかった。日本国内と海外をつないで、「非戦」を求める思想信条の異なる人たちの結びつきが緩やかに広がった。12月、坂本龍一監修の書籍『非戦』（幻冬舎、2001年）が発売され、「戦争が答えではない」とのメッセージを発した。

02年アフガニスタン問題調査団

団は、02年1月にアフガニスタン問題調査団をパキスタンに派遣することを決定した。新年早々、田中隆、大久保賢一、山本真一、上山勤、神田高、仁比聡平、伊藤和子団員がパキスタンへ飛んだ。

上山、神田、仁比、伊藤は「現実を知りたい、難民の声を聴きたい」とカンダハルに近いパキスタン国境の町チャマンにある新しい難民キャンプ「ランディ・カレーズ」、ジャララバードに近いパキスタン北西・国境沿いの難民キャンプ「コトカイ」に行き、いずれも空爆から逃れたパシュトゥン民族の人々の話を聴いた。UNHCR（国連難民高等弁務官事務所）の協力を得て「トライバルエリア」という中央政府の統治が及ばない地帯を7時間以上かけて国境へ。銃を持った護衛者が前後につく厳重態勢での緊迫感に満ちた旅となった。

「コトカイ」キャンプにいる長老格のアフガン難民に調査団は質問した。「皆さんの中で空爆によって村全部が破壊されたのを見た方はいますか」。みなが一斉に、「至るところにある」と答え、空爆で廃墟になった地名を次々に挙げた。伊藤は衝撃を受けた。彼らは、「軍事施設が何もない村が標的になり破壊された」と告発した。

トラボラやジャララバードのあるナンガハル州では、人々の生活する街中や村に「デージー・カッター」が落とされ、他にもトマフォーク、クラスター爆弾、ナパーム弾が使われ、多くの村が連日の空爆で廃墟と化したという。「デージー・カッター」、正式名称「燃料気化爆弾」は、直径約五百メートルを高熱で焼き尽くし地上を無酸素状態にさせるもので、一瞬にしてその範囲内にいるすべての人を皆殺しにする。民間人のいる地域でも落としているとすれば、大量虐殺であり、戦争犯罪にほかならない。ある難民は故郷からキャンプに逃げてくるまでの間に1,000体くらいの死体を見たと言っていたことに調査団は慄然とした。

空爆による民間人犠牲者は、米国の良心的学者による統計で約3,000名と言われていた。しかし、報道されている規模をはるかに超えた人命の殺戮がアフガンではおきたのではないか？　報道と現場で知る実態の差に愕然とした。アフガン全土の戦争被害は公式な調査もされず、報復戦争の実態は覆い隠されていたのだ。

女性と子どもたちからも話を聴いた。家を失い、そして父や夫を奪われ、すさまじい空爆を体験し、少なくない女性が深刻なPTSDに苛まれ、毎晩悪夢に悩まされたり、まったく喋ることができなくなったり、小さな音にも恐怖にかられパニックに陥る、という状態だ。ランディ・カレーズではある年老いた難民女性に会った。住んでいたマザリシャリフの近くの村は、10月25日以降10日間、地面に5フィートの穴をあける大型爆弾が連日投下されて壊滅、遠く逃れてきた彼女の顔には、疲労と悲しみが深く刻まれていた。伊藤は「今一番何を望みますか」と尋ねた。彼女は「家に帰りたい。平和がほしい。尊厳を取り戻したい。私たちはこれまで平和に暮らしてきたのですから」と答えた。抑圧されていると言われてきたアフガンの女性、しかし戦争前は尊厳を持って暮らしていたのだ。

調査団はアフガンの平和復興に携っている現地NGOを訪ね懇談した。特に感銘を受けたのは中村哲医師が率いた「ペシャワール会」だった。干ばつに苦しむアフガンの人々とともに井戸を掘って絶望から希望を育てようとしてきた。空爆開始後、国連機関が一斉に手を引く中で、アフガン現地スタッフとアフガン国民の信頼に支えられ、開院中の病院を１つも閉鎖せずに医療活動を続け、飢餓に瀕するアフガン市民のために食糧を送り続けたという。まさに私たちが手本にすべき非軍事の国際貢献である。

アフガン人によって構成されるアフガンの自立的復興を目指すNGOの存在も心強かった。アフガン人のNGOガーディアンのメンバーと懇談した際、彼らは今後の平和への道のりとして教育の重要性を訴えた。「それぞれの民族が民族浄化の恐怖を持って生きてきた。恐怖を取り除き、アフガンの同じ一員として連帯し、共生する教育をしていくことが必要だ」という。平和は、まず人々の心の中に構築されなければならない。どんなに地道で時間がかかっても、平和的な対話、そして教育なくして平和の構築はあり得ない。戦争がもたらすのは破壊と死、悲しみだけであり、戦争が平和をもたらすことは決してない。このことが調査団の心に深く刻まれた。

真の復興と平和を願って

調査団は、多大な犠牲から復興を目指すアフガンを援助して、真の平和を構築するための支援をすると同時に、諸悪の根源である戦争をもう２度と許さない力をつくっていかなければならない、との思いを強くした。米国の行った戦争の残虐性を明らかにし、広め、２度とこのようなことをさせない世論をつくっていく必要があることを痛感した。

帰国後、調査団は調査報告集「平和的解決と復興のために」を発表、団東京支部主催の報告会をはじめ、全国各地でアフガン調査の報告を行った。

市民レベルでブッシュ大統領を戦争犯罪で裁く「アフガニスタン国際戦犯法廷」の動きが始まり、調査団のメンバーは配役となって参加、各地で公聴会を開き、NGOや市民との結びつきを深めていった。

地球規模で起こった反戦・非戦行動

ところが、いったん始まった権力の暴走は止まらない。米国はアフガニスタンの平和復興と平和的な支援を通じたテロの根絶に努める道を選ばず、さらなる戦争への道につき進んだ。アフガン戦争で利益を得た軍産複合体も更なる戦争を望んでいた。

02年1月、ブッシュ大統領はイラン、イラク、北朝鮮を大量破壊兵器をもつ「悪の枢軸」と決めつけた。02年9月には対テロとの戦いにおいて、先制的自衛権行使は正当であるとする「ブッシュドクトリン」を発表。ブッシュ政権は、イラクに対する武力行使の準備を着々と進めた。

国連安保理でイラクの大量破壊兵器疑惑を主張する米国に対し、安保理理事国は、武力紛争回避の道を真剣に模索し、02年11月には決議1414を採択。イラクは、IAEAによる大量破壊兵器の査察を受け入れた。

国連安保理で、IAEAによる査察の報告がされた。これを受けても武力行使以外の選択肢はないと強硬に主張する米国に対し、国連安保理の多数は「査察継続」を求めた。03年2月から3月にかけて安保理会合が断続的に開催され、米国は安保理に武力行使容認決議を求めたが、中東諸国、中国やロシアのみならずフランスをはじめとする欧州諸国も強く武力行使に反対した。米英は、安保理で完全に世界から孤立し、武力行使容認決議は採択されなかった。

米国の先制攻撃NO！　の史上空前の巨大な反戦平和行動が地球規模で展開された。ローマ300万人、ロンドン200万人、マドリード100万人、バルセロナ200万人、パリ50万人、パキスタン40万人をはじめ中東諸国でもデモが起きた。米国内でもニューヨーク市議会をはじめ160議会がイラク戦争反対の決議を採択した。

日本でも、イラク戦争に反対する平和団体の行動が全国各地でわきおこった。02年秋から、CHANCE！など「9.11」以降それぞれの取り組みを行ってきたグループが一緒になってイラク反戦パレードを開始、03年に入るとイラク反戦の実行委員会「ワールドピースナウ」が結成された。1月からパレードが拡大し、3月8日には日比谷公園を埋め尽くす4万人のイラク反戦ピースウォークが実現した。団は、3月18日、19日、20日と連続してイラク戦争反対と日本政府の支持に反対する声明等を公表した。

世界からも日本からも、人間の盾としてイラクに入る動きがおきた。小野万里子団員もイラクに赴いて戦争回避の想いを行動で表した上、地元の名古屋で「セイブ・ザ・イラクチルドレン」を立ち上げた。

3 月 20 日　イラクに先制攻撃

ところが、03 年 3 月 20 日、ついに米国はイギリス、スペインとの有志連合で、イラクへの軍事侵攻に踏み切った。国際法を無視した違法な先制攻撃だった。小泉首相は、直ちに「米国の武力行使開始を理解し、支持する」と表明した。

米軍はトマフォークやハイテク化された精密誘導爆弾を大量に投下し、イラク軍の指揮系統を早々に崩壊させて地上戦に突入し、イラクが組織的な抵抗力を失った状況下で 4 月には首都バグダットに突入して制圧した。

03 年 4 月初旬に、米海兵隊とイラク人によって、バグダッドのサダム・フセイン像が引き倒される映像が流れ、世界は衝撃を受けた。しかし、イラク戦争の口実にされた大量破壊兵器は最後まで見つからなかった。

殺傷力の大きいクラスター爆弾が民衆の頭上を襲い、都市が破壊され、村が焼かれ、罪のない人々が犠牲となった。ロンドンに拠点を置く「イラク・ボディカウント」は 03 年 3 月から 4 月の民間人の死者は約 7,500 人と公表している。イラクでは長引く経済制裁で子どもたちの健康状態が深刻に懸念されていた。さらに湾岸戦争時よりはるかに大量の劣化ウラン弾が投下されたと推計され、放射能汚染による健康被害の悪化、小児がんや白血病の増加が深刻に懸念された。

米軍占領下で

小泉政権は、6 月 13 日、自衛隊をイラクに派兵するためのイラク特別措置法案を国会に提出した。この法案は自衛隊をイラク国内において人道・復興支援活動及び米英軍に対する安全確保支援活動の任務を担うために派兵することを可能とするものだった。団はこれに反対し、諸団体とともに国会要請行動などを進めたが、7 月 26 日未明、小泉政権は参議院本会議において成立を強行し、12月9日イラク派兵を閣議決定した。

陸上自衛隊の派遣先サマワでは、「給水」「医療支援」「学校・道路の補修」の人道復興支援活動がされたとされる一方、航空自衛隊はC-130輸送機で多国籍軍の物資や武装した兵員などを繰り返し輸送した。これは米軍の戦闘行為の後方支援や輸送であり、憲法9条に反するものであった。

米国のイラク占領政策は過酷を極め、家宅捜索、反米的と目された住民の拘束や拷問、虐待と虐殺、女性のレイプ等、非道な人権侵害が繰り返された。駐留米軍は、反米を訴える平和的な言論活動を発禁処分とし、平和的なデモを武力で鎮圧して参加者を殺傷し、モスクまで攻撃していた。米軍は反米を訴える一般のイラク市民に頭からゴミ袋を被せ、見せしめの暴行を尽くしたという。イスラムの人々の誇りと尊厳を根本から蹂躙したのだ。

バグダッド近郊のアブグレイブ刑務所に拘禁されたイラク人男女に対し、駐留米軍は、人間性を無視した拷問・虐待の限りを尽くした。特に宗教的尊厳を踏みにじる性的虐待を尽くしたことが04年4月に明らかにされた。

米軍の無法行為に対しイラクの民衆の反米感情が高まった。04年3月31日、ファルージャで民間軍事会社の警備員（傭兵）4名が殺害される事件がおきた。米軍は、4月、これに対する報復としてファルージャを包囲して無差別殺戮を始め、モスクや病院も攻撃し、子どもや母親を含む600人が犠牲になったとされる。戦争犯罪に該当する「民間人攻撃」だった。

イラク人質事件発生

04年4月8日、イラクに向かっていた劣化ウラン弾問題に取り組む今井紀明、人道支援家の高遠菜穂子、ジャーナリストの郡山総一郎の3人がイラクで拘束された。実行犯グループから「自衛隊を撤退しなければ3日間で3人を焼き殺す」とする声明が流された。

伊藤は、今井とともにイラクでの劣化ウラン弾被害の問題に取り組んでいた。拘束報道を受けて直ちに、伊藤は、映画監督の鎌仲ひとみやイラク支援のNGOやジャーナリストの関係者と深夜に連絡を取り合い、翌日から「3人を見殺しにするな」とする国会前キャンドルアクションをすることをメールで呼びかけた。これに呼応し心ある人々がメール転送を繰り返してくれた結果、翌日には500人が国会前に集まった。この行動は拡大し続いた。

3人の親族が待機した北海道東京事務所には、事態を心配してNGOや戦場ジャーナリスト、市民など、多くの人が駆け付け、支援の輪が広がった。ピースボート共同代表の吉岡達也はカタールに飛び、アルジャジーラを通じて、3人がイラクの平和を願い、イラクの人たちを助けたいとの想いからイラクに向かったことを訴えた。NGO関係者はイラクの市民と連絡を取り、高遠の人となりや活動を知る現地の市民は命がけで宗教指導者に「高遠は敵ではない」と直訴に行った。これを受けてイラクの宗教指導者から「3人を解放すべき」という宗教指令が出された。高遠は拘束されながらも犯人グループに憲法9条の精神を説いて「武力によらないやり方で行動してほしい」と訴えた。

4月15日に、3人は解放された。解放されることを信じて日夜行動を続けた人々は歓喜に包まれた。国内の運動とNGO等の国境を越えた連帯が、そして人質となった高遠ら自身の行動が、3人の解放を実現した。

バッシング

国内では政府主導で「自己責任論」が喧伝された。3人に対する未曽有のバッシングが起きた。この理不尽から3人を守ろうと、中川重徳や神原元など、多くの中堅・若手団員らを含む弁護団が結成され、帰国した3人をメディアの暴力的スクラムから守った。4月30日には今井、郡山が記者会見、7月には最も深い心的外傷を負っていた高遠が参加するイベントが都内で開催され、高遠はこれからもイラク支援を続けるとの決意を述べた。

4月26日、3人を応援する市民が集い、「3人を励ます会」を開催した。そこで3人を支えてきたフォトジャーナリストの森住卓はこう発言した。「僕が感じているのは、もともとこの戦争は侵略戦争で、まったく間違いで、国際法も世論も国連の決定も無視して行った違法な侵略戦争であったということです。この1年の占領でアメリカが何をやったのか。イラクの人たちはアメリカが自由と民主主義をもたらしてくれると思っていたけれど、結局のところ、自由と民主主義を抑圧する、人権を抑圧する、イラク人を虫けらのように殺す、という占領の正体を見たんです。だから今イラク全土が反米闘争に立ち上がりました。そのことをきちんと見てほしいと思います。」

伊藤は、7月、日本国際ボランティアセンターのイラク担当・佐藤真紀と共同執筆で、『イラク「人質」事件と自己責任論――私たちはこう動いた・こう考える』（大月書店、2004年）を出版した。そこで以下のように総括した。「今回の活動で私たち市民が得た財産はとても大きいと思う。3人を解放したのは政府ではない。3人自らの活動と、イラクの人々の友人でありたいという姿勢、そして日本に端を発して、世界の市民が、彼らに共感し彼らを救ってほしいという数限りない声を上げ行動を起こしたことが彼らを救ったのだ。武力によって威嚇する側に立つのでなく一人一人の命を大切にしようとする人たちの心が繋がって3人の命を救いたいという思いが現実になったことは本当に大きな意味があった。」「3人の帰国後立ち上げられた『今井さん高遠さん郡山さん3人を応援する会』には今、たくさんの市民がいる。それまで全然知らなかった人たちが大切な仲間になっている。3人へのバッシングにがっかりしたり、日本社会に辟易しているであろう若い人たちに、市民が成し遂げたことの意味をもっと伝えていきたい。」

「そして忘れてはならないのは米軍によって今も多くのイラク人が殺され続け、自衛隊は今もイラクに駐留しているということだ。」「自分たちが殺されようとしていく中にあって、イラクの人たちは日本の3人の命をとても大切にしてくれた。私たちは今彼らを見殺しにしていいのだろうか。世界のどの命も価値は同じだ。『イラクの人たちを見殺しにしない』アクションを続けなければと思う。」

今に続く　惨禍

ジョンズ・ホプキンズ大学ブルームバーグ公共衛生大学院の調査・研究は、03年のイラク戦争の結果として約65万5千人のイラク人が死亡したと推定し、WHOはイラクで03年3月から06年6月までに15万1千人が暴力によって死亡したと推定した。

それだけではない。ファルージャを含むイラクの多くの地域で、米軍が使用した有害兵器の影響で先天性異常の子どもたちがたくさん出生し、苦しみながら亡くなっている。しかし、イラク戦争の責任は問われていない。イスラムの民衆の尊厳を傷つけた拷問の数々の責任も問われていない。

イラク戦争開始後に勃発した宗派間対立で、スンニ派住民は、シーア派マリキ政権主導の血の弾圧を受け、大量に殺害された。イラク内務省直属の殺人部隊によって反政府的なスンニ派住民は次々と拘束され、処刑され、路上に見せしめのように死体を打ち捨てられた。しかし、こうした事態に対して、占領統治をしていた米国は黙認、国際社会も本当に無関心であった。

そうした中で、土足で人々を踏みにじり残虐を尽くす米軍の行動を目の当たりにして憤りを募らせていた者たちの中からISが生まれた。

13年終わりころ、スンニ派住民が多数を占めるアンバール州で反政府行動が高まった。イラク政権は、平和的なデモに銃を突きつけて住民を射殺。住民が武装をすると、14年1月以降は大量の戦車を派遣して、民間人も含めた無差別攻撃を繰り広げた。しかしこの時、国際社会は地元の人々の悲鳴や救いを求める声を黙殺した。そうした中、ISの前身（ダイシュと呼ばれた）がマリキ政権の弾圧に絶望した人々の信頼を得る流れをつくり、勢力を拡大し、14年6月の「イスラム国（Islamic state, IS）」建国宣言につながった。

歴史の針は元に戻らないが、イラク戦争からの10年余、もっと人々が、国際社会が、イラクにおける人権侵害に心を寄せていれば、効果的に関与できていれば、ISのようなモンスターが登場することはなかっただろう。

争いの絶えない世界の原点は01年

9.11後、米国と同盟国による「テロとの闘い」が始まった。しかし、テロは根絶されるどころか、逆に世界中に拡散している。アフガニスタンでもイラクでも、米国の武力介入によって、自由な良い国になる、正しい戦争なのだ、とのプロパガンダを多くの人がいったん信じた。武力によって平和をつくることができると真面目に議論する者もいた。しかし、武力介入によって憎悪の連鎖が生まれ、紛争が拡大し、泥沼の戦争に陥っていることは今や明らかだ。

伊藤は思う。9.11の直後、あの瞬間に「戦争は起こさない」という理性的な決断をしていれば、アフガン、イラクの多くの命の犠牲も、ISの台頭も、シリアでの泥沼の内戦と人命の犠牲も起きていなかったであろう。未曽有の難民が苦難の日々を送ることも、難民を受け入れた欧州で、移民排斥を旗印とする極右勢力が台頭することもなかったであろう。

伊藤は思う。この約20年、戦争とその後に起きた現実について、私たちはやはり無関心過ぎたのではないか。イラク戦争のときに反対していた多くの市民も、戦争が終わってしまうと、自衛隊が撤退すると、又は日本人が人質にならない限り、現地で起きる出来事に無関心となってしまう。虐げられた人々が、国際社会に置き去りにされたまま放置されれば、憎悪が固まり、「何をやってもこの状況を変えることができない」と考えたときにテロにたどり着く。

19年12月、一貫してアフガンの和平に身をささげてきた中村哲医師がそのアフガンで殺害されるという悲劇が生まれた。アフガンでは、いまだ真の平和は遠い。

伊藤は改めて思う。テロを根絶し、戦争のない世界を築くことは容易ではない。しかし、私たちが戦争に傷つき、世界から置き去りにされて絶望している人たちに国境を越えて関心を持ち続けること、足元からの平和の構築と信頼醸成に継続的に関与していくことがますます求められる。そして、ひとたび超大国が始めた戦争がいかなる犠牲を生むのか、冷徹に見つめ、検証し、2度と無法な戦争を許さない世論をつくっていかなくてはならない。

2

自衛隊イラク派兵差止訴訟

――名古屋高裁違憲判決

「イラク派兵差止訴訟」

04年1月、北海道で、箕輪登元郵政大臣（自民党）が、「愛する自衛隊をアメリカの違法な戦争のために海外に出すことは許せない」として、1人原告として札幌地裁に自衛隊イラク派兵差止訴訟を提起した（本書「5 自衛隊の人権弁護団・北海道」参照）。

続いて2月、名古屋において、全国初の集団訴訟としての「自衛隊のイラク派兵差止訴訟」が提訴された。名古屋訴訟は、1次提訴で原告の数が1,000名を突破し、3次提訴までの間で全都道府県から合計3,200名以上の市民が原告となった。

その後各地で次々提訴され、仙台、宇都宮、東京、山梨、静岡、京都、大阪（2訴訟）、岡山、熊本の合計11地裁12訴訟が係属。原告の総数は5,600名、弁護団は800名を超えた。

各地の訴訟では、国側は、いずれも事実についての具体的な認否反論をせず、ただ「平和的生存権は具体的権利ではないから、原告らの主張は失当であり、速やかに結審すべき」との主張を繰り返した。そして裁判所も、「平和的生存権は具体的権利ではない」として、実体判断に踏み込まない判決を繰り返した。

しかし、その中で、名古屋高裁は08年4月17日、①イラク戦争と自衛隊のイラク派兵の実態をきめ細かく審理した上で、イラクでの航空自衛隊の活動が憲法9条1項に違反するとの司法判断を下し、②「平和的生存権の具体的権利性」も一般論として肯定した。

判決は、形式的には控訴人（原告）の慰謝料を認めず、敗訴であったため、国側は上告できず、原告側も上告しなかったため、08年5月2日にこの違憲判決が確定した。

本稿は、名古屋弁護団事務局長川口創団員らが、全国の原告市民、弁護団そして市民運動とともに闘い、違憲判決を勝ち取り、そしてイラクから自衛隊を撤退させた闘争史である。

小牧基地からイラクへ

ブッシュ米政権は01年、9.11の報復としてアフガンに武力攻撃を始め、03年3月20日、大量破壊兵器を保有しているという理由でイラク攻撃を開始した。小泉政権は、7月、自衛隊をイラクに派遣する「イラク特措法」を成立させ、航空自衛隊に派遣命令を出した。

04年1月17日、航空自衛隊の派遣の拠点となる小牧基地（愛知県小牧市）を囲む人間の鎖行動が取り組まれた。22日、約110名の航空自衛隊員が小牧基地を出発し、26日にはC-130輸送機3機がイラクに送られた。

一気に違憲訴訟提訴が動き始めた

03年12月末、川口をはじめとした弁護士と数名の市民で名古屋地裁に訴訟を起こすことを決断した。04年1月7日には、市民有志から市民訴訟の母体となる準備会が呼びかけられ、1月19日に準備会を開いた。80名を超える市民が集まった。

この訴訟では、著名人を前面に立てることなく、1人ひとりの個人が、個人の意思で訴訟に加わり、そして原告は皆平等である、という立場を原則とした。

訴状は、多くの市民の共感を得て裁判への参加を呼びかけるツールになるものとしたい、という思いから、「ですます調」の文章にし、事実から丁寧に示していく内容とした。この裁判は、何より「事実」を伝えてゆくことが大事だ、ということを基調とした。川口は、多くの原告が「私たちの訴状」と言ってくれていたことが何より嬉しかった。

委任状は、ホームページにアップし、だれでも、どこからでもダウンロードできるようにした。また、年会費を1人3,000円とした。この仕組みが全国から原告が集まることを可能とした。連日全国から集まる委任状や原告の情報を整理していく作業は膨大であった。しかも、今後も多くの原告とのやりとりが継続的に必要となることから、弁護士だけでは何ともならないことははっきりしていた。そこで、原告市民として、「イラク派兵差し止め訴訟の会」を立ち上げ、訴訟の会の事務局の拠点として、名古屋青年学生センターの一室を借り、専従スタッフも確保して、実務を具体的に担える体制を整えていった。

裁判が始まる

2月23日、1,262名が原告となり、第1次提訴を行った。

イラク訴訟のキャッチフレーズは「強いられたくない、加害者としての立場を」であった。とかく、戦争の問題や平和の問題は、「自分が被害者になりたくない」ということから議論が始まることが多い。しかし、この訴訟の大きな特徴の1つは、市民が自身の加害者性に目を向けた点にあると川口は考える。

原告になりたいという市民はその後も増え続け、7次訴訟に至るまでに合計3,268名の市民が全国から原告となった（海外からの参加もあった）。

提訴後の名古屋地裁の法廷は、裁判所でいちばん大きな法廷を確保し、毎回午後1時半から4時まで、しっかり時間を確保して進めていった。しかし、いちばん大きな法廷とはいえ、100名程度しか入れない。これに対して、全国から200名を超える原告が裁判に駆けつけていたため、審理の途中で原告の入れ替えを行うということが毎回必要となった。

全国各地の裁判との連携

名古屋訴訟の後には、東京、大阪など全国各地で訴訟が広がっていった。全国各地の連携を持つ必要が生じ、04年8月札幌に全国の弁護団、原告が結集し、「自衛隊イラク派兵差止訴訟全国弁護団連絡会議」を結成した。その会議には、砂川、恵庭、長沼、百里と戦後の憲法9条訴訟を闘い抜いてきた内藤功団員も傍聴者として参加していた。

このときの内藤弁護士の発言によって、参加者は、イラク訴訟という「点」

を闘っているのではなく、戦後ずっと続けられてきた憲法9条を守り活かす闘いの延長線上にこの闘いがあるという自覚を持つことができた。また内藤弁護士は、何よりも事実に基づく主張を大事にし、イラク派兵の実態を徹底して明らかにしていくことの大切さを訴えた。

この会議の後から、内藤弁護士は弁護団に顧問として関わり続け、その後のほとんどの全国弁護団の会議に参加した。

04年12月には、名古屋にて、全国原告交流集会が開かれ、原告相互の交流の機会がつくられた。こうした全国のつながりが、困難な訴訟を進める上でお互いを励まし合う関係をつくり出し、裁判を前に進めていく原動力となっていた。

平和的生存権の具体化の道のり――法廷で市民が切実に訴えた

名古屋地裁民事6部に係属した裁判の初めの1年間は、毎回、原告4名ほどが15分ずつ意見陳述を行い、それぞれ自身の体験などから切実な思いを訴えた。また、弁護団は3,268名すべての原告に陳述書の作成を求めた。そしてその中から意見陳述者を選び担当弁護士がその原告に会いに東京や広島などに赴き、原告とともに法廷での陳述内容をともにつくり上げるという作業を行った。各原告の多様な背景や歴史に触れ、いろいろな角度から自衛隊のイラク派兵に反対する市民とじっくり対話を重ねていく作業が、原告はもちろん、弁護団に「平和的生存権は具体的な権利だ」という確信を深めさせた。

池住義憲は、世界YMCAベトナム難民救済復興事業のワーカーとして、ベトナム戦争終結直前、当時の南ベトナム・サイゴンに赴任していたときの体験から語った。善意の救済活動のつもりが、赤ちゃん殺害という結果に結びついたことについて「赤ちゃんを殺したのは私だ」と語った。「イラク派兵が自分の負っている原罪に加え、さらに新たな原罪を背負わせることになる」「イラク派兵は、国境を越えた人々の結びつきの中で『非暴力』で平和を創り出そうとしてきた私の人生を否定されることになる」などと述べた。

天木直人は、レバノン大使であった当時、政府のイラク戦争支持に反対する打電を行い、大使の職を解かれ、外務省をやめざるを得なくなった。当時の中東情勢から、いかにイラク戦争が誤っているか、また、憲法９条を活かしていくことが大事だと考えるに至ったかを自身の体験を通じて語り、イラク派兵がいかに自身の人格の根幹を奪うものであったかを具体的に述べた。

梅尾朱美は、全盲の視覚障がい者である。梅尾は、「戦争が新たな障がい者を大量につくり出すものであることは、これまでの歴史的事実が示すとおりです。今回の自衛隊派兵が、日本を戦争への道に駆り立てる、大きなきっかけになるのではないかと不安でなりません」と述べた。

浅見裕子は、沖縄の辺野古の海を海兵隊の出撃基地にしないために闘う人々を写真取材した体験から、在沖縄米軍を支援することの加害性を訴え、同時に、セイブ・ザ・イラクチルドレン名古屋のイラク人医師招聘研修プロジェクトの体験を述べ、「イラクの市民を殺す前に、自衛隊をイラクから撤退させなければならない」と力強く訴えた。

水田洋は、世界的なアダム・スミス、ホッブス研究の大家である。自身が先の大戦時、インドネシアに送られ、捕虜となった戦争体験から出発し、いかに戦争が愚かであることか、また同じ過ちを繰り返していることの愚かさを述べた。

アフガニスタン支援のNGO「ペシャワール会」の一員である五井泰弘は、ペシャワール会支援の体験から「イラクに自衛隊が派遣されてから、アフガニスタンの人々の態度が変わりました」「自衛隊が出かけ、日本式スタイルで行えば、反感を買い、危険は増すばかりです。」「平和は軍事力以上の力がある。平和憲法をかなぐり捨て、平和主義を非現実的だと軽んずることは許されない」と述べた。

憲法学者の長谷川正安は、もともと平和的生存権についての具体的権利性については否定していたが、この戦争の実態といまの日本の状況を直視し、平和的生存権は具体的権利であると憲法学者としての自説を大きく転換したことを堂々と法廷で述べた。

多様な人たちが、多様な立場から、イラク派兵がいかに自身の人格の根幹を奪うことであるかということを切々と訴え、平和的生存権の具体的権利性を積み重ねながら裁判所を説得していった。

一審裁判所との激しい闘い

05年4月、裁判長が内田計一裁判官に交代した。右陪席、左陪席も交代しており、短期間のうちに3人の裁判官全員が交代するという異例の事態となった。

4月22日の期日を迎えた。弁護団からは、裁判官3人とも交代したこともあり、これまでの法廷の内容をしっかりまとめて述べるために、「更新弁論」の機会をしっかり確保して欲しい、と述べた。

これに対し、内田裁判長は、「今日は何もできないということになりますか」と述べ、「更新弁論をするなら、今すぐ、5分与えるのでやりなさい」と述べた。このめちゃくちゃな訴訟指揮に対し、弁護団からは、とても5分ではできないと強く抗議をした。内田裁判長は黙って時計を見つめ、「更新するんですか、しないんですか」と言い、国の代理人に「従前通り」と言わせ、さらに国代理人から、更新は一方当事者が述べれば足りるという戦前の大審院判決を持ち出させた。裁判所と国とが結託してこの期日に臨んでいた出来レースだった。

弁護団の猛然たる抗議に対しても、内田裁判長は「更新は終わりました」と繰り返し、次回期日を9月9日と一方的に指定して法廷を去った。およそ50分間の間、内田裁判長の訴訟指揮は、もはや訴訟指揮とは言えず、裁判と言えるようなものではなかった。

まっとうな裁判が行われない。

憤りを持った原告らは、4月25日朝から、名古屋地裁前で、内田裁判長の訴訟指揮がどのようにひどいものであったのか、まっとうな訴訟をして欲しい、という抗議の訴えを連日展開した。チラシの表面には内田裁判長の不当な訴訟指揮を示し（人格攻撃は一切しなかった）、裏面にはイラクがいまどんなにひどい状況にあるのか、この裁判がどれだけ大事な裁判か、ということを示し、毎日、ビラの裏側をつくり替えて宣伝を行った。ビラは、毎朝600枚用意したが、裁判所職員の受け取りが非常によく、連日の配布にもかかわらず、毎日600枚のビラがすべてさばけるという状況であり、励ましの言葉を投げかけてくれる職員も少なくなかった。

この抗議行動と並行して、弁護団は裁判所に協議を申し入れ、内田裁判長にあまりにもひどい訴訟指揮であったことなどを抗議した。そして、次回期日の持ち方について、しっかりと原告側に必要な時間を確保させることを約束させた。

9月9日の法廷では、4月に陳述ができなかった池田香代子、梶岡マリリンに加え、教師の岡崎勝、マンガ原作者で評論家の大塚英志の4人の意見陳述を行った。その間、内田裁判長は、陳述する原告の方に目を向けることなく、貧乏ゆすりをしながら、「意見陳述など聞いていない」という露骨な態度を示した。原告弁護団がイラクの実態についての準備書面などの要旨の陳述を終えた後、内田裁判長は「次回結審の予定です」と述べた。

弁護団は、「実質審理を」と強く抗議をすると、「既に法的見解は持っています」と予断を持っていることを開示した。公正な裁判がまったく保障されていない。原告も弁護団もさらに強い憤りを持ち、裁判長回避（交代）を求める署名を集め始めた。

裁判に非ず

06年1月13日の第7回裁判期日は、もはや裁判に非ず。川口にとってこの期日は弁護士人生の中で後にも先にも経験しないようなひどいものであった。

内田裁判長は、原告側の証人申請を合議もせず却下し、手元にあった書面をぼそぼそと読み上げた。弁護団は、異議ありと直ちに訴えたが、法廷のだれにも聞こえない小さな声でメモを読み続け、異議を黙殺。それに対し、弁護団から直ちに「忌避」の申し立てを行った。この時点で、訴訟はいったん停止すべきであるが、内田裁判長はこれも無視し、自分が用意したメモを読み上げた（らしい）後、3人の裁判官は法廷から逃げ去った。

一体何が起こったのかも理解ができなかった。原告も弁護団も、内田裁判長が述べた内容について、判決期日を4月14日に指定したことも含めて、司法記者クラブを通じて初めて知った。裁判を受ける権利の明らかな侵害だった。

弁護団は、忌避をあらためて行い、また、法廷のテープを確保すべく証拠保全の申し立てを行った。その後、内田裁判長と、法廷で聞こえてもいない裁判長の発言を記載した調書を作成した書記官を被告とする国家賠償訴訟も提訴した。

4月14日の判決は、案の定、原告側の完敗であった。原告が裁判所の前でかかげた旗は、「裁判に非ず」だった。

闘う原告団・弁護団に成長

弁護団は、内田裁判長らとの闘いを全力で行いながら、しかし、焦点は常にイラクの実態に向け続けた。裁判長が憎くて闘っているのではない。イラクの実態を直視し、イラク派兵の違憲性を確信しているからこそ、まっとうな裁判を求めて全力で闘ったのであった。

忌避などは滅多にするものではないし、ましてや裁判長を民事裁判に訴えることなど希有なことだろう。それでも、このときだけは、覚悟を決めざるを得なかった。内田裁判長との闘いを通じて、闘う原告・弁護団へと成長していった。

6次訴訟、7次訴訟を起こし、その訴訟活動も行い、同時に忌避、国賠、控訴審の準備と、06年4月以降は多くの裁判に、限られた弁護団員（実働は10人いなかった）がフル稼働していった。

別の部にかかった7次訴訟

原告李誠姫の提訴が遅れ、7次訴訟はたった1人の原告となった。この裁判は、地裁民事6部でなく7部に係属した。これが歴史を動かす偶然となった。

李は、コリアンの父と日本人の母の間に産まれた「ダブル」である。李は自分の心に、「加害の国日本」と「被害の国韓国・朝鮮」を調和させているのが憲法9条であり、憲法9条が自身の人格の根幹であること、イラク派兵が朝鮮の脅威を理由に進められていることで強い危機感を抱いていることなどを切々と語った。その具体的な訴えが、裁判所を動かし、07年3月23日、名古屋地裁民事7部（田近年則裁判長）は、「平和的生存権は全ての基本的人権の基底的権利」であり、「具体的権利だ」とする判決を下した。この判決なくして、名古屋高裁違憲判決は産み出されなかった。

名古屋高裁

名古屋高裁民事3部（青山邦夫裁判長）の審理は、06年10月から始まった。

この頃、自衛隊のイラク派兵の内容に大きな変化があった。06年7月、陸上自衛隊がサマワから完全撤退。代わりに航空自衛隊が、それまで危険だとして回避してきたバグダッドまでの輸送活動を開始することを引き受けた。第1次安倍政権は、「人道支援」と言うのみで、輸送活動の内容については開示を頑なに拒否。国会議員もその内容を知らされなかった。

高裁民事第3部の3人の裁判官は、一審の裁判官らとは異なり、原告（控訴人）らの主張に真摯に耳を傾けた。原告（控訴人）らは、原告らがイラク派兵によって耐え難い精神的苦痛を強いられていることを訴えた。

弁護団は報道記事を基にイラク戦争の実態を丁寧に伝えた。そして、武力行使一体化の政府見解を引き出し、政府見解に立ったとしても、イラクでの自衛隊の活動は憲法9条1項が禁止する武力行使にあたる、という主張を積み重ねていった。

そして、ついに山田朗教授（日本史学）、小林武教授（憲法学）の証人尋問が実現した。山田教授は自衛隊派兵の実態について、また小林教授は平和的生存権の具体的権利性について証言した。

逆転　違憲判決

08年4月17日、名古屋高裁は判決を言い渡した。判決は、自衛隊のバグダッドへの輸送活動を憲法9条1項違反とする画期的なものだった。

その瞬間、法廷では、多くの原告が涙を流しながら違憲判決の瞬間を共有していた。また、裁判所の外では、旗出しに走った2人の若い弁護士がかかげた「画期的判決」「自衛隊イラク派兵は憲法違反」の旗に、多くの原告・市民はどよめき、大きな歓声が沸き上がった。

翌日の新聞は、全国紙もすべて1面にこの違憲判決の記事が大きく載った。

この判決は、形式的には控訴人（原告）敗訴であったため、国側は上告することができず、原告側も上告しなかったため確定した。

そしてこの年の末、自衛隊はイラクから撤退した。

違憲判決が示したイラク戦争の実態

名古屋高裁違憲判決は、イラク戦争と自衛隊のイラク派兵の実態を、精度の高い証拠を基に事実認定をしている。

判決は、イラクでの多国籍軍の象徴的な軍事活動として、まずファルージャでの軍事活動について書いている。

「同年（平成16年）11月8日からは、ファルージャにおいて、アメリカ軍兵士4,000人以上が投入され、クラスター爆弾並びに国際的に使用が禁止されているナパーム弾、マスタードガス及び神経ガス等の化学兵器を使用して、大規模な掃討作戦が実施された。残虐兵器といわれる白リン弾が使用されたともいわれる。これにより、ファルージャ市民の多くは、市外へ避難することを余儀なくされ、生活の基盤となるインフラ設備・住宅は破壊され、多くの民間人が死傷し、イラク暫定政府の発表によれば、死亡者数は少なく見積もって2,080人であった。」

日本では、「武装勢力への掃討作戦が行われた」と報道されるのみで、実態は正しく報道されることが少なかった。判決では、多国籍軍がイラク市民に対して行った「掃討作戦」がいかに非人道的であったかを認定している。

判決は、この戦争の結果、多くの人命が奪われたことにも言及している。

「平成18年10月12日発行の英国の臨床医学誌ランセットは、横断的集落抽出調査の結果を基にして、イラク戦争開始後から平成18年6月までの間のイラクにおける死者が65万人を超える旨の考察を発表している。」

「また、イラクの人口の約7分の1にあたる約400万人が家を追われ、シリアには150万人ないし200万人、ヨルダンには50万人ないし75万人が難民として流れ、イラク国内の避難民は200万人以上になるといわれている。」

同時に、アメリカ兵の犠牲者についても言及している。

「イラク戦争開始以来現在までのアメリカ軍の死亡者数は約4,000人であり、重傷者数は1万3,000人を超えている。特に、平成19年に死亡した米軍兵士は、同年11月の時点で852人に上り、それまで最も多かった平成16年の849人を超えて過去最高となっている」

米兵のほか、イギリス兵の死者数も多数に上っている。集団的自衛権行使が正面から可能であったとすれば、日本人も多くのイラク人を殺害しただろうし、日本人の犠牲者も相当数に上っていたに違いない。

判決は、イラクの首都バグダッドについて次のように書いている。

「アメリカ軍を中心とする多国籍軍は、時にイラク軍等と連携しつつ掃討作戦を行い、特に平成19年に入ってから、バグダッド及びその周辺において、たびたび激しい空爆を行い、同年中にイラクで実施した空爆は、合計1447回に上り、これは前年の平成18年の約6倍の回数となるものであった。」

平成19（2007）年、という年度が極めて重要だった。

日本の陸上自衛隊がイラクから撤退し、代わりに、航空自衛隊がバグダッドへの空輸活動を開始したのは、平成18年7月。その直後の平成18年末から、多国籍軍は特にバグダッド周辺で大規模な「空爆」などの「掃討作戦」を激化させ、その結果、イラク市民の犠牲者が飛躍的に拡大した。

私たちの自衛隊が、空輸活動を開始した翌年の平成19年は、米軍による「掃討作戦」が最も激しく、「地獄の1年だった」と言われている。

違憲判決は、私たちの関わりについて切り込んでゆく。

「航空自衛隊のイラク派遣当初は、首都バグダッドは安全が確保されていないとの理由で、バグダッドへは物資人員の輸送は行われていなかったが、陸上自衛隊のサマワ撤退を機に、アメリカからの強い要請により、航空自衛隊がバグダッドへの空輸活動を行うことになり、平成18年7月31日、航空自衛隊のC-130H輸送機が、クウェートのアリ・アルサレム空港からバグダッド空港への輸送を開始した。」
「平成18年7月ころ以降バグダッド空港への空輸活動を行い、現在（※平成20年4月17日判決時）に至るまで、アメリカが空挺隊員輸送用に開発したC-130H輸送機3機により、週4回から5回、定期的にアリ・アルサレム空港からバグダッド空港へ武装した多国籍軍の兵員を輸送していること、これは陸上自衛隊のサマワ撤退を機にアメリカからの要請でなされているものであり、アメリカ軍はこの輸送時期と重なる平成18年8月ころバグダッドにアメリカ兵を増派し、同年末ころから、バグダッドにおける掃討作戦を一層強化している」

航空自衛隊がバグダッドへ輸送した兵士たちが、平成18（06）年末から1年間にわたって、バグダッド周辺で大規模な「掃討作戦」という名の過去最大規模の「大量虐殺行為」を展開し、多くのイラク市民の命を奪った。無数のイラク市民の命を奪った多国籍軍の兵士を前線に送り込んだのは、私たちの自衛隊なのである。

判決は、違憲判断に至る。

「航空自衛隊の空輸活動のうち、少なくとも多国籍軍の武装兵員をバグダッドへ空輸するものについては、前期平成9年2月13日の大森内閣法制局長官の答弁に照らし（※政府見解に立っても、ということ）、他国による武力行使と一体化した行動であって、自らも武力行使を行ったと評価を受けざるを得ない」

「現在イラクにおいて行われている航空自衛隊の空輸活動は、政府と同じ憲法解釈に立ち、イラク特措法を合憲とした場合であっても、武力行使を禁止したイラク特措法2条2項、活動地域を非戦闘地域に限定した同条3項に違反し、かつ、憲法9条1項に違反する活動を含んでいる」

この判決は、「政府見解に立っても憲法違反だ」という論理であり、国側には反論の余地のないものだった。

違憲判決が出た翌年、民主党への政権交代があり、それまで非開示だった航空自衛隊の輸送活動が明らかになった。輸送実態はほとんどが多国籍軍兵士の輸送であり、人道物資の輸送などほとんどなかったことが明らかになり、名古屋高裁違憲判決の正しさが実証された。

戦争や武力行使を禁止した憲法9条1項に違反した、ということは、「日本が武力行使」をした、広義の「戦争をした」ということにほかならない。「戦後2度と戦争をしない」と誓った憲法に反し、私たちはイラクで戦争したのだ。この事実の深刻さは極めて重い。

違憲判決を勝ち取った力

名古屋高裁違憲判決は、水平的には全国弁護団、全国の原告の力と、垂直的には、戦後一貫して9条を使って闘ってきた先人たちの力を承継して得られた結晶だといえるだろう。川口は、12年、同じ愛知の先輩団員中谷雄二弁護士とともに聞き手となって、『内藤功　憲法九条裁判闘争史——その意味をどう捉え、どう活かすか』（かもがわ出版、2012年）を刊行した。

この訴訟は、決して通り一辺倒の、抽象的な議論のやりとりで前進を勝ち取ったものではなく、イラク戦争と自衛隊の活動実態とを丁寧に示し（事実関係をまとめ続けた田巻紘子団員の功績が大きい）、同時に1人ひとりの人生と人間性に大きく踏み込み、市民自身の力の蓄積によって、平和的生存権の具体的権利性を勝ち取っていったのだと考えられる。

「平和を創る当事者」としての「平和的生存権」

名古屋高裁違憲判決は、「平和的生存権」を「全ての基本的人権の基礎」にある、「基底的権利」、つまりすべての人権を支える最も大事な権利だとも言っている。

そして、「平和的生存権」が市民１人ひとりが使える「具体的な権利」だと明言した。

戦争の被害者にも加害者にもならない、戦争を拒絶する具体的な権利が１人ひとりにある、ということを認めた意義はとても大きい。

逆に言えば、１人ひとりに戦争を食い止める責任があり、主体性を持って平和を作るために尽力することが求められているともいえる。

この意味を私たちは重く受け止め続けたい。

3

辺野古をはじめとする沖縄の闘い

「沖縄――怒りと激動の 10 か月」

これは 02 年刊行『自由法曹団物語』第 6 章二の表題である。95 年 9 月 4 日、米海兵隊員らによる少女集団暴行事件が発生した。72 年、核付き基地付きで日本に復帰した沖縄。以来沖縄県民は米軍基地被害に苦しめられながら 20 年以上変わらぬ状況にあきらめの心境になりつつあった。この事件の発生が、米軍基地整理縮小、撤廃という沖縄県民の願いの深部を思い起こさせ、県民ぐるみでの米軍基地整理縮小の運動に火が点いた。先の団物語は、その時期の県民大会、大田昌秀知事による軍用地強制使用手続における代理署名拒否等に端を発した国による職務執行命令訴訟の闘い、米軍基地の整理縮小等を問う都道府県レベルで全国初の住民投票、読谷村の「象のオリ」内の軍用地使用期限満了を理由に反戦地主知花昌一が提起した立入仮処分事件など、怒濤の 1 年余を描いた。

96 年 4 月、橋本龍太郎首相は、県民の声に押されて普天間基地を県内移設条件付きで 5 ～ 7 年以内に返還することをアメリカ政府と合意したことを発表した。県民の怒りが日米両政府を突き動かした、と誰もが感じた。

逆風

96 年 12 月、日米両政府が設置した沖縄に関する特別行動委員会（SACO）は、普天間基地の移設先を沖縄本島東海岸沖とし、翌年政府は、名護市キャンプ・シュワブ沖の海上ヘリポート基地建設案を公表した。名護市民はすかさず運動に立ち上がり、97 年 12 月に名護市民投票が実現した。市民投票には公職選挙法による規制がないことから、みな自由に運動を繰り広げた。団員も名護市に入り、マイクを持って街頭演説し、チラシを持って戸別訪問して対話を広げた。那覇防衛施設局（施設局）も、職員を総動員してバラ色の経済振興を打ち出した豪華カラーパンフレットを持って戸別訪問し、双方が街でかち合うこともしばしばだった。そして投票の結果、新基地建設反対が52.85％と勝利した。

ところが、比嘉鉄也名護市長がその直後に新基地受入れを表明して辞職し、その後継である岸本健男が当選した。さらに98年11月には、自民党による大々的な「県政不況」宣伝によって大田知事が３選を阻まれ、稲嶺恵一自民党県政に交替した。稲嶺知事は、99年11月22日、軍民共用・15年期限という条件付きながらも、辺野古沖海上基地建設案を受け入れることを正式に表明した。政府の強圧と経済振興の誘導により逆風が吹き始めた。

海上基地建設阻止のための戦術の創意工夫

ジュゴン保護を軸とする運動と裁判

02年７月29日、政府と沖縄県、名護市は軍民共用空港としての代替移設を辺野古沖に建設する内容の基本合意書を締結した。

これに先んじて、奄美大島で自然の権利訴訟を闘ってきた籠橋隆明団員らの呼びかけで、市民団体による環境保護訴訟が活発に展開されているアメリカでのジュゴンの保護を目的とする訴訟提起の可能性が検討されてきた。この取り組みは、03年９月にサンフランシスコ連邦地裁で日米の環境保護団体が国防総省を被告として提訴したジュゴン訴訟として結実した。辺野古への新基地建設は、文化財保護法の天然記念物とされているジュゴンの生息を脅かすものであり、それが海外の文化財をも保護対象とする米国の国家歴史保存法（NHPA）に違反するとして、差止を求めた。この訴訟は、長い紆余曲折を経ながら、20年５月、米国第９巡回裁判所の控訴審で敗訴判決が言い渡された。しかし、訴訟が米国における辺野古新基地建設問題を広める大きな役割を果たしたことは間違いない。

国内での法的な闘いのスタートは、工事前に不可欠な環境影響評価法に基づく環境影響評価手続において市民の抗議の声を届けていくことからとなった。そのため、03年、籠橋らの呼びかけでジュゴン環境アセスメント監視団（アセス監視団）が結成され、名護市東海岸でエコツーリズムを営む東恩納琢磨が団長に就任した。工事着工前に、辺野古の自然環境の豊かさを世に知らしめ、アセスの問題点をあぶり出すことを目指した。

アセスが終わる前の違法なボーリング調査阻止の運動

施設局は、04年4月28日、海上基地計画についての環境影響評価の第1段階の手続である環境影響評価方法書を作成公表し、アセスを開始した。ところが、施設局は、それと並行して、代替施設の護岸構造を検討する地質調査のためと称し辺野古地先で63箇所にも及ぶ海上ボーリング調査を行おうとした。本来、環境影響評価法の対象事業は、アセスが終了してからでないと工事着手できないのに、施設局は、ボーリング調査は着工ではない、として大規模な作業を始めようとしたのだ。

アセス監視団や、名護市民投票を受けて結成されたヘリ基地反対協議会など県内の市民団体を中心に、「辺野古の海に杭1本も打たせない」を合言葉に、ボーリング調査阻止の闘いが始まった。アセス開始前の4月18日、「明日ボーリング調査の資材搬入作業を開始する」という情報が市民の間に伝わった。深夜、翌朝にやってくると見込まれる工事車両を阻止するべく辺野古漁港の入口道路に100人規模の市民が集結し、夜通し座り込んだ。結局、その日は、市民の動きをつかんだ施設局側が資材を搬入する動きはなかった。

辺野古の漁港前にあるテント村には、今も座り込み開始から「○日」という看板が毎日更新されている。この数字は、この4月18日から数えられている。

海上での闘い

9月、施設局は、海上に建設工事用のパイプ足場を次々と設置し、ボーリング調査の準備を始めた。市民はカヌー隊を出し、施設局、海上保安庁、業者が入り乱れる中、単管足場にしがみつき、また足場に上って座り込んでボーリング調査を止める闘いを繰り広げた。施設局は1本たりともボーリング調査ができない事態となった。

法律家の闘い

法律家は、陸上で2つの取り組みを始めた。1つは環境影響評価の問題点を指摘する運動。アセス監視団が呼びかけた方法書に対する意見書提出運動では391件もの意見が提出された。6月に沖縄支部団員・加藤裕、横田達の呼びかけた法律家による意見書は、日弁連公害環境委員会のメンバーなども名を連ねた。方法書作成前に環境を改変するボーリング調査に着手することの違法性、事業内容が明確になっていないにもかかわらず環境影響評価に着手するお手つきのやり方への批判をした。

もう1つは、04年12月のボーリング調査差止訴訟提訴である。名護市民や漁業従事者、そして基地建設を憂う沖縄県民らが原告となった。弁護団は、団員をはじめこれまで米軍基地訴訟などを担当してきた沖縄の弁護士と、ジュゴン訴訟に取り組む名古屋、関西の弁護士グループである。

沖縄国際大学にヘリ墜落事故発生

辺野古で座り込みが続く最中の04年8月13日、米海兵隊大型輸送ヘリコプターCH-53Dが沖縄国際大学に墜落した。市民の死傷者は出なかったが、まさに幸運というほかなかった。ヘリは大学1号館の壁にローターをぶつけながら墜落したが、1階事務室では職員が勤務していた。大学正面のマンション室内にまで破片が飛散し、危うく母と子に直撃するところであった。そのマンション裏の住宅地の民家の前には折れた大きなローターが落下していた。さらに何日経っても米軍は事故現場を封鎖し続けた。地元の警察や消防も立ち入ることができなかった。団員ら弁護士は、日米地位協定にはそのような事故現場を米軍が封鎖する権限がないとメディアを通じて発信し、自治体や被害者である大学、メディアからも米軍に厳しい批判がなされた。この事故は、まさに普天間基地の危険性と米軍の「占領」意識を改めて可視化し、辺野古移設ではなく無条件返還を、との県民の思いを強くさせた。

計画の変更

05年10月29日、日米両政府は「日米同盟：未来への変革と再編」を発表した。「普天間飛行場返還を加速できるような、沖縄県内での移設のあり得べき他の多くの選択肢を検討した」として、海上基地建設計画を事実上放棄し、キャンプ・シュワブの海岸線付近を埋め立ててＬ字型に滑走路を設置する案に変更したのだ。これを受け、施設局は11月1日、ボーリング調査業務を一時停止することを表明した。海上と陸上での闘いが日米両政府の計画をくじき、戦略変更を余儀なくさせたのであった。

このＬ字型案は、さらに島袋吉和名護市長との交渉の結果、微修正され、06年5月1日、米軍再編の最終文書である「再編実施のためのロードマップ」によって、現行計画となるキャンプ・シュワブ地先埋め立てによるＶ字型滑走路設置案となった。

市民は、海上基地案阻止の闘いでは杭1本も打たせずに勝利した。

政治の攻防

振り出しに戻った闘い

Ｖ字型現行計画案への変更により、闘いは振り出しに戻った。

06年11月の県知事選では、政権が推す仲井眞弘多は、Ｖ字案は容認できない、普天間基地の危険性除去を求める、として当選した。他方、防衛省は、翌07年4月には、「環境現況調査」との名目で建設予定地での現地調査を開始した。「環境影響評価のための調査ではない」と居直った脱法的な見切り発車だった。再び、現地での座り込みと海上抗議行動が強化されていくことになった。

現行計画の環境影響評価はようやく07年8月7日に方法書公告縦覧で開始され、09年4月の環境影響評価準備書の公告縦覧、12年12月の環境影響評価補正書へと進んだ。

オール沖縄への動き

07年9月29日の教科書検定撤回県民大会に、11万人が集結した。教科書検定で沖縄戦での「集団強制死（集団自決）」の記述削除が求められたことに対する県民の怒りが爆発したのだった。党派を超えて集った大会で、翁長雄志那覇市長は、「日本政府はこういうことまでやるのか」という悔しい思いをし、保革の対立ではなく沖縄のアイデンティティーを訴える必要を肌で感じたそうだ。この県民大会は、「オール沖縄」という運動の原点となった。

09年8月、総選挙の結果「(普天間基地移設は) 最低でも県外」を掲げた民主党が政権をとり、鳩山由紀夫が首相になった。10年1月、名護市長選挙で稲嶺進が当選し、辺野古反対を掲げた市長が初めて誕生した。そして、ついに自民党沖縄県連も普天間基地県外移設へと舵を切った。5月、鳩山首相が県外移設を断念すると表明したが、沖縄で生まれた潮の流れはもう押しとどめることはできなかった。11月に再選した仲井眞知事も、県議会で「県外移設」答弁をした。

アセス違法確認訴訟での国の姿勢

09年8月、沖縄の弁護団は、建設ありきの杜撰なアセスを問う辺野古アセス違法確認訴訟を那覇地裁に提訴した。

この訴訟のクライマックスは、12年3月5日、SACO合意当時の防衛庁側交渉担当者であった高見澤將林防衛研究所長の尋問が採用されたことだった。高見澤所長は、96年のSACO合意当時、オスプレイ配備が計画されていたのに、それを報告書に明記しないように米側に示唆するメモを作成していた。これはアメリカのジュゴン訴訟での証拠開示によって明らかになっていた。高見澤所長からその隠ぺい経過を引き出せるかどうかが尋問の焦点だった。オスプレイ配備は既定路線なのに、配備を前提とせずに環境アセスがされていたからである。国は頑迷に抵抗した。防衛大臣が、公務員の守秘義務をタテに、国会答弁及び公知の事実以外にかかわる事項は証言を拒絶させる旨の文書を提出してきた。尋問は「高見澤尋問チーム」の加藤が担当した。法廷では、証人は、肝心なことは「公知の事実」も含めて証言拒絶だった。証人は、琉球新報の取材に対して自身が米国向けの文書を作成していたことを認めていたのに、その記事を示されても「守秘義務」があるとして答えず、国会答弁でオスプレイ配備について日米間で真剣に議論していたと述べていたことについても、「国会の質問にはいつもそのまま答えるわけではありません」などと、国会で答弁したことの事実確認まで否定した。国の隠ぺい体質を象徴するような尋問であった。
オスプレイ配備が正式に宜野湾市に通知されたのは11年6月だった。配備目前まで情報を隠し続けてきたのである。

オスプレイ配備反対県民集会

垂直離着陸機MV-22オスプレイが普天間基地に配備されることについて、早くから沖縄県民の不安と怒りが高まっていた。開発段階から何機も墜落事故を起こして「未亡人製造機」と呼ばれていた航空機である。
日米両政府は、オスプレイを12年10月から普天間基地に配備開始すると通告した。これに怒った沖縄県民は、教科書検定の県民大会以来となる超党派で反対運動を繰り広げ、配備直前の9月9日、宜野湾海浜公園にてオスプレイ配備反対県民大会を10万1,000人の参加で成功させた。大会実行委員会は、自公も含む県議会の全会派が参加した。当時沖縄弁護士会会長であった加藤も、委員の1人として大会の壇上に座っていた。
加藤には気がかりなことがあった。沖縄本島北部の東村高江でのヘリパッド建設問題だった。超党派の集会では、普天間基地閉鎖以外に米軍基地の整理縮小策について一致点がなかった。この大会で高江ヘリパットを取り上げることはできなかった。壇上に座る加藤には、公園を埋め尽くす参加者の中の最前列で、プラカードを掲げて必死に高江のことを訴えている地元の人たちが見えた。高江という小さな集落が切り捨てられているという悲痛な声だった。壇上からの発言者は誰も高江のことは取り上げない。一致点でないことに触れるわけにはいかないからだ。加藤は、弁護士会長として集会の最後の閉会挨拶に立った。加藤はこう訴えた。「オスプレイは、普天間にも、辺野古にも、そして高江の空にも飛ばさせない。」と。
教科書検定撤回県民大会で芽生えた息吹は、この県民集会でオール沖縄として結実することとなったのだ。

建白書の提出

10月1日、オスプレイは、機体整備をしていた岩国基地から次々と普天間飛行場に飛来してきた。県民大会実行委員会ではオスプレイ配備反対の建白書を政府に提出することを決めた。71年、沖縄の日本復帰を目前にし、屋良朝苗知事が、核も基地もない平和な沖縄を求めて「復帰に関する建議書」を携えて東京に向かっている途中、国会で沖縄返還協定が強行採決された歴史があった。「建白書」という標題にその時と重なる思いが込められたのである。

建白書は、オスプレイ配備撤回と、普天間基地の撤去・県内移設撤回の2つを求めるもので、県内全市町村の首長と議長が署名した。13年1月28日、すべての市町村から代表が上京し、日比谷公園で集会を開いた後、銀座までデモ行進をした。そして政権を取り戻した自民党・安倍晋三首相ら各所に建白書を届ける行動を敢行した。翁長那覇市長をはじめ、保守系の首長や議長らがそろって銀座でデモ行進するというのは画期的だった。ところが、行く先々の沿道では、大きな日の丸を掲げた人々が大量動員されており、デモ隊に対して、「売国奴」、「中国へ帰れ」、「オスプレイ配備ありがとう」などと暴言を浴びせてきた。通行人らは関心を寄せることもなく通り過ぎていった。行動に参加した沖縄の人々は罵声をかけられたことに大きなショックを受けた。沖縄と日本の間での「温度差」という言葉でも表現しきれない途方もない距離感がそこにあった。

だからこそ沖縄が結束しなければ打ち勝てない、翁長那覇市長は改めて「イデオロギーよりアイデンティティー」という思いを強くした。

自民党政府の悪辣な攻撃と翁長知事県政誕生

沖縄防衛局（那覇防衛施設局から組織変更）は、13年3月に、辺野古の埋立承認申請を沖縄県に提出し、仲井眞知事に圧力をかけた。11月には、自民党の石破幹事長が、県選出国会議員を同席させて記者会見に臨み、議員らに辺野古移設を受け入れさせた。そして、自民党県連も、これを転機に辺野古推進へと再び舵を戻した。12月、仲井眞知事は、突然態度を翻し、沖縄振興予算との引き換えに埋立承認処分をなし、「いい正月が迎えられる」と放言した。県民の怒りが頂点に達した。

14年11月、沖縄で長年続いた保革の対立を乗りこえ翁長知事が誕生した。翁長知事は、15年1月、第三者委員会を立ち上げて、埋立承認処分の経過を検証することとなった。仲井眞知事の承認処分は、その直前まで沖縄県環境部から環境保全は不可能という意見が出されていたのに、それを無視してなされていたからであった。

基地訴訟を闘ってきた弁護団は、既に14年1月、沖縄県に対して、仲井眞知事が行った承認処分取消訴訟を提訴していた。海上基地計画案当初から辺野古の自然環境を学び、環境影響評価の問題を長年にわたって指摘してきた弁護団の蓄積が今こそ求められていた。弁護団は、沖縄県にこれまでの検討の成果を提供し、ぜひともそれを反映させるよう求めていった。

第三者委員会は半年に及ぶ検討の末、仲井眞知事による承認処分には瑕疵がある旨の報告を発表した。翁長知事は、これを受け、15年10月13日、埋立承認処分を取り消した。行政と市民が手を携えて進む新たなステージへと移っていった。まさに辺野古の陸上での本体工事が着手されようとしている時期であった。

国のいかさま代執行訴訟

今度は、政府はとんでもない手法で知事の対抗手段を抑えにかかってきた。取消処分を受けた事業者である沖縄防衛局が公有水面埋立法を主管する国交大臣に行政不服審査請求をなし、身内である国交大臣が承認取消処分の「執行停止決定」をして工事を続行する形式を整えつつ、その国交大臣が主管大臣として地方自治体に代わって処分をするための代執行訴訟を沖縄県に対して提訴してきたのだ。この後、国はこの手法をフルに活用していく。知事による処分に対して、大臣が一方では行政不服審査の審査庁として防衛局の請求にお墨付きを与え、他方では主務大臣として知事に対して命令をするという、あるときは「裁判所」の顔で、あるときは「上級行政庁」の顔で沖縄県に襲いかかってきたのだ。

地方自治法上の代執行訴訟は、提訴から15日以内に初回期日を開かなければならず、その期日までに双方の主張を尽くさねばならないとされている特殊な訴訟形態である。この訴訟を県だけに任せてはいけないのではないか、基地弁護団の蓄積、全国の自由法曹団員の力をここに注ぐべきではないか、新垣勉団員は、この問題意識をもって早くから知事サイドに働きかけをしてきた。しかし、大田革新県政の時代と異なり、翁長知事の立ち位置からすれば団員を含む大弁護団を組むことはできなかった。その中で、代執行訴訟の期日直前になって、住民側の弁護団メンバーの中から加藤だけが県弁護団に招集されて加わることになった。

12月2日の福岡高裁那覇支部での代執行訴訟初回期日で、翁長知事は次のとおり訴えた。

「沖縄が米軍に自ら土地を提供したことは一度もありません。そして戦後70年、あろうことか、今度は日本政府によって、海上での銃剣とブルドーザーを彷彿させる行為で美しい海を埋め立て、私たちの自己決定権の及ばない国有地となり、そして、普天間基地にはない軍港機能や弾薬庫が加わり、機能強化され、耐用年数200年ともいわれる基地が造られようとしています。いま沖縄には日本国憲法が適用され、昨年のすべての選挙で辺野古新基地反対の民意が出たにもかかわらず、政府は建設を強行しようとしています。米軍基地に関してだけは、米軍施政権下と何ら変わりありません。（略）

日本には、本当に地方自治や民主主義は存在するのでしょうか。沖縄県にのみ負担を強いる今の日米安保体制は正常といえるのでしょうか。国民の皆様すべてに問いかけたいと思います。」

この訴訟は、国がいきなり代執行訴訟という地方自治法上の最終手段を行使してきたのを裁判所にとがめられ、16年3月、いったん国がこの訴訟を取り下げる和解まで追い詰めた。しかし、仕切り直しの手続で、最終的には同年12月20日の最高裁判決で、翁長知事の承認取消処分は違法とされた。

承認処分後に生じた違法事由を根拠に取り消す承認撤回の決断

辺野古の工事は少しずつ進み始め、17年4月には海上での護岸工事も着手された。その中で、沖縄防衛局が十分な環境保全措置をとっていないことが次々と明らかになってきた。市民からは、すぐ埋立承認を再撤回せよ、という声が日増しに高まってきたが、翁長知事は行政の責任者としてやみくもな撤回をするわけにはいかない、と慎重な姿勢を崩さなかった。また、翁長知事は、市民の間から県民投票の声が沸き起こり、その大きな声の支えが必要になるとも考えていたが、運動団体からは、辺野古での座り込みで手一杯だとして動きは起きなかった。

18年3月、市民の情報公開請求により、大浦湾側の護岸部分に想定をこえる軟弱な地盤が広く分布していることが判明した。翁長知事は、この重大な問題やこれまで積み重ねられてきた環境保全措置の不十分さから、このタイミングで撤回処分をすべきと決断した。5月、翁長知事に病変が見つかった。すい臓がんの診断だった。ところが、翁長知事は、県庁内部でも県の弁護団に対しても、その深刻な病状をひた隠しにしつつ、撤回への詰めを行っていった。7月下旬、翁長知事は、県庁内の関係者を集めて、撤回処分への手続を開始する記者会見を同月27日に実施すると決断した。同席した加藤は、どうしてこの段階で早めの記者会見をするのだろうとの小さな疑問が浮かんだ。記者会見当日、痩せきった翁長知事が足をひきずりながら会見室に入室した。「外反母趾なんだよ。」と言い訳していた。翁長知事は、撤回を表明する会見で、記者の質問に対して、職員が用意した想定問答をまったく無視して、これだけ世界情勢が変わってきているのに在沖米軍基地だけ変わらないというのがいかにおかしなことであるかと、15分、20分かけて熱く語った。

8月8日午後、翁長知事急変の報が県庁内を駆けめぐった。県弁護団も撤回処分準備のため打ち合わせ中だった。昏睡状態とのこと。そんなに悪かったとは……。県庁内からの祈りの気持ちとは裏腹に、同日夕、訃報が届いた。

最後の記者会見は、のこされた命の日数を感じ取った翁長知事が、最後の仕事として命がけで自ら撤回処分を表明し、後に託そうとしたものであった。

県民投票、そして未来へ

翁長知事が表明した承認処分撤回は、その後、8月31日、事務を引き継いだ謝花喜一郎副知事によって実行された。国土交通大臣は、この撤回処分に対して、10月、沖縄防衛局による行政不服審査請求を受けて執行停止決定をし、翌19年4月、処分取消の裁決をした。翁長知事からバトンを受け継いだ玉城デニー知事は、沖縄防衛局が不服申立して国交大臣が決定するという国の内部での出来レースは違法と提訴して闘ったが、20年3月26日、最高裁第一小法廷は、このような身内での行政不服審査も適法という不当判決をなした。

翁長知事が待ち望んでいた県民投票の運動は、18年5月、SALDs（シールズ）琉球の運動などに参加していた大学院生元山仁士郎らの呼びかけで始まった。労働運動や平和運動の団体からではなく、新しい運動であった。以前から積極的に県民投票を呼びかけていた新垣も運動の共同代表に就任し、条例案の作成や各地での投票の意義を伝える講師活動など八面六臂の活躍を見せた。県民投票条例制定を求める署名は、法定数約2万3,000の4倍となる9万2,848筆に上った。ところが、知事与党多数の県議会では条例案をすんなり可決したものの、自民党から示唆を受けた5市が投票事務ボイコットを表明し、全県実施が危ぶまれもした。これに対して、元山は抗議のハンストも行い、ボイコットへ県民の批判が集中した結果、19年2月24日、全県での県民投票が実現した。

そして、投票率52.48％、辺野古埋め立て賛成11万4,933票（18.99％）、反対43万4,273票（71.74％）と圧倒的多数の民意が示された。

18年12月から辺野古の海に土砂の投入が始まっている。現行の建設計画は、軟弱地盤という難題をかかえ、仮に順調に進んでも埋立の完成が33年以降、運用開始となるとそれより更に先になる。1兆円単位の費用をかけ、安全保障環境も激変しているであろう将来に、海兵隊オスプレイの基地にすぎない辺野古の基地を造る必要はあったのだろうか。沖縄の民意はそれを問うている。

4

広島憲法ミュージカル運動

きっかけ

64年に結成された「広島憲法会議」は毎年5月3日の憲法記念日を中心として講演会などを開催していたが、79年に団員石口俊一が広島弁護士会に登録した頃は、次第に市民の憲法への関心も低くなり、参加者が少なく固定化し、まさに金太郎飴状態になっていた。どうすればもっと憲法は自分の権利を守る身近なもの、職場や学校や暮らしの中で活かすものだと実感できるか、もっと多くの市民に知ってもらえるか、石口らの模索が始まった。

その後、多くの民主団体と共に闘った国家機密法阻止の活動や、弁護士どうしの連携を深める中で、91年からは、5月3日の集会を、広島憲法会議を軸にした実行委員会方式で行うようになった。そこには、団広島支部・青法協広島支部・法律事務所の事務局・広島県労連・その他の民主団体らが参加した。それまでの憲法学者の講演会形式ではなく、学者やジャーナリストらによるシンポジウム、参加者に対する憲法クイズとその回答の説明、弁護士や全司法や生協のメンバーなどによるオムニバス憲法劇等を行い、新たな参加者の輪が広がりつつあった。

93年の憲法集会後の打ち上げの際、石口から、横浜、福岡、埼玉などで出演者を広く市民から公募し、題材をその時々の事件や憲法問題を取り上げたミュージカルの上演が始まっていたことや、名古屋で開催した青法協人権交流集会での音楽劇「私はリンゴの木を植える」を話題にしたところ、飲んだ酒の勢いもあって、“よそに負けずに広島でもミュージカルをやろうか！”と、相良勝美団員、廣島敦隆団員と団員法律事務所のベテラン事務局員の三好、濱口、岩本、佐藤らと生協ひろしまのコーラスメンバーらが盛り上がった。一方的に講師の話を聞く講演会ではなく、市民による参加型の集いが何かできないだろうかという悩みを抱えていた広島に、各地の憲法活動の火花が燃え移った時であった。

はじまり（本当にできる？）

憲法ミュージカルといっても、テーマを何にするのか、いったい脚本は誰が書くのか、歌の歌詞、作曲はどうするのか、演出は誰がするのかなど課題は山ほどあるのに、弁護士だけではどうにもならないことばかり。そのときに助かったのは、団事務所や青法協が「広島県文化団体連合会」（文団連）と繋がりがあったことである。

文団連は、その地域の演劇・音楽・映画の鑑賞運動団体（市民劇場や映画サークルなど）、うたごえ、劇団、詩人会議、ジャーナリストなどの集まりで、運営会議を持って広島の文化活動を進めていて、原爆詩人の峠三吉を描いた演劇の上演や、被爆問題の合唱構成劇、平和や原爆の映画の自主製作や上映運動のほか、8.6前には独自の平和とうろう集会を開催していた。団員ら弁護士も、例えば映画「密約」（沖縄返還の密約問題を描いたもの）、映画「日独裁判官物語」の上映運動の中で、映画の前後で法的な問題を話す講師として参加するなどの協同関係にあった。さらに、長年にわたる労働争議を闘っていた教科書出版会社の第一学習社事件の最終解決を迫る市民集会で、素晴らしい合唱構成劇を作ったのが文団連の主要な人たちであり、憲法ミュージカルを上演したいという思いをしっかり受け止めてくれた。この第一学習社事件の東京弁護団の中心は、坂本修元団長だった。

はじまり（市民の関心を呼ぶテーマは何？）

“やろう”と盛り上がったものの、従来の100人程度の会場ではなく、照明・音響に会場費などの多くの費用がかかる600人規模の会場でとなれば、大人2,000円、子ども1,000円の参加費でないと赤字になる。広島で初めての、それも素人の市民らが出演するミュージカルで、憲法という堅そうな演題物に参加費を払って市民が来てくれるだろうか……と不安は大きくなるばかり。

実行委員会の議論で、多くの市民の参加を実現するには、94年5月3

日にぴったりの市民が関心を持つテーマを決めることが重要なこと、憲法は何も難解なものでも縁遠いものではなく、私たちの日常生活の中にこそ活かすものだ、“マイライフ・マイ憲法”ということをミュージカルを通じて楽しく面白く考えてもらおうと意思統一をした。そこで、93年秋口から月1回の実行委員会を開き、来年5月頃には何が話題になるだろうか、今、どんな憲法に関わる問題が議論されているだろうかについて自由に議論し、アイデアを出し合った。その中で、実行委員の教員から、広島県高校生平和ゼミナールとの共催の提案があり、この頃は国連で決議された「子どもの権利条約」を日本がなかなか批准しない状況であったので、憲法集会で条約の早期批准を訴えようと一挙にテーマが決まった。

はじまり（脚本、歌、振付、演出……は？）

テーマは決まったが脚本は？　埼玉はプロが書いているそうだが、福岡や横浜は弁護士が書いている、誰か書けそうなのはと白羽の矢がたったのは廣島であった。廣島は、83年に広島弁護士会に登録して消費者事件等で活動していたが、93年に初めて憲法集会のオムニバス劇の一場面の脚本を書き、その隠れた才能を見せた。元々文学部出身でその後に法学部に入ったので、夏目漱石全集や加藤周一著作集などを読破した読書量と俳句と謡のほか、クラシックを聴き、よく演劇や映画も観るので素養があった。

実際、94年から25年間、廣島は、人権感覚の鋭さとユーモアに満ちたミュージカルの脚本を書き続けた。しかし、それは廣島個人の能力だけではなく、実行委員会での率直な意見の交換、テーマや取り上げる問題については外部から講師を呼んで学び、それを脚本に活かしていくことを続けたからであった。第1作目の脚本は、年末までに権利条約の学習、学校現場の実情を教師に話してもらい、みんなで議論検討した内容を踏まえて、廣島が年末年始の休みを返上して第1稿を書き上げた。正月明けに1泊2日の実行委員会合宿をして、第1稿について喧々諤々と意見を言い合い、“文句ばかり言ってから”と腹を立てながらも廣島が直して仕上げるという集団作業であった。

歌は、場面毎に2曲。単なるセリフより、曲に乗せると訴える力が増す。

一方的にならないように、例えば、規制緩和を問題にした場面なら、大型店舗の規制を壊せばみんなが幸せという内容の歌と、小さいお店は素晴らしいという内容の歌で、参加者に問題を投げかける。その歌詞は、脚本との一体性があるのでほとんど廣島が書いたが、俳句をしていることが言葉選びに大いに役立っていた。ただ、毎回集会のエンディングの歌の歌詞は、ミュージカルの出演者らから募集し、いろいろな年代、様々な背景を持つ出演者たちの多様な言葉を練り上げていった。

場面に合わせた作曲（バラード、ロック、演歌、ブギウギ等）は、文団連のメンバーであり、障がい者の共同作業所のコンサートなどを育ててきた「音楽センターひろしま」の新江義雄（「人間の歌」の作詞作曲の山ノ木竹志）が引き受けた。毎年、10曲程度をつくり、歌の練習指導を行い、そして本番の舞台奥で生バンドの指揮を担当した。歌うには演奏が必要なため、新江や実行委員が声をかけて、趣旨に賛同するピアノ、ギター、ドラムなどの音楽家で“憲法バンド”をつくって生演奏をした。出演者はプロではないので、本番では歌のテンポがずれることもあり、伴奏をテープだとずれたままだが、生演奏はずれたテンポに合わせることができるのだった。

一番の難関はダンスの振り付けだった。短い練習期間で、素人の出演者ができるようになる、歌のイメージに合う振り付けを考え、そのレッスンをすることは、誰にもできることではない。最初の時から、伝手を頼っていろいろな人に振り付けを依頼してきたが、ある時からは広島の小劇団の瀬野が振付けと指導を担当するようになり、その場面で伝えたいメッセージを上手に表現したダンスを披露できるようになった。

演出は、文団連の劇団「月曜会」の演出家の原が、素人の出演者に、舞台の上から訴える憲法の内容が観客にきちんと伝わるように、声の出し方や大きさ、立ち位置、目線、姿勢、動作などの指導を行うことを快諾。

これで表方の体制はなんとかできた。舞台はこれだけでは動かない。舞台の照明と音響はプロの業者に依頼せざるを得ないが、場面毎の照明の色や当て方、音の拾い方などについては、演出の原や音楽の新江が業者と詰める。さらに、舞台の裏方、場面の転換時の大道具小道具の出し入れ、会場の席詰めなどは、文団連の人々が専門知識を活かして担ってくれた。

5月3日に向けて、出演者を……

一番重要な課題は出演者の公募である。脚本も作曲もほぼできた94年1月末に記者会見をして、新聞に公募の記事を載せてもらうほか、みんなで手分けして知人友人たちにも声をかけて、2月初め頃に出演希望者の最初の顔合わせを行った。

平和ゼミとの共催なので広島市内の高校生たちのほか、新聞記事を見て、知人に誘われてなどで、小学生からお年寄りまでの幅広い市民の参加があり、何よりも安堵！　改めて憲法ミュージカル上演の趣旨を説明し、参加者からは自己紹介とともに応募した思い等を1人ひとりに話してもらって、さあ出発。

本番までは約2か月半、毎週火曜の夜・土曜の午後の練習、3月末には1泊2日の合宿練習、本番1週間前からは舞台と同じ大きさの練習室でほぼ連日の“特訓”というハードな日程となった。

その中で配役を決め、配役に合わせたセリフの変更（男女が逆など）、役に合わせたセリフの変更、喋り慣れている広島弁への変更、歌の代わりに語りに変えるなど、全員が生き生きと参加できることを目指した。

みんなで学ぶ

この練習の間は、公募で参加した市民には、学校とは違った憲法を学ぶ場所にもなっている。憲法に魅かれたり、舞台に出たい、ミュージカルがやりたい、先生に言われて来た等様々な思いで参加した市民が、脚本の中に出てくる憲法の条文や、憲法が問題なった裁判を理解したり、その場面では何が問題なのか等について、練習の合間に一口憲法講座を行った。講師には、学者、ジャーナリスト、医師、弁護士、被爆者、障がい者、裁判の当事者に依頼し、それぞれのセリフの持つ意味を学んで、気持ちが1つになって本番へと向かう。

また、子どもたちにとっては、様々な専門家や職種の大人たちと交わることで、身内や学校の先生ではない大人の社会的な活動を学び、自分の将来を考えるきっかけになった。不登校や学校に居場所がないという子どもには、家庭や学校だけが世界ではなく、もっと大きな広い世界があることに気づくことになっていた。

団員にとっても、簡単にやろうと言ったミュージカルが、多くの分野の優れた専門家と舞台を支えるスタッフがいてこそできる総合芸術であることを学ばされ、一緒につくり上げる困難さを実感するとともに、それを乗り越えた後の喜びをみんなで分かち合いたいという気持ちになった。

なぜ、Ⅰ部とⅡ部の構成か？

94年からの憲法集会は、Ⅰ部が記念講演、Ⅱ部がミュージカルという構成とした。その理由は2つ。1つは、従来の憲法集会の参加者は多くて200人位、まだ見たこともない市民参加の憲法ミュージカルにどれだけの人が参加費2,000円を払って来てくれるだろうか、聞きたいと思う講師の記念講演とのセットであればなんとか600人の参加が見込めるのではということ。

もう1つは、Ⅰ部の講演の講師とⅡ部のミュージカルの内容がほど好く組み合わさって、相乗効果を生むことである。憲法と私たちの生活に関わるテーマをみんなで選ぶのに合わせ、テーマにふさわしい講師を選んで依頼するからである。例えば、97年のテーマは「情報公開」だが、Ⅰ部の講師の奥平康弘教授は、憲法学者の中でも表現、情報の自由の第一人者だったし（後に「九条の会」の呼びかけ人の1人に）、98年の二宮厚美教授は「規制緩和問題」の、99年の一番ケ瀬康子教授は「高齢者福祉」のそれぞれ第一人者である。

講師が決まると、講演の内容についての打ち合わせのためにミュージカルの脚本を送り、その後もミュージカルの出来上がっていく様子を随時連絡した上で、5月3日当日の午前中に本番前のゲネプロ（本番と同様の直前練習）を観客席で見てもらっている。そうすると、講演の内容が、その後に続くミュージカルの場面、セリフと結びつき、Ⅰ部とⅡ部の合計がプラス3、4にもなる。

広く訴える……

従来の憲法会議の加盟団体の動員型だけではだめで、広く市民に働きかけてアピールしなければ集会は成功しない。5月3日はゴールデンウィークの中、他の護憲団体の集会もあるし、広島市内で大規模なフェスティバルがあり、県外へ旅行に出かけるし、実家の田植えに戻らなくては……という厳しい状況であった。

そこで、実行委員会は、1万枚以上のチラシをつくり、回るルートを考え、2日間かけて、各民主団体や憲法問題に関心のある様々な団体を訪ね、2月からの集会、総会、講演会などでの配布と機関紙への折り込みの依頼と、チケットを預けて参加を訴えた。各新聞社には、公募だけでなく、練習の様子の取材要請や、事前の紹介記事の掲載を依頼した。みんなで手分けして、知り合いの喫茶店、理髪店などにチラシを張り出してもらうほか、出演者らも自分の家族、友人、知人への参加訴えを行った。

その後定例になったのは、広島県労連のメーデーでの出演である。政党の挨拶や争議団の訴え等に続き、高校生や大人の出演者が壇上に上がり、集会の案内とともにミュージカルの歌とダンスを1、2曲披露してアピールした。珍しさと新鮮さで大いにウケた。参加した高校生には得難い社会体験でもあった。

第1回目の94年の憲法集会・ミュージカル

狙い通り94年の5月頃は、子どもの権利条約の批准を求める声が高まり、マスコミも取り上げる状況になった。それでも、石口は、果たして本当に見に来てくれるのか不安で、会場の入り口を行ったり来たり。すると、開場は13時なのに12時頃から人が並び始め、長い列ができたので、急遽、開場時刻を繰り上げ、席が埋まり、階段通路にも座る人で一杯になった。

Ⅰ部は、文団連の推薦と石口が熱烈なファンであった“スクリーンのない映画館”で有名な芸人・マルセ太郎の憲法講談。いつもの映画語りではなく、初めての憲法に関わる講談であったが、鋭い観察眼による権力批評を笑いと独特の話芸で会場を魅了した。後に、マルセを尊敬する松元ヒロが1人語りで「憲法くん」を演ずる原点でもある。Ⅱ部のミュージカルは「子どもの権利条約」をテーマの『学校よ、よみがえれ』。権利条約にある“子どもの最善の利益とは？”、自由な意見を表明できることの大事さをはじめ、授業がわからないと子どもらが歌う「チンプンカンプンブギ」などで会場を沸かせた。なお、日本は、この年4月22日に権利条約を批准、5月22日に発効となった。

集会後の懇親会は、講師と出演者とスタッフ、裏方、照明・音響の担当者などが集まり、実行委員長から1人ひとりに一輪の花を贈り、それぞれが関わってきた憲法集会への思いを語り、来年も続けてやろうと盛り上がった。

これまでの憲法集会とミュージカル

翌95年からの憲法集会は、20年がコロナ禍で延期になるまでは、次のとおりである。

・95年　Ⅰ部（壽岳章子、上原千寿子の講演）
　　　　Ⅱ部『大往生』（国際高齢者年で「高齢者の人権」がテーマ）
・96年　Ⅰ部（野曽原弁護士の講演＆沖縄と平和を考えるシンポジウム）
　　　　Ⅱ部『女と男の共生時代』（男女雇用機会均等法10年を記念して）
・97年　Ⅰ部（奥平康弘教授の講演）
　　　　Ⅱ部『いま、窓をひらこう』（情報公開）
・98年　Ⅰ部（二宮厚美教授の講演）
　　　　Ⅱ部『ワンカイセキ国旅行記』（規制緩和の光と陰をテーマに）
・99年　Ⅰ部（一番ケ瀬康子教授の講演）
　　　　Ⅱ部『大往生　パートⅡ』（高齢者の人権）
・00年　Ⅰ部（水島朝穂教授の講演）
　　　　Ⅱ部『だまされやすい人々』
・01年　Ⅰ部（三上満氏の講演）
　　　　Ⅱ部『あなた任せはサヨウナラ』
・02年　Ⅰ部（佐高信氏の講演）
　　　　Ⅱ部『メディア王国ニッポン』（メディア規制法案をテーマ）
・03年　Ⅰ部（辻村みよ子教授の講演）
　　　　Ⅱ部『憲法9条の大逆転』（9条の誕生から現在から未来をテ

ーマ）

・04年 Ⅰ部（小森陽一教授の講演）

Ⅱ部『漱石21世紀を夢見る——不安大国ニッポン』（日露戦争百年、夏目漱石を狂言回しとして）

・05年 Ⅰ部（伊藤千尋氏の講演）

Ⅱ部『宮澤賢治風　憲法九条ファン大祭』（宮澤賢治を狂言回しにして、童話を使って）

・06年 Ⅰ部（小田中聡樹教授の講演）

Ⅱ部『希望の憲法』（正岡子規を狂言回しに、俳句を使いながら）

・07年 Ⅰ部（二宮厚美教授の講演）

Ⅱ部『妖怪列島ニッポン——美しい国って何？』（水木しげるの妖怪を借りて）

・08年 Ⅰ部「歌と語りでふり返る15年」＆坂本裕氏の講演「医療と25条・高齢者医療を考える」

Ⅱ部『Old IS Beautiful——老いも若きもすばらしい！』

・09年 Ⅰ部（島本慈子氏の講演）

Ⅱ部『Smile IS Beautiful——学びたい・働きたい……！』

・10年 Ⅰ部（伊藤周平教授の講演）

Ⅱ部『Change IS Beautiful——子どもの幸せ　みんなの幸せ』

・11年 Ⅰ部（加藤陽子教授の講演）

Ⅱ部『閉塞の時代を生きる』（石川啄木を狂言回しに、大逆事件百年目。講演の「日本近現代史の課外授業」と連携して）

・12年 Ⅰ部（田中優子教授の講演）

Ⅱ部『ダ・メディア大国ニッポン——江戸からヤジキタが来た』

・13年 Ⅰ部（神田香織の講談・はだしのゲンを語って）

Ⅱ部『憲法の底力』

・14年 Ⅰ部（伊藤真弁護士の講演）

Ⅱ部『憲法改正狂想曲～日本の進路～』

・15 年　Ⅰ部（小林武教授の講演）
　　　　Ⅱ部『憲法チャチャチャ！　～世界に広がれ第９条～』（沖縄の辺野古基地問題、特定秘密法の問題等）
・16 年　Ⅰ部（石口弁護士の講演）
　　　　Ⅱ部『主権者って言われても～今、覚醒の時～』
　　　　　（18 歳からの参政権や今の憲法状況を）
・17 年　Ⅰ部（団員平田かおり弁護士の講演・自民党の憲法改正草案について）
　　　　Ⅱ部『夢の国？　ヤベトピア』（憲法改正、教育、自衛隊の海外派遣、介護問題など）
・18 年　Ⅰ部（石口弁護士の講演）
　　　　Ⅱ部『二度はだまされない人々』（沖縄の基地問題、憲法改正、国民投票法など）
・19 年　Ⅰ部（伊藤千尋氏の講演）
　　　　Ⅱ部『マジカル憲法ツアー――もしも憲法がかわったら？』

憲法ミュージカルのアトランダム紹介

その時々のテーマや切り口は、時代を反映している。

国連の国際高齢者年の時は、岩波新書『大往生』がベストセラーで、“住み慣れた自宅で生き通したい”と歌い、市民オンブズマンが活躍したときには『いま、窓をひらこう』ともっと情報公開をと訴えた。『メディア王国ニッポン』では、サラリーマン化する記者を嘆いた「ジャーナリーマン」を歌い、CM で流れるサラ金会社の本音を皮肉ったロック・ソーランで舞台一杯と客席の最前列で踊った。

03 年の有事法制等の動きに対しては『憲法九条の大逆転』で９条を真正面から取り上げ、「新憲法ブギウギ」で９条の誕生を祝い、戦前の日本の中国侵略の実情を学び、広島の被爆と沖縄の戦争被害を歌った「ノーモアウォー・戦さはごめんだ」を歌い、04 年は「青い空は」の歌の作詞者小森香子の息子で夏目漱石などの近代文学研究の小森陽一教授の講演とセットで漱石を狂言回しに、戦争する国を目指す動きをたしなめた。また、『宮澤賢治風憲法九条ファン大祭』では賢治もファンだったベートーベンの第九交響曲の歓喜の歌を「第九条の歌」に変えて参加者と一緒に歌った。

10年は社会保障を取り上げ、保育所の「最低基準の緩和それはイカンワ」、雇用保険や生活保護のセーフティネットが十分に機能していない状況を「すべって、すべって、どんぞこブルース！」を。

15年は、沖縄から小林武教授を迎え、広島から沖縄へ戻った団員儀保唯弁護士からのホットな情報を基に辺野古新基地問題を取り上げ、新江の訳詞「花はどこへいった」を各場面の冒頭で順に歌って戦争の愚かさを表した。

ある年の公募で来た小学生の母親から、今回初めて家族や親戚、近所の人と憲法集会に参加し、「大学1年の長男が先の卒業式で君が代の時に着席したことで、子どもなりにいろいろ考えていたのだとわかった。夫が友人といまの国会についての意見も交わすなどプラスになる日でした」との手紙を受け取ったが、ミュージカルによる広がりを実感した。

波及と交流とこれから——若手へのバトンタッチ

憲法ミュージカルを始めて、毎回、ビデオ（後はDVD）を撮り、団員や知人の弁護士らへ販売していたが、義理で買うが見るかしらと思っていたところ、見て面白かった、自分のところでもミュージカルは無理でも憲法劇をやりたいという声があった。実際、広島県福山市では木山潔団員らが、自らの脚本で憲法の誕生劇を上演し、岡山では子どもの権利条約を題材にした憲法劇を弁護士会主催で上演した。滋賀の玉木昌美団員からは、いつも同期の廣島へ感想が届いていた。

また、東京の憲法フェスティバルの実行委員との交流、横浜や福岡との憲法劇のシナリオ交換など各地の団員との交流も生まれた。

そして、公募の市民のほかに、廣島や石口からの声掛けで、その時々の司法修習生、広島の法科大学院の学生、弁護士らも数多く出演した。司法修習生で出演し、京都でもやりたいと言って戻った渡辺輝人団員は、実際、時代劇風の憲法ミュージカルの上演を実現しているし、憲法ミュージカルを体験した弁護士は、沖縄、熊本、京都、東京などにいる。

子どものときや、他の仕事をしていた時に参加して弁護士になった出演者もいるが、彼らは生活保護裁判や憲法が問題になる裁判の中軸を担っている。また、小中学生の時に参加した出演者が、今度は自分の子や友人を連れて参加してきているように、26年継続してきた憲法ミュージカルの人の輪は、波紋のように広がっているし、この間の出演者・裏方や実行委員会の委員は延べで約2,500人、集会への参加者は総計で約1万6,000人であり、広島の地での憲法学習運動としての役割をある程度果たしている。

そして、新人弁護士の頃に参加した団員や弁護士、高校生平和ゼミで参加した青年らが、若い世代感覚で憲法問題を捉えて脚本や歌詞を書き、これまで以上に躍動的な舞台作りを目指して、新たな担い手として動き出している。

（補追：新型コロナ禍の20年5月は、1部の講演を木村草太教授、2部が「情報ソウサ⁉—誰がための憲法—」を予定していたが、やむなく一年延期に。）

5

自衛官の人権弁護団・北海道

——闇の世界に人権の光を　兵士の人権を守ることは軍隊を誤らせないこと

自衛官の人権弁護団・北海道は、自衛隊イラク派兵差止北海道訴訟（箕輪訴訟）に始まる弁護士の活動である。

自民党代議士・箕輪登の決意

03年3月20日、米英がイラク・フセイン政権に対する武力行使を開始し、小泉純一郎首相は世界のどの国よりも早く、しかも無条件の支持を表明した。後に、国連が憲章違反＝侵略戦争と認めたイラク戦争の開戦である。

国会は、同年7月26日にイラク特措法を強行成立させ、8月1日に公布即施行となり、12月9日には自衛隊の活動の基本計画を閣議決定し、18日には「実施要領」を防衛省が策定した。陸上自衛隊が戦後初めて、しかも重装備で戦場に派遣され、その第1次隊に旭川市に司令部を置く北部方面第2師団が指名された。

まさにこの日に、元自民党代議士の箕輪登が札幌弁護士会を訪ね、自衛隊のイラク派遣は憲法9条・自衛隊法に違反する、これを止める裁判を起こしたい、自衛隊員が人殺しをせず、殺されることがないようにしたいと訴えた。

箕輪は、体が不自由なため秘書を同行させていた。当時79歳。元軍医（外科医）で、札幌市・小樽市を中心とする旧北海道1区から42歳で初当選して以来、連続8期23年衆議院議員を務め、81年には郵政大臣に就任した。防衛政務次官、自民党国防部会、日韓防衛議員連盟幹事長などの要職を歴任してきた、自民党政権の防衛政策を担ってきた「タカ派」政治家だった。

その箕輪が、堰を切ったように訴えた。「イラクが日本に攻めてきたのか」

「そうでないのになぜ重装備で行くのか」「自衛隊員がイラクの人を殺したら殺人罪になる」「自衛隊員は日本を守るために命も惜しまないと入隊した立派な若者たちだ。政治家の間違った命令で命を落させるわけにはいかない」と。

そして、小泉首相や元同僚議員に手紙を書いたが梨のつぶてなので、司法の力を借りるしかない、弁護士会なら力になってくれると思ったという。団員佐藤博文たちは、弁護士会として取り組むことはできないが、箕輪の申し入れを会員に伝えることを約束した。

道産子（どさんこ）訴訟から全国の市民訴訟へ

佐藤をはじめ、箕輪の決意に心を動かされた弁護士有志が訴訟の準備を開始した。れっきとした自民党員で元閣僚、しかもタカ派と言われた箕輪が、心ある国民の結集を訴えたのだから、これに応えないわけにいかない。

提訴は、第2師団に派遣命令が出された直後の04年1月28日。代理人には、道内421名（当時）の弁護士のうち、4分の1を超える109名が就任した。活動費として1人1万円以上の募金を呼びかけたので、持参金用意の弁護団参加だった。

道内弁護士で代理人を構成したのは、北海道で行われた恵庭裁判（酪農家）、長沼ナイキ基地訴訟（長沼町民）を通じて形成された「平和的生存権」を、今日にふさわしく発展させるのは、北海道の弁護士の責任であると考えたからである。北海道の全団員がその先頭に立った。

北海道の闘いは、燎原の火の如く全国に広がり、全国で11地裁・14訴訟、原告数5,700名、代理人数800名という戦後最大の憲法訴訟に発展した。08年4月17日名古屋高裁の違憲判決を勝ち取り（本書「2　自衛隊イラク派兵差止訴訟」参照）、同年12月、自衛隊をイラクから完全撤退させた。佐藤は、北海道訴訟と全国弁護団連絡会議の事務局長を担った。

海外派兵と自衛官の人権

全国で展開されたイラク派遣差止訴訟は「平和的生存権」の具体的権利性と自衛隊イラク派遣が憲法9条違反であることを認めさせる闘いであっ

た。特に北海道訴訟は、箕輪の「我、自衛隊を愛す。故に憲法9条を守る」（同名の著書）に象徴され、箕輪訴訟と呼ばれた。陸上自衛隊の海外派兵に対し、守るべきものはまず自衛官とその家族である、という思いである。

米軍、自衛隊を合せた全国の基地面積の3分の1を占め、陸上自衛隊の4割が集中する道内から、箕輪の下に、自衛隊員や家族から不安の声や相談がたくさん寄せられた。箕輪は、戦争体験者であり、血を流さない政治、平和が一番であるというリアリティと信念を持っていた。それを、年寄りの体験話ではなく、現代の戦争に最も敏感に反応し、全身全霊を傾け、人々の先頭に立つことで示した。

箕輪は、06年2月29日法廷で証言し、5月14日に逝去した。法廷証言は、まさに遺言となった。

この後、自衛隊員や家族、関係者からの相談や情報提供先となったのが、箕輪の遺志を引き継ぎ、2次提訴原告と共に訴訟を遂行した弁護団であった。

そして、08年4月17日、画期的な名古屋高裁違憲判決を勝ち取った。

イラク戦争への参戦を契機に、自衛隊の中では、殺傷訓練の強化による負傷やコンバット・ストレスが広がっていた。後に自衛官の人権弁護団が取り組む女性自衛官セクハラ事件は08年9月に、徒手格闘訓練死事件は同年11月に起きている。

箕輪訴訟を通じて「兵士は軍人である前に市民である」「自衛官の人権を守ることは、自衛隊（軍隊）を誤らせないこと」という認識に立つに至った。

これは、日本と同じく戦後再軍備したドイツで、憲法に基づいて国会に設置された軍事オンブズマンの活動の法格言である。日本の兵士は、戦前、軍人直喩で「義は山獄より重く、死は鴻毛より軽しと心得よ」（天皇の命令は山より重く、兵士の命は羽毛より軽い）とされ、人を人と扱わない無権利のまま、無謀で非人道的な戦いを強いられ、多くの犠牲者を生んだが、これを現憲法下で繰り返してはならない。

女性自衛官セクハラ裁判

北海道には、航空警戒管制を行う通信基地が島端部を中心に5か所存在するが、その中で最も札幌に近い当別基地で発生した事件である。このことが、原告に対する弁護士・市民の支援体制がとれ、現職のまま裁判を遂行することができた条件となった。

当別基地は、石狩平野と石狩湾、札幌市と小樽市を一望する山頂にあり、最高の眺望地である。

原告は、04年3月に東京都内の高校を卒業、航空自衛隊の任期制隊員として入隊した。母子家庭の原告は大学進学を諦め、経済的に自立しなければならなかった。高校2年のとき、勧誘窓口で阪神淡路大震災における自衛隊の活躍ぶりを聞き、人の役に立つ仕事に就こうと思った。この思いは、高校卒業の3月にフォスタープランを申し込み、末弟と同年齢のバングラディッシュの子の里親となり、裁判中も月3,000円の送金を続けていたことに表われていた。

入隊後の原告は約1年間の教育訓練の後、05年4月から当別基地に配属されていた。同基地に勤務する隊員は約180名で、事件当時、女性は5名で、原告が最年長だった。自衛隊は、近時、女性を積極的に採用しているが、施設が追いつかず、当別基地でも庁舎3階の一部が宿舎とされ、5名が相部屋生活をしていた。

06年9月9日午前2時30分頃、原告が3階宿舎で就寝中、ボイラー事務室で夜勤していた加害者から電話で呼び出された。行ってみると、加害者がソファーで泥酔していた。原告が起こして「夜中に呼び出さないで欲しい」と戒めると、原告をソファーに座らせ、帰らせなかった。

その後、加害者はドアに鍵をかけ照明を消し、猥褻行為に及んだ。

原告は、その日の昼間は勤務がなかったが、夕方から2日連続の夜勤になっていた。深いダメージを受けた原告は、上司に事件を報告して休みたいと申し出た。しかし、代替隊員の確保をしてもらえず、病院の診断など性暴力被害者に対する保護や援助もなかった。

事件後、基地は取り調べを開始した。原告が、加害者を処分するためのものと思っていたら、読み聞かされた原告の供述調書は、「深夜に内務班を出て、関係者以外立ち入るべきでない場所に行ったことや、指定飲酒場所以外で飲酒したことについて、いかなる処分も受ける所存です」と、原告の規律違反を問うものだった。

被害者に対する退職強要

それ以降、原告は上司から「お前は問題を起こしたから外出させない」と言われ、隊内の忘年会・新年会・歓送迎会、通信制大学スクーリングのために札幌に行くこと、英語弁論大会などへの参加が許されなくなった。

原告は、通信制大学に通っていたので、卒業するために07年3月の任用更新を希望した。健康診断はクリアしたが、年明けから上司らによる退職強要が始まった。

2月5日には、上司や先輩ら数人の前に原告を立たせて「A（加害者）のせいにするなよ。お前は被害者でない」と恫喝。7日には、「ここまでこじれたら自衛隊ではやっていけないんだよ」などと言い、退職前提の有給休暇取得を迫った。

自衛隊員は、職住一体の生活で、家族・友人からも地域社会からも離れ、社会人としての成長はすべて自衛隊生活にある。したがって、所属する部隊から「辞めろ」と言われることは、全人格を否定され、社会から拒絶され、絶望の淵に置かれるに等しい。

原告は抵抗できず、有給休暇取得に応じた。2月8日、上司から「退職願い」を渡され、退職に親の同意をもらい、任期満了1か月前に帰って来いと命じられた。

原告は帰省したとき、父親に相談した。父親が、東京の弁護士に相談したところ、自衛隊イラク派兵差止訴訟の全国弁護団連絡会議が実施していた『自衛隊員・家族の何でも110番』を紹介され、事務局長の佐藤に繋がった。

原告は、基地に戻る前日の2月21日、札幌で1泊して佐藤の事務所を訪ね、初めて弁護士に相談した。佐藤は、基地のあまりにもひどい対応と、孤立無縁の環境、若い彼女の将来を考えたとき、退職せず頑張れとは言えなかった。

しかし、このとき原告は、上司から言われ続け自分が部隊に迷惑をかけていると思い込んでいたが、部隊の方が悪いと思い直すことができ、退職しないで頑張ろうという気持ちが芽生えたという。

2月22日、基地に戻った原告は、隊長他6名に取り囲まれ、再び退職を強要されたが、退職願に判を押さないで頑張り通し、任用を継続することができた。

現職のまま提訴して闘う

原告は、2月28日、告訴状を警務隊に提出し、捜査が開始された。しかし、性被害に遭った被害者に対する配慮はなく、二次被害と言うべきものだった。

原告は、女性隊員による事情聴取を希望したが、容れられなかった。警務隊は、「強姦未遂って言っているけど、強制わいせつで行く」と言い、加害者を不起訴処分の方向に誘導した。

警務隊は、被害状況再現にあたり、恐怖感から具合が悪いと言っている原告を現場に立ち会わせ、原告本人に被害者役をやるよう指示した。原告がこれを拒むと、警務官が加害者の行動を原告の前で実演して行った。

供述調書の作成にあたっては、警務隊が細部のすり合わせを指示し、原告は、記憶が曖昧だった事柄について、言われるままの調書を作成させられた。

以上の捜査は、警察の『性犯罪被害者対応ハンドブック』に反することが明らかである。これが後に、加害者が「嫌疑不十分」で不起訴処分となり、検察審査会でも容れられなかった原因となり、民事裁判で原告の立証負担を大きくした原因となった。

しかし、原告は、部隊の不法行為（性暴行、被害者保護の懈怠、退職強要）について、慰謝料1,000万円の賠償を求め、同年5月8日、札幌地裁に提訴した。弁護団は、事件を公表し、徹頭徹尾、世論を味方に闘う方針で臨んだ。

孤立した部隊の中で、提訴時21歳の原告が現職のまま闘うことができた理由について、本人は次のように答えている。「経済的な理由から自衛隊を辞めることは考えられなかった。」「裁判そのものより、日々の基地の中での嫌がらせの方が、何倍も辛かった。そんな中で、いつも話せるカウンセラー、牧師、地元の支援者、弁護団のほか、全国各地からの励ましに支えられた。」

自衛隊の本音――「精強さ」

原告は、提訴時のコメントで「今後自衛隊が社会常識が通用する普通の組織となり、女性が安心して働ける職場になれるかどうか」と述べ、自衛隊員も一般の企業や公務員と同じく、性の尊厳が守られる勤務環境が確保されることを、当然のことと思っていた。たしかに、セクハラ防止について、公務員に適用される法・規則・訓令と同じものが自衛隊にもあった。

しかし同時に、自衛隊は「精強さ」という概念を持ち出してきた。すなわち、国は、「自衛官の任用においては、その職務の特殊性及び自衛隊の精強さを保つ上での厳正な規律の保持が求められており、一般の公務員とは大きく異なる点が多い」と。

このうち、「職務の特殊性」は理解可能だが、「精強さ」は自衛隊法にも無い概念であり、自衛隊員の市民法上の権利を制限する原理ならば、法律主義に反する。また、「精強さ」は、軍事・軍隊が「男性的」であることにも結びつく。

かかる弁護団の指摘に、国は、第1準備書面で1度主張しただけで、引っ込めた。

ところで、自衛隊内におけるセクハラについては、99年及び07年に、それぞれ防衛庁（当時）内の男女職員2,000名を対象として実施されたアンケート調査がある。後者の調査結果は、本件提訴が大きく報道され、国会質問が行われた直後に実施されたものである。

	99年調査	07年調査
性的関係の強要	18.7%	3.4%
強姦・暴行（未遂含）	7.4%	1.5%
わざとさわる	59.8%	20.3%

99年は、刑事犯罪が横行している実態を表しているが、07年は大きく減少している。原告の勇気と世論が状況を変えたのである。

画期的な地裁判決

裁判は、提訴から3年3カ月後の10年7月29日に判決（裁判長橋詰均）が下された。性被害の分析に深い洞察を加えるもので、今後先例となる画期的なものとなった。

第1に、被害者の供述の一部に変遷や不合理と思われる点があっても、「性的暴行の被害を思い出すことへの心理的抵抗が極めて強いこと」「共感をもって注意深く言い分に耳を傾けないと、客観的事実と異なる説明やもっとも恥ずかしい事実を伏せた説明をしてしまうことはままある」「原告からの事情聴取はもっぱら男性上司や男性警務隊員によって行われており、原告が性的暴行を冷静に思い出したり、記憶を言葉で説明することができなかった」等と、性被害者の心理を深く洞察した事実認定をしたことである。

第2に、「隊内の規律統制維持のため隊員相互間の序列が一般社会とは比較にならないほど厳格で、上命下服の意識が徹底した組織」であり、「上位者である加害者に逆らうことができない心境に陥る」と、軍隊の本質に迫った認定をしていることである。

第3に、組織的な二次被害を正面から認定したことである。職場の責任につき、①被害職員が心身の被害を回復できるよう配慮すべき義務（被害配慮義務）、②加害行為によって当該職員の勤務環境が不快となっている状態を改善する義務（環境調整義務）、③性的被害を訴える者がしばしば職場の厄介者として疎んじられ様々な不利益を受けることがあるので、そのような不利益の発生を防止すべき義務（不利益防止義務）を負う、と事後の配慮義務についての具体的な判断基準を示し、そのすべてに違反があったと認定したことである。

以上より、慰謝料580万円を認容し、その内訳を性暴力200万円、保護・援助の不作為300万円とした。性暴力後の対応に多額の慰謝料を認めたことは、性被害における組織責任の大きさを示し、賠償水準の引き上げに寄与するものとなった。

この判決は、一審で確定し、自衛隊内のセクハラと闘う判例として確立した。

女性自衛官セクハラ裁判の判決から6日後の10年8月3日、弁護団は、今度は自衛隊員の殺人訓練と生命身体の安全を問う新しい人権裁判を起こした。

徒手格闘訓練死裁判

06年11月22日、当時20歳だった沖縄県出身の1等陸士が、札幌市内にある真駒内駐屯地の体育館2階で行っていた徒手格闘訓練中に、相手方に投げられて後頭部を強く打ち、急性硬膜下血腫及び外傷性くも膜下血腫で亡くなったとされた。

被害者の損傷は以下のとおりだった（司法解剖結果）。

①左頬部及び鼻尖部の表皮剥脱
②下口唇の挫創及び下顎切歯の脱落
③前胸部、両側胸部の皮下出血
④左第4肋骨（2か所）及び第6肋骨の骨折
⑤右胸部後面、第8肋骨周囲の肋間筋出血
⑥両側腸骨部の皮下出血
⑦肝鎌状間膜の裂開ならびに肝臓下面の裂創及び腹腔内出血
⑧両肩部前面の皮下出血
⑨左肘窩の皮下出血
⑩背胸上部の皮内出血
⑪両膝部の皮下出血
⑫硬膜下血腫及びクモ膜下出血、及び右側頭葉鉤部、右側小脳扁桃の脳ヘルニア

脳出血等のほか、原告の体には、全身に及ぶ皮下出血、肋骨の3カ所骨折、肝臓破裂など、報告書の訓練内容では説明のつかない外傷が多数あった。

弁護団は、訓練に関与した3名の自衛官の安全配慮義務違反に止まらず、訓練を隠れ蓑に被害者に暴行を加え、自衛隊が組織ぐるみで隠ぺいした可

能性を追及した。

素手の殺人訓練＝徒手格闘

「徒手格闘」とは、「おう盛な闘志をもって敵を殺傷又は捕獲する戦闘手段」である。人体のどこが急所かを理解し、そこを手拳や膝、足などを使って一撃で殺傷する訓練である。01年米国テロ以降の「対テロ戦争」で、都市ゲリラ戦が重視され、自衛隊でも訓練が強化されていた。

その特徴について、スポーツである柔道と対比して、次のように説明される。

> 「柔道の試合では綺麗に相手を仰向けにすれば一本となるが、投げられる側も受け身を身につけている上、畳で衝撃が吸収され、昏倒するほどのダメージを負うことは少ない。」「だが、徒手格闘の舞台は、畳の上でもマットの上でもない。野戦ならば石ころ混じりの地面、市街戦ならアスファルトやコンクリートの上である。このような場合なら、敵が例え受け身をとったとしても致命的なダメージを受けることとなる。なるべく受け身をとれないよう投げるため地面が武器となり、敵を昏倒させうる必殺技になるのだ。」「綺麗に決まれば後頭部を地面に叩きつけることができるため、効果は大きい。」

原告の後頭部への致命傷は、まさに徒手格闘の本来の効果だったわけである。

徒手格闘は、08年度から銃剣格闘と一緒になり「新格闘」となった。武道、格闘技の枠を超えた実戦性が特徴で、「火器を使用せず、直接武器や徒手で相手を死に至らしめる場合もあるため、心の鍛練、教育も重要になる」とされた。ここで言う「心の鍛練、教育」は、危険な訓練だから安全に配慮せよというのではなく、敵の殺傷を、自らの生命を省みずに敢然と行う、兵士としての「精強さ」である。

沖縄からの裁判支援と内部告発

12年4月、被害者の実家のある沖縄県沖縄市で、徒手格闘訓練死裁判を支援する会が、県民170名の参加で結成された。沖縄出身の国会議員、地元市議会議員らが超党派で支援するものとなった。沖縄の各紙が大きく報道し、特に沖縄タイムスは、同年5月3日の憲法記念日の特集記事を、今までは基地問題・安保問題が中心だったが、初めて自衛隊問題を正面から取り組んだとのことだった。

以後、毎回の弁論に、沖縄から支援者がツアーを組んで法廷傍聴に来た。年配者は、この事件に戦前の日本軍、現在の米軍の実態を重ね合せていた。

これに、イラク派兵差止訴訟、女性自衛官人権裁判から続く札幌の支援者などの応援が、原告ら家族と若い弁護団を励ました。

支援する会の事務局長は、被害者の双子の弟で、高校卒業時に一緒に自衛隊に入隊した島袋恵佑だった。島袋は20年6月の沖縄県議会議員選挙に立候補し、見事に当選した。

裁判で、弁護団は、真駒内基地で発生した徒手格闘訓練における事故を報告・集計した資料の開示を求めたが、国は一部しか開示しなかった。

しかし、原告代理人の下に、真駒内基地で、事故があった06年1年間に発生した徒手格闘による負傷事故の詳細な資料の情報提供があった。それによると、わずか1年間で28人が負傷し、うち骨折が8名、靱帯損傷が5名、首関節損傷が5名という、凄まじい内容で、大部分が公務災害として扱われていないことも判った。死亡事故は、起こるべくして起きたのである。こうして、この裁判は、真駒内基地の隊員の内部告発も受けて、自衛隊員や家族の声を代弁する闘いにもなった。

さらに、航空自衛隊の資料も手に入り、隊員の業務事故のうち徒手格闘による事故が、なんと全体の半分をも占めていることが判った。こうして、敵を殺傷する軍隊の活動は、多くの兵士の日々の犠牲の上にあることが明らかになった。

判決の到達点

札幌地裁（裁判長石橋俊一）は、国（自衛隊）の執拗な抵抗を排して、12

年12月6日、本件事故現場である体育館の検証を実施した。そして、13年2月1日に証人尋問を行い、3月29日に判決を言い渡した。

判決は、自衛隊の徒手格闘訓練を「旺盛な闘志をもって敵たる相手を殺傷する又は捕獲するための戦闘手段であり、その訓練には本来的に生命身体に対する一定の危険が内在」するとして、殺人訓練であることとその危険性を正面から認めた。

その上で、訓練の指導者は「訓練に内在する危険から訓練者を保護するため、常に安全面に配慮し、事故の発生を未然に防止すべき一般的な注意義務を負う」とし、徒手格闘訓練が自衛隊の訓練として行われる場合であっても、労災やスポーツ事故と同様に安全配慮義務が働くことを当然のこととして認め、両親固有の慰謝料も含め総額6,500万円の支払いを認めた。

また、自衛隊は、当初、遺族の公務災害発生報告書の開示請求に対して、事故態様がまったくわからない黒塗りのものしか開示せず、遺族が黒塗りのない報告書を入手するまでに3年以上かかった。これに対して、国は請求権の時効消滅を主張したが、判決は、両親が国会議員を通じて全面開示の公務災害発生報告書を入手した日が起算日になるとして国の主張を排斥した。

しかし、課題も残った。

1つは、判決が、骨折などを事故後の医療行為による可能性が否定できないとして、いじめやしごきによる暴行、傷害を否定したことである。隠蔽体質の自衛隊を相手に闘う、主張立証の限界に直面したことである。

もう1つは、徒手格闘訓練と「安全性確保」は両立するかという根本的な疑問への回答である。この訓練はやればやるほど負傷者が出る。急所を外し、相手に受け身を取らせる「安全な」訓練は、徒手格闘の「訓練」ではないからである。この矛盾について、裁判所は触れなかった。

この論点は、憲法9条2項の戦力の不保持と、殺傷を目的とする兵士の存在は両立するのかという問題に行き着くことになる。

広がる弁護団活動

前述した2つの裁判と並行して、あるいはその後に取り組んだ主な訴訟や公務災害認定請求には、次のものがある。弁護団への相談案件、調査案件は少なくないが、自衛隊や家族・親族からのプレッシャーが強く、また、立証の困難さから、被害者や家族が法的手段に踏み切ることは、残念ながら少ない。

この意味で、自衛官や家族の人権侵害を顕在化させ、救済を図る弁護団の取り組みは、まだ緒についたばかりである。

【軍隊とジェンダー】

・陸自女性事務官（19歳）に対する強制わいせつ事件。13年12月に札幌地裁提訴、16年3月判決・確定（加害者個人に265万円認容。国賠は棄却）。

・陸自隊員による基地で働く女性に対する強制わいせつ事件。14年1月に旭川地裁に提訴、15年9月に和解成立。

【公務災害認定請求】

・陸自衛生隊員の東日本大震災派遣及びパワハラによるうつ病（12年6月請求）

・陸自車両整備業務隊員のアスベスト被害（17年8月請求）

・陸自隊員に対する違法捜査・パワハラによるうつ病（18年5月請求）

【自衛隊員の自殺】

・陸自隊員（19歳）に対するいじめ自殺事件　20年6月札幌地裁提訴。

・自衛隊員の自殺情報不開示処分取消請求　18年4月札幌地裁提訴。21年1月26日勝訴判決。

【パワハラ・退職強要】

・陸自女性自衛官パワハラ・退職強要事件　11年12月札幌地裁提訴、14年12月判決（敗訴）。

【海外派兵（南スーダンPKO）差止】

・陸自東千歳基地に所属する隊員の母親を原告とする自衛隊南スーダンPKO派遣差止訴訟。16年11月に札幌地裁提訴。

【協力訴訟】

・防衛大いじめ事件・福岡　16年3月　福岡地裁提訴。20年12月9日

福岡高裁判決（268万円認容）
・防衛大いじめ事件・横浜　19年9月　横浜地裁提訴
・安保違憲訴訟・札幌　　　17年1月　札幌地裁提訴

「自衛官の人権弁護団・北海道」と、後ろに地名を置いたのは、全国に存在する自衛隊員と家族の人権を守るために、全都道府県ごとに、「駆け込み寺」となる弁護団ができることを期待したからである。

16年3月から違憲の安保法制が施行され、自衛隊は依然「闇の世界」のままである。弁護団の活動は、これに人権の光をあて、軍隊を誤らせないことである。

第2部

権力による人権侵害と対決して

6

猿払事件最高裁判決の壁に挑む

——国家公務員の政治活動の自由を守る闘い

大規模な捜査の勃発

04年3月3日、目黒社会保険事務所に勤務する堀越明男が逮捕された。同時に、同人の自宅、目黒社会保険事務所、東京社会保険局、同人が出入りしていた地元の鞠子勝彦共産党区議の事務所、共産党千代田地区委員会が一斉に捜索差押を受けた。

第一法律事務所の山本英司団員が鞠子事務所に駆けつけた。このとき捜索は既に終わりかけていた。山本は、捜索令状を警察に提示させた。「国家公務員法違反」の罪名が目に飛び込んできた。

千代田地区委員会の捜索には、小林譲二団員、小部正治団員らが駆けつけた。既にテレビ局のカメラが並んでいた。団員らは、警察が差し押さえしようとする文書は関連性がないと抗議したが、結局、千代田地区委員会からは、堀越という名前が書いてある文書で、堀越の所属する後援会名簿、赤旗読者名簿等々の文書が押収された。

堀越は中央区月島警察署に連行され、鶴見祐策団員が月島警察署に駆けつけたところ、警官からは「もう本庁に行っちゃいました」と言われた。鶴見は、タクシーで警視庁に向かい、そこで2時間近く待たされ、ようやく接見することができた。しかし、既に調書はとられていた。堀越は「俺は全然悪いことしていない。何も隠すことはない」と鶴見に語った。鶴見は、警察権力の弾圧の意図を伝え、「黙秘で闘うのが原則」と30分くらい話したが、堀越は開放的でまったく頓着する様子はなかった。

一連の捜索が実行された後、その日のうちに対策会議が開かれた。そこでは、この強制捜査は、公安警察が日本共産党の組織を弾圧する狙いの下に行われたことが確認された。千代田地区委員会の捜索現場にテレビ局が来ていたのは、警視庁公安部があらかじめメディアにリークしていたことによるものであり、既に記者会見まで行い、夕刊に報道されていた。メディアは、駆けつけた団員らよりも早く、逮捕、捜索の事実だけでなく、被疑事実や罪名まで詳細に知っていた。

連日、対策会議が行われた。勾留請求させないことが先決であるとして、逮捕翌日の3月4日、山本らが担当検事に勾留請求するなと要求したところ、検事から「略式で起訴するから勾留請求はいたしません。」とあっさり言われた。そこで略式起訴に同意するのかどうかが問題になった。山本は堀越に、公判請求されると公務員は起訴休職になるおそれがあるけれども、略式起訴に同意せずに、共産党の組織に対するこの弾圧と闘おうと励ました。堀越は、担当検事から「君は公務員を取るか、共産党を取るか」と迫られるも、山本の励ましもあって、保身を選ばず権力の不正と闘う決意を固めた。山本は、担当検事に略式起訴に同意しない旨の連絡をするとともに、起訴をすべきでないと抗議した。しかし、検事は「猿払判決がある以上起訴せざるを得ません」と対応してきた。かくして猿払事件最高裁判決との闘いが始まった。

堀越は、3月5日、釈放されると同時に起訴された。堀越は国会議員とともに、東京社会保険事務局に行って不当な起訴だから起訴休職を発令させない申し入れを行った。そして起訴休職をさせなかった。このことが闘いを継続する上で大きな力になった。

起訴事実と猿払事件最高裁判決

起訴事実は、03年11月9日の衆議院議員選挙に際し、日本共産党を支持する目的をもって、10月19日、25日、11月3日の3日間、堀越の自宅周辺の中央区月島地域に「しんぶん赤旗号外」を配布した行為が、国家公務員の政治的活動を禁止した国家公務員法110条1項19号、102条1項、人事院規則14－7、6項7号、13号に違反するというものであった。

国家公務員の政治活動を全面的に禁止した国公法・人事院規則に関しては、北海道宗谷郡猿払村の郵便局に勤務していた公務員による選挙用ポスターの掲示・配布が国公法違反として起訴された猿払事件で、最高裁は

74年11月6日、国家公務員の政治活動の一律全面禁止を合憲として、一・二審の無罪判決を覆し、有罪判決を言い渡した。国家公務員の政治的表現（政治活動）を過度に広汎に禁止する国公法・人事院規則を合憲とする最高裁判決に対して、憲法学界はもちろん社会的にも激しい批判が集中した。そのため猿払事件発生後37年間にわたって、国公法違反によって起訴されたことはなかった。

03年11月以降、政党や財界などから改憲案・改憲提言が活発に出され、04年には改憲手続法の制定を求める改憲策動が激しくなってくる情勢の下で、警察権力は、国公法による政治活動禁止の封印を解き、これを弾圧の武器として再起動させ、公務員の市民生活の場における政治活動を全面的に萎縮させることを狙っていた。

20人を超える弁護団結成

都内の団員のいる法律事務所に広く呼びかけがあり、20人を超える団員が弁護団に結集した。主任弁護人に石崎和彦団員、事務局長に加藤健次団員が決まった。弁護団結成は3月19日、守る会結成は4月22日だった。守る会は、社保庁内に限定することなく、より広汎な組織と多くの市民を結集し、共闘の軸になった。公務員の政治活動の自由を国公労働者の権利問題と位置づけて支援決定をして、全労連議長、国公労連委員長、各単産の委員長など主要組合の幹部も集まった。

弁護団は憲法、公訴棄却論、刑法、刑訴法、違法捜査論、国際法などいくつかの分野別チームに分かれて論点を深めていった。この闘いの「主役」である堀越への激励と彼がこの裁判を闘い抜くため、弁護団、救援会、千代田区、中央区の守る会などと月１回ずつ色々な協議を重ねた。

第１回公判前の進行協議

第１回公判期日前の進行協議は５回重ねられた。中谷雄二郎裁判長が、２年間で判決まで行きたいといって協力を求めてきた。弁護団も月２回ペースの公判期日も含めて応じることにし、とにかくやれることは全部やるという強い決意を固め合った。

弁護団は証拠開示を求めた。証拠開示に関する改正刑事訴訟法の施行前だったが、裁判所は改正法を用いたいとの意向だった。弁護団は証拠開示させるべく知恵をしぼった。

証拠開示と広汎な捜査を可能にする政治活動禁止規制

04年7月、進行協議の終盤は証拠開示の対象が焦点となった。

検察官は、警察官作成の現認報告書と警察官証言だけで立証を済ませようとしていた。しかし、開示された現認報告書を弁護団で分析すると、何時何分にどこのポストに投函したと非常に具体的で、ビデオ録画に基いて作成されたことが推測された。そこで、ビデオテープ解析結果報告書、さらには、ビデオテープそのものも開示されなければ真相解明は不十分だと弁護団は要求した。検察官は頑強に抵抗した。

弁護団は、第1回公判期日（7月20日）で証拠開示命令を出させたかった。ビデオテープ等の開示を勝ち取るべく必死に改正刑訴法を勉強した。弁護団は、捜査の端緒から違法捜査が行われていることを公訴棄却論の大きな柱としており、この主張に関する証拠としてのビデオテープ等は、主張関連証拠だから、証明予定事実としてこちらの方が先に主張しなければならなかった。この証拠開示は、山本、佐々木亮が中心となった。弁護団は、公安警察が事前に堀越を把握し、調査対象として個人情報を集めていたに違いない、だからこそ休日に、私服で、1人で職場から離れた自宅近所でビラを配布する堀越の姿をとらえて、これは国家公務員がビラを配布していると認定した捜査が可能だったのである、との主張をした。

中谷裁判長は、第1回公判期日に、検察官に対しビデオテープ等の証拠開示命令を出した。ビデオとともに「行動確認実施結果一覧表」も開示された。この一覧表の内容に弁護団の誰もが息をのんだ。そこには堀越の「党活動」と「党活動以外の動向」、つまり、人事院規則所定の「政治活動」とそうした「政治活動」と無関係な市民生活における「動向」とに区分し、その「活動」と「動向」のいずれの情報も分刻みで「公安警察」による監視・捜査の対象とされ、網羅的に収集されていた。

例えば、10月12日（日曜日）の「行動確認結果」には「12時8分自宅を出てくるのを再捕捉、12時25分有楽町駅改札を出たところで氏名不詳の女（身長150cm位、年齢35歳前後）と接触、銀座インズ地下1階『月の雫』に入店、13時20分同店を出る。徒歩にて築地方向、中央区銀座2－15－6『区立中央会館』に入る、14時30分演劇『銃口』を見る、17時25分演劇を終了し同演劇を見ていた男女10名位と、居酒屋にはいる、19時50分居酒屋から出た後、氏名不詳の男と3人でカラオケ店『ディアナ銀座』（中央区銀座3－9－6）に入店、20時30分視察を打ち切る」と記載されていた。

国公法による政治活動禁止規制が、「勤務時間外」における公務員の市民としての日常的な営みにまで捜査の目を光らせ、その生活を奥深く監視する広汎な捜査を可能にする規制として機能し、堀越のプライバシーは丸裸にされていた。堀越のプライバシーだけでなく、同人と関係している市民・団体の動向まで収集されていた。

公安警察官に対する尋問

第3回公判（04年10月18日）から証人尋問が始まった。公安警察官に対する尋問が続いた。合計11人に及んだ。公安警察官に対する反対尋問にはベテランと若手の弁護団が組んで臨んだ。最後に「行動確認実施結果一覧表」を作成した警察官坂本の尋問となった。この坂本尋問を担当した若手は同じ名前の坂本雅弥団員であり、尋問の前半を担当する予定だった。異常な捜査体制を象徴する証拠の1つを作成した張本人であり、弁護士1年目である坂本は十分に準備をして臨んだ。坂本の質問の第一声「これ（行動確認実施結果一覧表添付の捜査報告書）は、あなたが作成した報告書ですね？」。これに対して返ってきた坂本警察官の証言はなんと「違います」！　ベテラン団員が後を引き継ぎ、じゃあ誰が作成したのかと尋問すると、この捜査の責任者である寺田警部だという。寺田尋問はもう終了していた。坂本尋問後、弁護団の粘りで、あらためて寺田警部の再尋問が決定された。

再度の尋問に臨んだ寺田警部は「我々の捜査のスタンスというのは、……行動確認をしている過程で、それが私生活だからといって、いったん行動確認を打ち切って、そのあと行動が把握できなければ捜査にはならない」と述べた。この証言は、政治活動禁止規制が市民生活の奥深くに及ぶ広汎な捜査を展開していく構造を内包していることを示した。

明らかとなった公安の捜査実態

証拠調べの結果、公安警察の異常な捜査の実態が白日の下にさらされた。

起訴の対象となった3日間を含む実に29日間（03年10月11日～同年11月8日）、連日、堀越に対する尾行が行われた。その間に投入された警察官は延べ171人。特に土日・祝日は、11名の警察官が尾行していた。平日も毎日2～3名の警察官が堀越を尾行・監視していた。

起訴状記載の3日間の尾行・盗撮体制は大規模なものだった。

10月19日	捜査員 9名	ビデオカメラ5台	自動車3台
10月25日	捜査員11名	ビデオカメラ4台	自動車4台
11月 3日	捜査員11名	ビデオカメラ6台	自動車4台

その実態は、堀越が黙々と歩いてビラ配布をしている姿を延々と尾行し、いくつもの方向からビデオで盗撮していた。ビデオには、堀越と一緒にビラを配っている人や、立ち話している人なども映っていた。盗撮している警察のビデオカメラは、みな、黒っぽい肩掛けバックに入っていて、網の掛かった丸穴からカメラのレンズで撮影しているというものだった。

弁護団申請証人の尋問

弁護側の申請証人は、職場の上司2人と同僚。上司は、堀越はベテランでまじめに仕事をしていたと証言した。ビラが配布された近隣住民にも証言してもらった。他に、中央区議の田辺七郎区議、国民救援会の山田善二郎会長も採用された。

学者証人として、憲法分野は長岡徹、大久保史郎、市川正人、行政法分野は佐伯祐二、刑法分野は中山研一、刑事訴訟法分野は指宿信、国際法分野は阿部浩己と、多くの研究者の意見書と証言を得て、本格的な憲法訴訟として展開していった。チームに分かれた弁護団担当者は、懸命に勉強してディスカッションして尋問本番までにこれらの研究者と親交を重ねた。研究者とのこうしたつながりは、他の事件でも活かされることとなっていく。

盗撮ビデオテープ・開示証拠のマスコミへの提供

06年3月26日、テレビ朝日のサンデープロジェクトの特集で盗撮ビデオの一部が放映された。前年から、テレビ朝日から放映させて欲しいという要請があった。要請に応えるか否かを考える際のポイントは改正刑訴法の「目的外使用」にあたらないか、ということだった。弁護団は、日弁連総会の「開示証拠の複製の交付に関する職務基本規定」の議案で日弁連の見解を尋ねたり、テレビ局とも綿密な打ち合わせをした。最後は、検察官、懲戒請求するならしてみろと、弁護団は覚悟を固めた。

東京地裁判決

06年6月29日、東京地裁判決（毛利晴光裁判長）は、罰金10万円執行猶予2年だった。捜査の端緒を検察の主張のとおりに認定し、違法な日常的情報収集活動の存在は認めず、大規模な捜査体制も警察比例の原則に反せず適法とした。唯一ビデオ撮影に関し、千代田地区委員会への立ち入り状況について撮影したものについては「もともと犯行状況等を撮影することを意図したものではなく、もっぱら被告人の関係箇所への立寄り状況等について採証を意図したものといえる。」としてビラ配布するようなことが想定し難いとして、違法と判断した。しかし、本件捜査全体が違法となるわけではないとした。弁護団は、実質的違法性を欠く起訴であること、差別的起訴であること等を理由に公訴棄却を求めていたが、認められなかった。この公訴棄却の主張にかかる事実関係は、この事件が政治的弾圧事件であるという本質を如実に示すものであり、裁判所にその実態を突き付けることができた重要な論点であった。

国公法・人事院規則の違憲性の主張については、猿払事件最高裁判決の合理的関連性の基準を引用し、公務員の政治的行為の禁止は「公務員の職種・職務権限・勤務時間の内外、国の施設の利用の有無等を区別することなく、あるいは、行政の中立性を直接かつ具体的に損なう行為のみに限定していないとしても」合憲であるとした。

ところが、この判決は、執行猶予を付した理由において自己矛盾を起こしていた。「公務員の政治的行為がもたらす弊害については、直接かつ具体的なものにとどまらず、累積的かつ波及的な効果をも視野に入れて考えざるを得ない」として、「このような弊害の発生を防止し、行政の中立性とこれに対する国民の信頼を確保するために公務員の政治活動を禁止する」と判断し、堀越の行為は「法益侵害の危険を抽象的にせよ発生させた」と認定した。しかし、罰金に執行猶予を付けた理由として、堀越の「その行為は直ちに行政の中立性とこれに対する国民の信頼を侵害したり、侵害する具体的な危険を発生させたりするものではなかった」と判示した。弁護団の中には、この部分を読んで「じゃあ、なんで有罪なんだ！」と憤る者もいた。

世田谷国公法違反弾圧事件と東京地裁判決

堀越事件の公判で公安警察官の尋問が続いているときに、第2の国公法違反事件が起きた。05年9月10日の昼過ぎ、厚生労働省大臣官房統計情報部社会統計課長補佐である宇治橋真一が世田谷区の警視庁職員住宅の各集合ポストに共産党の政党機関紙を投函した行為で住居侵入罪で逮捕された。宇治橋は心臓疾患で通院中、妻も病気がちだということで勾留させまいと、萩尾健太団員と小林容子団員が中心となって勾留理由開示公判で奮闘した。勾留請求は却下されたが、国公法違反で起訴された（世田谷事件）。

堀越事件の公安警察の中心人物であった寺田警部が今度は世田谷警察署に居座って主導的役割を果たした。宇治橋の自宅を捜索してみたら明確な「指示文書」が複数出てきた。堀越事件より、世田谷事件の方が組織的であることを立証できると判断した可能性もある。しかも宇治橋は、組織機構の上では本庁勤務の課長補佐であった。検察からは略式の打診があったのに、弁護団が回答期限を延ばしている間に、検察が翻意して公判請求してしまった。弁護団は、主任弁護人は小林容子、事務局長は佐藤誠一団員がなり、堀越事件の弁護団からも複数参加した。

宇治橋の地位はノンキャリのトップであったが、起訴休職にされなかった。

世田谷事件は、住居侵入で逮捕したものの不起訴となった。公訴棄却論の柱建てとしてはそこを前面に出し、住居侵入は成立しなかったのであるから逮捕自体が違法であるとして違法収集証拠と公訴権濫用論を主張した。担当の小池雅勝裁判長も、その点を重視し、現場検証まで行った。おそらく、現場の警察官住宅の構造が気になったのだろう。門扉が普段どういう状態だとか、集合ポストはどのあたりにあるかというところを見たかったのだろう。当時は立川反戦ビラ配布事件や葛飾事件など住居侵入について有罪と無罪判決が続いていた。

弁護側申請の証人としては、事実関係では、田中美代子世田谷区議、国民救援会の芝崎孝夫、事件当時の宇治橋の上司、元郵産労委員長の田中輸、元国公労連副委員長の山瀬徳行が採用され、学者関係では、憲法分野は佐々木弘通、市川正人、行政法分野は岡田正則、国際法分野は阿部浩己の研究者が採用された。

08年9月19日、東京地裁判決（小池裁判長）は、猿払事件最高裁判決について「下級審裁判所である当裁判所としては、公平性、法秩序の安定性等の観点からも、同判決を尊重することが、その採るべき基本的立場であるといわなければならない。」として、罰金10万円の結論だった。執行猶予はつかなかった。

堀越事件・東京高裁判決

堀越事件は07年10月から控訴審が始まった。中山隆夫裁判長は、行政畑が長く司法制度改革の中心となっていたエリートだった。ビデオの開示勧告や多数の証人の採用等、充実した審理にむけて気合の入った姿勢だった。弁護団の控訴趣意書の陳述では、公安警察の捜査報告書と公判証言に基づき、起訴事実となっている3日間、堀越がどのように動き、それを公安警察が徒歩と車でどのように尾行し、撮影したのかを示すCGを作成した。そして、要所要所で、ビデオテープの画像も入れ込み、どの時点でどんな映像が撮られていたのかも可視化した。映像化によって、裁判官に公安警察の異常な大規模捜査であることをリアルに理解させる効果を狙った。

控訴審での事実関係証人は、山瀬徳行（国公労連元副委員長）、田中諭（元郵産労委員長）、学者証人として長岡徹（憲法）、石村修（ドイツ憲法）、岡田正則（行政法）、曽根威彦（刑法）、川﨑英明（刑訴法）、晴山一穂（フランス行政法）、榊原秀訓（イギリス行政法）の研究者が多数採用された。

さらに、原審で未開示のビデオテープ22本の証拠開示が勧告された。これには、弁護人から目的外使用をしない、審理が終わったら返却する、との文書を差し入れるとの条件だったため、弁護団で協議した。そしてそれでも出させることが重要だ、との意見にまとまった。開示されたビデオテープ22本には、配布関連行為（検察のいう犯罪行為）は映っていなかった。弁護団は、捜査によるプライバシー侵害の証拠として、証拠請求したが、中山裁判長は、全面却下した。これに対して、弁護側は3人の裁判官に忌避申立てをした（簡易却下、その後、最高裁が特別抗告棄却）。裁判官の忌避という場面に初めて遭遇した若手団員も多く、緊張が走った。

10年3月29日、判決の日が来た。中山裁判長の第一声は「原審を破棄する」「被告人は無罪」。弁護団席、傍聴席が沸いた！　当然である。中山裁判長はすかさず「こんなことで喜んではいけない」と言った。どういう意味なのか、中身を吟味してからにしろ、という意味か、それとも君たちの目指す判決はもっと上だろうという意味か、謎である。

中山判決は、表現の自由の重要性に鑑み、制約目的との関連で当該行為の禁止が「必要やむを得ない限度にとどまるかどうか」を実質的に判断し、堀越のビラ配布行為には、常識的に見て、「行政の中立的運営とこれに対する国民の信頼」を損なう抽象的危険すらないと判断した。そして、そのような行為を罰則で禁止することは憲法31条に違反するとして無罪を言い渡した。

世田谷事件・東京高裁判決

世田谷事件では出田孝一裁判長が強権的訴訟指揮を行い、第1回公判期日で、弁護団が申請した書証について一部を除き採用したが、申請した6人の証人についてはすべて却下した。弁護団は証人尋問の必要性を主張したが、裁判長の判断は変わらなかった。弁護団は3人の裁判官について忌避の申立てをした（簡易却下、その後、最高裁も特別抗告棄却）。裁判所は新たに提出された3人の学者からの意見書を採用したのみで判決となった。危惧されたとおり、控訴棄却の有罪判決だった（罰金10万円）。中山判決とは対照的で、出田判決は、宇治橋の文書配布行為によってどのような危険が発生したかどうかに関係なく、「行為のうちに抽象的危険が擬制されている」として、当該行為を禁止することが「必要やむを得ない限度にとどまるかどうか」の判断を避けた。そして、これを正当化するために、国公法・人事院規則による政治活動の禁止は「予防的制度的措置」とまで言い切った。

最高裁決戦

最高裁では、この相反する2つの判決がともに第二小法廷に係属した。弁護団は、猿払事件最高裁判決の変更、2事件とも無罪獲得を目指して、大法廷回付申立てを行った。また、第二小法廷の古田裁判官が前職時代に世田谷事件の起訴に関わっていることが判明し、同裁判官に対する回避勧告書も提出した。古田裁判官は世田谷事件については自ら回避し、堀越事件については判決前に定年退官となった。

残るは大法廷回付だと、弁護団は、補充書を重ね、待っていたが、ある日、突然、堀越、世田谷両事件同時に、判決宣告期日の指定が来た。大法廷にも回付せず、弁論も開かないということは、2事件をいずれも原審判決を維持する可能性が高いと予想された。そのとおりの結果となり2事件とも上告棄却だった。あとは判決の中身だ。

判決は、国公法・人事院規則で禁止される政治的行為は「公務員の職務の遂行の政治的中立性を損なうおそれが、観念的なものにとどまらず、現実的に起こりうるもの」に限られるとした。その上で、堀越事件については、堀越の配布行為が「管理職的地位になく、その職務の内容や権限に裁量の余地のない公務員によって、職務と全く無関係に、公務員により組織される団体の活動としての性格もなく行われたものであり、公務員による行為と認識しうる態様で行われたものでないから、公務員の職務の遂行の政治的中立性を損なうおそれが実質的に認められるものとはいえない」として、構成要件に該当せず無罪であるとした。判決は、公務員の政治活動の一律全面禁止を正当化する猿払事件最高裁判決を実質的に変更したものにほかならなかった。しかし、他方で、禁止される政治行為か否かの判断については「当該公務員の地位、その職務の内容や権限、当該公務員がした行為の性質、態様、目的、内容等の諸般の事情を総合して判断するのが相当である」として職務の遂行とは関係のない政治活動まで禁止・処罰する道を残すものであった。その結果、宇治橋については、「管理職的地位」にあったというだけの理由で有罪にするという不当な結論を導き出した。

闘いをふりかえって

堀越、世田谷事件２事件の闘いで獲得できた最も大きなものは、猿払事件最高裁判決の実質的変更と堀越の無罪である。特に、堀越事件は、公安がつくり上げた事件であり、それを潰せたという結論は大きい。また、堀越事件ほど、ビデオテープ（盗撮ビデオ）や行動確認実施結果一覧表、そして多数の公安警察官の尋問等によって公安警察の実態が明らかになった例はない。堀越事件の闘いをふりかえってみると、弁護団は運動体と共に、一審段階当初からこの事件を共産党の政治活動に対する「政治的な言論弾圧」として捉え、公安警察官に対する精力的な証人尋問を通じて、国公法違反事件の捜査過程と構造を解明すべく粘り強く闘った。それらの尋問により獲得したものは、その後の最高裁に至るまでの闘いの基礎を形成する上で、重要な橋頭堡となった。それらの尋問を通じて明らかにされた公安警察による捜査過程と構造を分析する基本的視点は、主として違法収集証拠論＝捜査手続違法論、盗撮の違法性＝プライバシー侵害論、そして、共産党に対する政治的弾圧を理由とする公訴棄却論等にむけられた。

しかし、こうした視点にとどまっているかぎり、この政治活動禁止規制を合憲とした「猿払事件最高裁判決」を突き崩すことはできない。なによりもこの政治活動禁止規制が有している固有の規制構造の違憲性の論証になかなか結びつかないからである。こうして一審から二審へと進展していく過程で、弁護団は、公務員の政治活動を自由自在に監視・規制する広汎な権限を付与された公安警察が、その時々の「政治判断」の下にこの禁止規制を活用することによって、公務員の政治的表現の自由を萎縮させる「過度に広汎」な違憲の言論弾圧規制であることを、捜査過程と構造の解明を通じて論証することに重点を移行し、そのための努力を傾注した。

こうした検証を目指した弁護団の闘いは、本規制の広汎性が公安警察の捜査過程に反映していく機序の具体的な解明を通じて、「猿払事件最高裁判決」の変更を迫っていくものであった。図式的にいえば、公務員の政治活動を規制する世界標準からみた国公法の異常な禁止規制の広汎性→捜査過程に反映→政治的表現の自由の侵害・萎縮効果→「猿払事件最高裁判決」の変更→法令違憲を志向する闘いであった。その闘いは、法令違憲を獲得できなかったものの、堀越事件第二審東京高裁の適用違憲判決に結実した。

他方で、世田谷事件の最高裁有罪判決、その判断基準の曖昧さと政治活動禁止規制の合憲性判定基準は、乗り越えなければならない未来への課題として残った。

7

えん罪根絶の闘いをつなぐ
——再審布川事件の闘い

事件の発生と1か月後の別件逮捕

67年8月30日、茨城県北相馬郡利根町布川の民家で1人暮らしの老人が遺体で発見された。室内や遺体の状況から、強盗殺人事件とみられた。解剖の結果、犯行時刻は同月28日午後8時ころと推定された。

被害者が大工のかたわら金貸しをしていたとのことで、金を借りていた者や付近の素行不良者など150人余りが調べられたが、発覚から1ヶ月以上経っても解決の見通しは見えなかった。

そんな状況の中、警察は、同年10月10日に当時20歳の櫻井昌司を、友人宅からズボンとベルト各1本を盗んだ容疑で逮捕。同月16日には当時21歳の杉山卓男を、暴力行為容疑で逮捕し、強盗殺人の取り調べを始めた。典型的な別件逮捕であった。

自白のみで有罪判決

櫻井は同年10月15日、杉山は同月17日に強盗殺人を自白。その後、拘置所に移されてから2人とも否認して否認調書も作成され、いったんは処分保留で書類上釈放されたが、別件での勾留は続き、警察の代用監獄に「逆送」され、再び自白させられた。

この事件の特徴は、両名と犯行を結び付ける客観的証拠がまったく存在しないことである。事件当日、現場付近で2人を目撃したという複数の目撃証言があるが、それもその日のことかどうか曖昧であり、現場は2人の生活圏であるから、目撃されたからといって自白を補強するはずもない。にもかかわらず、検察官は同年12月28日に2人を強盗殺人で起訴した。

水戸地裁土浦支部で開かれた公判では、2人は起訴事実を否認して争った。

櫻井の弁護人は国選、杉山の弁護人は私選であったが、多数の証人尋問も行われ、反対尋問を中心に弁護活動を行った。櫻井・杉山も家族も無罪判決を期待したが、70年10月6日、無期懲役の判決が言い渡された。

柴田五郎弁護士と国民救援会との出会い

東京高裁に控訴後、勝てる弁護士を求めて、杉山の親族が松本善明法律事務所を訪ね、たまたま当番だった団員柴田五郎が話を聞き、2人に面会した。このときの印象を櫻井は、「柴田先生から、どうして自白したのかと、まるで検察官のような厳しい目つきで質問された」という。柴田は、真実の訴えかどうか見極めようとしたのだろう。柴田は、2人に対して、「この事件は裁判だけでは勝てない。手紙で支援を訴えなさい。」と助言し、自らも国民救援会に支援を要請した。変わったことを言う弁護士だなと思った、と櫻井はいうが、これがその後長年にわたる布川事件と国民救援会・守る会との固い結びつきの始まりとなった。

控訴審での闘い

控訴審では、弁護団の体制も強化され、捜査を担当した警察官や目撃証人等の尋問をあらためて実施する一方で、証拠開示にも力を入れた。

当時は「裁判所は訴訟指揮権で証拠開示を命ずることができる」という69年4月25日の最高裁決定（大阪・都島民商事件で、石川元也元団長らが勝ち取ったもの）が出された直後であり、弁護団はこの決定に依拠して、目撃証人らの初期の供述証拠を中心に証拠開示を繰り返し求めた。

裁判所もこれにこたえて、検察官に対し、証拠の目録の開示を勧告した。しかし、検察官はこれを拒否した上、弁護団が開示を求める証拠は既に開示済みの証拠と同じ内容だから開示の必要がない、などと主張した。これが実は虚偽であったことはのちに明らかになるのだが、裁判所はこれに惑わされて、一部の証拠の開示を命令したほかは開示請求を却下した。この点がのちの国賠訴訟では重要な論点になる。

他方、櫻井・杉山は、毎日のように支援を訴える手紙を書いた、その累計は両名で1万数千通に及ぶ。この手紙を受けて、支援する人が全国に広がっていった。

控訴審では弁護団が攻勢的に審理を進め、櫻井・杉山自身も弁護人顔負けの鋭い質問をして証人を問いただした。重要な目撃証人であるWの証言は不自然に変遷し、聞いていた誰もが無罪判決を確信した。

しかし、73年12月20日、東京高裁は控訴を棄却した。

上告審での闘い

弁護団は上告趣意書・上告趣意補充書2通を提出した。櫻井・杉山も渾身の上告趣意書を提出した。特に、櫻井のものは471枚に及んだ。

76年1月には「守る会」が結成された。以後、「守る会」は、毎年現地調査に取り組むなど、再審無罪まで35年余にわたって支援の運動を担い続けた。

支援は法学者にも広がった。76年10月号の月刊「法学セミナー」に清水誠都立大教授、小田中聰樹東北大教授らの執筆した「布川事件の問題点について」という論文が掲載された。77年7月には法学者28名が連名で「意見書」を提出し、法学者の連名の要望書には250名が名を連ねた。

無罪判決を求める署名が1万筆に届こうとしていた78年7月3日、最高裁第二小法廷から、上告棄却決定が2人の下に届いた。

第1次再審請求の闘い

最高裁決定は異例の長文であったが、「指紋がないからといって犯人でないとはいえない」「故意に自白を変遷させ、後に否認の足がかりにする場合もある」など、結論先にありきの無理な理由付けが目立つものであった。

この決定に対しては読売新聞が社説で鋭い批判をした。小田中聰樹、清水誠両教授は「法学セミナー」78年10月号に決定を批判する詳細な論文を発表した。

櫻井・杉山は有罪確定のショックを乗り越えて再審への決意を固め、直ちに日本弁護士連合会に再審支援を求めた。

また、81年8月には、若手の弁護士を中心に「布川事件研究会」がつくられ、若手団員を含む多数の弁護士が参加した。この研究会はその後、再審支援を決定した日弁連の「布川事件委員会」と合流して、新しい弁護団体制が築かれた。

弁護団は、新しい視点で無罪の立証へ向けた活動を始めた。

日活多摩川撮影所のスタジオに現場を再現して、便所の窓からの脱出、床落ち、ガラス戸を蹴って割る実験などに取り組んだ。目撃証人であるWの証言を崩すために、多摩川の土手でバイクを走らせて人の姿が見えるかという実験もした。

弁護団は、83年12月23日、水戸地裁土浦支部に再審請求の申立てをした。

再審請求で主な争点としたのが死後経過時間であった。司法解剖を担当した医師の鑑定書では、死後経過時間は「約45時間内外、すなわち約2日前後」とされていた。これは自白の犯行時刻と合致する。これに対し、弁護団の提出した千葉大学法医学教室の木村康教授の意見書では、「死後30時間ないし40時間」と判断された。これによれば、犯行時刻は自白より遅い時刻になり、櫻井らは自白どおりの電車で東京に戻ることはできなくなる。

再審請求審では、木村康教授の尋問が行われたが、「40時間」には2時間程度の幅があるという証言もあり、確定判決の認定に近づいてしまうという弱点もあった。

支援の動きは更に広がった。84年には、土浦市で、バリトン歌手の佐藤光政さんの布川事件支援コンサートが開かれた。戸田義明クインテットの演奏、女優の北林谷栄さんの朗読に600名の観客が涙した。この後、佐藤光政さんの支援コンサートは運動の大きな柱となっていく。

弁護団や守る会の努力と期待もむなしく、87年3月31日、水戸地裁土浦支部は再審請求を棄却した。櫻井は「怒りを通り越して悲しい気持ちになる」と支援者への手紙に書いた。

即時抗告審（88年2月22日）、特別抗告審（92年9月9日）と棄却決定が続き、櫻井・杉山の無実の訴えは退けられた。

「再審冬の時代」

この第1次再審請求をした83年当時は、ちょうど再審の高揚期であった。75年の白鳥決定と76年の財田川決定に続いて、82年までの間に、死刑事件の免田事件、財田川事件、松山事件をはじめ、弘前事件、加藤老事件、米谷事件、徳島事件、梅田事件の8事件で再審が開始された。

しかし、その後、状況は大きく変わった。86年5月の島田事件を最後に、榎井村事件（93年11月）を例外として、多くの事件で再審請求は棄却され、「再審冬の時代」と言われた。布川事件もまさにこの時代の苦難に直面していた。

第2次再審請求の闘い

第1次再審請求の敗北後、弁護団会議の出席者も減り、新たな論点も見つからず、試行錯誤の時期が続いた。

こうした状況に大きな変化をもたらしたのは、櫻井・杉山の仮釈放であった。

守る会は88年に櫻井・杉山の仮釈放に取り組むことを決め、千葉刑務所や関東地方更生保護委員会への要請を繰り返した。地元の利根町長にも協力を要請し、地元での宣伝署名活動に取り組んだ。

こうした活動が実って、96年11月、櫻井・杉山の仮釈放が実現し、29年ぶりに身柄拘束から解放された。

2人を迎えて守る会の運動は活気づいた。誰よりも潔白を知っている櫻井・杉山自身の訴えは人々の心を打った。

97年には地元の茨城に守る会が結成され、活発で創意ある活動を展開していくことになる。団員を含め、茨城の弁護士も次々に弁護団に加わっていった。

弁護団活動の3つの柱

弁護団は、01年12月6日、水戸地裁土浦支部に第2次再審請求の申立てをした。それから4年近くたった05年9月21日に、再審開始決定が下されることになる。

その間の弁護団の活動の柱は、第１に、新証拠を積み重ねること、第２に、検察官の手持ち証拠を開示させること、そして第３に、確定審の証拠構造を分析し、その脆弱性を明らかにすることであった。

あらゆる論点に「新証拠」を

布川事件にはもともと決定的な証拠がなく、不確かな目撃証拠と２人の自白が有罪を支え合う関係にあった。１つの論点に無罪の証拠を突きつけても、別の論点で有罪を補ってしまう。弁護団はこうした証拠構造を「柔構造」と呼んだ。こうした証拠構造を打ち破るため、弁護団は、主要な論点のすべてに新証拠を対置するという構えで臨んだ。広範な論点で有罪の証拠を崩すことによって、全体として合理的な疑いを抱かせることを目指した。

そのために、様々な論点について新証拠の収集に取り組んだ。その一部を紹介する。

ガラス戸実験

現場の家屋内に２枚の木製ガラス戸があり、上の方のガラスが割れ落ちて倒れていた。また、木枠が大きく損傷していた。自白では「杉山がガラス戸を外そうと下の方を蹴ったら上方のガラスが割れた」となっており、確定審もそのとおりの認定をし、木枠の破損もこのときに生じたと認定した。

しかし、弁護団が試しにガラス戸の下方を蹴ってみてもガラスは割れるものではない。これを科学的に証明しようと、弁護団は、第１次再審中の90年と91年の２回にわたって、工業高等専門学校の教授にガラス戸実験を依頼した。

実験では、ガラス戸の下部に相当な強さの衝撃を加えても、上のガラスが割れ落ちるということはないこと、他方、ガラス戸を変形させるような力（面外変形）が加わるとガラスが割れることが発見された。

さらに、東京理科大学の木造建築の専門の教授に、仕口加力実験、建具加力実験の２つの実験を依頼し、ガラス戸の下の方を蹴ってもガラス戸の木枠に本件現場のような破損は生じないこと、面外変形が加われば破損は生じうることを確認した。

指紋実験

97年8月には、現場近くの空き家を借りて、指紋実験が行われた。

本件の現場からは2人の指紋は1つも発見されていない。にもかかわらず確定審は「指紋がないからといって犯人でないとはいえない」という。この認定をくつがえすため、自白のとおりに触れれば必ず指紋が検出されることを立証する目的である。

映画関係者の協力により、ガラス戸、机、引き出し、ロッカー、便所の窓など事件の現場が再現された。櫻井・杉山本人と学生たちが自白と同じように物にさわり、元警視庁科学警察研究所の鑑定人が指紋の採取と分析をした。

その結果、94個の指紋が採取され、うち11個は櫻井の指紋と一致した。

さらに弁護団は、「櫻井・杉山は指紋の出にくい体質だ」などという言い訳をさせないため、汗の専門家である愛知医科大学の教授に発汗実験を依頼した。同年代の被験者6名とともに発汗実験をした結果、櫻井・杉山の発汗量は中等度であることが確認された。

こうして、自白のとおりなら、必ず櫻井・杉山の指紋が発見されたことが裏付けられた。

W証人の目撃状況の再現実験

W証人は、事件当日、クリーニングの配達にバイクを運転して出かけて、行きと帰りに被害者宅前を通り、行きには櫻井・杉山の2人が家の前に立っているのを目撃し、帰りには被害者宅前を横切る人影を目撃した、と証言した。

その証言は著しく変遷した上、不合理な説明もあって、東京高裁では帰りの目撃については信用できないとされた。しかし、行きの目撃は信用できるとされ、有罪認定の有力な根拠となっていた。

98年3月に、日本大学文理学部の心理学の教授の指導の下、計6日をかけて目撃実験が行われた。

現場の照度に合わせた場所に2名の人物に立ってもらい、学生74名がバイクを運転してこの前を通り、2人を識別できるかどうかを実験した。

人物の立ち方を2通りに設定したが、2人とも識別できた被験者は、片方の立ち方では1人もなく、もう一方の立ち方でもわずか1人しかいなかった。

この結果を基に、目撃証言の心理学の知見に照らして、W証人の信用性が著しく低いことが明らかになったとの鑑定書が得られた。

ガラス戸工作再現ビデオの製作

弁護団は、ガラス戸の破損は現場で格闘があったから生じた、という仮説を立てていた。この仮説の検証と映像化をはかった。

大映労組と縁があった柴田の要請にこたえて、現職の映画監督をはじめ、映画関係者が全面的に協力してくれた。調布市にある大映スタジオに、現場を忠実に再現した本格的なセットがつくられた。櫻井・杉山に体型の似たプロのスタントマンも参加してくれた。

監督の指示で、スタントマンがガラス戸の下部を思い切り蹴ったが、ガラスは割れない。しかし、スタントマンがガラス戸付近で格闘をしたところ、体が直接あたっていない箇所のガラスが割れて落ちるという現象が生じた。

膨大な録画テープをプロが編集し、証拠用のビデオが製作された。

絞頸か扼頸か——木村第2次意見書

自白では、「被害者が抵抗するので口にパンツを押し込んだ」「櫻井がパンツで首を絞めようとしたが回らないのでパンツの上から手で首を絞めた」とあり、確定判決もそのように認定している。

しかし、団員山川豊はこの殺害方法に疑問を持ち、(i)殺害方法は扼頸《やっけい》（手で首を絞める）ではなく絞頸《こうけい》（ひもなどで首を絞める）ではないか。(ii)パンツの口詰めは首を絞めた後にしたのではないか。という分析をした。

そしてこれを裏付けるため、再度木村康元千葉大学教授に意見を求めた。

他方、弁護団では、第1次再審の苦い経験から、法医学鑑定に対しては慎重な意見もあり、のちに語り草となる激論が交わされた。

その結果、(i)扼頸なら残るはずの痕跡がない、(ii)絞頸とみることで説明ができる、(iii)パンツは被害者が抵抗力を無くしてから口に詰められた、という立証方針を固め、その内容が盛り込まれた第2次木村意見書に結実させた。

櫻井獄中日記

櫻井は00年4月、仮釈放後に戻った実家の押入れの中から、かつて自分が勾留中に書いた16冊の日記を20数年ぶりに発見した。櫻井もその存在を忘れていた。

この日記には、当時の櫻井の思いがありのままに記されている。真犯人への呼びかけ、ウソの自白をした理由、真実を語れば死刑・助かるためにはウソをつくしかない、という葛藤など、真実味のある言葉であふれていた。

その一部には暗号が使われており、櫻井も解読できなかった。これをある弁護団員の妻が見事に解読した。そこにはアリバイの主張が書かれていた。警察・検察のアリバイ潰しをおそれていたことがうかがえる。

弁護団はこれを証拠化するとともに、この日記の意義について書面で強調した。

大きく前進した証拠開示

再審請求後、弁護団は繰り返し証拠開示を求め続けた。

未提出記録の全面開示を求める申入書を提出したのを手始めに、具体的に43項目の未提出記録と52項目の領置物について、証拠の存在と開示の必要性を論じた書面を提出した。

これに対し検察官は、全面開示には応じないものの、「立証事項との関連性・必要性のあるものは開示する」という回答をして、各事項ごとに「開示」「不見当」「関連性なし」の回答をしてきた。

「不見当」の中には、ポリグラフの原記録が「昭和61年の那珂川の洪水で流された」などという信じ難いものもあった。

弁護団は、不見当の理由を問いただした。一度「不見当」としていた2通目の「毛髪鑑定書」が、後で開示されたことがあった。櫻井は法廷で検察官に「あんた、隠してたじゃないか。許さないよ！」と語気鋭く迫った。

「関連性なし」とされたものについては、さらに詳細にどのような立証に関連するかを論じる書面を提出した。

裁判所は、03年10月16日、6名ほどの関係者の捜査報告書、供述調書の開示を書面で勧告した。

証拠開示を求める書面は22通に及んだ。こうした粘り強い精緻な開示請求を受けて検察官もじわじわと開示を進め、第2次再審請求以降、無罪判決までに開示された証拠は123点にのぼった。

特に、捜査当初の初期供述が開示されたことによって、確定判決の認定の根拠となった関係者の供述が、警察官や、起訴に持ち込んだ吉田検事によって捻じ曲げられてできあがったことが明らかになってきた。

成功した証人尋問

弁護団は多数の証人を申請したが、木村康教授と木造建築の専門家証人のみが採用された。

木村教授の尋問では、山川の、文字通り命をかけた奮闘があった。

03年9月24日の尋問を前にした8月、担当してきた山川が病に倒れ、入院するという事態が起きた。山川は病室にパソコンを持ち込み、尋問チームの弁護士を介して木村教授との尋問事項の推敲を重ねた。

山川は9月5日の木村教授との打ち合わせには妻の運転する車で駆けつけたが、9月20日の打ち合わせには出席できなかった。尋問担当者の交代の申し出に対し、山川は「俺がやると言ってるじゃないか」と反発した。

9月24日、山川は病床にあることを感じさせないしっかりとした口調で尋問を行い、木村教授は、第2次木村意見書の内容を法医学的な知識と経験に基づいて証言した。

10月21日の反対尋問には山川は出席できなかった。検察官の尋問に木村教授が毅然とした反論をして、検察官が立ち往生する場面も生まれた。

担当した弁護士はこの成功を山川に電話で伝えた。山川はその2日後に息を引き取った。

重い扉を開いた再審開始決定

水戸地裁土浦支部（彦坂孝孔裁判長）から、05年9月21日に決定書を交付すると連絡があった。弁護団は厳しい見方をしていたが、櫻井だけは「絶対勝つ」と言い続けていた。

当日、多くの支援者・報道陣に見守られながら地裁1階の書記官室に櫻井と弁護団が向かった。先に部屋に入った弁護団員が興奮した面持ちで振り返った。「勝った！」廊下から覗き込んでいた弁護団員に一気に喜びが広がった。櫻井は弁護団員と握手をしまくった。「再審開始」の旗を広げながら若い弁護団員が正門に走る。正門前の支援者から拍手と歓声がわき起こった。真実の重い扉が開いた。

即時抗告審でも攻めの姿勢

即時抗告審でも弁護団は攻めの姿勢を貫き、以下のように新証拠を提出し続けた。

(1)　殺害行為の方法及び順序に関する法医学者の意見書
　木村教授とは別の法医学者から、新たな視点での意見書を提出した。
　なお、この論点については、裁判所も職権で鑑定を実施したが、その結果は、弁護団に有利な内容であった。
(2)　櫻井10.17テープの音響解析（テープに録音停止・巻き戻し・録音再開など13箇所の編集痕があること）
(3)　ポリグラフ検査に関する意見書
(4)　便所の窓からの脱出の実験ビデオ
(5)　目撃供述の正確性に関する心理学鑑定
(6)　殺害自白再現ビデオ（自白を再現すると不自然であること）
(7)　服飾の専門家による意見書（被害者の首に巻かれたパンツについて）
(8)　人間工学の専門家による意見書（パンツの口詰め及び足の緊縛について）

08年7月14日には即時抗告が棄却された。即時抗告から3年足らずの間に、これだけ多彩な新証拠を提出したことは、弁護団の活動の充実ぶりを物語っている。

弁護団は、即時抗告審でも更に粘り強く証拠開示を求め続けた。更に40点ほどの書類や証拠物が新たに開示された。

09年12月14日、最高裁は検察官の特別抗告を棄却。再審開始が確定し、ついに再審公判が開かれることとなった。

再審無罪――検察の最後の抵抗を排して

再審公判では検察が白旗を上げることもある。しかし、布川事件では検察は最後まで抵抗を続けた。遺留物のDNA鑑定請求などという奇策まで飛び出したが、弁護団の迅速な反論で阻止された。

検察官が開示した、目撃者の女性の供述調書等を弁護団が証拠請求したところ、検察官がまさかの不同意。やむなく77歳という高齢女性に40年前の出来事を証言してもらうことになった。

11年5月24日、水戸地裁土浦支部（神田大助裁判長）は2人に無罪判決を下した。さすがに控訴はなく確定した。

闘いは国賠の舞台へ

櫻井は判決の前から「勝ったら国賠をやる」と公言していた。ほとんどの弁護団員が残って、12年11月12日、東京地裁に国家賠償請求訴訟を提起した。櫻井は「検察・警察にまともな組織になってもらいたい」と国賠の目的を語った。

国賠でも弁護団は証拠開示を求め続けた。裁判所は検察官の手持ちのすべての文書の送付嘱託を決定したが、国は一部の証拠しか開示しなかった。

弁護団はさらに文書提出命令を申立て、裁判所は、杉山のもう1本の録音テープの開示を命じた。この決定は最高裁で確定したが、国は未だに開示してはいない。

裁判所は、損害論について尋問を実施した。櫻井の姉は、両親をはじめ周りの家族こそ深刻な被害を受けたことを語った。櫻井の妻の恵子は、普段は明るく前向きな櫻井にも、長年の拘禁により深刻な心の傷が残っていることを証言した。

19年5月27日、東京地裁（市原義孝裁判長）は、国と県に対して7,600万円余の支払いを命ずる勝訴判決を下した。警察の取り調べでの偽計や誘導を違法と認めるとともに、検察官が被告人に有利な証拠の開示に応じなかったことを違法と認めた。検察官の証拠開示義務を認めたのは画期的な判断である。

ただし、この判決は、取り調べの違法の大部分を認めず、起訴の違法も認めなかった。21年6月25日に予定される東京高裁の判決が注目される。

えん罪事件をつなぐ布川事件

櫻井ほど活発に動くえん罪被害者はいない。全国を回って、体験を語り、えん罪を生む司法を告発し、その人柄で人々を引きつける。学者・評論家、マスコミ関係者やアーティストなど、その交際は果てしなく広がり、多くの人たちをえん罪支援に巻き込んでいった。

19年3月には40余りの事件の当事者・家族が加わって、「冤罪犠牲者の会」を立ち上げた。えん罪被害者がこのように連帯して、社会の前面に出て活動することは、日本の歴史上初めてのことだろう。

すべての再審えん罪事件の勝利と再審法の改正へ

布川事件の無罪確定に前後して、再審をめぐる情勢は大きく動いた。

10年3月に足利事件、12年11月に東電OL事件で再審無罪が確定。続いて、東住吉事件、松橋事件、湖東記念病院事件でも再審無罪が確定。日野町事件も再審開始決定が出ている。

他方、いったんは再審開始決定が出されたものの、検察の即時抗告・特別抗告により再審開始が取り消された事件や、未だに再審請求が認められない事件も少なくない。裁判官によって明暗の分かれる「再審格差」ともいうべき事態が生れている。

証拠開示には前進がみられる。日野町事件、袴田事件では裁判所が証拠開示を勧告した。大崎事件では裁判所が証拠リストの開示を勧告し、重要な証拠が開示された。布川事件が切り開いた証拠開示の道が確実に定着しつつある。

日弁連は、19年10月の人権大会で再審法の速やかな改正を求める宣言を採択した。その宣言では、証拠の全面開示や、再審開始決定に対する検察官による不服申立の禁止などを求めた。19年5月には「再審法改正をめざす市民の会」が結成された。

すべてのえん罪被害者の救済とえん罪を生まない刑事司法の実現のため、着実な歩みが進んでいる。

8

この国のダンスカルチャーを守るために

——風営法のダンス規制に憲法裁判で挑む

プロローグ　ダンスが法律で規制されている?!

12年5月のある日、団員西川研一は、親戚であり音楽家でもある服部正太郎から話を聞いて驚いた。服部は音楽家として、また西川は聴衆として何度も通った大阪のクラブNOONが4月に摘発され、経営者金光正年ら8人が風営法違反の容疑で逮捕されたという。

「クラブが風営法違反って、どういうこと⁇」西川はそのとき既に弁護士7年目ではあったが、その逮捕の理由がまったく理解できなかった。

しかし、直感的に「何かがおかしい」とも感じた。その感覚は多くのクラブユーザー、DJや演奏家も同じだったようで、そのとき既にツイッターでは、クラブNOONを擁護し、心配する声が燎原の火のごとく広がり続けていた。

ところで、ここでいう「クラブ」とは、銀座のそれではない。DJがかける音楽と共に様々なイベントが開催されることで新たなカルチャーが育まれる場所、と表現できるだろうか。いわば文化のゆりかごのような役割を果たしてきた場所である。中でもNOONは、前身から数えると20年近くも続いてきた老舗。多くのファンがいることはもちろん、NOONから巣立っていった著名アーティストも多数いる。大阪のクラブカルチャーの中心の1つといってよい箱（クラブなどは店舗を「箱」と表現する）である。

西川は、風営法による規制などそれまで扱ったことはなくやや不安であったが、自分を育ててくれた場所の1つであるNOONが消滅するかもしれないときに、そんなことを考える余地はなかった。このときのために自分は弁護士になったのかもしれない。西川はそう思って、さっそく勾留されている金光に会いに行った。

初対面の金光に、これは表現の自由への侵害だから、もし起訴されたら、表現の自由を守るための憲法訴訟として闘うべきだと思う、もしそのつもりがあれば全面的に協力したいと告げた。

その後、金光が風営法違反の罪で起訴されると同時に保釈されたことで、本格的な闘いが始まっていく。

NOON摘発の前夜

話はNOON摘発に至るまでの経過にさかのぼる。

クラブ営業に対する風営法違反容疑での摘発は、それまでも全国で行われてきた。しかし、この摘発が強化されてきたのは10年頃からで、それまで年平均6件程度だったものが、ピークの11年には22件にまで増加し、クラブ経営者らが逮捕され起訴（略式含む）される事態が相次いだ。この影響を受けてか、風営法の許可を受けていたクラブだけでもこの摘発増加の中で2割も店舗数が減少した。

NOONのある大阪はその震源地のようなもので、10年12月に一斉取り締まりが行われて以降、取り締まりの風が吹き荒れた。その嵐の中でNOONが摘発された。

こういった摘発の強化を受けて、クラブは大きな影響を受けた。「ダンス禁止」（！）の張り紙を張り出して客にダンスをさせないようにしたり、午前0時か1時には音楽を停止させるなどして、風営法上「合法」となるような営業に変更する動きがみられた。それにとどまらず、摘発を恐れて（もしくは摘発を受けて）廃業するクラブもあった。

さらに摘発は、クラブ業界だけでなく社交ダンス業界にも波及した。ある市では、風営法上の資格者を置かずに公的施設を借りて社交ダンス教室を開催すると風営法違反となりうるとした通達が出された。同様の動きは他の自治体でも確認されている。

風営法による規制構造

なぜ、風営法（風俗営業等の規制及び業務の適正化等に関する法律）によってこのような規制が可能となるのだろうか。

15年改正前の旧風営法では、「ナイトクラブその他設備を設けて客にダンスをさせ、かつ、客に飲食をさせる営業」(3号営業) は風俗営業として規制対象とされていた。具体的には、営業地域や営業時間、さらには店内の構造などの条件があり、公安委員会の許可がなければ営業できないとされる。これがダンス営業の規制、もしくは少しミスリーディングを含むが、ダンス規制といわれていたものである。

そして、DJがかける音楽などでダンスをすることもあるクラブは、まさに「ダンスをさせ」る営業として規制対象となる、というのが摘発する警察側の論理であった。そのため、営業許可を得ていないクラブを中心に摘発が相次いだのである。

他方、飲食を伴わなくても、「ダンスホールその他設備を設けて客にダンスをさせる営業」(4号営業) でも、風営法上の資格者の指導がないかぎり許可がなければ違法とされていたため、先の社交ダンス教室でも摘発の可能性が議論されることになっていたのである。

摘発側のいう規制理由

クラブをダンス営業規制で摘発する警察の論理は、騒音などの近隣迷惑、年少者の立ち入り防止、店内外の傷害事件などのトラブル、薬物売買や使用疑惑、女性に対する性的暴行などの弊害がダンス営業であるクラブで発生しやすいので規制対象としなければならない、というものである。

その論理は本当にあてはまるのだろうか、と西川は考える。

多くのクラブ事業者は、そういったことが起こらないような営業を心掛けているが、仮にそういった弊害がクラブの場で起こったとしても、例えば傷害罪なら刑法、薬物なら薬物取締法規など、いずれも個別の規制法規で対応が可能なはずである。また、そもそも風営法が売春や賭博の温床への規制を目的としているため、規制内容は警察が指摘するような弊害を直接防止するような内容にはなっていない。警察の指摘するような弊害の防止は必要だとしても、ダンスを規制することとはあまり関係がなさそうである。この点は、クラブだけでなく、社交ダンスにもあてはまる。

ダンスが問題だというならば、学校で必修化されているヒップホップダンスなども含めてすべてのダンスが規制されることにもなりそうである。しかし、警察が12年に出した通達ではすべてのダンスが規制対象となるわけでなく、飲食がなければヒップホップダンスは規制対象ではなく、仮に飲食を伴うダンスであっても、例えば「食事付きの盆踊り体験プログラム」なども規制対象ではないとする。そもそも行政がダンスを区別してお墨付きを与えるかのようになっているが、それ自体、ダンス規制が的外れなことを示しているともいえる。

署名運動から始まったLet's DANCE

NOON摘発の前夜となる12年、京都の中村和雄団員は市長選候補としての若者との対話集会の中で出たクラブ規制をなんとかしてほしいという声に対して、解決に向けて前向きに取り組んでいくという約束をした。京都市長選では惜しくも落選したが、中村はこの約束をしたために、その後もクラブ規制問題に関与せざるを得なくなってしまった。

当時、京都でもクラブなどに対する摘発や警告などが相次いでいた。そこで、中村は、市長選の活動から引き続いて、京都の老舗クラブ経営者ら事業者、クラブカルチャーに関係するアーティスト、クラブを愛する市民などと共にミーティングを重ね、解決を模索していた。例えば、京都府に対してクラブへの過度な取り締まりをやめるよう要望書を出すなど、クラブを守る活動を展開していた。

そして同年5月頃、NOON摘発後、起訴され保釈された金光、そして弁護人である西川は、その中村と合流した。

そこでクラブの摘発などの規制強化をこのまま放っておいては、クラブカルチャー、ダンスカルチャーが奪われ、表現の自由が奪われてしまうこと、問題の根源であるダンス営業規制を撤廃する法改正が必要で、それに向けて運動を進めていくこと、ダンス規制撤廃などを求める署名運動を中心に据えて全国的な運動をつくり上げていこうということが議論された。運動は、事業者、アーティスト、広範な市民らで共同して展開していくこととし、その主体は「Let's DANCE署名推進委員会」と名付けられた。のちにダンス規制廃止の原動力となった運動母体の誕生であった。

中心となる署名運動で掲げた内閣総理大臣と衆参両院議長宛ての請願事項は、風営法の規制対象からの「ダンス」の削除、行政指導の適正な運用、表現の自由、芸術・文化の擁護と文化発信施策の拡充であった。

クラブカルチャーらしい運動を

Let's DANCEのメンバーが目指したのは、これまでの署名運動とは一味違うクラブカルチャーらしい運動であった。

まず､呼びかけ人は音楽界の大御所である坂本龍一､ドラマあまちゃんのテーマでも有名な大友良英をはじめとする音楽家やアーティストが筆頭となり、フジロックなどのイベントの主催者や、ダンスや音楽の研究者などが名を連ねた。さらに賛同者として多くのアーティストが協力してくれた。

文化を発信するクラブらしく、ポスターやビラなどのビジュアルはアーティストが手掛け、それらはできる限り統一された。

ホームページの開設と運用はもちろん、Twitter、FacebookなどのSNSを駆使して、あらゆる層にアプローチ。

そういった準備を武器に、署名活動を展開していったが、その場も一味違っていた。まずはクラブカルチャーに関心ある若者が集う場にターゲットを設定し、クラブはもちろん、ライブハウス、さらには各地で開催される野外フェスなどに赴いて署名活動を展開した。

また、ユース向けのストリートファッション誌にも特集を組んでもらったこともあった。

対話や議論を深化させるために、クラブやウェブメディアで風営法のダンス規制を考えるイベントも数多く行った。金光や中村、西川もこれらに積極的に参加し、クラブアーティストや研究者らと多くの対話を行った。ここでの議論や対話は、運動を前に進めていく上での理論的な支えとなっていった。

そういった一連の動きについて、関西圏を中心に新聞、テレビ、ウェブメディアなどのマスメディアが、積極的に、かつ好意的に取り上げてくれた。西川らは、これらマスメディアの記者やスタッフから多くの取材を受けたが、それを通じて感じたのは、彼らのうちの多くが真摯に音楽やクラブカルチャーを愛している者たちであり、Let's DANCE を応援してくれていることだった。西川らは、心あるスタッフこそが良識あるマスメディアをつくり、支えていることを実感した。

運動の広がり

このLet's DANCE の運動は、こういった準備や仕掛けが成功したからか、仕掛人らの想像を超えて大きく広がっていった。ダンスが規制されるのはおかしいという訴えは、クラブに関係する者だけでなく、サルサや競技ダンスといった社交ダンス業界からも大きな賛同が表明される。さらに、ダンススクールに通っている者や、普段ダンスと接点のない一般市民まで、全国津々浦々、老若男女問わず、支持が表明され、それらは署名という形に可視化されていった。

映画『SAVE THE CLUB NOON』について

署名運動開始から1年後、署名数は15万筆を超えるものとなった。

13年5月、Let's DANCE は、これら署名の提出を記念して、議員会館で院内集会を開催した。40名を超えるアーティスト集団が音楽やダンスのパフォーマンスを繰り広げ、党派に関わりなく国会議員が、また大友らアーティストらが登壇し、ダンス営業規制の不合理さを、ダンスカルチャーを守る必要性を訴えた。国会議員の1人がパフォーマンスに加わり、ダンスを披露するという場面もあった。

その3日後、超党派での議員連盟として「ダンス文化推進議員連盟」(会長：小坂憲次参院議員〔当時〕)が発足し、Let's DANCE を代表して金光が15万筆を超える署名を小坂に手渡した。署名運動に1つの区切りがなされ、いよいよダンス規制の是非が国会の場で議論されることとなったのである。

警察庁の対応

こういった法改正を求める動きに対しては、所轄官庁である警察庁、各地の警察はほぼ反応を示さなかったといってよい。

先に触れた摘発の論理を繰り返すばかりで、1ミリも動かない状況であった。

刑事裁判の舞台では

弁護団の結成

12年5月、金光はダンス営業を無許可で行った風営法違反の罪（無許可営業罪）で起訴された。

西川は約束どおり金光の弁護を引き受けることになった。もちろん、無罪を勝ち取るためである。そして、西川は、本格的に無罪を争う憲法訴訟として展開するためには弁護団体制が必要と考え、大阪の若手弁護士を中心に弁護団が結成されることになった。

弁護団には、団員岩佐賢次も含め、青法協や弁護士会の刑事弁護委員会、さらにはミュージシャンやダンサーという、様々なバックボーンを持つ弁護士が集結した。何人かの東京の弁護士も参加し、総勢20名超の大弁護団となった。いずれも音楽やダンスカルチャーを愛する弁護士たちであった。訴訟実務の中心となる主任弁護人として弁護団をまとめたのは水谷恭史。西川が弁護団長に就き、署名運動などの法改正運動に主に注力しながら関わっていくことになった。

前哨戦～公判前整理手続

弁護団がまず行ったのは、公判前整理手続の中での徹底した証拠開示の要求であった。

この公判前整理手続の中で、西川が印象に残っているのは、警察の非常に杜撰な捜査であった。クラブの摘発に向けては、客に扮して潜入する内偵捜査が何度か行われる。この際に、現場状況をビデオで撮影し、SDカードなどの媒体に残しておく。こういった媒体は、裁判で証拠として使う可能性があるのだから、本来は、判決が出て確定するまで保管しておかなければならない。証拠開示の中で、NOONの摘発においても事前に内偵捜査が行われSDカードに記録がなされたことが判明したので、弁護団はその提出を要求した。ところが、警察の説明によれば、そのSDカードは別の内偵捜査に使った際に、記録が上書きされ、NOONでの内偵捜査の記録は残っていないという。金光側からすれば無罪立証にもつながりうる重要な証拠が失われたわけであり、きちんと刑事裁判を受ける権利を侵害されたともいえる。風営法違反事件であるから証拠物の扱い方を軽視したのであろうか。

公判審理

起訴から1年半ほどが経過した13年10月、公判手続が始まった。

金光及び弁護団の冒頭陳述は、風営法のダンス営業規制は、憲法21条の表現の自由、憲法22条の営業の自由を侵害し、憲法31条の適正手続に反し、憲法違反の法律であるから無効であり、金光は無罪であること。対する検察官は、要するに風営法にいう男女の享楽的雰囲気を醸成するダンスを無許可で行わせていたというものである。

弁護側提出証拠の取り調べでは、NOONでの摘発当時にDJがかけていた楽曲が法廷で流された。摘発当日は、ブリティッシュロック（英国ロック音楽）を流すイベントであったが、そこで流されていたロックの曲が享楽的雰囲気を醸成するものではなかったことを証明するためである。

また、証人尋問でも、摘発に当たった複数の担当警察官への尋問は、弁護団の中でも刑事事件に強い精鋭部隊が挑んだ。最も問題となったのは、当時現場で、享楽的なダンスであるとの判断を、どのような基準で認定したのかである。ある者は府警本部から取り寄せた作成者不明の資料に、ステップは○（ダンスに当たる）、腰をくねらすのは△（ダンスか微妙）、頭を振るのは○、リズムに乗って体を上下するのは×、などと答える。またある者は享楽的と判断する具体的基準はありませんと言い、男女比などは関係なく「社会通念に照らして」判断すると言う。さらにある者は先の資料は参考程度で役に立たないとした上で、「音楽に合わせて、楽しくリズムに乗って踊っていれば、『享楽的』」と言った。

統一的な判断基準らしきものもないことがわかる。これを聞いて西川は、それまで無罪判決はそれほど期待していなかったが、もしかしたら無罪を勝ち取れるかもしれない、と思い始めた。

さらにとどめとなったのは、治安状況を把握する府警本部の警察官である。クラブを摘発する警察の論理で触れたような弊害がNOONにもあったのかについて尋問が及ぶ。しかし、この警察官はNOONに関して、暴行・傷害事案は？「把握していない」、違法薬物に関する事案は？「具体的に把握していない」、未成年の出入りや少年非行を助長する事例は？「把握していない」、酔客が暴れた例は？「保安課に集計はなく、認識していない」と答えた。最後には、大事なのは「府民の体感治安」だ、と。クラブ摘発の論理の主だったものが、それを裏付ける客観的データもなく、NOONについては調査すらしていない。もはや自白に近いものであるが、そんな捜査の杜撰さが明らかになった。

弁護側請求の研究者証人のうち3名が採用された。新井誠教授（憲法学）、髙山佳奈子教授（刑法学）、永井良和教授（社会学）らが証人として法廷に立ち、風営法のダンス営業規制が違憲であることの陳述を行った。

判決

14年4月25日、大阪地裁201号大法廷は判決を待つ記者や傍聴人で埋め尽くされていた。裁判官らが入廷、そして斎藤正人裁判長が判決を読み上げた。

「主文　被告人は無罪」

傍聴席からは歓声と拍手。記者たちは、大急ぎで判決を伝えるために退廷していく。

金光は落ち着き払って、その理由を裁判長が読み上げるのを聞いている。

西川は、これまで金光が受けてきたいわれない誹謗中傷をようやく晴らすことができたことに安堵し、不覚にも目に涙が浮かんできた。無罪を予想していなかったといえば嘘になるが、もちろん確信まではできていなかった。本当に闘ってきてよかったと西川は感じていた。

判決内容は、髙山教授にいわせると、ほとんど違憲判決の合憲限定解釈に近いとのこと。判決では、風営法のダンス営業規制は規制目的としては正当であって、違憲ではなく合憲であると判断した。その上で、職業の自由や表現の自由の制約にもつながることから、憲法上の権利を不当に制約することのないように、規制対象となるダンス営業にあたるかは、規制目的との関係で必要かつ合理的に判断すべきとして、具体的な基準を挙げる。そして、NOONの場合はこの基準にあてはまらず、風営法上のダンス営業を行っていたとは認められないから無罪、という論理であった。判決の言う具体的基準に当てはまるクラブが現実に存在するのか微妙なところも考えると、高山教授の評価どおりほとんど違憲判決ともいえる内容であった。

マスメディアは、これを大きく取り上げてくれた。無罪判決の速報は当日の夕刊の紙面を飾り、さらに数日内に各紙が判決をきっかけに風営法を見直すべきとの社説を掲載した。

その報道ぶりにも驚く西川であったが、実は判決はそれ以上に大きな影響を及ぼしたことを、のちに知ることになる。

控訴審判決から最高裁判決へ

この無罪判決に対し、検察官が控訴したため、14年10月から控訴審が開始された。金光と弁護団は主張立証をさらに補強して、闘った。

その甲斐もあり、15年1月21日に検察側控訴を棄却して、一審の無罪判決を維持する判決がなされた（米山正明裁判長）。控訴審判決の論理は、一審判決とは多少異なり、ペアダンス以外は風営法のダンス営業規制に該当しないというものである。この論理に対して、サルサダンスなどペアダンス界には動揺もあったが、規制目的との関係では売春目的のダンスでもないかぎり、規制の対象外になるのではないかと考えられる。

この控訴審判決も、検察官は不服として、同年2月に最高裁に上告を行った。16年6月7日、最高裁第三小法廷（木内道祥裁判長）は上告を棄却した。金光や弁護団は、自分たちが求めてきた憲法判断に踏み込まなかった点は大いに不満であったが、摘発から4年以上が経過してようやく無罪が確定したことを喜んだ。

NOON訴訟は無罪確定という形で終わった。西川は、最初に交わした金光との約束を思い返していた。

無罪判決が大きな石を動かした

12年5月に金光がNOON訴訟で無罪を争う意思を明確にして以降、ダンスを理由とするクラブ取り締まりは収まっていたが、それは大阪の範囲にとどまっていた。

しかし、14年4月の一審無罪判決の影響は全国に及んだ。すなわち、一審判決の論理によれば、具体的基準を総合的に判断しないと風営法上のダンス営業かどうか判断できないのだから、警察内部の取締基準と司法の判断基準に大きな乖離が生まれた。その結果、全国の警察の現場で大きな混乱が起こったのではないか。

そのためか、ダンス営業規制の管轄官庁である警察庁が法改正に向けて大きく動き出した。

一審判決の3か月後である14年7月、警察庁を事務局とする有識者会議が設置され、クラブ事業者を含むダンス関係者らからのヒアリングを行い始めた。これまでダンス営業規制の緩和に一切応じてこなかった警察庁がダンス営業規制を見直す法改正に向けて大きな舵を切った瞬間といえた。

NOON訴訟の一審無罪判決が、巨石を動かしたともいえる。西川は、司法が社会を変える、その底力を感じた。

同年9月にはダンスに着目した営業規制を撤廃し、新たに「深夜遊興飲食店営業」という許可の必要な類型を設けて、深夜も含めてダンス営業を可能にすることなどを内容とする答申がまとめられた。その後、規制改革会議やダンス文化推進議員連盟での議論を経て、14年10月にダンスに着目した営業規制の撤廃などを内容とする法改正案が閣議決定され、衆参両院に提出された。

しかし、この改正案で問題がすべて解決したわけではなかった。むしろ、改正案は、問題を広範囲化、そして複雑化させるともいえるものであった。

改正案の骨子は、ダンスに着目した営業規制を撤廃する代わりに、従来から存在していた深夜の「遊興」禁止規定に罰則を設け、罰則を逃れるためには「特定遊興飲食店営業」として許可を得なければならないという内容であった。「遊興」にダンス営業も含まれるとされるようであるから、深夜0時まではこの許可がなくても営業が認められるものの、それ以降の営業は許可を得て初めて可能となる。警察庁側としては、従前のダンス営業規制は、許可を得ても深夜０時（もしくは１時）以降は営業できなかったのだから、改正案は規制緩和であるという論理なのであろう。

しかし、西川は、NOON判決からすればこれは緩和にならないのではないかと考えていた。すなわち、NOON判決は、クラブで行われるダンスはそもそも風営法の目的と照らして規制対象とならないという判断だから、従前のダンス営業規制の対象ではない。また、風営法の規制目的とは関係がないのだから、風営法の他の規定（「遊興」規制）の規制対象に含めること自体も認められないことになりそうである。そうであれば、改正案は、もともと規制対象でなかったものに対して、「遊興」という名の規制を新たに設けることになる。その「遊興」の概念に何がどこまで含まれるのかはっきりしない（落語や手品までも含まれるという）。そのためにダンス営業以外にも広く規制が及ぶことになる一方、基準がはっきりしないため、現場で取り締まる警察官も混乱しかねない。また、許可条件は従来のダンス営業規制とほぼ変わらないばかりか、逆に営業可能地域が縮小されるなど、厳しくなっている側面もある。これでは、規制緩和というよりは規制強化になりかねない。

とはいえ、手をこまねいて見ているわけにはいかない。閣議決定法案として提出されたのちも、改正案の弊害を少しでも小さくすべく、Let's DANCEを含め、関係者たちは国会審議に際して議員らへのはたらきかけを強めていった。西川も、支援してくれる議員を回り、法案についてのレクチャーはもちろん、場合によっては国会審議での議員質問の立案にも関与した。

国会審議では、警察庁側は「遊興」とは「営業者の積極的な行為によって客に遊び興じさせる」行為であり、善良な風俗を害するおそれのあるものであるものとして、規制対象は広範になるとしたものの、どこまでがその範囲に含まれるのかは規制する側である警察庁もはっきりしていないことが明らかとなった。各委員は、規制の明確化や善良な風俗を害するおそれがない営業は規制対象とせずに限定的に解釈するよう求めるなどした。その結果、警察庁が、改正風営法の解釈を定める細則規定や条例などにおいて、関係者の意見を聞いて尊重することを約束するなど、一定の成果を得ることができた。

15年6月17日、風営法改正案は可決された。問題は多く残ったものの、ダンスに着目した営業規制は撤廃された。改正法はその約1年後から施行されることとなった。

西川は、ダンスの文言を風営法の規制対象からなくしたことは歴史的勝利だと思う一方、NOON判決からすれば規制強化ともいえる問題の多い改正になってしまったことには悔しさも感じていた。とはいえ、大きな一歩であることには間違いない。前に進むことが大事なことなのである。

改正法の残した問題

18年1月、東京のクラブが「特定遊興飲食店営業」の許可を得ずに営業していたとして風営法違反で摘発され、経営者らが逮捕される事件が起こった。20年以上前から営業してきた老舗の小箱である。風営法の定める営業許可地域外であったことから許可を取得できないことが原因であった。

「特定遊興飲食店営業」の許可条件が厳格に過ぎるため、許可を得ることができずに営業しているクラブは風営法改正後も取り残され、警察が摘発しようと思えばいつでもできるという状態は続いていることが明らかとなった事件であった。

西川は、行政との交渉のようなことも大事だけれど、NOON訴訟のように改めて司法の場でこの改正法の問題を問わなければならないのではないかとも感じている。

チャンスをつかむ心意気

西川は、これまでずっと自分を育ててくれた音楽の世界で何か役立ちたいと思って仕事をしてきた。このNOON訴訟とダンス規制にかかわる法改正運動は、思ってもみなかった切り口であったが、音楽の世界で役立てる仕事に携わることができたと感じている。

仕事にとって経験や能力は必要である。しかし、それ以上に必要なのは、目の前に来た列車に恐れずに飛び乗るように、チャンスをものにすることである。西川は大切なことを学んだ。

9

公安警察による市民監視・共謀罪との闘い

——大垣警察市民監視事件

プロローグ

14年7月24日、団員山田秀樹は、いつものように朝日新聞の朝刊を手にとると、一面の見出しが目に飛び込んできた。

「岐阜県警が個人情報漏洩」

「風力発電反対派らの学歴・病歴」

「大垣署が中電子会社へ」

朝日新聞が、中部電力の子会社の内部文書を入手したとするスクープ記事であった。岐阜県大垣市上石津町内に計画されている風力発電施設の建設に絡んで、大垣署と中電子会社との間で、住民4人の個人情報と法律事務所の情報がやり取りされていたと書かれていた。

住民4人とは、上石津町内に居住する三輪唯夫と松島勢至、大垣市内に居住する近藤ゆり子と船田伸子であり、法律事務所とは、山田の所属する弁護士法人ぎふコラボ（西濃法律事務所）である。

上石津町は、元は養老郡上石津町であり、平成の市町村合併によって大垣市と飛び地合併をした町である。典型的な中山間地域であり、山の尾根沿いに、風車の直径が100メートル、支柱を含めた高さが130メートルの風力発電施設が合計16基、建設される計画が持ち上がっていた。

三輪唯夫は、上石津町の生まれであり、地元で養鶏業を営んでいる。松島勢至は、真宗大谷派の僧侶であり、九州から寺に養子として入った。2人は、この事件発覚の30年近く前に上石津町内で起こったゴルフ場建設反対運動のリーダーであった。今回の風力発電施設建設でも、地元に低周波音や自然破壊による被害が生じないのか不安に感じ、勉強会を開くなど、積極的に活動し始めたところであった。

近藤ゆり子は、徳山ダム建設中止を求める会や自衛隊イラク派兵差止訴訟の運動などに積極的に関わり、岐阜県内ではよく知られた市民活動家だ。船田伸子は、「ぎふコラボ」の事務局長として、事務所の取り組む裁判や平和運動などの中心的な役割を担っていた。新聞報道の時点では、2人は、上石津町内での風力発電施設建設問題に関与していなかった。

「ぎふコラボ」は、83年に団員笹田参三が開設し、その後、共同事務所となって現在に至っている。事務所の後援組織として「友の会」をつくり、地域の民主的法律センターとしての役割を担うべく憲法運動、平和運動を中心に活動をしていた。

船田以外の3人も「ぎふコラボ」とは長い関わりを持ってきた。山田は、ゴルフ場建設反対運動を通じて、三輪、松島と知り合い、その後も交流を持つようになった。また、近藤とは、徳山ダム建設中止を求める訴訟の原告と代理人であり、「9条の会・おおがき」の世話人同士である。三輪、松島、近藤も「友の会」会員である。

抗議・要請活動

この新聞報道を知った4人は、一様に驚き、憤った。

「なぜ警察が中電子会社に情報提供をするんだ」

「守秘義務違反じゃないのか」

「そもそもなんで警察が自分たちの個人情報を持っているんだ」

「これは警察による市民監視じゃないか」

「法律事務所や友の会も監視の対象になっている」

山田は早速、4人に連絡を取り「ぎふコラボ」に集まってもらい、法律事務所や「友の会」関係者とも対応について協議した。朝日新聞の見出しが「個人情報漏洩」とあるように、警察が民間企業に4人の個人情報を提供したことは大いに問題であるということで意見は一致したが、近藤は早くから、「情報が漏れなければ良いというのはちょっと違うのではないか」、「警察が好き勝手に情報を集めているのが問題ではないか」と問題提起をした。このときから、「警察による個人情報の収集」が意識されるようになった。

参加者一同、国家賠償請求を行うことも視野に入れていた。団岐阜支部に要請し、団員を中心に、弁護団が結成されることとなった。

当事者4人と弁護団は、翌7月25日に松島が住職をする上石津町内の寺で記者会見を行い、同月31日には県警本部に赴き、県警本部長と公安委員会に対して抗議を行うとともに、事態の説明を求める「抗議・要請書」を手渡した。

これと並行して、4人は、岐阜県個人情報保護条例に基づいて、県警本部長に対して、警察が収集している自分たちの個人情報の開示請求を行った。4人は、警察が相当長期間にわたって4人の個人情報の収集を行い、管理をしてきたと推測していた。この請求に対して、8月中旬から下旬にかけて回答がなされたが、なんと全員について「存否応答拒否」（あるともないとも答えない）という木で鼻を括った回答であった。山田は「おかしいんじゃないか」と思い、改めて条例を見返すと、たしかに警察にも個人情報の開示義務が定められてはいるが、多くの例外が規定されていて、不開示のオンパレードであった。このままにはしておけないと、4人は行政不服審査法に基づいて審査請求を行い、個人情報保護審査会に対して意見書を提出などすることになった。

さらに、大垣署の警察官が、一民間事業者にすぎない中電子会社に4人の個人情報を提供することは、地方公務員法上の守秘義務違反に該当すると考えられたので、同年11月に、検察庁に対して「被疑者不詳」として告発も行った。

警察の回答は「通常行っている警察業務の一環」

山田は、県警本部長と公安委員会に行った「抗議・要請書」に対して、何がしかの回答が返ってくることを期待していたわけではなかった。実際、この件について14年9月の岐阜県議会で質問がなされたが、県警本部長は「調査中」と答えるのみで、当初はダンマリであった。ところが、11月に入って、文書で回答が届いた。いわく、

「通常行っている警察業務の一環と判断いたします」

というものであった。個人情報を集めることはもちろん、中電子会社に対

して情報提供することも、「通常行っている警察業務」だとの回答内容に、４人は驚いた。近藤は、「警察は、これを機に個人情報の収集や利用、第三者提供を一気に認めさせようとしている」、「警察からの挑戦ではないか」と受け止めた。

「議事録」を証拠保全

朝日新聞がスクープできたのは、中電子会社が大垣署との情報交換を「議事録」という形にして残していたからであった。そこで、弁護団は、裁判所の証拠保全の手続を申し立て、この「議事録」を15年3月に入手した。

「議事録」は、13年8月7日、14年3月4日、同年5月26日、同年6月30日の4回分あった。6月30日で終わっている。それは7月24日に朝日新聞の報道があったので中止せざるを得なかったのだ。報道がなければ、延々と続いていたであろう。

この「議事録」によって、大垣署と中電子会社との間でどのようなやり取りがなされたのかが白日のもとにさらされた。「議事録」によれば、

・情報交換は大垣署からの働きかけによって行われたものである
・担当したのは大垣署の警備課（すなわち公安警察）である
・目的は、風力発電施設建設に反対する運動が起こらないようにするためのものである

ことなどが明記されていた。少し長くなるが、「議事録」から、大垣署の警察官の発言部分を引用しよう。なお、文中の「岐阜コラボ法律事務所」は、正しくは弁護士法人ぎふコラボ西濃法律事務所を指す。

㋐「岐阜新聞7月31日（水）版に『大垣市上石津町で風力発電について学ぶ勉強会が行われた』ことが掲載されたことを知っているか。」「同勉強会の主催者である三輪唯夫氏や松島勢至氏が風力発電に拘らず、自然に手を入れる行為自体に反対する人物であることを御存じか。」

㋑三輪唯夫及び松島勢至は、「同じ岐阜県内で活発に自然破壊反対や希少動物保護運動にも参画しており、岐阜コラボ法律事務所とも繋がりを持っている。」

㋒「また、大垣市内に自然破壊につながることは敏感に反対する『近藤ゆり子氏』という人物がいるが、御存じか。本人は、60歳を過ぎているが東京大学を中退しており、頭もいいし、喋りも上手であるから、このような人物と繋がると、やっかいになると思われる。」

㋓「このような人物（注；近藤のこと）と岐阜コラボ法律事務所との連携により、大々的な市民運動へと展開すると御社の事業も進まないことになりかねない。」「大垣警察署としても回避したい行為であり、今後情報をやり取りすることにより、平穏な大垣市を維持したいので協力をお願いする。」

㋔「松島住職が、平成26年度『岐阜コラボ法律事務所友の会』の役員になった。また、三輪唯夫と交代で友の会役員を行っているようである。」「風車事業に関して一部法律事務所に相談を行った気配がある。」

㋕「三輪唯夫は、岐阜コラボ法律事務所の事務局長である『船田伸子』と強くつながっており、そこから全国に広がってゆくことを懸念している。現在、船田伸子は気を病んでおり入院中であるので、即、次の行動に移りにくいと考えられる。」

㋖「近藤ゆり子は、徳山ダム建設中止訴訟を起こした張本人である。」「反原発・自然破壊禁止のメンバーを全国から呼び寄せることを懸念している。」

実に驚くべき内容だった。三輪、松島が「風力発電に拘らず、自然に手を入れる行為自体に反対する人物」というのは、30年近く前のゴルフ場建設反対運動を行ったことを指している。また、近藤が事務局長を務めていた徳山ダム建設中止を求める訴訟は、20年以上前に提起されたものである。警察が、いかに長期的かつ日常的に、4人の個人情報及び「ぎふコラボ」の情報を収集し、これを管理してきたかがわかるというものだった。

これらの情報は、風力発電施設建設の反対運動が始まってから収集や管理が行われたのでもない。なぜなら、近藤と船田は、反対運動に関わっていないのに名前を出されたからだ。警察内部に、特定個人のデータベースがつくられていると考えざるを得ないこと、これはまさに警察による市民の監視というほかないこと、という点で4人の見方は一致した。山田は、法律事務所や「友の会」まで監視の対象であったことに驚きながらも、公安警察が、当事者4人や「ぎふコラボ」が地域で行っている自主的・自覚的な市民の活動を恐れていることの証でもある、と事柄の本質を受け止めた。

「もの言う」自由を守る会の結成

15年に入って、「存否応答拒否」の回答をされた個人情報開示請求に対する審査請求手続において、当事者4人は、個人情報保護審査会での口頭意見陳述を行うなどしていたが、同年10月に審査請求は棄却された。

また、検察庁に行っていた地方公務員法違反の告発も同年12月に不起訴処分となった。当事者4人は、検察庁に不起訴理由を明らかにするように求め、岐阜地方検察庁において担当検事と面談した。検事の回答は、「地方公務員法上の『秘密』に当たらないと考える」であり、それ以上は捜査の秘密を理由に回答できないという。到底、納得できるものではなかった。当事者4人と弁護団は、当初から、国家賠償請求訴訟を視野に入れていたが、いよいよその準備を本格化することになった。

裁判を闘っていくためには、その支援組織が欠かせない。団の伝統である大衆的裁判闘争の見地である。そこで、当事者4人と弁護団、支援者は、「『もの言う』自由を守る会」を結成することになった。

この会が、「原告○○を支援する会」となっていないのには意味がある。当事者4人は、この事件は特定の誰かが被害を受けたというのを越えて、公安警察に代表される公権力によって市民の表現の自由、思想・良心の自由などが侵害を受けているのであり、市民運動の自由それ自体が侵害を受けていると捉えている。そこで、議論の結果、こういった自由を総称して、公権力に「もの言う」自由と表現し、これを守っていこうという意味を込めて、「『もの言う』自由を守る会」と呼称することにした。

16年4月16日、「『もの言う』自由を守る会」の発足集会が行われた。発足集会では、団員横山文夫（元団岐阜支部長）と稲葉當意住職（真宗大谷派）を共同代表に選任した。

国家賠償請求訴訟に向けて

国家賠償請求をするには、「違法」な公権力の行使によって「権利侵害」を受けたことが要件となる。当事者と弁護団による国家賠償請求訴訟に向けた議論が重ねられた。これには助言者として、名古屋大学法学部の本秀紀教授と愛敬浩二教授（当時）が加わった。2人の計らいで、民主主義科学者協会法律部会のシンポジウムなどでテーマとして取り上げられ、参加者から貴重な意見が寄せられた。また、月刊「法学セミナー」の特集においても取り上げられ、注目を集めるところとなった。

当事者4人が、警察による個人情報の収集と中電子会社への提供によって被る「権利侵害」は、プライバシー侵害を中心に構成された。ここでのポイントは、警察が収集した個人情報を中電子会社に第三者提供することはプライバシー侵害になるのは当然として、警察が個人情報を収集することそれ自体もプライバシーを侵害しうると構成したことである。この点に、この訴訟の法律的な意義がある。

違法性の要件について、警察は、「通常行っている警察業務の一環」であると回答してきていた。この事件について、15年6月、日本共産党の山下芳生参議院議員が参議院内閣委員会で行った質問に対する警察庁警備局長の答弁も同様であった。つまり、警察にとって通常のことであると主張しているのであり、これを違法であると裁判所に判断させなければならない。相当にハードルが高いと感じられた。しかし、「議事録」で赤裸々に語られているように、大垣署と中電子会社との情報交換は風力発電施設建設に対する反対運動を起こさせないためのものであり、目的の正当性を有しない。警察法2条2項も「その責務の遂行に当っては、不偏不党且つ公平中正を旨とし、いやしくも日本国憲法の保障する個人の権利及び自由の干渉にわたる等その権限を乱用することがあってはならない」と警察の権限の濫用を戒めている。違法性を有することもまた明らかであろう。

議論を重ね、訴状が完成し、16年12月21日に、岐阜県警の責任主体である岐阜県を被告として国家賠償請求訴訟を提起した。当事者と弁護団は、損害賠償金を求めることが真の目的ではないことから、この事件を「大垣警察市民監視違憲訴訟」と呼ぶことにした。訴訟の弁護団長には山田が、副団長に団員岡本浩明、事務局長に団員小林明人が就いた。

共謀罪法案との闘い

時を同じくして、政府が共謀罪法案を「テロ等準備罪」という名称で国会に提出しようという動きが報じられ、反対運動が広がっていた。17年１月の通常国会においては、その冒頭から、共謀罪法案が議論の的となった。政府は、組織犯罪処罰法の改正という形で共謀罪法案を提出してきたが、一般市民や一般の団体は共謀罪の対象とならないと言いつつも、「正当な活動をしていた団体も組織的犯罪集団となりうる」と答弁し、共謀罪の本質を露呈するところとなった。

ここに至って、大垣警察市民監視事件は一気に注目を集めるところとなった。当事者４人は養鶏業者、僧侶、市民活動家、元法律事務所事務局長と、どこからどう見ても「一般市民」であり、「組織的犯罪集団」を形成しているものではない。しかも、そのような集団が形成される現実的危険性もまったくない。しかし、大垣署と中電子会社の情報交換では、前述したようなやり取りに加えて、「今後、過激なメンバーが岐阜に応援に入ることが考えられる」、「身に危険を感じた場合は、すぐに110番して下さい」などとやり取りされており、あたかも４人が組織的犯罪集団であるかのような口ぶりである。まさに、警察の思惑によって、いつでも組織的犯罪集団がつくり上げられてしまうことをリアルに示している。

当事者４人と弁護団は、大垣警察市民監視事件は共謀罪が成立したときの現実を示しているとして、情報発信していくとともに、マスコミの取材も積極的に受けるところとなった。地元の新聞社だけではなく、遠くは北海道や九州の新聞社からも取材を受けた。テレビもテレビ朝日「報道ステーション」、TBS「報道特集」、BS-TBS「週刊報道ライフ」の取材を受け、実際に報道もされた。

また、各地で行われた集会や学習会にも積極的に足を運び、大垣警察市民監視事件を生きた素材にして、共謀罪の危険性を具体的に訴えた。学習会は、国民救援会の各地支部、民主団体、弁護士会など多彩であった。

さらに、大垣警察市民監視事件は国会審議の場でもたびたび取り上げられた。当時、加藤健次団幹事長から国会への要請行動への参加をたびたび呼びかけられ、4人は警察に監視されていた当事者として、積極的に発言した。「共謀罪法案に反対する法律家団体連絡会」が公表した『だから私たちは共謀罪に反対する！　今も行われている市民監視の実態　事例集』にも取り上げられた。

17年6月、共謀罪法案は、参議院本会議における「中間報告」（国会法56条の3）という異例中の異例の方法によって法務委員会の審議を省略し、本会議でいきなり採決するという強行手段によって可決されてしまったが、その後も当事者と弁護団への要請は絶えることがなかった。当事者4人と弁護団は各地を飛び回る1年であったが、その甲斐あって、大垣警察市民監視事件は各地で認知されるようになった。

こういった取材や学習会では、船田の果たした役割が大きかった。「ぎふコラボ」を退職し、夫とともに専業農家を営んでいた船田は、「一般人」を体現するものであり、マスコミには格好の取材対象であった。しかし、他方で、船田の夫が病に倒れ、闘病生活を送る中での取材や学習会であった。この1年は船田にとって「共謀罪狂騒曲」と呼べる1年であった。また、船田について警察が情報提供した「気を病んで入院中」は完全な虚偽情報であり、真実性の裏付けのない情報が独り歩きをしている現実が浮き彫りとなった。むしろ、中電子会社を煽って、危機感を持たせ、自分たちの都合の良いように協力させるために、船田の個人情報を利用したのである。公安警察は、情報の真偽など二の次なのだ。

共謀罪は強行成立させられてしまったが、それを発動させないための闘いとして、大垣警察市民監視事件の重要性は増している。

個人情報の抹消請求訴訟の追加提訴

17年10月、滋賀県大津市において、日弁連人権大会が開かれ、その第2分科会「情報は誰のもの？～監視社会と情報公開を考える～」に当事者4人もビデオインタビューに応じるという形で参加をした。これをきっかけに、日弁連情報問題委員会に所属する弁護士2人が弁護団に参加することになった。

その1人である清水勉弁護士は、国家賠償請求に加えて、個人情報の抹消請求訴訟を追加提訴することを提案した。被告は岐阜県警（岐阜県）と警察庁（国）である。清水がこれを提案したのは、公安警察が当事者4人の個人情報を持っているかぎり、それがいつ、誰に対して、どのように使われるかわからないのであり、これを放置しておくことによる当事者の権利侵害性は極めて大きいからである。そう、公安警察が、中電子会社以外に情報提供をしないという保証はまったくない。既に行われているかもしれない。警察に情報を保有されているかぎり権利侵害が生じているのであり、これを解消するためには、保有している情報の抹消請求をするしかない。被告に警察庁（国）を加えているのは、警察庁警備局を頂点にした上意下達という公安警察の特質から、すべての情報は警察庁警備局に集中されるからである。こうして、18年1月に個人情報抹消請求訴訟（請求の趣旨は、「岐阜県警本部警備部及び岐阜県警各警察署警備課において保管している原告○○に関する個人情報、行動記録などを記載した文書及び磁気データ並びに収集した文書及び磁気データの情報を抹消せよ」としている。警察庁警備局についても同様）が提起された。

のちに、この訴訟を「踏んづけている足をどけてよ」裁判と例えるようになった。足を踏んづけられて痛いから損害賠償を払ってもらっても、それだけでは痛みから解放されない。足をどけてもらう必要がある。国家賠償請求と抹消請求がそろって、当事者の目的をかなえるところとなる。

訴訟の現段階

国家賠償請求訴訟の第1回口頭弁論は17年3月20日だった。裁判所前には140名を超える傍聴希望者が詰めかけ、岐阜地方裁判所の301号法廷（通常は裁判員裁判を行う一番大きな法廷）でも入りきらないほどであった。その後も、100名を超える傍聴者が続いている。これには、国民救援会岐阜県本部が力を尽くしている。弁論後には、弁護士会館で報告集会を開き、弁護団は、法廷でのやり取りを解説し、ワンポイント法律講座を行って参加者の疑問・質問にも答えている。

被告岐阜県も被告国も、情報収集についても情報提供についても具体的な内容については「認否しない」という態度である。警察の情報収集、情報提供の活動が明らかになると、以後の情報収集、情報提供の活動に支障が生ずるからとその理由を述べる。これは警察の活動は司法審査の枠外にあると言っているに等しく、法治主義に従うことを拒否しているものだ。当事者と弁護団は、このような応訴態度を厳しく批判し、裁判所に適切な訴訟指揮を行うように求めている。

裁判所はどうかといえば、原告らの情報が私生活上の秘密にあたるかどうかという伝統的なプライバシー論に固執している。たしかに、大垣署と中電子会社との情報交換の中には、他人に知られていない情報もあるが、自らインターネットに発信した情報などもある。そこで、裁判所は、これらの情報を分類し、性質の違いによって法的な判断をしようとしている。このような裁判所の姿勢は、プライバシー権を私生活秘匿権と捉え、個人情報の取得・保存・利用の各場面のうち、権利の実質的な制約ないし侵害になりうるのは取得の場面のみとするものであって、「取得時中心主義」と呼ばれ批判されている。例えば、指紋の場合、刑事訴訟法218条3項などの法令を根拠に適法に取得されてしまえば、以後、データベースを構築し、利用することは、身体への侵襲も、私事の公開も伴わないため、新たな権利侵害を生み出すものではないとされる。したがって、既に公表された事実や自ら発信した情報を集めても、何ら権利侵害を構成しないとなる。

しかしながら、かつては、捜査過程などにおいて取得され、文書によってのみ記録された個人情報を、その事件を超えていわばシステム化し、データベース化することには、技術的あるいはコスト的な限界があった。文書上の情報の一部を構成する個人情報をシステム化・データベース化して他の事件や他の目的に利用することは技術的にほとんど不可能であった。仮に、可能であったとしても、膨大な時間や多大な労力を要し、それを費やすに値する価値を見いだすことができず、現実的な実行可能性は極めて乏しかった。技術的な限界が、長期保存や他目的利用を物理的に制限してくれていたのである。ところが、現代の情報技術に、いったん取得した情報のシステム化・データベース化・ネットワーク化を制限する役割を期待することはできない。現代の情報技術によれば、いったん取得した情報をデータとして蓄積し、特定情報の検索をすることは極めて容易にできるようになったからである。このようにして、警察が収集した個々の情報から、特定個人のデータベースをつくり、それを好き勝手に利用できるとしたらどうだろうか。しかもそのデータベースは、虚実ないまぜのものであり、必ずしも真実性が保証されているものでもない。このようなデータベースの存在を許すことは公安警察による市民監視を許すことであり、個人のプライバシーにとって脅威となることは明らかである。単に一瞬見られることではなく、データベース化されることが問題なのだ。団はこれまで公安警察をはじめとする公権力による弾圧と数多く闘ってきたが、その成果と教訓を生かし、公権力による市民監視を許さないこと、そのための法理論を構築することが、大垣警察市民監視事件の使命である。

国家賠償請求訴訟を提起してから３年余りが経った。口頭弁論は毎回、傍聴者で満席となる。被告の岐阜県及び国は相変わらずダンマリであり、原告が法廷で主張を展開することが続いているが、今後、証人尋問や原告の本人尋問を実施する段階となる。裁判はまだ長く続くこととなるが、当事者も弁護団も支援者も、自分たちの「もの言う」自由を手放さないために、息長く活動していくことを決意している。

この闘いに、地元のフォークグループ「伊舞木座（いぶきざ）」が歌を創作した。

「もの言う自由を」　　　作詞・作曲　寺倉和子

１　伊吹山を望む　この里山を　終の住処と定めて
　仏の願いをわが願いとして　土地に生きる人々の平安を祈ってきた
　　※今、私たちは　ものを言う　自由と命を守るため
　　※真っ直ぐに前を向いて咲く　あのガーベラの花のように
２　誠実に働き　正しいと思うことに　みんなで声を上げただけ
　周りの誰かを　疑っている自分を　悲しいと言ったあなたの言葉を忘れない
　　※（繰り返し）
３　誰かではない　明日は私　あなたかも知れない

だけど　人はものを言い　知恵を寄せ合い
つながり合って　生きて行くもの
　　※（繰り返し）

10

不断の努力による人権の保持

――九条俳句不掲載事件

九条俳句不掲載問題の発覚――当時の行政姿勢の中で

東京新聞の報道

14年7月4日朝、東京新聞の1面は「梅雨空に『九条守れ』の女性デモ」(九条俳句) という市民の俳句をさいたま市の三橋公民館が月報に掲載することを拒否したという記事を報じた。この月報は、三橋公民館が毎月発行する「公民館だより」であり、その俳句コーナーには、三橋公民館内で開かれている俳句サークルの会員20名が詠んだ俳句の中から互選で選出された秀句が3年8ヶ月にわたって掲載されてきた。報道記事には、全国九条の会事務局長小森陽一東京大教授の「この句だけを掲載しなかったのは、表現の自由を保障した憲法21条に違反する」との見解が示されるとともに、当時、千葉市で開かれた平和集会の後援申請を千葉市が拒否したり、平和と原発をテーマにした集会の会場利用を明治大学が拒否した例などが紹介されていた。

公正中立を理由とする民主主義への不当介入

東京新聞の報道後も、14年11月の「国分寺まつり」に、市民団体である「国分寺9条の会」が行おうとした憲法9条に関するパネル展示が拒否された事案、15年3月に埼玉県新座市の市民団体が「慰安婦」をテーマにした中学生向けのパネル展を市の施設で開催しようとしたのに対し、教育委員会にこれを拒否された事案、千葉県内の公民館の駐車場に停めてあった車に「アベ政治を許さない」とのステッカーが貼ってあったケースで、公民館長が「ステッカーをはがしてから来てください」と発言した事案、

15年6月には、安倍政権を批判する集会活動に対し、姫路市の職員が介入して集会を中止させるとの事案などが相次いで発生した。これらは、公正中立を理由とした行政による民主主義への不当介入・基本的人権の侵害事例であった。さいたま市の九条俳句不掲載事件はこのような時代状況下に起きた。

さいたま市の姿勢

三橋公民館は、三橋俳句会の互選で選出された「梅雨空に『九条守れ』の女性デモ」の俳句を14年6月24日に受領した翌25日に、「公民館の意見と誤解されるおそれがある」と述べた。そして、三橋公民館は、同月30日に現実に、俳句コーナーを削除して三橋公民館だよりの同年7月号を発行した。その翌日の7月1日には、安倍政権が、集団的自衛権の行使を認める閣議決定をしており、この俳句の不掲載は当時の政権への忖度ではないかという指摘があった。

三橋公民館は、同月3日、俳句作者へ文書回答をした。そこには、九条俳句を不掲載にした理由について、①社会教育法23条1項2号によると、公民館は特定の政党の利害に関する事業を行うことは禁止されていること、②さいたま市広告掲載基準4条(1)エによると、国内世論が大きく分かれているものは広告掲載を行わないとされていることから、本件俳句の中の「九条守れ」というフレーズは、憲法を見直そうという動きが活発化しているもとでは、公民館の考えであると誤解を招く可能性があるため、掲載できないと記されていた。ここに記載されたいずれの理由も5ヶ月後には、「誤りである」として撤回された。

同年7月4日の東京新聞報道を受けて、複数のさいたま市民がさいたま市生涯学習センターに掲載の再検討を求めるなどの申し入れをした。これに対し、生涯学習センターは「掲載予定はない。公共施設としての判断」であると述べ、同月17日には清水勇人さいたま市長が定例会見で「(掲載拒否は) 概ね適正だ」と発言し、同月29日には稲葉康久教育長が定例会見で「今後も掲載しない」「世論を二分している内容の作品」は載せないと明言した。

この点、15年に姫路市の労働組合の集会に介入して表現の自由侵害が問題となったケースで、姫路市が速やかに憲法21条違反であることを認めて謝罪をした姿勢と対照的であった。

立ち上がる市民と団員たち

原告

この俳句の作者は九条俳句国家賠償請求訴訟の原告となった。作者は、14年6月上旬に東京・銀座で集団的自衛権の行使容認に反対する女性デモを見て、その熱気と姿勢に共感して九条俳句を詠んだ。この九条俳句が同月24日の三橋俳句会で互選により秀句に選出された。この作品について、作者は、句会で、作成経緯と心情について、「たまたま、東京に出たときにデモに出会い、自分で思っていてもなかなかできなかったことを実行しているみなさんに感動して作った。」と述べた。俳句の先生からも、『梅雨空』は『梅雨晴』と違い、少し重みも暗さもあるので、9条が問題視されている今、生きる季語であるとの論評を受けた。句会のメンバーからも行動したいと思ってもデモに参加するのはなかなかできないことだ等とまさに、社会教育の一環としての意見交換がされた。

その直後の同月25日、作者は三橋公民館職員から電話連絡を受け、職員から「公民館は常に中立の立場でなければならない。世論が大きく分かれている場合に、片方の意見だけを載せることはできません。」「『九条守れ』のフレーズが公民館の考え方であると誤解を招く可能性があるためです。」と説明された。作者は、自らの作品が「2つに分かれている」意見であることも心外であり、公民館の考え方であると誤解されることもないと考え、職員に対して「私たちは9条の中で生活しているのに『九条守れ』のフレーズがおかしいと、憲法を守る立場の公務員から言われるのはおかしい。別に私は世の中に対して何も悪いことを言っているとは思いません。憲法を守って平和を守っていくという気持ちのどこがいけないのでしょうか。」「公民館が作品の内容にまで立ち入ることは筋違いで、絶対に許せません。」と伝えた。

しかし、この日の夕方にまたこの職員が作者に電話で、「三橋公民館の館長が不在だったので、桜木公民館の館長にお聞きしたところ、やはり認められないと言われました」とする説明をしてきた。作者は納得がいかず、職員に対して、「文書にして回答が欲しい」と伝えた。同年7月3日に三橋公民館から示された回答文書に対しても、作者は「公民館が示した条項のどこに当たるのか、まったく分かりません。どうして、特定の政党が出てくるのですか。世論を二分するような意見を述べている訳でもないのに、どうして世論を二分することになるのか納得できません。」「公務員であれば、憲法を守る立場にあることを前提に就職しているのではないのですか。憲法を守ることがどうして世論を二分することになるのか教えて下さい。」と問い質したが、職員から同年7月3日の回答文書以外の説明はなかった。

作者は、自らの俳句が掲載されないとの対応をされたことに憤りを感じ、家族に相談したところ、娘もそれはおかしいと指摘して、東京新聞に情報提供をして、同年7月4日の東京新聞に掲載されることとなった。このように、作者とその家族の素朴な「おかしい」という感覚に基づき、行動を起こしたことが、九条俳句不掲載事件という行政の不当な介入・人権侵害の対応を社会に提起することにつながった。

作者は当時73歳という年齢でありながら、原告となって、民主的運動や裁判闘争に身を置くというたいへん重圧のかかる立場に身を置くことで、民主主義・基本的人権を守ろうと決意したのであった。九条俳句不掲載事件を語るにあたっては、作者の決断・努力を忘れてはならない。

俳句会の仲間

作者が所属している三橋俳句会は、98年に結成され、概ね20名程度のメンバーで、毎月公民館で定例会をもって活動している普通の市民サークルである。この年に三橋公民館が、俳句の講座を何度か主催をして、そこに参加した市民がサークルをつくり恒常的な活動となった。三橋公民館も、10年10月ころには、三橋俳句会の活動状況を踏まえて「せっかく勉強しているのだから、一番良い句を提出してはどうか」と提案をして、そこから、毎月、メンバーの互選で選定された学習成果である秀句を公民館だよりの俳句コーナーに掲載することが始まった。九条俳句は作者が詠んだ俳句であると同時に、俳句会の仲間が選出した俳句でもあった。

九条俳句が不掲載となった後の次の俳句会が開かれた14年7月22日に三橋公民館長ら三橋公民館の職員だけでなく、生涯学習センターの職員らも俳句会に出席し、意見交換がなされた。その際、俳句会のメンバーからは、公民館側がもちだす「中立公平」という理由について、「選挙なら公務員が中立・公平を言うのは分かるが、私的サークルの活動内容に介入しての中立・公平は違うのではないか。」「原告の作品は文芸作品であり、どの党が悪いとか、この考えはいかんとは言っていないのではないか。」「憲法を守ると言って就職したのに、憲法を守れというのを批判するのですか。」等の意見が示された。

俳句会の有志のメンバーは、俳句会での学習活動に介入されたことに憤りを感じ、原告を支え、集会・訴訟・行政申し入れなどで行動を共にしてきた。このような仲間の支えがあったからこそ原告も最後まで頑張り抜くことができた。

市民応援団

九条俳句不掲載事件の作者を応援する市民が市民応援団を立ち上げた。市民応援団は、正式には15年6月25日に九条俳句不掲載事件をさいたま地方裁判所に提訴した時点で結成された運動体だが、裁判前から活動をした。この応援団に参加した市民は、いち早くホームページを作成して全国に呼びかけ、その結果数千名もの市民参加がなされた。市民応援団は、裁判闘争前から多数の生涯学習センターやさいたま市長・教育長などへの申し入れをし、市民集会を行ったり、訴訟の弁論の度に報告集会を設定し、ゲストを呼んで運動を拡大していった。

裁判の傍聴は毎回傍聴席が埋まり、九条俳句不掲載を是正するための署名活動は2万筆を超えた。九条俳句裁判で重要な立証に繋がった社会教育学者や憲法学者との協力体制も市民応援団の存在なしには実現しなかった。市民が立ち上がり全力で社会運動を実施し、弁護団の訴訟を支えてくれたことは、極めて大きな役割を果たした。

弁護団結成

九条俳句不掲載事件は、埼玉県内の弁護士から、団員佐々木新一のところに事件紹介があり、佐々木が原告や市民の方々の話を聞くところから始まった。当初、市民応援団に参加する市民の考えは、市民運動による解決をというものであり、裁判に訴えることに懐疑的・消極的な意見も出された。佐々木らは、さいたま市の姿勢から、社会運動だけでは解決が困難であると考え、九条俳句不掲載問題の法的問題点の学習会を実施し、この問題が表現の自由をはじめ重要な人権問題を含んでいること、当時の社会情勢の中で、行政が中立性や公正性を理由に人権制限している嫌な流れを止めなければならないことを作者や市民応援団に熱く訴えていった。

この学習の積み上げの中で、市民応援団の中でも訴訟をするべきという意見が多くなっていった。弁護団には、呼びかけ人の佐々木が団長に就任し、事務局長として団員久保田和志、事務局次長として団員石川智士が就任した。訴状の起案を担当した団員に限定しても、谷川生子、近藤里沙、金子直樹、根本明子、斉藤耕平、増田悠作、小内克浩、川原祐介など、60期以降の若手を中心に九条俳句不掲載事件の弁護団は運営されていくこととなった。弁護士報酬が期待できない事件であってもこれだけ多くの若手が立ち上がった。

社会教育学会が動いた

「原告とその仲間」「市民応援団」「弁護団」の裁判闘争の主体ができた。そこに大きな連帯者が加わった。社会教育学者の第一人者である佐藤一子、当時さいたま市の公民館運営審議会の会長をしていた安藤聡彦、日本社会教育学会会長であった長澤成次など多数の社会教育学会所属の学者が積極的に参加をした。

彼ら社会教育学会の学者らは、その有志メンバーで研究プロジェクトを立ち上げ、法廷闘争に現場の実践的観点を加えて研究を重ねて研究結果を社会教育学会で発表したり、毎回のように九条俳句訴訟の弁護団会議に積極的に参加し、裁判及び裁判後の報告集会にも多数の学者らが参加し様々な効果的意見を述べた。

専門家の意見は、例えば、大人の学習権論、公民館だよりの位置づけ論（単なる市報とは異なる社会教育法の規律を受ける媒体である）等の意見書の形でも裁判に反映され、教科書裁判の子どもの学習権との比較の視点や公民館の様々な実践的取り組みなどの情報提供の形で、弁護団の重要な主張の骨子となった。

訴訟中も、弁護団の石川や久保田が社会教育学会に参加して、事件報告、課題検討などの協議を行っていたが、九条俳句訴訟は、原告（とその仲間）、市民応援団、弁護団、社会教育学会の四位一体の法廷闘争・民主主義運動であったといえる。

裁判闘争と運動体の共闘

4者それぞれの目的・課題

裁判の目的は、第1に、俳句作者である原告の人権救済であり、九条俳句の不掲載が違法であり損害賠償が認められること。第2に、九条俳句が掲載されること。第3に、九条俳句以外の三橋俳句会のその後の秀句も公民館だよりに掲載されるとの原状回復をすること。ここまでは運動体・弁護団すべての目的とするところであった。

関与者の中には微妙に訴訟・運動の目的の力点が異なっていた面もあった。市民応援団の中には、本件の中心論点を表現の自由、特に検閲にあたるとの認定を得ることを獲得目標とする声も強かった。また、社会教育学者の意見では、むしろ、大人の学習権の問題として捉えること、社会教育法における公民館や公民館だよりの本質に踏み込んだ違法性獲得により教科書裁判以来議論が進んでいなかった学習権論を掘り下げたいとの思いが強く存在した。

この力点の比重の置き方の違いが、弁護団会議において、参加者の激しい議論に発展することもあった。弁護団会議や方針の決定についても、みな真剣であり、議論は白熱することが多かった。弁護団会議に市民応援団や社会教育学者らが参加したことで、多角的な視点で議論を深めていくこととなった。

原告と弁護団が目指した４つの目標

そのような中で、原告と弁護団が獲得目標としたのは、大きく言えば、以下の４点であった。１つ目は、原告・市民応援団が頑張ってきた九条俳句支援運動において、さいたま市が否定し続けてきた、『違法性がない』との主張を退け、市民学習・表現活動に介入したことの『違法性』を勝ち取ることである。

このことは、憲法第12条の『憲法が国民に保障する自由及び権利は、国民の不断の努力によって、これを保持しなければならない』という価値の体現でもあるが、これがまずは絶対に勝ち取らなければならない目標である。

そして、２つ目としては、『行政の中立性・公正性』が人権侵害の正当化根拠にならないということの判断である。当時、集会施設や社会教育施設（公民館・美術館・博物館・図書館等）において、行政の中立性・公正性というワードでの市民活動の制約が行われていた動きに歯止めをかけることも重要な目標であった。

３つ目には、『公民館』という社会教育施設における『公民館だより』という媒体で学習成果を発表することが憲法上保障されること（大人の学習権、憲法21条等)。そして、４つ目に、公民館職員が社会教育において、何をすべきで何をしてはならないのか基準・規範を獲得し、より良い社会教育の実践につなげていくことであった。

裁判の確定と獲得できたこと

さいたま地裁判決

17年10月13日、さいたま地裁が言い渡した判決主文の骨子は、不掲載の違法性を認め、市に慰謝料５万円の支払いを命じた。その理由は、ⅰ）「社会教育法９条の３第１項・同法12条の各規定」は、「大人の学習権を保障する趣旨」であり、ⅱ）子どものみならず、大人についても、「憲法上、学習権が保障される」というべきであり、「社会教育法２条および３条」は、これを前提とする規定である。ⅲ）社会教育法23条１項２号は、「公民館が、特定の政党の利害に関する事業を行うことを禁止する規定であ」り、iv）３年８ヶ月継続して秀句が掲載されてきた事実から、本件俳句も掲載されるとの「期待」があることをベースに人格的利益の侵害を導いたものである。

地裁判決は、弁護団の目標のうち、さいたま市の「違法性」を勝ち取ったこと、中立性・公正性については、社会教育法23条が市民の権利を制限する根拠にならないこと、大人の学習権が憲法上保障される人権であることについては判示されたが、「期待」を理由にした人格的利益の侵害であり、社会教育が市民の人格的発展や民主的意義を有するとの本質的な理解が得られていない感があった。原告と弁護団は控訴をすることとなった。

東京高裁判決

18年5月18日東京高裁の判決は、地裁同様の責任を市に認め、慰謝料5,000円の支払いを命じた。その理由は、ｉ）大人の学習権が憲法上保障される人権であることについて地裁判決を踏襲した。ii）公民館を「住民の教養の向上、生活文化の振興、社会福祉の増進に寄与すること等を目的とする公的な場」とその役割を正当に位置づけた。iii）公民館職員が、「住民の公民館の利用を通じた社会教育活動の実現につき、これを公正に取り扱うべき職務上の義務」を負うとした。そして、地裁判決が違法性を導いた根拠である「３年８ヶ月継続して秀句が掲載されてきたことから生じる期待」ではなく、「公民館の本質」から人格的利益の侵害を導いた。すなわち、「公民館の職員が、住民の公民館の利用を通じた社会教育活動の一環としてなされた学習成果の発表行為につき、その思想、信条を理由に他の住民と比較して不公正な取り扱いをしたときは、その学習成果を発表した住民の思想の自由、表現の自由が憲法上保障された基本的人権であり、最大限尊重されるべきものであることからすると、当該住民の人格的利益を侵害するものとして国家賠償法上違法となるというべき」と判示をした。iv）中立性・公正性についてのさいたま市の主張を正面から取り上げた上で、公民館だよりに俳句を掲載する場合でも、句会・作者名が明示されていれば、三橋公民館が俳句に賛意を表明したものとはならないから、三橋公民館の中立性・公平性・公正性を害するということはできないと判示し、中立性・公正性が市民活動に人権制約の根拠とならないとの判断をした。

最高裁決定

そして、東京高裁判決に対して、双方からなされた上告・上告受理申立について、18年12月20日、最高裁は双方とも認めず東京高裁判決が確定した。

確定した東京高裁判決の積極的意義

東京高裁判決は、原告と弁護団の4つの目標について、①さいたま市の『違法性』を認め、②『中立性・公正性』が市民の学習活動を制限する根拠にならないことを判断し、③公民館の意義についても、社会教育法の目的や事業と絡めて詳細に判示し、④公民館職員に『公正取扱義務』を認め、『大人の学習権』が憲法上の権利であることを正面から認めた。

判決は確定しても運動は終わらない

判決における法的課題

一定の積極的意義のある東京高裁判決にも当然のことながら、課題は残る。まず、学習権が憲法上保障される人権であるとしても、学習権には自ら又は相互に学習することまでの保障にとどまり、発表することまでは憲法上の人権保障は及ばないとされたこと、次に、表現の自由侵害を認めなかったことである。『公民館だより』という社会教育における刊行物が、住民の社会教育利用の対象となっている場合は、社会教育保障・学習権保障の観点から、集会の自由に関する泉佐野最高裁判決と同様、施設管理権・編集権限からくる最低限の権利制限しかできないとの結論を導くために、『公民館だより』の位置づけについて更なる踏み込みが必要なはずである。

また、本来であれば、社会教育活動・市民活動に介入すること自体が違法であること、社会教育法第12条の不当な統制的支配をしない義務違反などを直接認める議論が必要なはずである。

しかし、裁判闘争はあくまで裁判という枠があり、実践的解決は最終的には運動にゆだねられる。

運動は終わらない

実際、判決が確定した後、佐々木団長をはじめ弁護団である団員たちは、三橋公民館に赴き、直接さいたま市教育長の謝罪を受け、九条俳句についても速やかに掲載するとの約束を取り付け、掲載の実行を確認した後、九条俳句以外の46句についても一挙に掲載を受けて、最低限の原状回復を実現した。

それでも、さいたま市が今後同じような行為を重ねないとは限らない。そこで、市民による検証委員会を立ち上げることとなった。検証委員会の委員には、市民応援団のメンバーや社会教育学会の学者に加えて、現役の公民館職員も加入し、その共同代表には弁護士久保田が就任した。実際の検証は、情報公開請求をして得た文書や訴訟資料に加え、関係者へのヒアリングを行うなどの方法で実施され、21年1月23日に106頁からなる『九条俳句不掲載事件市民検証委員会報告書』としてまとめられた。報告書によれば、さいたま市の公民館案内などの公文書に政治・宗教・営利活動をしないとの社会教育法23条の規定が公民館に対する規制ではなく市民団体への規制として記載されているものが多数みられることなどが指摘・提言されている。

さいたま市が、中立性・公正性を誤って適用しないように、また、より充実した社会教育の場を提供するように、様々な角度から、今後とも提言・意見交換を継続することで、人権の保持に市民が努めているといえる。

憲法12条の価値を守る

九条俳句不掲載問題は、公民館という社会教育施設において行政が中立性・公正性を理由に市民活動に介入したものであるが、このような市民の社会運動に対する制約、基本的人権への制約に対しては、自由・権利を守るため、市民に不断の努力が求められる。

九条俳句不掲載問題は、この問題だけで終わる問題ではなく、全国に同様な事例が発生している中、団員による積極的な行政注視・監督によって、憲法 12 条の価値を引き続き体現していくことが重要だと、弁護団事務局長をつとめた久保田は考えている。

11

中国人性暴力被害者と共に

――「慰安婦」の尊厳の回復を求め加害の事実を問う

96年7月19日　東京地裁法廷

日本で初めての中国人「慰安婦」訴訟の原告本人尋問が東京地裁で行われた。李秀梅。数えの16才で日本兵に捕まり、日本兵の拠点の村に連行されて約5か月間監禁されて性暴力を受けた。はじめはぎこちなかった李の証言は、質問が進むにつれてそれまで練習してきたときのように淡々と被害事実を話していった。李が、日本軍に捕まって5か月位したあと、家に帰されたが、家に帰ったら母が亡くなっていました、と答えた後、代理人は「お母さんはどうして亡くなってしまったんでしょうか」という質問をした。李は、「親戚から600元を借りて日本兵に渡しました。それでも私を請け戻すことができなかったのです。お金もなくなりましたので、母が首つり自殺をしてしまったんです。」というところまで答えて、やにわに「お母さん……お母さん」と号泣し始め、止まらなくなってしまった。体は硬直してきてどうにかなってしまうのではないか、と弁護団も付き添ってきた中国人の康健弁護士もおろおろした。裁判長も慌てて「休廷します。」と休廷を宣言して退席し、李が落ち着くのを待った。裁判官が退席した後、付き添ってきた地元の小学校の教師張双兵や康健弁護士を始め日本側の弁護団もどうにかして落ち着いてもらおうと体をさすったり、水を飲ませようとした。しばらくしてようやく李も落ち着いて尋問が続行されたが、のちに精神科医の診断で、これはPTSDのフラッシュバックであることが判明した。当時、弁護団も支援の人々もPTSDという言葉さえ知らなかった。

次に証言台に立ったのは、やはり同じ日本軍の駐屯地に連行され、李と同じ家に監禁されて被害に遭った劉面換。劉も前日までの練習のときの淡々とした話しぶりとはまったく違って、泣きながら連行されたときのこと、そのとき抵抗したために日本兵に銃で殴られて今でも左肩が痛くて茶碗も持てない、とほんとうに悔しそうに証言した。劉は満15才のときに日本兵に家から連行され、40日ほど日本兵の拠点の村の民家に監禁され、毎日何人もの日本兵、時には日本兵に協力する漢奸に暴力を受け続けた。このために最後は体中がむくんできて立ち上がることもできなくなり、中庭を越えて門の外にあるトイレに行くのも這って行かなければならなかった、ということを泣きながら語った。

中国人性暴力被害者の調査をする

団員大森典子は、この尋問を聞きながら、ようやくここまで来れたかとの感慨にふけっていた。

この尋問が行われた96年に先立つ2年前、大森は教科書裁判の弁護団長であった尾山宏弁護士から、中国人の戦争被害者が日本で裁判をしたいと多数名乗りを上げているが、調査に参加しないか、という連絡を受けた。あの侵略戦争の中で、中国で日本兵はやりたい放題の暴虐を働いたということは、大森も第3次教科書裁判に関与する中でそれなりにわかっていたつもりであったが、性暴力被害者というのはどのような人たちなのか、まったくわからなかった。大森は、94年10月、日本からの法律家調査団の一員として、日中戦争中の日本軍による被害の調査のために北京に赴いた。

当時は、今の北京からは想像できないほど、まだ街は整備されておらず、一番の繁華街である長安街を少し入るとごみごみした民家が建ち並んでいた。しかも当時、中国政府は日本に対するこうした戦争被害の訴えを起こそうとする人々の動きに警戒を強めていた。日本から調査に参加した大森と団員菅沼友子は公安の目をかいくぐるように中国人の案内人に案内されて、中国の庶民が宿泊する招待所のようなところで、初めて李秀梅から被害事実の聴き取りを行った。

李は、山西省の東部河北省に接する大行山脈の山すその山村に暮らしているので強い山西訛りの持ち主で、北京語を日本語に通訳してくれる通訳人にはまったく歯が立たなかった。李に付き添ってきた地元の小学校教師の張双兵が、まず山西語を北京語に翻訳し、それを日本語に訳してもらうということでようやく大森たちは被害事実の概要を知ることができた。この聴き取りの中で、李は、実は李の住んでいる山西省東部の村々には、同じ時期に同じような被害に遭った女性たちが何人も住んでいて、日本政府を訴えたいと思っている、という話をした。張双兵もぜひ彼女たちの話を聞いてほしいということだった。

そこで、翌95年1月、前年の調査に参加した弁護士と新たなメンバーも含めた数名の弁護士が山西省の省都太原に聴き取りに向かった。こうした聴き取りのための訪中は、その後も何度か行って、日本の弁護団は提訴の準備を整えた。

95年8月、敗戦50周年の夏、提訴

91年8月に韓国で金学順がカメラの前で、自分が「慰安婦」被害者であるとカムアウトしてから、韓国人ばかりでなくフィリピン人、在日韓国人、オランダ人などの被害者が次々に被害を訴えて裁判が始まっていた。日本政府も、金学順のカムアウトまで、「慰安婦」というのは民間の業者が女性たちを連れ歩いていたことで、日本政府としては関与していないなどと国会で答弁していたことが真っ向から否定された形となり、政府としての調査も始まった。

93年8月4日、当時の内閣官房長官河野洋平がこれら政府の調査結果を踏まえて日本政府の責任を認めて謝罪し、何らかの措置をとること、次の世代に継承して2度とこのようなことを繰り返さない、という政府の見解を発表した。そして、94年にはアジア女性基金の構想が発表されるなど、この問題に対する政府としての取り組みが進んでいるとの報道もあった。日本の弁護士たちが中国人の戦争被害者の調査に訪中したのは、ちょうどこうした状況のさなかであった。女性たちの被害を調査した弁護士たちとすると、アジア各国から被害者が次々と名乗りをあげているときに、日本軍に最も長期間、広大な国土が占領されていた中国からの被害者の名乗り出がない、ということはいかにもこの問題の全体的な解決に対して重大な欠陥になるのではないかということが気になっていた。こうした状況の下、

弁護団は敗戦50年になる95年8月、提訴にこぎつけた。

なお歴史学では、日本軍の「慰安所」制度は都市の「慰安所」からフィリピンや中国でみられたような前線の部隊独自の〝慰安所的〟なものまで含まれるとしており、弁護団はこの事件も中国人「慰安婦」訴訟と呼ぶことにした。

ところで、北京では、95年の8月から9月にかけて第4回世界女性会議が開催され、世界の女性の地位の向上を目指して政府代表の会議も、NGOの大きな会議も北京あるいはその近郊で行われた。日弁連ではこの世界女性会議に間に合うように、「慰安婦」問題に関する意見書を作成し、NGOの世界会議に提出していた。この意見書作成の中心を担ったのは92年12月10日に東京で行われた「日本の戦後補償に関する国際公聴会」と翌日に行われた国際人権セミナー「戦争と人権、戦後処理の法的検討」を準備し実行した会員たち、そして翌93年の人権大会で戦後補償問題の分科会を準備した人々であった。その中心的なメンバーの中から、この中国人「慰安婦」訴訟と名付けた裁判の弁護団に多数の弁護士が参加した。

また、この北京集会の中で、日弁連からの参加者と北京で活動している女性弁護士の集まりがあった。このときたまたま中国人「慰安婦」の問題が話題になり、大森はちょうど1月ほど前に提訴したことを報告した。当時日本軍の毒ガスで被害を受けた人々のことも現地では問題になっていて、このような問題はどうなるか、などひとしきり日本の加害の歴史にかかわる話題がでた。そして、この会合の別れ際、大森は、この問題を指摘した1人の女性弁護士に、今後日本の裁判で中国の弁護士の協力が必要なことが出てくるかもしれないので、そのときは力を貸していただきたいと名刺を交換した。このことがきっかけとなって、この康健弁護士と日本の弁護団は特別の信頼関係で結ばれるようになった。

弁護団は96年2月にも2名の追加提訴をし、それぞれ別の裁判部に係属したために、第1次、第2次の2件の裁判を闘うことになった。

本人尋問を実現するという難題

裁判が始まってみると、この裁判には何重にも困難な法律的障壁が立ちふさがっていた。特に戦前は今日のような国家賠償法がなく、国家の権力的行為によって損害を受けたものは国家に対して損害賠償請求ができないという法理（国家無答責）、そして除斥期間の問題、などなど。これらの日本法の障壁を乗り超えるために、この事件は中国で起こったことだから中国法によるべきではないかなど、どこの国の法律によって裁判されるべきか、という国際私法の問題も原告側は大きな論点とした。しかし、これはその後どこの裁判所も特段の説明もなく日本法による判断を示すことで、いつの間にか原・被告ともに日本法での攻防となった。

この裁判での特徴は、被告国がどの裁判でも原告の主張する事実について認否をしない、との態度をとったことであった。国は事実について認否をする必要がない、事実がどうであれ、国に責任はない、という答弁を行った。原告弁護団にとって、認否の必要はない、法律論で棄却せよという国に対し認否を求めるとともに、裁判所に対しては、ともかく被告が認否しないということは事実を認めているわけではないので立証する必要があると言って裁判所にせまり、原告本人尋問で被害事実の立証だけはなんとしても勝ち取る、ということがこの種裁判の最大の課題となった。

こうして第１次訴訟の法廷でまず李秀梅と劉面換の尋問が行われたのである。しかし、この事件では、裁判所が原告を尋問すると決定してからも実際に２人が来日できて法廷で証言するまでには、予測のつかない様々な問題が立ちふさがったのである。まず、裁判所からは、２重通訳ではなく、ダイレクトに山西語から日本語に通訳できる通訳人をつけること、という条件を示された。どうやって山西語のわかる通訳を探したらよいのか、途方に暮れているときに、外国人の事件を多数手がけている三木恵美子団員が、在日の中国人がよく読む新聞に公告を出すというアイデアを提案した。ほかの弁護団員はそのような新聞があることも広告の出し方もまったくわからなかった。しかしこの作戦は成功して山西省出身で日本に駐在している山西省代表部という肩書の青年が弁護団に連絡を取ってきた。後で聞いた話では山西大学の日本語科を首席で卒業して日本に駐在しているということであった。都内の弁護士事務所に来てもらって、事件の内容や今後の進め方についていろいろ相談をしたが、親身になってこちらの問題意識に応えてくれる誠実でシャープな青年であった。

ところで、この通訳人の竇運生は、2人の原告について「パスポートはとれますか」と尋ねてきた。弁護団では、張先生が当然とってくれると安心していたが、実は聞いてみると自分の裁判のために中国国外に出るということは今までになかったようで、このような私用でパスポートをとるということは至難のことのようだった。ともかく、現地と連絡をとってもなかなかどこまで進んでいるのか、そもそもパスポートがとれるものかどうかも皆目わからなかった。途中で「雨が降ったから2、3日は動けない」などという連絡があって、雨くらいで動けないとはどういうことか、と張先生の「のんびりぶり」に呆れたり焦ったりしていた。ビザの申請も通常は3か月かかると言われていた。原告本人尋問が決まったのが2月、7月の尋問までにビザを取るには時間はあまりない。在北京の日本大使館に2人の原告の呼び出し状が送られていて、特別に便宜を図ってもらいたいとの連絡もしてあったが、間に合うかどうかは誰にも予測できなかった。

しかし、裁判の数日前、とにかく日本に向けて北京を出発するとの連絡があり、成田空港で出迎えたときのほっとした気持ちは弁護団の誰しもが忘れることができない思い出となった。

山西省盂県の村々を訪ねる

この裁判の提訴当時、山西省盂県の被害者たちの村は外国人立入禁止地区であったので、日本の弁護士や支援の人々が現地を訪問するということはできなかった。しかし、98年夏、事実上入ることができるという情報があり、大森と支援者2名が初めて現地に赴いた。日本からの参加者はまず太原に行き、そこから小さな車（古い日本のワゴン車）をチャーターして出迎えてくれた張先生と現地の通訳の女性の5人で太原を出発した。しかし、太原から現地に向かう道路はでこぼこの舗装していない道路で車はのろのろと道路のくぼみをよけて走るが、中にいる人間は車の振動で跳ね上げられてまともに座っていられないという道中であった。さらに、大きな川の河岸段丘を下って川べりの道に出るのだが、細かい黄砂の積もった道はすぐに崩れる柔らかな土で、いたるところに道端が崩れて絶壁となっているところを慎重に進む。そして、しばらく川に沿って川岸を進んだところで道は川に向かって消えて対岸にまた道ができている。つまり橋がない。車のままじゃぶじゃぶと水の流れの中に入っていってどうにか対岸の道にとりつく、というわけだ。この現地訪問に参加したものは、張先生が「雨が降ったから2、３日は動けない」と連絡してきた意味を初めて体で理解した。また、道路はいたるところで沼のようにぬかるんで、しばしば立ち往生した。こうして朝、太原を出発して夕方ようやく原告たちの住んでいる村にたどり着くことができた。

黄土高原特有の台形の高地の間にヤオトンと呼ばれる横穴式の民家が階段状にあり、独立した普通の民家もあるが、たぶん戦時中とさして変わらない風景をつくっているのではないか、と思われた。日本からの参加者は皆、日本軍がこんな山奥の村々にまで侵略してきたということに驚いた。そして、ここで村人を簡単に殺戮したり女性を連行したりというあらゆる悪行を働いたということがいかにここに住む人々の心に大きな影をつくったか、をしみじみと感じた。また、このような閉鎖的な社会では、日本軍の性暴力にあったという噂を立てられた被害者たちはどこにも隠れるところもなく、ひたすらひっそりと１人で苦痛を抱え込まなければならなかっただろう、ということも肌で感じることができた。

その後、弁護団と支援者は、このときを皮切りに陳述録取書をつくったり、被害者が監禁されていた建物やその村を訪ねてビデオや写真を撮ったり、関係者の供述を聞いたり、そして、何より原告やその家族に日本での裁判の状況を説明するために多いときで毎年２回から３回、少なくとも年に１回は訪問することになった。あるときには、被害者が連行される前に住んでいた村を訪ねたことがあった。戦争末期に日本軍が引き揚げてから初めて日本人が来た、というので村人が村の道路の両側に立って怒りのまなざしでじっと大森たち日本からの来訪者を凝視している、という場面もあった。また、ある村では、日本からの来訪者に村の年寄りが数名で「戦時中日本軍によってこの村は完全に焼き払われた、この補償はどうしてくれるのか」とにじり寄ってくるということもあった。同行していたトウさんが必死になって、この日本人は良い日本人で、あの戦時中に悪さをしたことを反省してここに来ているのだ、などと説明してくれて、その場をおさめてくれたこともあった。

被害者の被害を掘り下げ、さらに戦争の実相に迫る

裁判を進める中で、被害者の供述だけではこの被害の本当の深刻さや被害者の被害はどのような状況の中で起こったことかなど被害の全体像がいまひとつ裁判所に伝わらない、ということを弁護団は考えた。

たまたま当時の旧ユーゴの紛争の中で、性被害を受けた女性たちの精神的なケアをしてきた山形大学医学部附属病院の精神科医桑山紀彦氏にこの事件の原告たちの精神的な被害を診断してもらうことができた。桑山医師によると、被害女性たちは大多数が満13歳から15才くらいの幼少期に被害にあっており、また、その被害も深刻であったために重度のPTSDの症状を示しているということであった。96年7月の李秀梅の本人尋問の際に李が収拾が付かないほどに取り乱したことも、95年の秋に13歳で被害にあった侯巧連の聴き取りの場面でやはり侯が突然大声で泣き出して体が硬直してきたことも、これらの場面に遭遇した弁護士は度肝を抜かれたが、これが典型的なPTSDという精神的後遺症なのだ、ということは弁護団も支援者も誰も知らなかった。しかし、桑山医師の鑑定書がつくられ、当時の様々な文献から半世紀前の被害によっても、こうした精神的後遺症は現在も被害者を苦しめている、ということが明らかにされて、被害の深刻さが科学的にも立証されることになった。

もう1つの工夫は、こうした村々で女性たちが被害にあった当時のこの地方に対する日本軍の作戦はどのようなものであったか、という女性たちの被害の背景にある戦争の実相を明らかにすることであった。弁護団は、張双兵から地方行政府である「盂県」が日中戦争中のこの地方の被害の聞き取りを基に編纂した『盂県文史資料』を提供されていた。弁護団員は皆言葉として知っていた「三光作戦」がどのようなものなのかを、『文史資料』の中の村人たちの聴き書きを読んで初めてその実態を知ることとなった。日本軍は山西省と河北省にまたがる抗日根拠地「晋察冀辺区」を取り囲んで無人地帯をつくって抗日根拠地を孤立させる作戦を展開した。そのため

に地図上で無人区とすることを決められた村々は、突然押し寄せた日本軍に家という家は焼かれ、食料や家畜は奪い去られ、家の煉瓦は2度と使えないように砕かれて井戸に放り込まれ、井戸も埋められ、未来永劫ここに人は住めないように徹底的に破壊された。

こうした日本軍の残虐行為が最も熾烈に展開したのは40年の「百団大戦」の後だという。日本軍が37年から39年にかけてこの地方に侵略して、ある程度この地方を支配したと思われた40年、八路軍は100余りの兵団約40万人の総力でこの日本軍に大反撃を加え、占領地のかなりの部分を奪還し、日本軍が守備していた石太線（石家荘と太原を結ぶ幹線鉄道）をズタズタに破壊して日本軍兵力にも大打撃を加えた。これが「百団大戦」と呼ばれる事件である。この地方を占領していた北支那方面軍第1軍はこの八路軍の反撃に面子をつぶされ、直ちに総力を挙げての報復作戦に出た。この結果、日本軍から見て八路軍の影響力の強い地域「未治安地区」あるいは「準治安地区」に対しては何をしてもよい、という作戦が行われ、この報復作戦の中で多数の「惨案」と呼ばれる大量虐殺事件を引き起こした。そして、日本軍は村ごと支配し、村人の虐殺や女性に対する性暴力などありとあらゆる悪行を働いたという。日本兵は白昼どんなこともできるという恐怖の支配を行った。

弁護団はこうしたこの地域の日本軍の作戦やその実態について、学者の意見書を提出したほか証人にも立ってもらった。さらに、この地方に現実に兵士として駐留し、あらゆる残虐行為を直接見たり聞いたり、ときには自分もそうしたことをやってきたという近藤一氏にも証人として立ってもらった。近藤証人は中国での約4年間、日本軍の性暴力についても見たこと経験したことを法廷で語った。そして最後に、被害者に取り返しのつかないことをして現在に至る苦痛を与えてしまったが、加害をした自分も苦しんで苦しんで苦しみぬいています。そういう加害兵士の気持もわかっていただきたい、と証言した。

政治解決を求めて

弁護団のこうした様々な工夫にもかかわらず、07年4月27日に2つの裁判ともに最高裁で敗訴が確定した。

「慰安婦」問題あるいはあの戦争中の日本軍による性暴力の責任を追及する裁判は全部で10件あったが、10年までにすべてが敗訴に終わってしまった。もともとこの問題は裁判で決着がつく問題ではなく、裁判も闘いの武器の1つとして政治的解決を目指してきた問題であるが、その政治解決は12年発足の第2次安倍内閣の下でいっそう困難な事態になった。

この問題の解決とは何か、被害者は何を求めてきたのか。それはあの侵略戦争の中で、日本軍が慰安所制度をつくり、女性たちを兵士の性欲の対象に提供したこと、そのことによって被害女性たちの尊厳を深く傷つけたことを、日本政府がきちんと認めて真摯かつ一貫した謝罪の態度を示すこと。それに伴う賠償を支払うこと。そして2度と繰り返さないために教育を通じて次の世代にこの事実を伝えることである。93年の河野談話は当時としては日本政府のこの問題に対する誠実なメッセージを発するものであり、国際的にも高く評価された。が、その後、日本政府が「賠償」に代えて行った「アジア女性基金」による「償い金」の支払いは、日本政府の予算からではなく国民の募金からの支払いであったために、日本政府の責任をあいまいにするものだとして多くの被害者から反発を招いた。さらに、安倍内閣はこの河野談話の取り消しを画策し、15年には韓国との間で「最終的不可逆的解決」をうたった日韓合意を成立させた。しかしこの合意後の安倍総理等の発言で、この合意は、安倍総理が加害の事実を認めるものでもなく、また真摯に謝罪する意思もないことが明らかになったのである。むしろこの合意は「最終的不可逆的解決」を盾に韓国政府と関係者の口を封じ、この問題を終わったことにするためのものであることが明らかになった。ましてや韓国以外の国や地域の被害者の問題は一切無視され続けている。歴史修正主義者は、この問題を歴史の中に埋め込んで、日本の歴史は「美しく過ちはなかった」とする歴史観をこの社会に定着させようとしてきたが、被害者がどんどん亡くなり具体的な事実が語られなくなってくると、現在のこの社会の中でも「慰安婦」とされた被害者の具体的な被害はどのようなものであったかが忘れ去られ、次の世代にも受け継がれていかない問題が生じている。

中国で立ち上がった被害女性たちはすべて亡くなってしまったが、裁判を闘ってきた大森などの弁護団員は被害者が亡くなっても、被害者のこの勇気に応えて、日本政府が過去の誤った歴史をきちんと認めて真摯な謝罪をすること、歴史教育によって次の世代にこの歴史を伝えることを求めて運動を続けているのである。

1991年8月に韓国で金学順が、カムアウトしてから、2021年で30年になる。日韓合意では被害者が求めている解決には至らないと考えた韓国の被害者が、日本政府を被告として韓国の裁判所に賠償を求めて訴える事件が起こされ、この裁判の判決が2021年初めに出されている。慣習国際法の主権免除の例外として、韓国の司法は日本政府に賠償を命ずる判決を出したが、日本政府がこれに答える状況にはまったくない。ただ市民の中からは、この判決に触発されて改めて日本政府が加害の事実を明確に認めて謝罪をするなど、真の解決に向けた努力をすべきであるとの意見も出されている。

他方、中国で立ち上がった被害女性たちはすべて亡くなってしまい、中国にこうした被害者が多数存在し、裁判で闘ったという歴史は、市民の記憶からは薄らいで、「慰安婦」に関する歴史学の内容としてのみ残されているという状況になっている。

アジアの国々でも、被害者が次々に亡くなりつつあるときに、こうした過去の加害の歴史にどう向き合い、何を次の世代に残すべきかは、いま日本が直面している重い課題である。そしてこの問題に関わった団員にとっても、「慰安婦」問題という日本の侵略戦争の1つの重要な歴史事実の全体像をさらに深め、次の世代に継承するということが、これからも重い課題であり続けるのである。

12

教育現場での「日の丸・君が代」強制に抗して

「あなたは君が代を歌えますか。」

旬刊として月３回の発行が定着している「自由法曹団通信」は、団員間の貴重な情報交換の場であり、ときに重要事件の弁護団員募集の記事が掲載される。

03年11月１日号に、東京支部団員澤藤統一郎の投稿が掲載されている。「東京『日の丸・君が代強制拒否訴訟』弁護団へのご参加を」という以下の呼びかけ。

> 「あなたは君が代を歌えますか。日の丸に敬礼できますか。
>
> 軍国主義と排外主義のシンボルとして、天皇制国家とあまりにも深く結びついた歌と旗。その旗に正対して起立しその歌を唱えと命じられたら、従えますか。その強制が処分を伴うものであったら、いかがですか。
>
> 『逝いて還らぬ教え子よ／私の手は血まみれだ！／君をくびったその綱の／端を私はもっていた／しかも人の子の師の名において』
>
> この詩に感動して平和教育・民主教育を志した教員が、今、自分の信念を貫くことで職を掛けざるを得ない立場に追い込まれています。そして、法律家の援助を求めています。この要請に応える大弁護団が必要です。教育現場での『日の丸・君が代』の強制を許さない法廷闘争に、是非ともご参加をお願いいたします。（以下略）」

この投稿が、東京『日の丸・君が代強制拒否訴訟』弁護団結成の狼煙となった。なお、澤藤は、若手の弁護士に対しては、次のように付け加えていたという。

「『日の丸・君が代強制拒否訴訟』弁護団員募集。労多くして、報酬は僅少。成功の見通しも暗い。しかし、弁護士としてのやり甲斐はこのうえない」

この問題に取り組もうという弁護団の意気込みと志がよく表れている。

悪名高き「10・23 通達」

かつては「都立の自由」という言葉があり、その実体があった。関係者はこの自由を誇りにしていたという。都立高校での卒業式・入学式における「君が代」斉唱実施率は、長く1～2%程度だった。その異端の「君が代」実施校でも、起立・斉唱の強制や処分などは考えも及ばなかった。

保守勢力はこの事態を好ましからぬものとして執拗な策動を続け、89年の学習指導要領・国旗国歌条項改訂となった。それまでは「入学式や卒業式などにおいては、その意義を踏まえ、国旗を掲揚するとともに、国歌を斉唱するよう指導することが望ましい」との文言が、「指導するものとする」と変更された。戦後民主主義の一歩後退と嘆かざるを得ない。

さらに、99年8月に国旗国歌法が制定された。同法には、国旗国歌に対する尊重や敬意表明の義務規定はない。また、国会審議においては、国民にはそのような義務を課さないことが強調されて立法が実現している。教育現場には、外堀を埋められつつあるという危機感が漂っていたが、それでも「都立の自由」は抵抗を続けた。

この「都立の自由」を蹂躙したのが、極右・石原慎太郎の都政であり、「石原教育行政」である。美濃部革新都政の記憶もうすれた03年4月の都知事選で、石原は空前の308万票を獲得して再選を果たし、ここから石原2期目の本格的暴走が始まった。石原に大量の票を与えた都民の罪は深い。

学校行事での「日の丸・君が代」強制を内容とする、悪名高い「10・23通達」は、この年の10月23日に東京都教育委員会が発出したものである。こうして、首都東京の教育現場に、「日の丸・君が代」強制と、これに抵抗する教員たちの熾烈な闘いの時代が幕を開けることになった。

03年10月23日。同日の産経新聞朝刊トップは、「都教委通達」発出の予定記事であった。「国旗掲揚・国歌斉唱の適切実施　違反教職員は懲戒処分」「都教委、きょう都立校に通達」という見出し。産経だけにリークされたこの情報のとおり、当日午後には臨時校長会が開催され、その席で都教委から都立校の各校長宛に、同日付の「入学式、卒業式における国旗掲揚及び国歌斉唱の実施について（通達）」と、その別紙となる「実施指針」が交付された。その眼目は、以下のとおりである。

「入学式卒業式等の国歌斉唱に当たっては、教職員は、会場の指定された席で国旗に向かって起立し、国歌を斉唱する。」「国歌斉唱は、ピアノ伴奏等により行う。」「国旗掲揚及び国歌斉唱の実施に当たり、教職員が本通達に基づく校長の職務命令に従わない場合は、服務上の責任を問われることを、教職員に周知すること。」

起立・斉唱・伴奏の強要である。しかも、不服従には処分が伴うことが明示されている。直接には教員宛だが、間接的には生徒にも強制が及ぶことになる。

発令直後から、関係者はこの通達を「10・23 通達」と呼ぶようになった。そして、運動の側では、必ず「悪名高き」と枕詞を付けるようにもなっている。

悪名高き「10・23 通達」と「実施指針」は、微に入り細を穿って、国旗の掲揚・国歌の斉唱・式次第・会場設営の画一的実施にこだわっている。一見して、「生徒中心の教育」を否定して、「国家中心の教育」を可視化する構図が描かれている。それだけでなく、各校長に対して、各校の全教職員に対して職務命令を発令せよと命じている。入学式・卒業式などの学校行事において、「国旗に向かって起立し、国歌を斉唱せよ」という、これまでにまったくなかった「職務命令」である。

教師を志した原点において、「日の丸・君が代」強制には服し難いという良心的な教員が苦境に立たされることが目に見えていた。また、ピアノ伴奏を強制される音楽科教員の苦悩の問題もあった。まさしく、キリシタンに対する踏み絵強要の現代版である。この教員の苦境に、教職員組合が先頭に立って闘うべきが本来ではあろうが、現実にはその期待は望むべくもなかった。

予防訴訟の提起

悪名高き「10・23通達」発出以前から、石原慎太郎教育行政の「日の丸・君が代」強制策動は現場の察知するところであり、もしも強制の動きが現実化するようなことになれば、敢然と法廷で闘おうという当事者の声は高揚していた。組合には頼らない原告団結成の準備が始められ、教員とともに闘おうという弁護士集団の議論も少しずつ、進展してはいた。

しかし、どのような法廷闘争を構想するのかは、決して自明ではなかった。まだ、行政訴訟法改正前のことで、差止訴訟という訴訟類型は法定されていなかった。常識的には、処分が出てからその取り消しを求める訴訟を提起することになるが、もっと攻勢的な訴訟提起が望ましい。

弁護団の立ち上げと、どのような訴訟を提起するかの議論とは同時並行し、通達後急速に進展して結論に達した。

弁護団の実務の要となる事務局長は、加藤文也団員が就任を引き受けた。家永教科書訴訟弁護団の事務局長経験者として教育裁判には十分な経験を積んでいた。そして、このスケールの大きな訴訟の弁護団の中心となる存在としての然るべき団長が必要だった。これには要請を受けた尾山宏団員が快諾して、この上ない人選が実現した。澤藤は副団長となり、弁護団の態勢は整った。この弁護団に多くの若手が参集した。

尾山は、弁護団活動の折に触れて意識的に自分の経験を後輩弁護士に継承しようと努力した。そのため、この教育裁判弁護団は若手弁護士の実践的な集団訴訟技術教育の場にもなった。

弁護団が選択した法的手段は、「無名抗告訴訟としての、起立・斉唱義務不存在確認請求訴訟」。これを運動体は「予防訴訟」と呼んだ。併せて、「起立・斉唱を強制する通達を発した教育委員会の行為を違法とする国家賠償訴訟」の提起であった。

無名抗告訴訟のハードルは高いと思われたが、手をこまねて「処分が出たら闘おう」では現場が望む運動にはならない。懲戒処分を出させないために、大きな力を結集しようという当事者と弁護団の協議が自ずと「予防訴訟」にたどり着いた。

国賠に関しては、弁護団はこう考えた。処分があって初めて精神的損害が生ずるのではない。憲法と教育基本法を蹂躙する通達によって、「自己の思想信条を守りたい。しかしそのことを貫けば処分が不可避となる」という、良心的教員の苦悩は既に現実のものとなっている。この苦悩や葛藤そのものが精神的損害である、と。

こうして構想された「予防訴訟」では、処分覚悟で不起立を貫こうという教員も、心ならずも起立せざるを得ないと考える人も、分断されることなく団結して、ともに原告として闘うことになった。

年を越した04年1月30日、第1次原告288名が提訴した。「国歌斉唱義務不存在確認請求事件」として受理され、東京地裁の労働専門部である民事36部に係属した。裁判長は、労働専門部の最ベテラン難波孝一判事であった。提訴は4次にわたって行われ、最終的には401名の原告が判決を迎えた。

都教委の暴走が始まった

予防訴訟の提訴に対して都教委側も必死になった。ひるまずに職務命令を強行し懲戒処分を濫発して教育現場は大きく混乱した。

最初の処分は04年2月17日に発せられた。ある都立高校の創立記念行事で国歌斉唱時不起立の教員10名に対する戒告処分であった。口頭注意や文書訓告など不利益を伴わない内規での注意の段階を経ずに初回不起立に対するいきなりの地方公務員法上の懲戒処分は前例のないもの。その処分手続の迅速さから見て、明らかに卒業式での抵抗を抑え込もうという見せしめ処分であった。しかし、この見せしめも現場の抵抗を抑制することはできなかった。

悪名高き「10・23通達」発出後に最初に迎えた04年3月卒業式においては、君が代不起立を理由として193名が懲戒処分を受けた。これだけの教職員が、処分覚悟で不起立を貫いたのだ。さらに、入学式不起立者40名に対しての処分が発令された。

それだけではなく、定年後の嘱託採用予定者や教員としての再雇用も、不起立を理由として取り消された。定年後は1年契約となる再雇用の教員に対する雇い止めもなされた。事実上の解雇にほかならない。思想・良心の発露としての40秒の不起立を理由とする解雇である。良心に従った行動への過酷な仕打ちとして、これに過ぎるものはない。

さらに注目すべきは、生徒の不起立を理由として、管理職を含む67名が厳重注意・注意・指導の対象となった。生徒は、自分が不起立を貫けば関係教員が処分対象になることを見せつけられたのだ。

都教委の「日の丸・君が代」強制はさらにエスカレートして、05年春を迎えた。この年の卒業式不起立による被処分者数は53名。不起立初回の38名（その内1名が再雇用取消）は戒告、不起立2回目の10名は減給（10分の1）1か月。不起立3回目の4名は減給6か月となった。

見えてきたのは、処分回数の累積による処分量定の着実な加重である。4回目の処分は停職になるであろうし、停職6月のあとは、懲戒解雇処分しかなくなる。心ならずも、節を曲げて起立、斉唱命令に服さないと、経済的不利益が拡大するだけでなく、教壇から追われることになる。原告・弁護団は、これを都教委による「思想転向強要システム」と呼んだ。

各校長から全教職員に文書で出された職務命令の中には、生徒への「起立指導」徹底が付け加えられた。教員支援のビラ配り行動に対しては警察を動員しての妨害行為もなされた。警察は2校で強引な逮捕までしている。お上に逆らう表現行為には弾圧を辞さない姿勢を露わにする首都の警察が不気味である。

この1つひとつの攻撃に対して法的手続による反撃がなされた。そして、このような事態において、主軸の訴訟と位置づけていた予防訴訟の一審判決を迎えた。言い渡しは、06年9月21日午後1時30分、東京地裁103号大法廷においてであった。

緒戦の勝利——予防訴訟一審違憲判決

難波孝一裁判長が、落ち着いた口調で判決文を読み上げる。

「退職された方を除く在職原告らについて、被告都教委に対し、『入学式、卒業式等における国旗掲揚及び国歌斉唱の実施について』（10・23通達）に基づく校長の職務命令に基づき、上記原告らが勤務する学校の入学式、卒業式等の式典会場において、会場の指定された席で国旗に向かって起立し、国歌を斉唱する義務のないことを確認する」。

裁判長がそこまで読み上げたとき、声にならないどよめきと感動が法廷に満ちた。勝訴だ。加藤文也弁護団事務局長が、急ぎ「旗出し」の指示をする。「『国歌斉唱の義務なし』の旗を」。慌ただしく、旗を持った若手の弁護士が法廷から飛び出す。「それに、『勝訴』の旗も」。「『画期的判決』も」。

主文の読み上げが進むと、次第に傍聴席の一部から拍手と歓声が湧き起こった。主文を要約すれば以下のとおりである。

1　在職中の原告教員について、国旗に向かって起立し国歌を斉唱する義務のないことを確認する。被告都教委は在職原告に対し、不起立・不斉唱を理由として、いかなる処分もしてはならない。

2　音楽科教員が、式典の国歌斉唱の際にピアノ伴奏義務のないことを確認する。被告都教委は音楽科教員に対し、ピアノ伴奏をしないことを理由として、いかなる処分もしてはならない。

3　被告東京都は原告ら（401名全員）に対し、各3万円と遅延損害金を支払え。

4　訴訟費用は、全部被告（東京都と都教委）の負担とする。

これ以上ない全面勝訴である。主文の言い渡しに続いて、裁判所が予め準備した「理由の要旨」が朗読された。主文と合わせて朗読時間は25分間。読み進むうちに原告・弁護団席も傍聴席も深い感動に包まれた。なんと真当な事実認定と法的判断。憲法と教育基本法の原則をしっかり踏まえた判決理由。幾人もの人が、目頭を押さえ、涙を拭っている。原告も、弁護士も。

やや時をおいて、弁護士会館講堂（クレオ）での記者会見が始まった。尾山宏がいつもながらの冷静さで、弁護団長として判決を解説した。

「すばらしい判決です。教科書検定を違法とし国民の教育権を明確にした1970年の杉本判決に匹敵する。『日の丸・君が代』強制を憲法19条の思想良心の自由の侵害と認めたことの意義は極めて大きい。また、日の丸・君が代を強制する『10・23通達』とこれに基づく校長の職務命令を教育基本法10条1項に違反する不当な介入と明確に述べたことも、特筆に値します。本日の判決は、『10・23通達』と職務命令を、『違憲』で『違法』と、いわば二重の断罪をしたものです。」

「真当に憲法解釈をし、旭川学テ事件最高裁大法廷判決の理論に忠実な判断を示せばこの結論しかないことになるわけで、この判決を特別にすばらしいものと受けとめざるを得ない現在の司法状況を異常と言わなければならないのだと思います。」

続いて澤藤がマイクを取った。

「尾山さんが、どうしてそんなに冷静に判決の分析ができるのか不思議でならない。私は興奮を抑えられない。今日は弁護士冥利に尽きる。本当に弁護士をやっていてよかった。」「日本国憲法と教育基本法あっての今日の判決。教育基本法がまだ生きている。私たちの武器になっている。これを『改正』させてはならない。」「東京都の教育行政は明らかに暴走しています。今日のこの判決は、都の教育行政の暴走にストップをかけるものとなった。その意味でこの判決は限りなく重い。」

原告からも喜びの声があがる。

「『予防訴訟』について、当初は『無謀訴訟』だ、ラクダが針の穴を通るほどに困難なのだとも聞かされました。それでも、多くの仲間とともに提訴に漕ぎつけ、予防訴訟を核として、君が代解雇裁判、そして再発防止研修を許さぬ運動も発展しました。私の気持ちの中では予防訴訟こそがずっと『希望訴訟』でした。その希望が今日すばらしい結実を見ました。こんなに嬉しいことはありません。」

一方、「日の丸・君が代」強制の元凶である石原慎太郎が、9月26日の都議会答弁で、次のとおり述べて、控訴の意思を明らかにした。

「東京地裁の判決についてでありますが、あの判決に喜んでいるのは、たぶん共産党と、今やまあですね、えー、かなりたそがれてきた日教組の残党と、それからまあ、当の裁判〈ママ〉くらいなもんじゃありませんでしょうか。これはまあ、控訴によってですね。日本人の総意というものが反映されると、私信じております。」

最高裁の逆襲

予防訴訟の難波判決は、悪名高き「10・23通達」を違憲・違法と断罪する判例の流れをつくるに違いない。原告・弁護団はそう確信した。ところが、最高裁は甘くなかった。「日の丸・君が代」強制を違憲・違法とする判決は、最高裁の許容するところではなかったのだ。

事態は、早くも翌07年2月27日最高裁第三小法廷「ピアノ判決」で暗転する。君が代ピアノ伴奏命令拒否を理由とする戒告処分の取消を求める事件である。「10・23通達」発出以前の事案で、日野市立日野南小学校音楽科教員が原告となったもの。

第三小法廷を構成する最高裁裁判官5名の内訳は、裁判官出身2名（上田豊三、堀籠幸男）、弁護士出身2名（那須弘平、田原睦夫）、そして学者出身1名（藤田宙靖）であった。「幸い、第三小法廷には弁護士出身裁判官が2人いる。まさか弁護士出身者が、『日の丸・君が代』強制を合憲と言うはずはなかろう。違憲判断の展望は明るい」と考えられていた。

ところが、蓋を開けてみたら合憲判決である。しかも4対1。反対意見は藤田宙靖ただ1人。何と、弁護士出身裁判官が2人とも合憲派。「まさか」が現実になってしまった。こんな弁護士を最高裁に送り出した日弁連の責任は重い。最高裁裁判官の推薦方法は抜本的に改善されなければならない。

このピアノ事件最高裁判決以後、延々とこれをコピーする下級審判決が続いた。理論的整合性を無視し、説得力の有無を検討することもなく、1件の最高裁判決が下級審を拘束し続ける典型例を見せつけられた。かくて、予防訴訟一審判決も、控訴審で逆転敗訴することになる。

国旗・国歌（日の丸・君が代）強制を合憲とする最高裁判決の論理はこんなものである。

「国歌斉唱の際の起立斉唱行為は儀礼的所作に過ぎず、一般的客観的には上告人（教員）らの有する歴史観・世界観を否定することと不可分に結び付くものとはいえず、本件各職務命令が上告人らの歴史観・世界観それ自体を否定するものということはできない」。

このフレーズは、ピアノ判決由来のもので、「一般的客観的」という無内容なキーワードで、国民１人ひとりの多様な精神のあり方を尊重する憲法の理念に背を向けるもの、多数派が形づくる権力から疎外される少数派の人権擁護に理解を欠くもの、と批判の声が高い。さすがにこのままでは判例を維持し難いとして、これに次の説示がつけ加えられるようになった。

「もっとも、起立斉唱行為は、国旗及び国歌に対する敬意表明の要素を含む行為であって、『日の丸』『君が代』に対して敬意を表明することには応じ難いと考える者の思想及び良心の自由についての間接的な制約となる面があることは否定し難い」

これは、人権制約正当化の可否を判断する際に用いられる「厳格な違憲審査基準」の適用を回避するための伏線の設定にほかならない。「一般的客観的には、そもそも思想良心の制約には当たらない」とした上で、仮に当たるとしても、「間接制約」に過ぎないのだから、公権力に大甘の「必要性・合理性の基準」に適合さえしていれば、合憲性を認めるというのである。最高裁の憲法判断は、現在なおその水準にとどまっている。

教員の良心を鞭打ってはならない

違憲論を主戦場として争いつつも、実務家としては懲戒権濫用論の土俵でも闘って、具体的な成果を得なければならない。原告・弁護団は、懲戒処分取消訴訟における懲戒権濫用論にも、力を尽くした。

その成果が顕著に現れたのは、第１次懲戒処分取消訴訟の控訴審判決である。11年3月10日の東京高裁第２民事部（大橋寛明裁判長）の判決は、戒告（166名）・減給（1名）の全員について、懲戒権の逸脱濫用を認めて違法とし、全処分を取り消した。

最高裁の判断を真っ向から否定するには至らず、処分違憲とまでは言わなかった。しかし、各教職員の不起立・不斉唱を「やむにやまれぬ真摯な動機に基づくもの」とし、戒告といえども懲戒権の濫用にあたるとする理由を詳細に説示している。大橋寛明は、元最高裁上席調査官。その「実質的な違憲判断」に原告・弁護団は大いに励まされた。

大橋判決に対する上告審では、最高裁で弁論が開かれた。以下は、澤藤が担当した法廷弁論の一部である。

「本件各懲戒処分の特質は、各被上告人（教員）の思想・良心・信仰の発露としての行為を制裁対象としていることにある。各人の内面における思想・良心・信仰と、その発露たる不起立・不斉唱の行為とは真摯性を介して分かちがたく結びついており、公権力による起立・斉唱強制も、その強制手段としての懲戒権の行使も各教員の思想・良心・信仰を非情に鞭打っている。司法が、このような良心への鞭打ちを容認し、結果としてこれに手を貸すようなことがあってはならない。」

「被上告人らは、内なる良心に従うことによって公権力の制裁を甘受するか、あるいは心ならずも保身のために良心を捨て去る痛みを甘受するか、その二律背反の苦汁の選択を迫られることとなった。思想・良心・信仰の自由の保障とは、こういうジレンマに人を陥れてはならないということではなかったか。人としての尊厳を掛けて、自ら信ずるところにしたがう真摯な選択は許容されなければならない。」

「教育者が教え子に対して自らの思想や良心を語ることなくして、教育という営みは成立し得ない。また、教育者が語る思想や良心を身をもって実践しない限り教育の成果は期待しがたい。本件において各教員が身をもって語った思想・良心は、教員としての矜持において譲ることのできない、『やむにやまれぬ』思想・良心の発露なのである。」

「本件は、精神的自由権の根幹をなす思想・良心の自由侵害を許容するのか、これに歯止めをかけるのかを真正面から問う事案である。憲法の根幹に関わる判断において、最高裁の存在意義が問われてもいる。人間の尊厳を擁護すべきことも、教育という営みに公権力が謙抑的であるべきことも、多数決支配とは異なった憲法価値として、人類の叡智が確認したところである。これを顕現するものは、憲法の砦としての最高裁であり、最高裁裁判官諸氏である。歴史の審判に耐え得る貴裁判所の判決を求める。」

以上の言葉は、最高裁に十分には届かなかった。12年1月16日、第一小法廷は大橋寛明判決の戒告部分を破棄して、戒告処分を有効とした。しかし同時に、減給については裁量権濫用によって違法という判断を維持し、減給処分取消を確定させた。

懲戒処分には、戒告・減給・停職・免職の4段階がある。消極的態様の「日の丸・君が代」強制への不服従である限り、最高裁は戒告と減給の間で線引きをし、「戒告は裁量の範囲内だが、減給以上は裁量権濫用で違法」としたことになる。

なお、担当5裁判官のうち宮川光治は、「日の丸・君が代」の強制は違憲であることを明確に述べ、また戒告といえども懲戒権の逸脱濫用にあたるとする渾身の反対意見を書いている。

法廷闘争17年にして、いまだ道半ば

予防訴訟提起以来、既に17年になる。悪名高い「10・23通達」に基づく起立・斉唱の職務命令違反を理由とする懲戒処分とその取消訴訟を基軸として、関連する事件がいくつも起き、いくつもの訴訟が闘われた。そのいずれもが、精神的自由の根幹に関わる大型憲法訴訟であり、教育の場に権力的介入を許さないという教育訴訟でもある。

弁護団は獲得目標としてきた最高裁での違憲判断をいまだに勝ち得ていない。無念の極みと言わざるを得ない。行政に甘い司法のあり方が、東京の「10・23通達」や、大阪の「教育条例」制定の動きを許容し誘発して、教育を大きく歪めている。

澤藤は、折に触れてこう語っている。「自分の弁護士人生は、日本国憲法を携えて仕事ができる僥倖と、日本国憲法の想定からはるかにはずれた司法を仕事場とする不幸とともにある。」「日の丸・君が代強制問題については、その不幸の側面が大きい。」

しかし、不十分ながらも、いくつもの法廷闘争の成果を上げてもきた。原告・弁護団が、思想転向強要システムと呼んだ累積加重の弾圧的な懲戒権発動の運用は阻止し得た。弁護団には、復古的ナショナリズム横溢のこの時代に、教育の反動化の動きに一定の歯止めの役割を果たしてきたという自負もある。

そして、21年3月、弁護団は第5次処分取消訴訟を提訴した。教育現場での「日の丸・君が代」強制をめぐる事件も運動も終わっていない。そ

の中心となる「東京『日の丸・君が代』裁判・弁護団」の事務局長は、加藤文也から、白井剣、雪竹奈緒と交替して、現在は平松真二郎（いずれも団員）がその任にあって活躍中である。

「日の丸・君が代」強制との法廷闘争はまだまだ続く。良心の灯を灯し続ける教員がいる限り、弁護団の活動も終わることはない。いまだ道は半ばである。

13

かがやけ性教育！
――七生養護「ここから」裁判の軌跡と成果

事件だ!!　都議が都教委を連れて教育現場に土足で入ってきた

03年7月4日、突然3人の東京都議会議員（土屋たかゆき、古賀俊昭、田代ひろし）が日野市議会議員ら、産経新聞記者、東京都教育庁幹部などと、「視察」と称して、都立七生養護学校（七生養護）に来校し、養護教諭に断わりなく保健室に入室した。そして、教材として使用していた男女の人形をはじめあらゆる性教育教材、授業記録、各種会議録等268点もの教材と資料を「押収」した。教材を撮影し、棚の教材を取り出して人形の下半身をむき出しにして撮影するなど、傍若無人な行動だった。そして、養護教諭に「こういう教材を使うことをおかしいと思いませんか」「感覚が麻痺しているよ」「俺たちは国税と同じだ。1円までも暴いてやるからな」と居丈高な言葉を投げつけ、また、その場にいた、それまで性教育の中心を担ってきた養護教員に対して「わけのわからない2人は出て行ってもらってもいいんだ」などと発言した。

実は、前々日には、都議会で土屋議員が質問をし、石原都知事から「どれを見ても、あきれ果てる」「異常な何か信念をもって、異常な指導」をしている、「教育委員会が今以上にアクティブに活躍していくことを期待しております」との答弁を引き出していた。

7月以降、都教委は指導主事を七生養護に派遣して聴き取りをし、その後設置された「都立盲・ろう・養護学校経営調査委員会」で「組織的に行われていた不適切な性教育」があったとする報告書をまとめた。9月11日、都教委は、七生養護の教員を「学習指導要領を踏まえない性教育を行った」と厳重注意処分にした。これで終わりではなかった。翌04年3月末、七生養護の全体の3分の1にのぼる教員が異動させられた。これまで培ってきた教員たちの集団が壊された。異動させられた教員らは、異動先で「あの七生からきた」と見られ、孤立することもあったという。

全国の性教育に大きな影響を及ぼした「七生養護学校事件」である。

必要から生まれた「こころとからだの学習」

東京都日野市にある七生養護の生徒の約半数は、隣接する福祉型障害児入所施設である七生福祉園（福祉園）から通っている。福祉園から通う子どもたちの中には、親元から泣く泣く離されてきた子どもや、親から虐待を受けてきた子どもも多く、自宅から通う子どもたちの中にも、障がい故にいじめを受けるなどされてきた子どもも多くいる。

子どもたちは、大人に対して怒りや不信感を抱え、ときに激しい怒りを爆発させてきた。パニックを起こし、暴力・暴言で他人に向かう子どもや自傷行為となって自分に向かう子どもを前に、教員たちは「何がこの子をこのようにさせるのだろう」とその背景を考えてきた。そして、過酷な成育歴を持った子どもたちに決定的に足りないものが自己肯定感であること、知的障がい故のコミュニケーション能力不足と相まって適切な信頼関係を構築することが困難であることに気づいたのである。

知的障がいを持つ子どもたちの多くは、ものごとの概念を多角的に捉えることが困難（できない）、言葉だけでものごとを理解することは難しい、目新しいことを受け入れるのが苦手だ。そこで、視覚的な教材を用い、立体的にして触らせ、教える言葉も具体的にし、何度も繰返し教える必要がある。また、知的障がいがある子どもにとって、二次性徴の問題はより深刻である。知的障がいがあろうと健常児と同様に身体は成長し、小学校高学年から二次性徴が始まる。しかし、身体のイメージがつかめない知的障がい児は、自分自身のからだに起こる精通や月経や勃起等にパニックを起こしてしまうこともある。そうした現象が起こる前に二次性徴について学習する必要があるが、家庭ではどのように教えてよいか困惑してしまうことが多く、学校での教育を期待する保護者の声も強い。七生養護での「こころとからだの学習」は、こうした子どもたちや親たちのニーズを背景に生まれたものだった。

97年に、七生養護で、重いダウン症の女子が妊娠していることがわかった。教員たちは、その女子が妊娠とは何かわからないまま中絶したことに大きなショックを受けた。そして、教員たちの間で、性教育に対して学校を挙げて取り組むべきという機運が高まった。教員たちは議論を重ねる中で、子どもたちは、知的障がいや過酷な成育歴故に、自己肯定感が低く恒常的に愛情に飢えているため、「性行為」を介して他人と触れ合うことの心地よさ（「やさしくされる」）に流れてしまうのではないかと考えるようになった。

そこで、教員たちは、子どもたちの愛着形成からやり直すこと（育て直し）を考えた。子どもたちに、１人ひとりが望まれて生まれてきたこと、自分と他人の身体とこころを大切にしなければならないこと、「性」とはいやらしいもの・いけないものではなく命の営みであること、そうしたことを教える中で、他人との関係づくりのあり方を伝えたいと願ったのである。

こうした中で形成されてきた「こころとからだの学習」は、保健室をセンターとして教材や情報を交換し、学校の正式な分掌と位置付けられた「性教育検討委員会」が核となって検討を重ね、小学部から高等部まで一貫した学習を試みた。例えば、出産をテーマとした学習では、妊娠した女性教員のお腹を触ったり、赤ちゃん人形を抱いたり、羊水をイメージした「快」の体験をしたり、「歓迎された出産」を疑似体験する子宮体験袋などの授業があった。また、身体を知るために、「ペニスタイツ」や「箱ペニス」を用いて勃起や射精を学習した。そしてまた、他者との関係づくりのための学習として「結婚式ごっこ」を行ったり、テレビ番組の「北の国から」のビデオを教材にしたりもした。こうした授業の導入として、性器も含めた体の各部位を織り込んだ「からだうた」が歌われるようになった。

徹底して目の前の子どもたちのニーズから創りだされた教育は、「妊娠」「性交」の「性」にとどまる狭い意味の性教育でなく、人間が生まれてから生きていく過程で、他の人間と関係を結び、自己を確立・成長させるために必要な自己肯定感や愛着形成までも視野に入れた広い意味での「包括的性教育」の考え方に即したものであり、それは東京都の「性教育の手引」等でも示された性教育の大きな流れに合致したものだった。

反撃開始!!

このようなニーズに応えてきた教育に対する、議員や都教委の横暴は明らかだった。すぐに保護者・教員らが声を上げた。

03年9月7日には、保護者が地元日野のNPO「日野・市民自治研究所」の学習会で話をし、日野での運動の嚆矢となった。「七生養護学校在校生・卒業生保護者の会」は、9月26日に都教委に要請書を提出し、翌27日は都議会要請をした。

教員らは性に関する教育関係者の団体である「‘人間と性’教育研究協議会」（性教協）や教職員組合を通じて支援を求めた。これが東京弁護士会への人権救済申立てにつながっていった。

性教協、組合と都内の弁護士が中心になって、03年12月22日、東京弁護士会へ人権救済を申し立てた。この申立てには、山田洋二（映画監督）、小山内美江子（作家）をはじめ8,125人もの人たちが申立人として参加した。七生養護への介入が七生養護だけの問題ではなく、性教育や障がい児教育に関心を持つ全国の人々の関心事であることを示した。

東京弁護士会は積極的な調査をした。これに対し、都議ら・都教委は協力を拒否した。東京弁護士会は、05年1月24日、「警告」を出した。「警告」は、都教委に対し、厳重注意の撤回、教材の返還、性教育カリキュラムの復活などを求めた。教員や保護者らは励まされた。

運動が進む

現地の日野では、以前教科書裁判の事務局長をしていた小林和らが中心になって「七生養護学校の教育を支援する日野市民の会」が立ち上げられ、集会の開催、都教委交渉などを進めた。03年12月13日に日野で行われた集会には市民200人が集まった。「七生養護学校在校生・卒業生保護者の会」は、1万数千筆の署名を集めて都教委に申し入れを行った。

03年11月に、団・全日本教職員組合・民主教育研究所が合同調査団を現地に派遣した。この調査に基づき、「東京都の障害児教育への介入に対する合同調査団調査報告書」としてまとめられた。

東京都障害児学校教職員組合（都障教組）もチラシの印刷など積極的に

支援した。

マスコミも積極的に取り上げ始めた。当初から七生養護攻撃側の報道をした産経新聞を除く各紙は、実態が判明するにしたがって、都教委の行き過ぎを批判した。特に、03年11月27日付け東京新聞「こちら特報部」では、「知的障害児の性教育は？」と題し、見開き2頁にわたって、介入の実態と保護者らの性教育を求める切実な声を紹介した。マスコミは、この事件に関心を持ち続け、性教育に関する記事などにも事例紹介した。

団員木村真実は、事務所の先輩団員窪田之喜から、事実を広く知らしめるために本をつくろうとの提起を受け、「七生養護学校の教育を支援する日野市民の会」のメンバー、窪田や同じ事務所の団員山下太郎、立川にある三多摩法律事務所の団員小林善亮や団員渡邊隆らとともに、出してくれる出版社探し、内容の詰め、執筆の分担などを進めた。窪田と同じ八王子合同法律事務所から日野市内に独立して4年目だった団員松浦信平も積極的に参加し、保護者らの座談会を取りまとめた。04年3月に発行された『七生養護の教育を壊さないで——日野市民からのメッセージ』（つなん出版、2004年）は、出版社の想定を上回る売れ行きで、4刷まで出された。

その後も、一審を闘っている途中の06年10月には事件と裁判の意義を知ってもらおうと『知的障がい児のための「こころとからだの学習」——七生養護学校性教育裁判で問われていること』（明石書店、2006年）、最高裁決定の1年後、14年11月には『かがやけ性教育！——最高裁も認めた「こころとからだの学習」』（つなん出版、2014年）を刊行した。また、弁護団長の児玉勇二が『性教育裁判』（岩波ブックレット、2009年）、事件当時七生養護の校長であった金崎満が『検証　七生養護学校事件——性教育攻撃と教員大量処分の真実』（群青社、2005年）を出版した。

さらに、05年10月8日、「七生養護学校の教育を支援する日野市民の会」のメンバーが中心になって、「こころとからだの学習」裁判を支援する全国連絡会（全国連）が立ち上がった。1,000名を超える会員を組織し、機関誌「ここから」の発行、ホームページの更新、カンパ（裁判を通じて1,000万円以上が集まった）や署名集め（最高裁宛だけで2万筆以上が集まった）、駅頭宣伝（七生養護の最寄りの高幡不動駅だけで30回以上）、集会などに取り組んだ。全国連によって、「ここから裁判」は全国の支援を受けることができ、また全国に情報を発信することができた。

また、日野市では、事件直後に「七生養護学校の教育を支援する日野市民の会」が立ち上げられていたが、全国連発足後も全国連とともに地元日野での集会や駅頭宣伝を行った。

原告の1人の居住地の狛江市でも、09年10月、「ここから裁判支援狛江の会」が結成され、結成集会には狛江市長も参加した。

法廷の中と外はまさに車の両輪であった。

裁判

人権救済申立てに取り組んでいた弁護士と本をつくっていた弁護士たちが力を合わせ、提訴に向けて動き始めた。

木村は、保護者に原告になってほしいと裁判の意義を話す集いで、保護者から子どもたちの性の問題のたいへんさ、「こころとからだの学習」が役立っていたことが語られたことを昨日のように思い出す。弁護士たちは、障がい児の性や養護学校の教育について、何度も何度も聴き取りをし、この裁判は勝たねばならないと誓いあった。

05年5月12日、養護教諭2人を含む七生養護の教員と保護者併せて31名が原告となって東京地裁に提訴した。田代・土屋・古賀の3人の都議、東京都、産業経済新聞社に対して慰謝料を、都教委に対して教材の返還を、産業経済新聞社に対して謝罪広告を求めるものだった。提訴後、この裁判を「こころとからだの学習」裁判、「ここから」裁判と呼ぶようになった。弁護団は、児玉勇二、杉浦ひとみ、窪田、木村、山下太郎、中川重徳、齋藤園生、西田美樹、田部知江子、山下敏雅、伊藤敬史、坂本雅弥、渡邊、小林、稲見秀登、佐久間大輔、望月浩一郎、橋詰穣、宇佐見渉、杉野公彦、山崎新、松川邦之、黒澤いつき、加藤慶二であり、その多くが団員である。このうち、山崎、松川、黒澤、加藤は、司法試験合格後の研修期間の司法修習生のころから弁護団会議に出席し、弁護士登録後は弁護団で活躍した。

弁護団は度量の大きいベテランに恵まれ、自由闊達な雰囲気だったが、それだけに皆の意見をまとめて数百頁にわたる主張書面をつくるのにはエネルギーが必要だった。弁護団・原告団の合宿を4回、そのほか丸1日の会議も何度ももたれた。若手の弁護士は、弁護士になって1年目、2年目の多くの時間をこの事件に注ぎ込んだ。

「ここから」裁判は、教員に一定の教育の自由があることを認めた76年の旭川学力テスト最高裁判決を今によみがえらせることを目指した。同時に、集団でつくり上げてきた教育内容への侵害が、個々の教員・保護者への不法行為に当たるという、今までなかった理論を構築する必要があった。政治的介入で教育内容を否定されたことによって、個々人に慰謝料が発生することを明らかにする必要があった。

弁護団は、勉強会を通じて自分たちが学んだ原告らの実践を裁判所に伝えることこそが勝利へのカギだと考えた。そこで、原告らの話を繰り返し聞き、その思いや実践を陳述書にまとめていった。1つひとつの教材の誕生や使われ方を聞き取り、その教材を使った授業の流れを明らかにし、そうして積み重ねてきた実践を頭ごなしに否定されたつらさを言葉にして紡いでいった。こうして陳述書をつくる中で、改めてこの裁判は勝たなければならないとの確信を深めていった。

訴状や準備書面は、全国連によって印刷されて資料集（10集まで発行）となり、集会の会場で販売して資金に充てられた。

「ここから」裁判には、当初から多くの研究者も参加した。特に、教育法学会の会長であった市川須美子教授、同学会の事務局長を長く務めた世取山洋介教授、浪本勝年教授は、弁護団会議などにも同席し、法的観点からの貴重な意見を述べた。セクソロジーが専門の浅井春夫教授は、「全国連」共同代表として運動面も引っ張った。地裁には、市川教授、世取山教授、浅井教授のほか、セクシュアリティーが専門の木全和巳教授、心理学が専門の西沢哲教授、産婦人科医師の堀口貞夫医師、障がい児教育が専門の茂木俊彦教授の7名の専門家意見書を提出した。

東京高裁では、世取山教授、茂木教授の追加意見書を提出した。

最高裁には、憲法が専門の西原博史教授、世取山教授の意見書を提出した。

学会でも大活躍中の専門家・研究者の参加は、「ここから」裁判を大きく前進させた。

法廷は東京地裁・高裁とも大法廷だった。毎回、傍聴席のほぼすべてが埋まった。地元日野から裁判のたびにマイクロバスを出し、行き帰りに弁護士が同乗して解説をしたり参加者が自己紹介したりして動く集会となった。

裁判期日には、ほぼ毎回、原告による意見陳述や弁護士による提出準備書面の要旨の陳述を行い、法廷が終わると報告集会が開かれた。

裁判を通じて最も盛り上がったのはやはり尋問であった。都議の尋問ではその偏見が明らかになった。都教委の指導主事の尋問では都教委の従前の見解との齟齬を明らかにできた。地裁の尋問では都議の傲慢な物言いに一瞬たじろいだ若手弁護士が、高裁では気迫満点の尋問で追い詰めるなど、法廷は弁護士にとっても成長の場となった。

2つの判決の意義

09年3月12日、東京地裁（裁判長矢尾渉）の判決が出された。東京都及び都議らに対して、総額210万円の損害賠償を命じる判決であった。主文が「被告」から始まり、まずはその意味を理解した弁護団席、続いて原告席、傍聴席が喜びに包まれた。

地裁判決は、都議らによる本件視察に同行した都教委の職員らには、都議らによる「不当な支配」から七生養護の個々の教員を保護する義務があったというべきとして都教委の保護義務を認め、「被告都教委の職員は、教育に対する『不当な支配』から教員を保護するよう配慮すべき職務上の義務に違反したものというべきであり、このような被告都教委の職員の不作為は、国家賠償法上、違法というべきである」とした。

また、厳重注意処分についても、「原告教員らは、七生福祉園や保護者の意見も徴しながら、その創意工夫により本件性教育の実践を積み重ねてきたものといい得る」とし、他方、都教委については、「児童・生徒やその保護者から事情聴取をした形跡はなく、教育学等の専門家の知見をどの程度導入して検討されたかも明らかでない」と批判し、「本件性教育が学習指導要領に違反するか、児童・生徒の発達段階を踏まえたものかどうかを十分確認せずにされたものとして、社会通念上著しく妥当性を欠き、裁量権を濫用したものとして、違法というべきである」として損害賠償請求を認めた。

被告の都議ら・東京都、原告の教員・保護者ともに控訴し、裁判は東京高裁へと続いた。

11年9月16日の東京高裁判決（大橋寛明裁判長）は、双方の控訴を棄却するという結論だった。しかし、その理由中では、東京地裁の判決を1歩進めた。判決は、教育委員会の権限行使に、「教員の創意工夫の余地を奪うような細目にまでわたる指示命令等を行うことまでは許されない」という制限があることを確認した上で、学習指導要領の法規性と実践者の裁量について、「学習指導要領に記述されている内容は、膨大であり、記述の仕方にも様々なものがあるところ、その一言一句が拘束力すなわち法規としての効力を有するということは困難である。法規としての効力を有するというためには、その性質上当然に、基準として遵守を命じる内容が客観的に確定され得るものであることが要請されるといわなければならない。したがって、学習指導要領の記述のうち、理念や方向性のみが示されていると見られる部分、抽象的ないし多義的で様々な異なる解釈や多様な実践がいずれも成り立ち得るような部分、指導の例を挙げるにとどまる部分等は、法規たり得ないか、具体的にどのような内容又は方法の教育とするかについて、その大枠を逸脱しない限り、教育を実践する者の広い裁量に委ねられて」いる旨述べた。そして、このような部分につき「学習指導要領に違反したと断ずるためには、そのような広い裁量の範囲をも逸脱していることが認められなければならない」と判示し、「性教育として、何が優れているのかは、教育に関する専門的知識経験を踏まえた議論によって決すべきこと」との立場を前提に、「こころとからだの学習」のいずれの実践も、都議会で弾劾された「からだうた」を含め、「学習指導要領に違反すると断ずることはできない」と明確に判示した。

高裁判決は、「教育委員会は、国の定めた法令及び大綱的基準（学習指導要領）の枠の中において、地方教育行政法33条4項前段により、教育課程、教材の取扱い等の基本的事項について、教育委員会規則を定めることができるほか、所管の公立学校及びその教員に対し、大綱的基準にとどまらず、より細目にわたる基準を設定し、一般的な指示を与え、指導、助言を行うとともに、特に必要な場合には具体的な命令を発することができる」としながら、「教員の創意工夫の余地を奪うような細目にまでわたる指示命令等を行うことまでは許されない」とし、現場の教員の創意工夫の余地を強調した。

最高裁は、13年11月28日付で双方の上告、上告受理申立てを棄却した。これによって、東京地裁判決が確定した。

地裁・高裁判決は上記のように評価できる一方で、都議・都教委・産経新聞による一連の行為が違法なのだという原告らの主張は容れられず、また、旭川学テ最高裁判決が容認した大綱的基準にとどまらず、「より細目にわたる基準を設定し、一般的な指示を与え、指導、助言を行うとともに、特に必要な場合には具体的な命令を発することができる」ことまで認めた点については、原告・弁護団に不満が残った。

しかし、都議の「視察」であっても、人を侮辱すれば慰謝料を払わなければいけないことが確認された。そして、日の丸・君が代をはじめとした都教委による現場への介入が続いてきた中で、都教委に教員を保護する義務があることを認め、慰謝料の支払いを命じたことは意義がある。また、「こころとからだの学習」を評価し、性教育の行い方には幅があることを前提に、都教委の一方的な厳重注意処分を違法だとしたことにも大きな意義があった。

木村は、高裁判決後、教育法学会で事件報告をする機会をもった。

「ここから」裁判から得たもの

スマートフォンの普及などによって性被害が増加し、また性感染症も増えるなど、性教育の必要性はますます高まっている。

七生養護学校事件発生以来、教育現場での性教育は委縮させられてきたが、「ここから裁判」では「こころとからだの学習」が間違っていなかったことが確認されているのであり、積極的な実践が求められている。事件発生後、都教委作成の「性教育の手引き」では七生養護の実践が不適切事例として取り上げられていたが、19年3月の性教育の手引き改訂でようやくこの部分は削除された。この改訂は不十分な点をたくさん含んでいるが、「学習指導要領に示されていない内容を含む授業の実施例」として産婦人科医による授業が示されるなど積極的に活用できるところもある。

裁判が終わって数年が経つ頃、木村の法律事務所に、奈良県の学生から卒論のテーマに七生養護学校事件を書きたいので協力してほしいとの連絡があった。事件の現地から遠く離れた地で、若い世代が性教育に関心を持ち、こころとからだの学習を積極的に評価していることに木村は感動した。

また、日野では、「ここから裁判」の原告や支援者も中心になって「性教育問題を考える日野の会」がつくられ、助産師による講演会の企画をするなどしている。

木村は、七生養護学校事件の取り組みのベースとなったのが、1人ひとりが望まれて生まれてきたこと、自分と他人の身体とこころを大切にしなければならないこと、「性」とはいやらしいもの・いけないものではなく命の営みであること、そうしたことを教える中で、他人との関係づくりのあり方を伝えていくというものであることを改めて確認している。そしてこのような性教育が学校の内外で積極的に行われ、子どもたちにしっかり伝わっていくことを望んでいる。また木村は、七生養護学校の実践の中で明らかにされた、子どもにとって自己を肯定されることが大切だということ、教育とは1人ひとりの子どもに教員が全人格で向き合い寄り添って働きかけていくことなんだということが広く共有されるといいな、と考えている。

第3部

労働者のいのちと権利をまもって

14

そして、彼らは立ち上がった

――「いすゞ」による1,400人の非正規切りと闘う

年の瀬を襲った非正規切りの嵐

08年9月、米国の投資銀行リーマンブラザーズが破綻し、世界経済が大不況におちいった（リーマンショック）。円買いにより極端な円高が進んだ。国内の自動車メーカー各社は円高により、海外で自動車が売れなくなると判断し、「100年に一度の大不況」と喧伝し、トヨタ自動車を筆頭にして軒並み在庫調整・生産調整に入っていった。自動車メーカーの在庫調整・生産調整によってたちまちに犠牲となったのは「雇用の調整弁」として位置づけられていた非正規労働者であった。

トラックメーカーのいすゞも非正規労働者の雇用調整を一気に進めた。いすゞは、08年11月14日、まず、派遣会社との労働者派遣契約を契約期間の途中で解約した。この「派遣切り」の結果、派遣会社はいすゞ栃木工場と藤沢工場で、いすゞの正社員と一緒に働いていた812人もの派遣社員全員を中途解雇等によって首切りにした。多くの派遣社員は、この解雇により年末に寮の立ち退きまで迫られ路頭に迷う不安状態に追い込まれた。

いすゞは続けて、3日後の17日、栃木工場と藤沢工場で働いていた553人の期間社員（期間に定めのある有期契約の労働者）全員に対し、12月26日に契約期間の途中で解雇することを予告した。

これは製造ラインで働く非正規労働者を誰1人残らず首切りにする非情な行為であった。

この時期、いすゞだけでなく、自動車メーカーのトヨタはグループで7,800人、日産は1,500人、マツダは1,300人、スズキは600人、日野自動車は500人と、非正規労働者の首切りを実行した。

労働組合結成と闘う弁護団づくり

突然の「派遣切り」、中途解雇に対し、いすゞで働く期間社員、派遣社員は、12月3日、JMIU（全日本金属情報機器労働組合）いすゞ自動車支部を結成した。4人での出発だった。執行委員長となった松本浩利は、「いすゞは、私たちを人間として扱っていない。黙っていたら泣き寝入りです。労働組合を立ち上げて闘うしかない。」、「失業でアパートの家賃を支払えなくなったらホームレスになるしかありません。命がかかった闘いなんです。」と決意を語り、一緒にいすゞと闘おうと仲間の参加を呼びかけた。この非正規労働者で組織されたいすゞ支部結成大会には、当時、海外メディアも含めた約20社のマスコミが取材に訪れ、大きく報道された。また、JMIUは門前で組合への加入を呼びかけ、「寮も出ていかなければならない。貯金もない。」と不安で押しつぶされそうになっていた非正規労働者が、泣き寝入りする必要はない、一緒に声を上げようと呼びかけた。神奈川では、駅頭で、JMIUと一緒に、団員藤田温久ら数名が、送迎のバスに乗り込むいすゞの労働者に一緒に闘おうと呼びかけた。組合員は12月中旬頃には18人に増えた。神奈川では、団員藤田、小池拓也が中心となり弁護団が結成され、栃木では、東京の鷲見賢一郎（当時団本部幹事長）が中心となり弁護団が結成された。同時期に団本部労働問題委員会の担当事務局次長であった団員伊須慎一郎も弁護団に加わった。

仮処分申立

栃木工場と藤沢工場の組合員（期間社員）8人は、08年12月、宇都宮地裁栃木支部と横浜地裁に、いすゞを相手方として、中途解雇が労働契約法17条1項（有期労働契約は、やむを得ない事由がなければ、契約期間満了前に解雇できないとする定め）に違反することを理由に賃金仮払い等を求める仮処分を申し立てた。マスコミの報道を通じて、いすゞの非正規切りを許さないという世論も広がった。

一転、期間社員全員の解雇予告撤回

これに対し、いすゞは、12月24日、期間社員553人全員に対して、解

雇予告をすべて撤回した。しかし、いすゞは、同時に、残りの契約期間に対する賃金85%に相当する特別退職金の支払いと引き換えに、期間社員に労働契約の合意解約を申し入れ、応じない期間社員に対しては、翌年3～4月の契約期間満了日まで40%の賃金カットを伴う休業命令を発令し、あくまでも期間社員全員の首切りを推し進めようとした。

年越し派遣村支援から生活保護の申請同行へ

08年末から年始にかけて、東京・日比谷公園での年越し派遣村の取り組みが、新聞、テレビ等で日々報道された。団員棗一郎、猪股正は派遣村運営の実行委員となり年末から連日派遣村に泊まり込んだ。

派遣村への入村者は毎日100人規模で増えた。多くは、派遣切り・雇い止め等で仕事、所持金、住居を失った人たちだった。30代の男性は、非正規雇用の労働契約を打ち切られ、飛び降り自殺をしようとしているところを保護されて、神奈川から警察官に付き添われてやってきた。ある男性は、ネットカフェを転々としながら日雇い派遣で働いていたが、12月24日で仕事がなくなり、31日には所持金がわずかになり、木の枝にベルトを吊して首つり自殺を図ったが、幸いにも失敗し呆然としているときにラジオで派遣村のことを聞いて、派遣村にたどり着いた。多くの団員が派遣村でこうした入村者からの相談を受け、生活保護の申請やアパート入居の支援に関わった。

派遣村にたどり着けた人々は生活だけでなく命がつながった。埼玉では、08年12月末に派遣会社を解雇された男性（27歳）が、09年1月、所持金がわずか2,200円になり、親族に「今までありがとう。」という感謝のメールを遺し、JR蓮田駅で飛び込み自殺した、との報道が流れた。

差別是正を求める期間社員の仮処分の闘い

差別が判明

栃木工場と藤沢工場の期間社員であった組合員4人は、宇都宮地裁栃木支部と横浜地裁で、カットされた40%の賃金の仮払いを求めて闘った。

休業命令に伴う40%の賃金カットの不当性を基礎づける事実が掘り起こされた。そこには定年後再雇用されていた元正社員で、JMIUいすゞ支部の星野貞雄の存在があった。

星野からの「告発」

弁護団は、星野から、いすゞは、①正社員や定年後再雇用労働者には、1か月に数日程度だけ休業を命じているだけなのに、期間社員は全員が一律に契約期間満了までの稼働日全日につき休業を命じられているという休業日数に関する差別的取り扱いがなされていること、②正社員や定年後再雇用労働者には、休業を命じても賃金全額を支払っているのに、期間社員に対しては40%の賃金をカットしているという賃金の支払いについてまで差別的取り扱いを行っていることを聴き取り、裁判所に出した。

いすゞは、期間社員への差別を行いながら、賃金仮払いの保全の必要性につき、過去の賃金請求については労働者らが現に生活している以上、原則として、保全の必要性がないと主張した。これに対し、弁護団は、組合員の生活の窮状を訴える陳述書を何通も作成して出し続けた。

差別の合理性を否定した仮処分決定

宇都宮地裁栃木支部（橋本英史裁判官）は、09年5月12日決定で、「期間労働者に対する本件休業のように、包括的、かつ、一律に、契約期間の満了日までの数か月という長期間にわたる休業によって、一方的に期間労働者に不利益を課する休業処分（休業命令）の合理性は期間の定めのない労働者に対する場合と比べて、より高度なものを要するというべきである。」、労働契約法3条2項（労働契約は、労働者と使用者が就業実態に応じて、均衡を考慮しつつ変更すべきものとする定め）を引用して「少なくとも、そのような差別の有無・程度・内容は、合理性の判断における重要な考慮要素となると解するのが相当である。」として、いすゞによる40%の賃金カットは、明らかに差別する取り扱いであり、合理性を認めることができない、と判示した。

栃木支部決定は次のように述べた。

「以上のようにして休業処分（休業命令）の合理性の有無を判断する手法は、企業において、正社員の人員削減・賃金抑制長時間労働と非正規労働者の増加が進展し、社会全体においても『格差社会』、『ワーキングプア』などと称呼されて、重要な社会的な問題として指摘されるに至っている現代において特に、正当性と重要性を増しているということができよう。」

この判断は、使用者が非正規労働者を雇用の調整弁として位置づけ、搾取していることが社会問題となっていると正面から受け止め、司法が、このような社会全体の問題となっている雇用問題に対し、労働者保護の観点に立って、解決に当たるべきという姿勢を明確に示すものであるといえた。

40%のカットを回復させる緊急性

続いて栃木支部決定は、過去の賃金請求の保全の必要性につき、松本ら組合員は、自分や家族が生存するために、生活費等を極度に切り詰め、周囲の援助等を仰ぐというギリギリの生活を送ってきたという努力により何とか現在も生存しているのであり、一律に原則として保全の必要性を否定することは、生存できるだけの、非日常的かつギリギリの食生活を送ることにより、困窮を何とかしのいできたという人の本性を犠牲にして、緊急の権利救済を図るための仮処分制度の法的な保護を拒否することになるので、社会的には妥当ではなく、個々の労働者の生活の実情に応じて、過去の賃金の支払いを命じる必要性があるか判断すべきであるとして、現に生活できていた以上、一律に保全の必要性はないとするいすゞの主張を退け、すべての組合員につき、遊興を控え、生活費を切り詰めている具体的な生活状況を認定し、保全の必要性が緊急かつ高度にあると、優に認めることができると判断した。松本ら組合員が、仲間の支援等によって何とか生活できていると訴えたことに対し、橋本裁判官が応えたのである。

執行委員長の松本をはじめとする組合員らは、非正規労働者の生存権を認めてくれたものだ、橋本裁判官が神様に見えると、喜びを分かち合った。

派遣社員の仮処分の闘い

栃木弁護団と神奈川弁護団は、それぞれ、栃木工場と藤沢工場で登録型派遣として稼働していた組合員9人が、いすゞの「派遣切り」を口実とした派遣会社による契約期間の途中での解雇は無効であるとして、賃金仮払い等を求めて、9件の仮処分と2件の労働審判を申し立てた。

究極の不安定雇用である登録型派遣。85年にさかのぼる。当時、労働者派遣を解禁することをめざす労働者派遣法案が国会に提出された。国民から大きな反対運動が起こった。団も意見書を作成して国会議員要請を繰り返した。5月29日参議院社会労働委員会で参考人となった団員坂本修は、「何の身分保障もない、注文に応じて派遣され、注文がとぎれれば失業してしまうにすぎない、身分保障のない登録型の事業が、この法案には認められております。これはやはりおかしいのではないでしょうか。」と登録型派遣の制度化に真っ向から異議を唱えた。しかし、85年6月派遣法は成立し、04年3月には、当初禁止されていた製造現場への派遣も解禁された。

その懸念は現実化した。08年のリーマンショックは100年に一度の大不況をもたらすとの喧伝の下で、多くの派遣会社は、派遣先に送り込んだ派遣社員が働いてくれるからこそ派遣会社が存在していることを無視し、派遣先からの注文が途切れてしまったので仕事がなくなったこと等を理由に、派遣社員の解雇・雇止めを断行した。

裁判所における派遣会社が主張する中途解雇の正当化理由も乱暴きわまりないものだった。派遣会社は、いすゞの「派遣切り」を理由とした中途解雇が許されるべきという主張の中で、派遣先であるいすゞが派遣会社との派遣契約を打ち切った場合、派遣会社の仕事がなくなることから、派遣会社が派遣社員を解雇することも許されるという見解を展開した。

しかし、このような考え方は、派遣会社と派遣社員との間の労働契約に労働契約法が適用されることを無視するものだった。厚生労働省も、「派遣切り」を口実とした派遣会社による労働契約の中途解雇が増加する中で、08年12月10日付け通達「労働者派遣契約の中途解除等への対応について」の中で、派遣会社に対し、「派遣切り」を口実とする中途解雇であっても、労働契約法17条1項が適用されると指導していた。派遣会社の主張は裁判所に受け入れられるはずのないものであった。

栃木工場で働いていた五戸豊弘は、09年1月、宇都宮地裁栃木支部に、派遣会社プレミアラインを債務者として、地位保全及び賃金仮払い仮処分を申し立てた。五戸は、プレミアラインに対し、退職届を差し入れていたが、栃木支部（橋本英史裁判官）は、09年4月28日決定で、派遣会社による中途解雇にも労働契約法17条1項が適用されるとして、五戸が作成した退職届につき、プレミアラインが「労働契約を解消する意図を秘して、退職届けの作成を行ったもので、労使間に要求される信義則に著しく反するものだ」と判示して、賃金の仮払いを命じた。その後の裁判でも、派遣会社による「派遣切り」を口実とする中途解雇にも、労働契約法17条1項が適用されるという判断が積み重ねられ、実務としては定着した。

期間社員・派遣社員の本訴裁判の闘い

2つの最高裁判例克服への挑戦

期間社員と派遣社員の12人の組合員は、いすゞを被告として、09年4月2日、東京地裁に、地位確認、賃金支払、損害賠償請求裁判を提訴した。弁護団は、非正規労働者の占める割合が全労働者の4割前後を占める中で、この裁判は、いすゞが非正規労働者を雇用の調整弁として都合よく搾取しワーキングプアの犠牲の下で利益をあげる仕組みを許さないという決意をもった闘いと考えた。

弁護団は、裁判上の争点として、①雇止め事案の判断基準されている日立メディコ最高裁判決（期間の定めのない労働者につき希望退職募集により人員削減を図らなくても、有期の契約社員に対する雇止めは不合理ではないとするもの）を克服（同判決の言い渡しのあった86年当時の非正規労働者の割合は16.6％であった）し、期間社員を雇用の調整弁として真っ先に雇止めにすることは許されず、厳格に整理解雇の4要件の有無が判断されるべきこと、②偽装請負を派遣法違反にすぎないと判断した松下PDP事件最高裁判決（偽装請負は職安法違反には当たらず、派遣法違反にすぎず、派遣先が派遣社員の賃金決定に関与した等の特段な事情がない限りは、派遣先と労働者との間に黙示の雇用関係が成立しないとして、原審大阪高裁判決を破棄したもの）

は職安法と派遣法の関係の解釈を誤っており、派遣社員に対する偽装請負・違法派遣等を根拠に、派遣先であるいすゞが派遣社員に対する雇用責任を負うべきこと、③いすゞによる年の瀬の身勝手な派遣切りにより、生活困窮を極めた派遣社員に対する不法行為に基づく損害賠償請求の成否等を柱として立てた。

雇止めをする必要はなかった——細井社長の決算会見

いすゞからの差別的な内容を含む退職合意の求めに応じなかった期間社員は、09年4月に雇止めされた。ところが、いすゞの代表取締役社長であった細井行は、翌5月11日に行われた同年3月期決算会見で、09年度見通しについて、09年3月SPI承認会議（毎月、翌月以降の生産計画を決定する会議のこと）で確認された4月以降の「販売要求の状況」を踏まえて、「4～6月が底になるが、下期は黒字を確保できると見ている」等と説明し、4～6月以降、生産が早くも右肩上がりとなり、それに応じて必要人員も必要になることを確実なものと見ていると発表した。

矛盾証言

しかし、東京地裁での証拠調べでは、いすゞ側の証人となった福村嗣夫生販流通管理部長は、細井社長が、決算会見（09年5月）において、09年のトラックの需要予想台数を6万台、7万台と発言していたことに対し、「6万台、7万台の議論があったのがいつだか、私には認識できません。」、「（私は）決算会見に出ておりませんし、これがどういうおつもりで言ったのか、果たしてこれが本当に言ったことなのかどうかも確認できておりませんので、何とも言いようがございません。」とことごとく否定する証言を繰り返すという、信じ難い異例の事態となった。

それでも期間社員の雇用の継続を認めない判決

12年4月16日に東京地裁判決（渡邉弘裁判長）が出た。判決は、他のいすゞ証人が、雇止めした7名の賃金合計額はわずか年間2,100万円程度で、いすゞの経営に多大な影響を与えるものではなく、期間社員を1人残らず雇止めする方針だったことを認めていたが、福村証人の信じ難い証言内容を全面的に採用し、いすゞは、「09 年３月の SPI 証人会議で、平成 21 年４月以降の販売要求数の見込みに関し、４月を底値として、以降右肩上がりに上昇するグラフを会議資料として用いているが、その当時の国内外の経済状況等に照らし、本件雇止め時に、同グラフに示された見込み数値について、本件雇止めの必要性を否定する程に確実視できる状況にはなかったものと認められる」等として細井会長の決算報告での需要予測台数に触れず、雇止めの必要性があったと判示した。しかも、東京地裁は、いすゞがリーマンショックを理由に期間社員の雇用を真っ先に１人残らず切るという期間社員を雇用の調整弁とすることを是認するかのように、期間社員は「不況等の事情の変化による生産計画の変更に伴う要員計画に変更がない限り」契約更新を期待できるに止まるとの基準を設定した上で、いすゞの要員計画に変更があったことから、期間社員に対する本件雇止めを有効とした。

派遣社員に高い壁となっている最高裁判決

いすゞは、各製造ラインに請負会社からの労働者を受け入れ、いすゞが直接雇用している労働者と一緒に働かせ、いすゞの社員が請負会社の労働者に対しても業務上の指揮命令を下していた。いすゞの各製造ラインでは、組織ぐるみで偽装請負が行われていた。そのため、いすゞは、05 年 10 月には、各製造ラインで請負会社から受け入れた労働者に業務上の指示を出さなければ、各ラインの作業工程が進まないことから、偽装請負状態を是正（請負会社の労働者に業務上の指示を下さないようにすること）することができないと認め、請負会社の労働者を、派遣法上、いすゞの社員が引き続き業務上の指示を下すことができる派遣社員に切り替えた。さらに、いすゞは、06 年 10 月には、製造ラインに受け入れていた 1,361 名の派遣社員のほぼ全員を、派遣法上の派遣社員の受け入れ期間の制限との関係で、いすゞが直接雇用する期間社員に切り替えていた。

弁護団は、偽装請負は派遣法違反にすぎないと判断した松下 PDP 事件最高裁判決を克服するために、いすゞが、組織的に、偽装請負→派遣→期間社員を都合よく利用することを通じて、非正規労働者を正社員代替した実態の不当性を解明することを重視し、いすゞの偽装請負の実態を明らかにするために、労働局にいすゞへの是正指導を申告し、その結果を裁判所に提出する等の訴訟活動を行った。弁護団が最も重要視したのは、いすゞが偽装請負をしていた時期に、いすゞの実質的なトップであった井田義則会長の証人尋問を実現することにより、いすゞが非正規労働者を雇用の調整弁にし続けた不当性を明らかにすることであった。

しかし、東京地裁は井田会長の証人申請を却下し、派遣社員に対しても、松下 PDP 事件最高裁判決を形式的に当てはめ、派遣社員の地位確認も損害賠償請求も認めなかった。五戸は判決後に「派遣労働者の人権を無視し、21 世紀の奴隷制度を助長する判決で怒り心頭」と語った。

東京高裁・最高裁の闘い

期間社員と派遣社員の組合員 10 人は、控訴した。東京高裁の法廷では、弁護団は、東京地裁が細井社長の決算会見の内容をまったく認めなかったことから、代表取締役細井社長の尋問の実施を要求し続けた。それは、松本らが雇止めされた 09 年 4 月時点で、退職合意に応じていない、わずか 7 人の期間社員の本件雇止めが許されるか否かを判断するにあたって、いすゞが 09 年 3 月 SPI 承認会議で確認した同年 4 月以降の「販売要求の状況」により、同年 4 月以降の必要人員の予測を確実なものと見ていたか否かが、最大の争点であると考えたからであった。

3 年近い闘いののち、東京高裁は、いすゞの細井社長を含めた 12 人全員の尋問を却下した。弁護団は、裁判官 3 人全員を忌避した上で、さらに尋問実施の必要性を訴えた。しかし、東京高裁は、結局、証拠調べ期日を開くことなく、15 年 3 月 26 日判決で、10 人の組合員全員の控訴を棄却した。組合員らは、なお最高裁判所に上告・上告受理申立てをしたが、16 年 7 月 28 日、上告棄却及び上告不受理決定となった。

闘いの終結

本訴を提起して以降、東京地裁、東京高裁、最高裁の担当裁判官は、非正規労働者の増加によって「格差社会」、「ワーキングプア」が重要な社会問題となっていることに対し、時が経つにつれ、リーマンショックの痛みを忘れたのか、非正規労働者を救済しようという姿勢を一切見せなかった。

その後、いすゞとJMITU（日本金属製造情報通信労働組合）は、16年11月20日、リーマンショックを契機とした一連の争議を全面解決した。組合員、弁護団、支援者は、17年2月17日に横浜市で、3月12日に栃木市大平町で、いすゞ自動車争議解決報告集会を開催し、争議解決を報告した。

闘いの苦労が12年民主党政権下での派遣法改正に

08年リーマンショックによる大量の「派遣切り」は、派遣社員の極めて不安定な雇用、派遣会社の派遣先への経済的従属性に起因する使用者責任の不明確さ、有給休暇の使用などの当たり前の権利行使ですら困難であるという「間接雇用」の弊害を社会的に明らかにした。

リーマンショックの深い傷が癒えない09年8月末の衆議院総選挙で、民主党は勝利し、自公政権に代わる政権を樹立した。民主党政権下で、12年派遣法が改正された。この改正は、不十分な点がありつつも、「派遣労働者の保護」を派遣法の目的に明記し、究極の不安定雇用である日雇い派遣の原則禁止、違法派遣や偽装請負の場合に、派遣社員が派遣先との直接雇用を実現できるみなし規定の新設などの規制強化を盛り込んだ。

いすゞ非正規労働者と弁護団の不屈の闘いもこの改正を実現する力の1つになった。

「時の行路」の映画化、そして新たな闘いへ

いすゞの非正規労働者の闘いを題材として、作家の田島一は、しんぶん赤旗10年9月1日から11年6月14日まで、「時の行路」を連載した。モデルはいすゞの闘いであり、主人公である五味洋介のモデルは原告五戸である。五戸は8年間の闘いを通じて、自分の裁判は負けたが、「日本全国を歩き、いろんな人と出会えたことが何よりの宝。同じような裁判を闘っている原告と思いを一つにできた」と振り返る。そして、五戸は「派遣という言葉自体をなくす。人を集めて別の会社で働かせるというやり方をや

めさせる。貧困と格差をつくったのは大企業。こういう世の中にした大企業に社会的責任を果たしてもらわないと」と訴えた。五戸は、18 年から栃木県下野市議となり、貧困と格差をなくすために市会議員として活動している。

「時の行路」は、神山征二郎監督により映画化された。

いすゞに続く闘い

期間社員と派遣社員をいすゞの職場に返せという訴えは裁判所には届かなかった。しかし、いすゞの非正規労働者が JMIU いすゞ支部を結成し、いすゞとの闘いに立ち上がったことは、マスコミを通じて、全国に広がり、各地の非正規労働者をはげました。多くの非正規労働者が立ち上がり、マツダ、三菱ふそう、パナソニック・エレクトロニック、トステム、日産自動車、横河電機などの闘いにつながった。その中で、全面的な勝利解決を勝ち取った資生堂・アンフィニとの闘い、派遣先マツダと派遣社員との間で期間の定めのない労働契約が成立したと認めた山口地裁判決を勝ち取ったマツダとの闘い等、大きな成果をあげた。

この間、非正規労働者の雇用と権利は抜本的に改善されず、それに加えて、業務委託等の形式を悪用した「非雇用」の働き方が広がった。現在、新型コロナウイルス感染症の拡大にともない、正規・非正規を問わず、多くの労働者が雇用を失っている。労働者の雇用と権利を守る闘いはますます厳しい状況にある。団は、21 年に設立 100 周年を迎え、これまでの労働者の雇用と権利を守る闘いを通じて得た経験を活かし、すべての労働者が人間らしく生活できる社会を実現するために、労働者、労組、市民との団結をいっそう強め、闘い抜くことが求められている。

15

政治主導による「大量整理解雇」の理不尽と闘った公務労働者たち
——社会保険庁分限免職事件

東日本大震災の前震の中で

2011年3月10日、秋田市の官庁街にある秋田県教育会館401会議室では、分限免職処分取消しを求めて人事院に審査請求した6名の全厚生労働組合(全厚生)東北支部所属の職員のうち、先行事案の3名に対する口頭審理が行われていた。全厚生は、社会保険庁(社保庁)職員からなる職員組合で、東北支部は、ほぼ全員が秋田社会保険事務局の職員で構成されていた。法廷のように並べられた机の「裁判官席」に人事院の公平委員3名が座り、請求者側には東京の加藤健次団員と狩野節子団員ら秋田弁護団の6名が、処分者側には5名程の厚労省の担当者が座っていた。部屋の後方の傍聴席には理不尽に免職された仲間を支援しようと、東北全地域から駆けつけた50名近くの傍聴人がぎっしりと詰めていた。

この日は、審理4日目で、当事者の尋問を残すだけとなっていた。これだけの人数が集まっているのに、会場は不自然なほど静かで、全員の目と耳が、証人席に座ったSのやや細いが落ち着いた声に集中していた。

時おり、人々の胸元あたりから、地震が起こることを知らせる携帯電話のアラーム音が鳴り、しばらくすると揺れが会場を襲った。この日は、何度かこれが繰り返された。しかも、教育会館はコンクリート造りとはいえ、相当に年数を経ており、よく揺れた。しかし、アラーム音が鳴っても、顔を上げて周囲を見渡すもののだれも立ち上がろうとせず、揺れが収まると再び証言に集中するということを繰り返していた。彼らは、翌日、それらが東日本大震災の前震であったことを知ることになるが、この日は、アラーム音がいつもに増して頻繁に鳴っていたことを気にする人もほとんどいなかった。

政府によってお膳立てされた大量分限免職処分

09年12月、厚労省の外局であった社保庁が廃止され、翌10年1月に日本年金機構（年金機構）が発足した。このとき、525名もの社保庁職員が分限免職された。国公法78条4号は組織改廃により分限免職できることを定めてはいるが、公務員の身分保障の観点から、64年に数名が免職処分されて以降、同号による免職処分がなされたことはなかった。今回の処分は、過去に前例のない国家公務員の大量「整理解雇」だった。

伏線があった。07年6月に成立した年金機構法には、郵政民営化の時のような職員承継規定が設けられなかった。そして、08年7月、政府（第1次安倍内閣）は、懲戒処分歴ある職員は年金機構に採用しないこと、その一方で、民間から1,000名程度の新規採用をするとした「基本計画」を閣議決定した。さらに、社保庁の場合は、省庁間配転等で雇用を守る雇用調整本部の利用もされず、厚労省へも応募職員の5分の1程度が配置転換されただけであった。

つまり、525名もの大量免職は、政府によって計画的にお膳立てされたというべきものだった。

そして、この基本計画によって狙い撃ちされた懲戒処分歴ある職員（免職処分者の半数近くに及ぶ）には、「冤罪」だった職員が数多く含まれていた。

仕組まれた懲戒処分

ことは04年にさかのぼる。当時、社保庁は年金保険料の収納率を上げようと、ポスターに有名女優を起用したが、その女優に保険料未納があることが判明して大きな批判を受けた。それが発端となって、閣僚や国会議員の未納が次々と発覚して社会問題となり、その年の参院選で自民党が大敗するという政治問題に発展した。

大敗した自民党は、社保庁職員が年金記録を「のぞき見」して情報をマスコミに流したのではないかと、怒りの矛先を社保庁に向けた。政権与党の「逆恨み」にあわてた社保庁は、それまで禁止してこなかった目的外閲覧について職員調査を行い、05年12月に2,694人もの職員を懲戒処分するという異常な措置を取った。実は、当時までは閲覧に必要なカードを名義人以外の数人で共用していた。このことを無視して調査がなされたことから、2,694人の中にはカードの名義人だっただけの「冤罪」で処分された職員が相当数いた。通常なら懲戒対象とならない禁止前の行為まで対象とされた。現場の職員がスケープゴートとして差し出された結果だった。

年金問題はそれで収まらなかった。05年から06年にかけて、年金保険料の流用や「消えた年金」といった年金記録問題が次々と社会問題化し、国民の怒りが高まった。これらの問題が発生した原因には、歴代の官僚や政治家が責任を負うべきもの、戦前からの歴史的・制度的な要因によるものがあった。ところが、政府は、それらについても、「社保庁職員がいい加減だったから」と問題をすり替えた。そして、巻き起こった社保庁とその職員に対する社会的バッシングに乗じ、「国民の信頼回復」を謳い文句に、社保庁解体・民営化と懲戒処分歴ある職員の排除に突き進んだ。こうして、自民党の強い要請で、「基本計画」に、懲戒処分歴ある職員を年金機構から一律排除することが盛り込まれたのであった。

理不尽な一律排除

目的外閲覧で懲戒処分を受けた2,694名の職員にとって、「基本計画」は、まさに寝耳に水の事態となった。とりわけ「冤罪」で懲戒された職員たちは、「この処分はここだけのこと」「これから頑張れば取り返せる」といった上司の言を信じて不服申立てをせず、挽回しようと、処分前にも増して昼夜・休日を厭わず職務に専念していた。それが容赦なく裏切られた。

しかも、社保庁では、職員にまず閲覧の有無を回答させてから、その後でカードの履歴を示して問いただすという調査方法をとったため、身に覚えのない「冤罪」の被害者のほうが懲戒処分を受けるという理不尽な事態も生じていた。どういうことか。自分ではカードを不正に使用したことがない職員は当然「閲覧したことはない」と回答した。ところがカードを共用している他の職員によってカードが閲覧に使われていた場合には、この回答が「不実告知」となる。これが戒告の懲戒処分となった。これに対し、最初から「閲覧をしたことがある」と回答していれば口頭注意で処理され、懲戒処分とならなかった。不公正ここに極まれりであった。

懲戒処分をした職員の一律不採用は、同一事由につき二重に不利益処分することはできないという原則に反し許されないという理論的な問題もあった。この点について、団は、08年9月20日、「社会保険庁職員の雇用保障を求める意見書」を発表し、「基本計画」が処分歴ある職員を年金機構に一律不採用とするのは二重処分の禁止に反すると、その撤回を求めた。同年12月19日には、日弁連も、懲戒処分歴ある職員を一律不採用とすることは同一の非違行為を理由とする二重処分に該当し違法無効の疑いが濃厚であるとして、「基本計画」の見直しを求めた。

しかし、08年12月22日、年金機構設立委員会は「基本計画」に沿った職員採用基準を決定してしまい、この機械的基準によって、懲戒処分歴ある職員全員が年金機構に採用されないことは決定的となってしまった。

優秀でまじめな秋田の当事者たち

秋田事案の6名は、いずれも目的外閲覧で戒告の懲戒処分を受けていた。ただ、全員が、「冤罪」か、通常なら懲戒の対象とならない「微罪」で、中には、最後まで「やっていない」と訴えたものの、カードの履歴だけで「閲覧をした」と認定された職員もいた。

この秋田の6名は、いずれも社保庁の人事評価が極めて高い、優秀な職員であった。中には、直属の上司が、「彼より優秀な部下はいなかった。」と証言したほどの職員もいた。公務員の任免の根本基準は成績主義である。人事院規則11-4は、廃職・過員の場合にどの職員を降任・免職するかは、「勤務成績、勤務年数その他の事実に基づき、公正に判断して定める」としている。つまり、成績主義からすれば、秋田の当事者らが分限免職者として選定されるはずがなかった。

免職となるその日まで

教育会館では、Sの尋問が続いていた。

問：（職場は）休みも取りにくい、夜10時、11時まで仕事が積み重なるという状態ですね。……平成21年の上期の評価もAだったんですね。もう既に年金機構に採用されないというのがわかっていた時期ですけれども、それでも仕事に励む……頑張ろうと思ったのはどうしてですか。
答：やはりその仕事に対する責任というのがありましたし、周りの課員の皆さんが頑張っている姿を見て、自分もやらなければというふうに考えていました。
問：でも……、平成21年12月末のいわば公務員としての身分を失う日が刻々と近づいてくるわけですよね。それでも仕事を続けるという、その日々をどのような心持ちで送っていたのですか。
答：そうですね……なんとも表現し難いんですけど……ただ同じ課に同じような立場の人がいましたので、1人だったらできなかったかもしれませんけど、そういう方々に支えられて何とかやってこれたと認識しています。

秋田の6名は、全員が、公務員としての最後の就業日となる12月28日の夜まで職務に打ち込んでいた。当時、社会には、社保庁に対する激しいバッシングの嵐が渦巻き、職員たちは、訪れた人々の罵声を浴びながら窓口対応に追われ、業務時間が終わってから本来業務に戻るという状況だった。その中で、折れそうな気持を仲間で支え合いながら、職務に打ち込んでいる姿があった。当時の過酷な職場状況と、この分限免職処分の理不尽さが、静かな波のように審理会場に満ち拡がっていった。

東京弁護団結成と全厚生の奮起

社保庁は廃止されたが、年金業務はすべて年金機構と厚労省が承継した。それでも国公法78条4号の「廃職・過員」に該当するのであろうか。年金機構は外部から1,000名を採用するというのであるから、人員削減の必要性もまったくない。「雇用主」であるはずの政府は、免職回避努力を尽くすどころか、「基本計画」を閣議決定するなど、かえって分限免職のお膳立てをした。民間の整理解雇であれば、何重にも違法・無効となるような事案なのに、公務員だから、社保庁職員だから受忍すべきというのだろうか？

そのようなことはないはずだと立ち上がったのは、それまで公務労働者の問題に取り組んできた小部正治、岡村親宣、尾林芳匡、加藤健次（当時の団事務局長）を中心とする東京の団員たちだった。彼らは、社保庁職員の大量分限免職が刻々と現実化していくのを看過できないと、東京弁護団を結成して、全厚生に対し、人事院での処分取消し、それも、東京の人事院だけでなく、当事者それぞれが所属する地元での審理を求める全国一斉闘争に立ち上がることを提起した。

全国的な運動によって、人事院闘争に勝利しようという東京弁護団の提起を受けた全厚生は奮い立ち、その上部団体である日本国家公務員労働組合連合会（国公労連）も、その方針に対し全面的な支援を約束した。

東京弁護団の中では、人事院審査請求ではなく、早期に裁判闘争をすべきとの声もあった。しかし、これほど理不尽な仕打ちでも、激しい社保庁バッシングを受け続けてきた職員たちにとって、それに異議を唱えて立ち上がることは、並大抵な勇気がないとできないというのが、全厚生の実感であった。こうして、手続が裁判より簡易で結論が出るのも早いとされる人事院審査が当事者の心情にも合致するとなった。

さっそく、東京弁護団は、全厚生組合員が分限免職されそうな地域に弁護団をつくるべく、各地の団員への要請活動を開始した。その要請に応じ、北海道、愛知、岐阜、京都、大阪、香川、愛媛、そして秋田で、次々と団員が手を挙げて弁護団が結成されていった。

始まりはベトナムであった

狩野が、社保庁職員が分限免職されるかもしれない、それも秋田の職員が相当数になりそうだということを初めて聞いたのは、09年6月にハノイ（ベトナム）で開催された国際民主法律家協会の第17回大会に参加していたときであった。同じく参加していた尾林が、いいところで出会ったとばかりに、狩野に話を持ち掛けた。普段は一般民事中心の地方弁護士であっても、一朝事が起きたら「いざ、鎌倉！」とおっとり刀で駆けつけるのが地方団員の役割と考えていた狩野ではあったが、さすがに躊躇を覚えた。前例のない重大事案であることや、経験のない人事院審査だったからだ。尾林は狩野のためらいを予想していたかのように、全厚生と国公労連が全面支援していること、審理には東京の弁護団からも応援が入るとたたみかけた。もはや、狩野に断る理由はなかった。

いよいよ人事院闘争へ

10年1月18日、分限免職処分を受けた全厚生組合員のうち31名が、人事院に一斉審査請求をした（最終的には39名）。

秋田で審査請求をしたのは6名で、京都の15名に次ぐ人数だった。狩野の呼びかけに応じ、団秋田支部団員ら6名からなる秋田弁護団も結成された。

人事院は、一斉審査請求に対し、当初、通例どおりに請求の3、4か月後から口頭審理を始めると伝えてきた。早期の審理は望ましいものであったが、人事院の口頭審理は数日間の集中審理であり、しかも、社保庁事件は、これまで例のない重大事案でもある。その準備期間が3、4か月というのは無理があった。人事院と協議の結果、各地の口頭審理は11年2月からとされ、6名の秋田事案については、3人ずつ2事案にわけ、11年3月7日から10日に先行事案が、3月下旬に後行事案の口頭審理が行われることになった。

東日本大震災の被災地からの支援に励まされ

秋田の先行事案の口頭審理では、3月10日までの4日間の審理で、免職処分の違法性・不当性、そして理不尽さが次々と明らかにされた。当事者や弁護団、そして東北全地域から集結した支援者たちは、3月下旬の後行事案でも追及の手を緩めず、全員の処分取消しを勝ち取るために「がんばろう」の声を挙げて、それぞれの地域に戻った。

翌11日、東北地方太平洋沖大地震と津波が東北・関東一帯を襲った。だれもが呆然とするしかなかった。その中でも秋田は比較的被害が少なかったことから、後行事案の口頭審理が4月中旬に延期されて実施された。

そのころの東北、特に太平洋側は甚大な被害と混乱の中にあった。おそらく、東北国公労連や県労連には被災した組合員も多く、また被災者の支援に忙殺されていたであろう。そんな困難な状況の中、口頭審理には、東北各地から多くの支援者が駆けつけて、傍聴席は満杯となった。当事者らは感謝と感激で涙が止まらず、弁護団や秋田の支援者らは仲間たちの連帯に胸が熱くなった。

公平委員会の心を揺さぶった弁護団弁論

口頭審理に先立つ主張整理では、東京弁護団が中心となって、この前代未聞の大量分限免職処分が年金制度についての国の失態を職員に転嫁したものであること、政治主導で行われたものであること、そもそも処分の必要性のないことや免職回避努力もなかったことなど、その著しい違法性・不当性を徹底的に明らかにしていった。

弁護団提出の書面や証拠によって事案の重大性を理解したのか、公平委員会が動き始めた。処分者側に対して、雨あられのように釈明を求めた。社保庁での懲戒処分の内容や処分人数、年金機構の採用基準が決定されるまでの経緯、厚労省が職員配転のために、いつ、何をしたのか、本件処分と国公法及び人事院規則の各関係条項との適用関係、いかなる措置をもって免職回避努力とするのかなど、最初の求釈明だけでも58項目に及んだ。さらに、処分者側から回答が出ると、それに対してまた求釈明と、何度も回答と求釈明が繰り返された。各地の口頭審理で、厚労省への配転手続の公正性が問題になると、公平委員会は、処分者側に、全請求者にかかる面接票を証拠提出させ、面接対象者全員の面接評価分布表を作成することまでした。

公平委員会としては、ここまでの「調査」を基に判定を出そうと考えていたと思われた。だが、東京弁護団は、ここで「掴んだ尻尾」を離さなかった。社保庁や厚労省の実務担当者の証言だけでは問題の本質は見えない、政治主導で行われた本件処分については、当時の厚労大臣や厚労省で担当官職にあった官僚を証人として尋問すべきだと、公平委員会に迫った。全国各地の弁護団もこれに続いた。

全国弁護団をあげての要請に、ついに公平委員会が動いた。職権で、厚労省大臣官房に所属する（あるいはしていた）官僚4名の証人尋問を実施すると決定した。

「公平」の下で実施された厚労省官僚の証人調べ

12年2月27日と28日、東京の人事院の公平審理室で、4名の厚労省官僚の証人尋問が行われた。全国でただ1回のチャンピオン方式で行われるこの尋問のため、全国の弁護団のメンバーが代理人として列席した。

やや細長いが中規模の法廷ほどの公平審理室には、請求者側に2列の代理人席が用意された。前列には加藤ら東京弁護団のメンバーと京都の渡辺輝人団員が並び、後列には狩野を含む各地から駆けつけた代理人が並んだ。その数約20名。傍聴席も、全国から駆けつけた支援者でぎっしりと身動きできないほどの状況だった。正面に座る3名の公平委員の背後の壁には、板に「公平」と墨書された小ぶりな額が掲げられていた。

午前10時、まずは公平委員会が、最初の官僚証人Aに対して、「基本計画」が閣議決定された経緯、雇用調整本部の枠組みが利用されなかった経緯などを丹念に確認していった。Aは淡々とそれらに回答していき、会場は、それを一言も聴き漏らすまいと、しんとしていた。

請求者側からの尋問になると、雰囲気はガラッと変わった。「なぜ、基本計画を策定した内閣に回避努力義務がないと言えるのだ！」、「なぜ、厚労省に回避努力義務がないと考えるのだ！」と、渡辺や加藤らが舌鋒鋭くAに詰め寄った。彼らは尋問担当を代わっていったん座るが、Aがはぐらかそうとみるや、「いや違うでしょう」と、再び立ち上がって追及を始めた。次第に、彼らに続けと、狩野を含む各地の弁護団メンバーも次々と立ち上がって尋問に「参戦」していった。予定ではAの尋問は午後2時半に終わることになっていたが、終了したのは午後5時過ぎとなった。

午後5時半ころから、次の官僚証人Bとなった。尋問を始めたのは、公平委員会ではなく狩野となった。狩野はこの日の最終便で秋田に戻らなければならない。弁護団が公平委員会と交渉して、最初に狩野が尋問することになった。

狩野は、Bに対し、厚労省への配転手続が公正だったのかを質すため、公平委員会作成の面接評価分布表を示した。ところが、Bは、「コメントできない。」の一点張りとなった。弁護団席は騒然となり、加藤らが次々と立ち上がって、Bに不誠実だと迫った。厚労省配転に関わっていたBが、「コメントできない」はずがない。公平委員会が、「その点は主尋問でも聴きます」と紛糾を引き取っていったん収まった。その後、公平委員会の主尋問が終わると、再び弁護団からの厳しい追及が続いた。午後9時が過ぎ、午後10時近くになって弁護団の尋問が終わり、だれもがこれで終了かと思ったとき、公平委員会が、「申し訳ありませんが」と追加尋問を始めた。この日、尋問が終了したのは午後10時であった。

翌28日の朝から、官僚証人CとDに対する尋問が実施された。この日も、弁護団からの厳しい尋問が続き、予定が大幅に延び、終了は午後7時であった。

明るみに出た113名の残務処理定員枠の存在

厚労省官僚の尋問で、実際には、免職処分を回避するための取るべき措置はいくつもあったことが明らかになった。中でも、弁護団が、厚労省が社保庁廃止後の残務整理のために113名分の「暫定定員枠」を確保していたのに、それをまったく活用しなかった事実を引き出したことは局面を変える衝撃的な成果だった。

きっかけは、Aが、「(他府省へ職員受入れを要請した際) 平成22年1月からが難しいとしても、4月から採用するというのであれば、それまでの間、厚労省で (職員を) キープをしておくことが可能であるとの説明もした」と述べたことであった。渡辺はこの「キープ」に食らいつき、それが予算措置を伴った113名の残務処理定員枠であるという証言を引き出した。

翌日の尋問では、こんどは公平委員会が、Cに対して、かなりの時間を割いて残務処理定員枠が活用されなかった経緯を質した。公平委員会もこの点に強い関心を持ったと思われた。Cは官僚答弁に終始したが、厚労省が、暫定的でも職員の身分をキープして、その間の欠員に補充していけば、免職回避できたであろうことは明らかだった。例えれば、厚労省は、救命具を持ったまま溺れる人を見ているだけだったのだ。

25名の処分を取り消した画期的な人事院判定

12年4月から10月にかけて、全国で次々と人事院判定が出た。待ちに待った判定は、全厚生の組合員39名のうち10名、組合員以外を含めると全国で25名もの処分を取り消すという画期的なものであった。人事院は、残務処理定員枠を活用すれば免職者を減らすことができたはずで、厚労大臣の免職回避の取り組みは不十分だったと認定した。

だが、全員の処分取消しとはならなかった。それは、人事院の審査の限界でもあった。人事院は、「基本計画」の閣議決定など、政府の問題については、「口を出すべき立場にない」と判断を回避してしまい、そのため、救済の範囲が絞られてしまったのだった。

秋田の当事者にとって残念だったのは、人事院判定が、救済基準を、社保庁の人事評価ではなく、厚労省配転の面接評価においてしまったために、処分取消しとなったのは1人にとどまったことであった。

裁判闘争へ

人事院で処分承認とされた当事者らは失意に打ちのめされた。それでも、やはり納得がいかないと、1人また1人と裁判闘争を決意していった。京都や北海道では、人事院判定を待たずに提訴していたが、それに秋田、東京、愛知及び愛媛、そして途中から全厚生闘争団に加わった広島の、全国7か所で法廷闘争が進められることになった。

各弁護団は、法廷闘争となってから、次第に独自性を発揮するようになった。東京と京都は理論面・立証面で全国をリードし、愛媛は粘り強い求釈明で厚労省に当時の欠員状況を明らかにさせ、北海道は厚労省配転候補者の人事評価を明らかにさせた。愛知は高名な大学教授から意見書をもらい、秋田は年金機構設立に関わった元官僚の証人尋問を実現させた。これらで得られた成果は、すぐに全弁護団で共有し、まさに全国一丸となって法廷闘争を展開した。

しかし、裁判結果は厳しかった。東京地裁で1人の処分を取り消すとの画期的な判決を得たものの東京高裁で逆転敗訴となり、他の6事案は、地裁・高裁ともすべて当事者側の敗訴という不当判決となった（北海道は控訴取下げ）。「基本計画」や雇用調整本部が利用されなかったことを違法とした裁判所もなかったし、内閣に分限免職回避努力義務の主体性を認めた裁判所もなかった。そして、最高裁は、争点に対して何らの判断をしないまま、すべての事案について、上告棄却・上告不受理の不当決定をした（最後となったのは19年10月17日の秋田事案に対する上告棄却・上告不受理決定）。裁判所は、政治的背景がある問題には、いかにそれが理不尽であっても触らないという態度に終始したもので、落胆を通り越して憤りを覚えるしかなかった。前代未聞の公務員の大量首切りであり、公務員の身分保障が根底から問われた事件であったにもかかわらず、最高裁が完全に無視を決め込んだことは、司法の存在意義すら問われるであろう。

闘いを通じて得たもの

全員の分限免職処分取消しを勝ち取ることはできなかった。

それでも、本件の実態を徹底的に明らかにすることで、人事院で25名もの処分取消しを勝ち取り、社保庁の大量分限免職処分の違法性・不当性を世間に知らしめることができた。一時期社会を席巻した「社保庁職員だから分限免職されても仕方ない。」という風潮が、「政治のパワハラ」だったことを明らかにできたことは、大きな成果だったといえよう。

そして、裁判所に、国公法78条4号の適用においては、分限免職回避努力義務の履行が必要であることを明確に認めさせたこと、また、「義務の主体は任命権者に限られる」との国の主張を排斥させ、厚労大臣の義務主体性を認めさせたことも大きな成果であった。

何より、この闘争を通じて、全国の公務と民間労働者間、そして団員間に強力なネットワークが張りめぐらされたことは、今後につながる大きな成果といえよう。とりわけ、内閣が人事権を掌握して、公務員の中立性や公正性の確保がますます危うくなる昨今の状況下、今後も予想される公務員攻撃において、その理不尽の是正と救済を求めて立ち上がる当事者と彼らを支える労働組合にとって、このネットワークは貴重な財産である。

16

「夫の過労死の敵討ち」から「過労死の防止」へ
——妻たちの闘い

寺西労災の始まり

寺西彰が自ら命を絶ったのは、96年2月15日の深夜であった。飲食店の店長として早朝の出勤と深夜の帰宅、連日長時間勤務が続く中で、妻・笑子には「このままでは」という不安がよぎる。それが自殺という結果を伴って現実のものとなった。深い悲しみとともに、働き過ぎるのを「止められていたら」という自責の念が襲ってくる。

「死に追い込んだ会社が悪い」と思いながらも、どうして夫・彰が自ら死を選んだことを止められなかったのか——自殺の直後は、自分に対しても強い自責の念に苛まれた。そこから立ち上がるのに、時間がかかった。いろいろな難題を次々と課せられ、誠実な働き者の彰は、その課題を正面から受け止め、必死に働いた。その彰に、非があるはずがない。妻・笑子にも何の非もない。彰を追い詰めた会社の責任を明らかにする、そのことが彰の無念を晴らす唯一の道のはずだ。

しばらくの時間を経て、そのような気持ちの整理はできたが、「会社の責任を明らかにさせる」ことって、どんな風にすればできるのか。

笑子は苦しんだ。

50年に及ぶ「けいわん」の闘いと過労死

働く人のいのちと健康を守る取り組みも、各地の団員にとっては、大きなテーマであった。

話は少し遡るが、70年代を代表するものとして「けいわん」の闘いがあった。もともと労働災害と呼ばれていたように、それまでは、炭鉱の崩落など災害性のものが主に救済の対象とされていたが、60年代の日本の高度経済成長政策は、「疲労性」「過労性」の疾病をあらゆる職場の中に急速に広げた。その象徴が、「けいわん」と呼ぶ病気であった。一般には、「頸肩腕《けいけんわん》症候群」と言い、職業起因性の障害であることを明らかにするために「頸肩腕障害」と言ってきた。銀行などの事務労働や保育所などの介護労働など、それまで労災とは無縁と思われていたところで多発し、職場に自殺者も出て、大きな社会問題になった。しかし、経営者側は、これを「労働組合病」「なまけ病」などと呼び、働く人たちに差別と偏見を植え付けて、これを私病に陥れた。当然のことながら、労災だと認めさせる闘いが激しく展開された。

団京都支部の村山晃が弁護士になった71年、滋賀銀行で多くの行員がけいわんに罹患し、労災認定を獲得したにもかかわらず、銀行がこれを否認し、裁判に持ち込むという事件が発生した。当時、滋賀で事務所を開設したばかりの吉原稔団員が中心となり、村山はその応援に加わった。銀行は、さすがに監督署の認定を覆すことはできず、勝利和解解決した。

この頃、労働者の前に立ちはだかっていたのは経営者陣営だけではなかった。「認定基準」という厳しい「縛り」をつくっていた労働行政があった。

労災と認めさせる闘いは、この「認定基準」を打ち破る闘いでもあった。そこで各地の団員が奮闘し、労災という言葉とは異なる「職業病」という言葉を定着させていった。「けいわん」はいろいろな職業でごく普通に発症する危険のある疾病であることを、様々な裁判闘争を通して社会に認知させていったのである。

同じころ、タクシー運転手の組合などが「突然死」問題を取り上げていた。発症直前の災害的事象が存在しないなかで、業務上と認めさせる闘いは、「認定基準」の壁が立ちはだかって困難を極めたが、「突然死」の正体が、過労性疾病であることを明らかにし、それを業務上と認めさせていくことで、闘いは前進した。過労性疾病は、死に至る病でもあった。

今日「カローシ」という言葉が定着した前史には、そのような闘いがあった。

もっとも「けいわん」も終わったわけではない。99年、この1年間で、京都地裁で、3件の「けいわん」の公務災害認定をめぐる裁判闘争で3連勝するという大きな勝利を収めたことがあった。うち2件は養護学校の教諭であり、1件は学校給食の調理員であった（前2件は、佐藤・岩橋多恵団員と、後1件は、中尾誠・吉田眞佐子団員と共同)。村山は、1年間に3連勝という出来事は決して偶然であったとは思っていない。過労性・疲労性疾病についての認定基準の厚い壁は、その後も、そして今も続いている。

労災の被災者にとって、労災だと認められないことは、病気になった以上に辛いことが多い。しかも、「けいわん」に対して加えられた攻撃のように「なまけ病」と言われるともっと辛い。その辛さは、過労死や過労自殺の遺族たちにも襲いかかる。

過労死・過労自殺の労災認定の道

過労死問題も、全国的に様々な裁判を通して局面が切り拓かれていった典型的ケースである。仕事に殺されたのに、仕事のせいではないと言われる。その闘いの当初は、過労死を認めない「認定基準」を根拠に、過労死と認定しない行政を相手に、処分の取消しを求める裁判が続いた。京都でも、80年代後半から、高等裁判所レベルで、過労死と認定させる判決を相次いで獲得していった。「過労死事件は、高裁で勝利するという法則がある」と言っていたほど、事実審の最後の高裁でようやく勝利することができた。申請に始まって、審査請求、そして再審査請求、その後地方裁判所、こうして4度も業務外（公務外）だと言われ、それでもあきらめずに闘い抜いて、事実審の最後で勝利をするという、勝利の瞬間は大きな感動に包まれたが、被災者遺族等にとっては、ギリギリの闘いを余儀なくされてきたのである。

そして、ようやく90年代に入ると、監督署で認定させる事例が増えていくこととなった。その要因は、いくつかあるが、まず、裁判闘争の蓄積を経て認定基準そのものを変えさせたことが大きい（95年を皮切りに次第に「蓄積疲労」重視になっていく)。そして、監督署に申請をする当初より弁護士が代理人となって認定闘争に取り組んだことが大きい。徹底した事実の解明と証拠の集積は、認定の最大の力である。団の弁護士の力量がいかんなく発揮される局面である。

そして、より高い壁が立ちはだかっていた過労自殺の事案も、過労死問題の後を追うようにして、次々と裁判闘争で課題を切り拓いていくようになった。自殺問題についての認定基準が初めてつくられたのは、笑子が労災申請して半年後の99年9月のことであった（当時は「判断指針」という名称であった）。これによって過労性の自殺についても労災認定への道が切り拓かれた。

ただ、被災者が証拠を揃えて初めて労災認定に持ち込むことができるという「立証の壁」は依然として厚い。これは、我が国の労災認定制度の大きな限界と言ってよい。

職場を知らない遺族にすべての立証責任を背負わせる今の労災認定制度の高く厚い壁は、いまだに残されたままである。団員を中心に弁護士の活動の必要性は、一層強くなっていった。

日立造船の過労自殺事件の闘いを知って

97年6月、笑子は、ワラにもすがる思いで過労死110番に相談した。団大阪支部の岩城穣につながり、団京都支部の村山・佐藤・浅野則明に岩城が加わった4名で弁護団がつくられた。

こうして、会社の責任追及に向けて大きな一歩を踏み出したが、笑子には、自分にどこまでのことができるのか、不安は尽きなかった。そんなころ、京都の舞鶴にある日立造船で過労自殺した下中氏の労災認定を求める闘いが始まっていて、支援する会が結成されるなどしていた。

この下中事案は、最初の監督署の労災認定において、職場の過酷な労働実態を見ようとせず、監督署は、家庭問題があったとか、遺書があったのだから自分の意思だった、などとして業務外の結論を下した。しかし、その後闘いの中で変化が起こった。00年5月、労働保険審査会で認定するとの逆転裁決が出されたのである。労働保険審査会での逆転裁決は極めてまれである。過労自殺の労災認定についても、確実に認定の道が切り拓かれていきつつあることを実感させる出来事だった。

京都の北、日本海に位置する舞鶴の地でこの闘いが勝利解決できたのは、この地に定着して地域の闘いを支えてきた小林義和団員の存在が大きい。

そして福知山に事務所を開いた宮本平一団員が加わり、村山・佐藤ら支部団員が加わった。

話を寺西労災に戻そう。この時期、労災の家族の人たちが集まり励まし合う場がつくられていた。笑子もそこに参加し学び合う機会に恵まれた。

笑子は、高い壁を見上げながらも、夫・彰の自殺が会社の責任であることを何としても明らかにすると決意を固め、関係先に、ていねいに熱心に働きかけ、協力を取りつけていった。労災認定を求めるところから闘いは始まったが、申請できたのは99年3月、亡くなってからすでに3年が経過していた。

過労自殺を監督署で労災認定

申請から2年後の01年3月、過労自殺の監督署での認定事例は、まだまだ少なかった時代、まず、京都下労働基準監督署が、彰の自殺を仕事の過労に起因するものであることを認める決定を行った。それまで、多くの過労死や過労自殺事件が、長い年月をかけて、裁判になってようやく認めさせることができた中で、監督署レベルで認めさせたことは、本当に画期的なことであった。

村山はいつものことながら、認定をさせた力は何だったのだろうと振り返る。最も大切なことは、亡くなった人の人柄・性格・人間性を、どれだけ浮き彫りにできたのかが決定的だと思っている。そして一緒に働いていた人の具体的な証言である。この人たちの証言を引き出せたのは、亡くなった人の人柄と申請をした遺族の並々ならぬ努力の結果である。

彰が従事していた飲食店の店長の過重労働を浮き彫りにすることは、難しい作業であった。タイムレコーダーを打刻していたことが幸いしたが、会社側は、店長には自分の裁量で決められる自由時間がいくらもあった、空き時間を作って好きなことをしていた、などとの主張を繰り返した。しかし、実態は違っていた。同僚らが、それを明らかにしてくれた。

画期的な一審判決と医師との共闘

笑子と子どもらは、会社の責任を明らかにしたいという強い思いを持っていた。労災認定の後、会社を相手に責任追及の訴訟を起こしたのは必然の流れであった。そして、この裁判で大きな影響力を与えたのは、精神科医の法廷での証言であった。

民医連の遠山照彦医師は、先の日立造船事件のときにも詳細な意見書を作成していて、それが大きな力を発揮した。患者本人が亡くなった後、初めて当該患者を知ることとなった医師が、家族や同僚から詳細な聴き取りをして、自殺に追い込んだ原因となる精神疾患をあぶりだした。寺西事件では、会社側弁護士の反対尋問にも対峙して、それを乗り越える証言をして、遺族に勝訴をもたらしたのである。

そんな医師が、1人でも多くいてくれたらという思いを強くさせる。

過労死も過労自殺も、医師の果たす役割は、おそらく弁護士よりも大きい。それは、「けいわん」を含む、職業病全体に言えることである。

「けいわん」の裁判闘争が開始された70年代初頭、「けいわん」問題に取り組んでいた医師たちの集団に新医協（新日本医師協会）があった。裁判で証言に立ったある医師が、「あなたの加入している新医協は、安保条約に反対している団体ではないか」との尋問を受けた。経営者らが、「労働組合病」であるという偏見をまき散らした同じ論法が裁判の場でも使われていた。こうした医師集団が社会的問題に積極的に取り組む力は大きい。そことの共闘なしに、労災・職業病の闘いは語れない。

05年3月、寺西労災について、京都地方裁判所は、会社の責任を正面から認める判決を言い渡した。全面的に会社の責任であり亡き彰には何の落ち度もないということを明確に認定し、遺族の請求を全面的に認める判決だった。笑子らは、「過失相殺はありません」と裁判長が裁判所で述べた言葉が、その後も絶対に忘れることができない。闘いは報われた。ようやく「夫のかたきを討った」と思った。過労自殺事件でいつも問題になるのは、本人の責任や家族の責任である。当然のことながら、この事件でも、一貫してそのことが争点となった。しかし、裁判所は、それをことごとく退けた。

会社との和解と、続く社長の責任追及

会社は、控訴をしたが、大阪高裁で、会社が責任を全面的に認め06年6月、和解解決となった。裁判所の和解の席で、和解当時の会社の代表者が出てきて、お詫びの言葉を述べた。長年闘いを余儀なくされてきた笑子らにとっては、お金に代えることのできない、貴重な成果だった。ただ、経営不振で閉鎖に向けて手続を進めており、賠償については問題を残した。

一方、京都地裁で会社相手に裁判を進めている途中、既に会社を辞めていた当時の社長が証言に立った。彼は、裁判以前に弁護団にしていた話を、ことごとく覆し、会社をかばい、自らを正当化する、それはひどい証言をした。しかし、反対尋問で、その証言が大きく崩れ、逆に、そのことが、裁判を勝利に導く要因となった。

過労自殺に追い込んだ直接的な責任は、会社というよりも社長個人にあった。そして、会社は非を認めたが、当時の社長は、ひどい証言をしたままである。笑子にはそのことが許せなかった。

笑子は、社長個人の責任を追及する訴訟の提起を弁護団に求めた。このとき、労災認定から3年以上の年月が流れていた。社長個人の責任は、債務不履行構成はできず、不法行為構成は消滅時効の壁があった。

現在の会社法429条に会社役員の第三者に対する損害賠償義務の規定があり、会社が違法な行為をしたときには、それに関わった取締役らも直接個人責任を負うことが定められている。この条項では時効期間が5年であったことから、裁判での請求の根拠をこの法律に求めた。

裁判官は、前例が無いとして当初消極的な姿勢を示した。村山の友人であった京都大学の商法の教授に意見書を書いてもらうなどして、社長にも個人責任があることを明らかにした。学生時代のつながりも貴重な財産である。

社長は、その責任を認め賠償金の支払いを認め、06年11月和解が成立した。この事件は、一審の判決を待たずにそれ以上の成果を得た点で、またまた画期的勝利と呼ぶべきものであった。

和解で合意された条項は、次のようなものであった。

「1　被告は、故寺西彰氏に、多大の労苦をかけ、同人が自殺にまで至ったことにつき、株式会社エージーフーズの当時の代表取締役として、率直にその責任を認め、同人及びその家族である原告らに対し、衷心から謝罪する。
2　被告は、原告らに対し、原告らと株式会社エージーフーズとの間の訴訟における被告の証言に、原告の心情を傷つける内容があったことを認め、謝罪する。
3　被告は、和解金を支払う。」

このように会社の社長個人の責任が、明確な謝罪文言で裁判所の和解調書に刻まれるということ自体珍しいことである。

また、この元社長は、裁判所の和解の席上で、彰の遺影を前にしてお詫びの言葉も述べた。現在の社長も、そして当時の社長も、こうして揃って謝罪をして、寺西事件は終結した。

勝利に導いた当事者の強い思い

監督署での認定に始まり、社長の謝罪で終わったこの事件を牽引したのは、笑子の弁護団をはじめ周りへの妥協を許さない強い求めであった。弁護団は、その力に突き動かされ、どうすれば願いを実現できるのかについて、より一層強い力を発揮しようとする。そして、その笑子の周りには、この事件を高い水準で勝利することが、過労死・過労自死問題の解決をより高い水準に引き上げ、ひいては、そうしたものを生み出す要因を根絶するより強い力となることを確信して事件を支援しようとする大きな輪ができる。

その輪の広がりが、笑子のその後の活動を支える大きな原動力となっている。

国をも動かしていくのである。

「夫の敵討ち」から「過労死の防止」へ

笑子は、夫・彰の過労自殺について、労基署で労災認定を勝ち取り、会社を被告とした民事訴訟では一審完全勝訴後に高裁で和解、元社長個人を被告とした民事訴訟でも一審で和解と、ほぼ全面的な勝利を得た。しかし、寺西はまだ闘い足りなかった。というより、まじめに働いた人が過労死や過労自殺に追い込まれる社会そのものに対する憤りがあった。このような思いは、労災認定や民事訴訟の闘いの中で大阪や京都の「過労死家族の会」に参加し交流する中で、徐々に形づくられたものであった。

笑子は、08年11月に「全国過労死家族の会」の代表世話人に就任したが、ちょうどそのころ、団員でもある松丸正や岩城穣らが中心となって「過労死を出した企業名の情報公開を求める訴訟」を起こすことにし、全国家族の会の代表である笑子に原告をやらないか、ともちかけてきたのである。松丸や岩城は、大阪で80年代の初めから過労死の救済と予防を掲げて活動する「大阪過労死問題連絡会」の中心メンバーであった。笑子は、喜んで応じることにした。それは、過労死を出した企業名が公表されないと、同じことが繰り返されるし、公表されれば、過労死を出した企業を社会全体で監視でき、企業の猛省を促すことにつながるのではないかと思ったからである。

この訴訟では、大阪地裁（田中健治裁判長）は11年11月10日画期的な勝訴判決を出したが、大阪高裁（山田知司裁判長）は12年11月29日逆転敗訴の判決を下し、最高裁も原告の上告を受理せず、敗訴が確定した。しかし、後に実現した過労死防止法の制定とその後の国の過労死防止対策の中で、現在は一定の基準の下に過労死を出した企業名は開示されるに至っている。この裁判の目的は、実質的に達成されたのである。

過労死を防止する法律の制定を国会に働きかける

この企業名開示請求訴訟の1年前の08年9月、日本労働弁護団と過労死弁護団全国連絡会議（過労死弁護団）が、それぞれ総会で「過労死防止基本法の制定を求める決議」を採択した。

この過労死弁護団の総会にオブザーバー参加していた過労死遺族たちが、「ぜひこの法律をつくってください」と、それぞれ地元の大阪・兵庫・岡山選出の国会議員に陳情したのである。このことがきっかけとなり、「過労死防止基本法」の制定を国会に働きかけようという動きが始まった。大阪過労死問題連絡会では、独自に「過重労働対策基本法案」を作成するなど、法律家としての関わり方を模索し始めた。前述のように08年11月に全国過労死家族の会の代表世話人に就任した笑子は、松丸・岩城と相談しながら準備を重ね、10年10月、全国過労死家族の会の主催で、「ストップ過労死！　過労死防止基本法の制定を求める院内集会」が、過労死遺族、政権交代が実現した09年の総選挙で当選した若い民主党議員ら国会議員17名を含む約170人が参加する、歴史的な集会となった。

粘り強い闘いと紆余曲折を経て過労死防止法が成立

これを受けて、過労死家族の会と過労死弁護団が中心となって、過労死防止基本法の制定をめざす本格的な運動体をつくる準備が進められ、11年11月、衆議院議員会館で「ストップ！　過労死 過労死防止基本法制定実行委員会」の結成総会が、会場いっぱいの250名の参加の下に開かれた。実行委員長に森岡孝二（関西大学教授）、事務局長に岩城穣が選出され、①「100万人署名」をはじめとして世論を広げる、②国会議員への個別の働きかけを強める、という方針が確認された。

その後、実行委員会に参加する過労死弁護団の弁護士（その中には団員も多数いた）と過労死遺族、労働者のいのちと健康を守る全国センターなどの協力団体・個人が力を合わせて署名活動や、地方議会への意見書採択（地方自治法99条）の取り組みを展開し、署名数は最終的に55万筆を超え、意見書を採択した地方議会は、10の道府県を含む143に達した。

さらに、日本も批准している国際人権規約のうち社会権規約（A規約）の各国での実施状況の審査がスイスのジュネーブで13年4月29日～5月17日の日程で行われ、うち日本の審査が4月30日に行われることがわかった。そこで、岩城と笑子を含む過労死遺族ら計10名がこれに参加し、公式・非公式のミーティングで「長時間労働を放置する日本政府は社会権規約に違反している」と力強く訴えた。すると、5月17日に発表された社会権規約委員会の総括所見において、「日本政府に対し、過労死・過労自殺を防止する措置を講じるよう」求める勧告がなされたのである。

このような国内外の世論の高まりを受けて、同年6月、「過労死防止基本法制定を目指す超党派議員連盟」（会長・馳浩衆議院議員）が設立された。

その後同年7月の参議院議員選挙もはさみつつ、過労死遺族らによる精力的なロビー活動が行われ、議員連盟の会員数は135人に達した。もっとも、具体的な法案の作成は難航した。13年12月、野党6党が先行して「過労死防止基本法案」を衆議院に提出したものの、これに前後して自民党がワーキングチームを立ち上げて約4か月にわたって会合を重ねる中で、法律の枠組みを大きく後退させる「最終素案」が出され、これに対して実行委員会がこれを厳しく批判する「見解」を出すなど紆余曲折があったが、最終的にはほぼ当初の枠組みをとった法案がまとまり、衆参両院の厚労委員会での審議を経て（その両方の厚労委員会で笑子が参考人として意見陳述をした）、それぞれの本会議で満場一致で可決され、14年6月20日、「過労死等防止対策推進法」（略称・過労死防止法）が成立したのである。

法律制定後は国の過労死防止対策の策定と実施に深く関わる

最初の院内集会から法律制定までの3年半を超える道のりも大変だったが、法律によって過労死防止に実効性を持たせることが本来の目的であり、本当に大変なのは、むしろここからであった。

過労死防止法に基づいて、厚労省内に委員20名（当事者委員、労働者委員、使用者委員各4名、専門家委員8名）による「過労死等防止対策推進協議会」が設置され、当事者委員に寺西笑子・中原のり子・中野淑子・西垣迪世の4人が選出され、専門家委員の中に森岡・川人博・岩城の3人が加わった。協議会は、過労死防止法に基づく過労死等防止対策大綱の策定や、国が取り組む過労死防止対策（労働行政機関等における対策、調査研究、啓発など）とその実施状況について意見を述べる機関である。上記7名は、労働者委員とも連携しながら、過労死遺族や労働現場の声を協議会に伝え、国の過労死防止対策に反映させようと努めている。

また、同年11月の施行を前に、従前の実行委員会を発展的に解消し、新たに「過労死等防止対策推進全国センター」（略称・過労死防止全国センター）が設立された（森岡孝二・川人博・寺西笑子の3人が共同代表、岩城が事務局長)。全国センターは、過労死防止の取り組みにおける官民の要として、全都道府県で毎年11月の「過労死等防止啓発月間」に開催される国主催の「過労死等防止対策推進シンポジウム」(19年度の参加者総数は5,753人)、及び16年度から始まった中学・高等学校等での過労死防止啓発授業への講師派遣（19年度の受講者総数は19,298人）を実質的に支えている。

このような取り組みの中で、各地の過労死家族の会は、89年から10年までは9つであったが（結成順に名古屋、東京、大阪、京都、長野、岡山、山梨、兵庫、静岡)、11年から18年の間に8つ増え（北海道、宮城、山陰、東九州、神奈川、福岡、四国、東四国)、17地域に及んでいる。また、地域の実情に応じて活動する地域の過労死防止センターも徐々に生まれている(20年5月現在、大阪、兵庫、京都、北海道)。

過労死弁護団の過労死の救済と予防の取り組み、過労死防止法制定の取り組み、そして過労死防止法制定後の取り組みは、自由法曹団自体の取り組みではないが、全国各地の多くの団員がこれらの活動に積極的に参加し、支えてきた。これらもまた、自由法曹団の輝かしい歴史の一部をなすものといえよう。

17

アスベスト訴訟の闘い

――泉南国賠訴訟から建設アスベスト訴訟へ

史上最悪の社会的災害とアスベスト訴訟

「クボタ・ショック」と史上最悪の社会的災害

耐火性、耐熱性などに優れ、魔法の鉱物と持て囃されたアスベスト（石綿）。それが、長期の潜伏期間を経て、これほどまでの労働災害や環境被害を発生させるとは。その恐ろしさが広く知れ渡ったのは、05年6月、尼崎市クボタ神崎工場周辺で大量の中皮腫患者の発生が報道された、いわゆる「クボタ・ショック」だった。団員村松昭夫もこの報道に大きな衝撃を受けた1人だった。この地域は古くから阪神工業地帯の中心部で、関西電力、住友金属などの発電所や大工場が集中し、村松も弁護団の一員として闘った西淀川公害訴訟や尼崎公害訴訟の現場そのものだったからである。まさか、60年代、70年代の高度経済成長期に、大気汚染公害ばかりかアスベスト公害も静かにそして深刻に進行していようとは。アスベスト被害は、現在まで、行政認定（労災認定と石綿救済法における認定）件数だけでも2万件を越え、今も毎年1000件を超えて増え続け、最終的な被害者数は3万人とも4万人とも言われている。まさに、アスベスト被害は、史上最悪の社会的災害として進行している。

多様なアスベスト訴訟への挑戦

「クボタ・ショック」を契機に次々に被害が顕在化する中で、その救済と根絶を求めるアスベスト訴訟も全国各地で多様な形で展開されている。①労働者等が使用者等の安全配慮義務違反を問う訴訟（労災型）、②労働者や工場近隣住民が国の規制権限不行使の責任を問う訴訟（労災＋環境型）、③建設作業従事者が石綿建材を製造、販売した建材企業と国の責任を問う訴訟（労災＋欠陥商品型）、④ビル等の解体に伴う石綿飛散に関して、周辺住民らが解体業者や自治体等の責任を問う訴訟（環境型）、⑤石綿疾患に関する労災の不支給を争う訴訟など。中でも、泉南アスベスト被害がわが国のアスベスト被害の原点、建設現場が最大のアスベスト被害の現場、そして、クボタ被害が最大のアスベスト公害と言われ、これらをめぐる訴訟は、社会的にも大きな注目を集め、北海道、東北、東京、神奈川、埼玉、千葉、静岡、京都、大阪、兵庫、福岡など全国各地の団員も、これら訴訟に積極的に参加し、連携しながら困難な闘いに果敢に挑戦している。

泉南アスベスト訴訟の闘い

泉南アスベスト被害の掘り起こし

「クボタ・ショック」直後、村松の下に、ある環境経済学の大家から一通の手紙が届いた。日本でのアスベスト被害の大量発生を懸念する20年前の雑誌「公害研究」（現在は雑誌「環境と公害」）の「巻頭言」のコピーとともに、いよいよ顕在化したアスベスト禍に公害弁護士はどう取り組むのか、アスベスト問題への取り組みを促す添え書きも同封されていた。同じころ、大阪じん肺弁護団（芝原明夫団長）からも、アスベスト問題に取り組む弁護団を立ち上げたい、具体的には、100年間にわたって石綿紡織業が地場産業として隆盛した大阪・泉南地域（泉南市、阪南市など）の被害の掘り起こしをしようという呼びかけであった。これをきっかけに、じん肺弁護団に、西淀川公害訴訟を闘った公害弁護士（村松、団員谷智恵子、同長野真一郎など）や能勢ダイオキシン事件に取り組んだ弁護士（同鎌田幸夫など）、地元の弁護士（同半田みどりなど）、さらに、58期の新人弁護士（同奥村昌裕、同奥田慎吾など）なども加わり、「大阪じん肺アスベスト弁護団」（現在の「大阪アスベスト弁護団」）が結成された。そして、05年秋から、弁護団、医師、地元に結成された「泉南地域の石綿被害と市民の会」（代表柚岡一禎）による「医療・法律相談会」が複数回取り組まれ、次々に石綿肺や肺がんなどの石綿被害が掘り起こされた。同時に、弁護団は、立命館大学の研究者ら（宮本憲一、森裕之ら）の協力を得て、泉南アスベスト被害の原因と責任の究明作業、国の不作為（規制権限不行使）責任を追及する国家賠償請求訴訟に向けた調査と検討を進めた。

訴訟の提起——山あり谷ありの闘いの始まり

約半年の調査・検討を経て、06年5月26日、わが国で初めてアスベスト被害に対する国の不作為責任を追及する泉南アスベスト国家賠償請求訴訟が提起された。当初訴訟に立ち上がったのは元労働者、近隣ばく露や家族ばく露の被害者8名であった。まだ勝てる展望も定かでない中でよくぞ立ち上がってくれた。その決断がなければその後の泉南アスベストの闘いはなかった。それはまた、9年間にも及ぶ困難な闘いの始まりでもあった。

泉南アスベスト訴訟は、提訴から最高裁判決を経て厚労大臣の現地での公式謝罪まで実に9年間にも及んだ。その間、10年5月には1陣地裁で初めて勝利判決を勝ち取り、その後の判決に基づく要請行動では最終解決にもう一歩のところまで国を追い詰めた。ところが、11年8月、1陣高裁で「産業発展のためには、いのちや健康が犠牲になってもやむを得ない」という驚くべき不当判決に遭遇することになった。しかし、その7か月後の12年3月、2陣地裁で再度の勝利判決を勝ち取り、13年12月には2陣高裁で胸のすくような勝利判決を得て、最後は14年10月9日の最高裁勝利判決と、まさに山あり谷ありの闘いが続いたのであった。

その泉南アスベスト訴訟の真骨頂は、なんと言っても、1陣高裁の不当判決で崖っぷちに追い詰められながらも、原告団、弁護団、研究者、医師、支援者が、不当判決に負けてたまるかの思いで、そこからの3年余り、一瞬たりとも気の抜けない闘いを、法廷内外で闘い抜いたことである。その闘いを振り返ってみたい。

怒りの共有と「知ってた」、「できた」、でも「やらなかった」

村松が国賠訴訟の提訴にあたって重視したのは、なぜ国の責任なのか、どうして国に賠償を求めることができるのか、そもそも国賠訴訟とは？まずは、原告や支援者らのこの疑問に答え、国の怠慢に対する怒りを共有することであった。そうでなければ、本当の闘いにならない。とりわけ、泉南アスベスト被害は長期にわたって埋もれ、被害者らは、アスベストの危険性を知らされないまま、家族のため生活のために働き続け、家族が肺の病気で苦しみ亡くなっても、それをやむを得ないと受け入れてきた歴史があった。だから、国賠訴訟の提訴にあたっては、国の責任の重大性の認識と国に対する怒りの共有が不可欠であった。

村松は、集会や懇談の都度、被害者や支援者に、国こそが、泉南アスベスト被害の最大の原因者であることを語り、共有化する努力を行った。この時に、なぜ国の責任なのか、事の本質を端的にわかりやすく表現したのが、国は「知ってた」、「できた」でも「やらなかった」である。国は、早くから自らの調査で泉南地域の深刻なアスベスト被害をよく知っていた、技術的にも法的にも被害防止の規制ができた、にもかかわらず、長期にわたって実効性ある規制をやらなかった、それが甚大な被害が発生、拡大した最大の原因である、そうであれば、国が被害者に謝罪し、賠償するのは当然ではないか。

国は「知ってた」、「できた」、でも「やらなかった」は、一見すれば取っ付きにくく難しそうに見える国賠訴訟の理解を広げることに大いに役立った。そして、それは、裁判上の主張立証命題そのものであり、このことをめぐって長期にわたって国との攻防が続いた。

争点と国との攻防

国は規制権限を行使するにあたって当然のことに裁量権を持っている、しかし、それは決して自由裁量ではない、とりわけ、国民の命や健康を守るために与えられた規制権限の行使においては尚更である。では、その規制権限の不行使が違法となるのはどのような場合か、その判断基準は、これが大きな争点であった。加えて、国の予見可能性の内容、程度と予見ができた時期、局所排気装置等の技術的基盤の確立時期など争点は多岐にわたった。

言うまでもなく、攻防の出発点は、裁判官に石綿被害の特徴と深刻さ（不可逆性、進行性、死に至る病）を、被害者らの生身の被害実態から理解してもらうことであった。「普通に生きて普通に死にたかった」、これは、ある原告が死の間際に言い残した言葉である。長年家族のため生活のために埃まみれになって働き続け、子を育て上げ、やっと老後はゆっくりした時間を楽しみたいと思っていた矢先、アスベストの病苦に襲われ、そのささやかな楽しみ、当たり前の人生を奪われた、アスベストがこんなに怖いものだとわかっていれば……、普通の人生が奪われた無念さとともに、なぜ国は危険性を知らせてくれなかったのかという怒りも込められた言葉だ。

とはいえ、8年半にわたる国との攻防の中心テーマは、局所排気装置の技術的基盤の確立時期であった。なぜなら、国は、50年代後半に局所排気装置の設置を義務付けることは技術的に不可能であったと一貫して主張していたからである。村松は、当初、技術的、工学的な専門的知見を基礎とした判断を、その分野では素人の裁判官に行わせることに躊躇を感じていた。結局、裁判官は、国が用意するその道の権威とされる専門家の意見に流されてしまうのではないか、この点に大きな危惧を抱いていた。しかし、研究者との検討の中で、被害防止においては、発生源から石綿粉じんを除去することが極めて重要であり、国自身、58年には有毒ガスの規制において局所排気装置の設置を義務付け、石綿粉じんの規制でも71年の特化則（特定化学物質障害予防規則）で義務付けていたこと等が明らかになった。村松は、局所排気装置設置の義務付けをもっと早くすべきだったのではないか、その点での規制権限の不行使こそ、国の責任追及の中核的主張になると確信した。弁護団は、研究者と共に欧米調査や海外文献の翻訳、研究者数名の証人尋問など粘り強い立証活動を行い、その中で、局所排気装置設置の義務付けが容易にできたこと、具体的には、局所排気装置はシンプルな技術で、戦前から開発され実用化もされており、国自身の研究報告もそのことを示していることを明らかにしていった。

初めての勝利判決とその後の不当判決

10年5月、1陣地裁判決（小西義博裁判長）が出された。近隣ばく露被害の責任は認めなかったものの、元労働者との関係では、国の規制権限不行使の違法を認め、国は損害額すべてについて賠償責任を負うという弁護団の予想を大きく上回る内容であった。同時に、その後の「国は控訴するな」の判決行動において、国を控訴断念まであと一歩のところに追い詰め、闘いは大きく前進した。

しかし、それが、村松をはじめ弁護団に、油断、まさか控訴審において少々の後退はあっても一審判決が根底から覆されることはないのではないかという、まったく根拠のない楽観論を生じさせた。また、控訴審を担当していた裁判体が、被害者が耕作していた工場近隣の農地と工場跡地との距離関係を把握するためとして事実上の検証を行い、さらに控訴審では異例である5名もの原告本人の尋問を実施したことも弁護団の楽観論を助長させた。一方、振り返れば、国は、敗訴判決を受けて、高裁段階になって膨大な過去の立ち入り調査資料の提出など明らかに態勢を立て直して臨んできていた。その結果が、予想だにしなかった、11年8月の1陣高裁の全面敗訴判決（三浦潤裁判長）であった。判決言い渡し直後は、芝原団長が「裁判長、不当判決やないですか！」の抗議の声を上げたものの、原告らも弁護団も、茫然自失。しばらくはその場から動くことさえできなかった。判決内容から見ればまったく不要であった事実上の検証を行うなどした裁判体に「騙された」のも事実である。しかし、何と根拠のない経験主義的な楽観論に陥ったことか。その結果が、予想だにしなかった全面敗訴判決であった。今更ながら、弁護団は、裁判の怖さと自らの未熟さを思い知らされた。

しかし、原告団総会において、全被害者が一致して上訴することを決議し、断固として最高裁に上告し、新たな闘いが始まった。否、この時からが泉南アスベストの本当の闘いであった。

不当判決への反撃

提出された証拠と事実、06年の筑豊じん肺最高裁判決等の到達点を考えれば、あのような判決になるはずがない、この判決にはきっと杜撰な証拠評価とそれに基づく事実誤認、法解釈の誤りが必ずあるはずである。

判決直後から、弁護団は、この不当判決を、法的にも事実認定の面でも、さらに判決冒頭部分の「産業発展のためにいのちや健康が犠牲になってもやむを得ない」というとんでもない価値判断を徹底的に批判し尽くす作業を開始した。

さらに、判決の不当性、不正義をどう最高裁に訴えるか、公害弁連、じん肺弁連、団をはじめとする全国の弁護士、民法・行政法学者、元裁判官など多くの方々から貴重なアドバイスをもらい、ポイントをついたわかりやすい最高裁への理由書の作成に全力を傾けた（『問われる正義――大阪・泉南アスベスト国賠訴訟の焦点』〔かもがわブックレット、2012年〕参照）。

同時に、判決の不当性を最高裁に強くアピールするために、上告にあたって、団員はもちろん、様々な人権分野で活動する弁護士などに代理人就任を広く募り、最終的には、短期間に1,006名の弁護士から代理人就任の承諾を得た。「産業発展のためにはいのちや健康が犠牲になってもやむを得ない」とする不当判決への広範な批判と怒りが結集する上告となった。

大きかった2陣訴訟の存在

この不当判決を覆す闘いにおいて、大きなポイントとなったのが2陣訴訟の存在であった。いくら最高裁で逆転勝利をと言っても、2陣訴訟がなかったならば、逆転勝利に向けた具体的な戦略、展望を描くことは困難だった。2陣訴訟があったからこそ、村松は、不当判決直後の報告集会から、「2陣訴訟の地裁、高裁で必ず勝利判決を勝ち取り、最高裁に1陣高裁判決を取るのか、2陣高裁判決を取るのかの厳しい選択を迫ろう」、最高裁に向けた闘いの展望、目標を明確に表明することができた。2陣訴訟の存在は、その後の闘いにおいて極めて重要となった。

そして、反撃の第一歩として、7ヶ月後の12年3月、2陣地裁で、再び国の責任を認める勝利判決（小野憲一裁判長）を勝ち取った。しかし、2陣高裁では、2度と1陣高裁の失敗を繰り返すことは許されない。弁護団は、2陣高裁では、国側の主張や証拠を1つひとつ曖昧にせずに、批判し反論し尽くした。それも的確な時期に行った。このことが、13年12月の泉南アスベスト国賠訴訟の5つの判決の中で、最も優れた2陣高裁判決（山下郁夫裁判長）を勝ち取ることに繋がった。こうして、いよいよ逆転勝利の最終段階、最高裁判決となった。

最高裁での勝訴

14年10月9日、最高裁門前に、「勝訴」「最高裁も国を断罪」の旗が高々と掲げられた。1陣高裁判決で崖っぷちに追い詰められながらも、そこからの逆転勝訴、原告団はもちろん、弁護団、支援者も「勝訴」の旗を万感の思いで見つめていた。72年以降に就労を開始した被害者の救済を認めないという不当な線引きもあった。しかし、最高裁は、国の規制権限は、「できる限り速やかに、技術の進歩や最新の医学的知見等に適合したものに改正すべく、適時にかつ適切に行使されるべきものであ」り、そうでなければ、その不行使は違法になるとし、この原則から見れば、局所排気装置の設置義務付けは58年には可能であったとして、国の規制の遅れを違法と断罪した。そして、「産業発展のためには生命や健康は犠牲になってもやむを得ない」という1陣高裁判決の価値判断も否定した。

最高裁判決の翌年の1月17日には、厚労大臣が現地泉南を訪れて被害者に公式に謝罪した。さらに、国は、原告らと同一の状況の下で被害にあった石綿工場の元労働者に対しても、最高裁判決基準に基づく司法救済を行うことを表明し、このことを石綿工場の労災認定者などに個別に通知するという初めての取り組みも行い、石綿工場内の被害救済は大きく前進している。

勝利の要因は何か

1陣高裁の不当判決後、弁護団も原告団も支援者も、最後まで勝利判決に執着し、裁判官に真実を理解してもらうために、法廷内外でできることはすべてやり尽くした。こうした闘いが、最高裁での勝利判決を手繰り寄せるとともに、原告団、弁護団を鍛え、それがその後の建設アスベスト訴訟の闘いにも繋がっている、村松はそう実感している。

公害等の被害救済を目指す訴訟においては、原告自身の証言によって生の被害実態をぶつけ、裁判官の人間的心情を揺さぶることがまずは必要であり、次に、その被害を発生させた加害の理不尽さ、不正義を明らかにすることで裁判官の職業的正義感を揺り動かすことが必要である。しかし、それだけで裁判官が被害者救済の判決を書くかというと必ずしもそうではない、被告が国であれば尚更である、裁判官として国を負けさせる判決を書くにはやはり勇気がいるものである。そのときに、裁判官の最終決断を促すのは、やはり被害救済を求める広範な世論、良い判決を書けばそれを支持する世論である。こうした闘いによってこそ勝利を手繰り寄せることができるのではないか、それが「力のある正義」(団員故板井優弁護士の言葉)の闘いではないか。法廷内外でこれらの点に最後まで執着したのが泉南アスベストの闘いだった。

弁護団は、法廷内での主張立証活動はもちろん、被害の掘り起こし、原告団の組織化、支援運動の構築、50回以上の裁判所門前での宣伝行動、公正判決署名、判決の都度行った政治や行政に対する早期解決の要請行動、10数回の最高裁への要請行動など、いわばフルコースで原告団、支援者とともに法廷外の闘いにも取り組んだ。弁護団は、法廷内外の闘いを、それまでの公害やじん肺などの闘いに学び、直接指導も受け、時には厳しく叱責されながらも、主体的に、手探りで粘り強く知恵と力を出し合いながら闘った。厳しいやり取りがありながらも、原告団と弁護団、支援者が強い信頼関係によって結びついていたからこその闘いであり、勝利だった。村松はそう総括している。

建設アスベスト訴訟

建築現場における深刻なアスベスト被害

泉南アスベスト訴訟の最高裁判決後、闘いの焦点は建設アスベスト訴訟に移った。

わが国には、高度経済成長期を中心に約1,000万トンのアスベストが輸入され、その約8割が建材に使用された。国の規制や建材企業からの石綿粉じんの危険性等の警告がない中では、建築現場において深刻なアスベスト被害が発生することは必然であった。実際にも、石綿関連疾患の労災認定件数約1万8,000件の約半数が建築現場に集中している。今後も建築現場では毎年約500件の労災認定が10年以上続くことも予測されている。まさに、建築現場は、わが国最大、最悪のアスベスト被害の現場である。

なぜ、国と建材企業の責任か

建設アスベスト訴訟は、北海道、東北、首都圏（東京、埼玉、千葉、神奈川）、静岡、京都、大阪、福岡などで、1,000名を超える被害者によって闘われている。責任を追及している相手は、危険な石綿建材を製造・販売し大儲けした建材企業と、建築現場での被害防止の規制を怠った国である。

訴訟は、08年に、東京地裁（5月）と横浜地裁（6月）に提訴され、現在まで、17年10月の東京高裁判決（神奈川1陣訴訟）、18年3月の東京高裁判決（東京1陣訴訟）、18年8月の大阪高裁判決（京都1陣訴訟）、18年9月の大阪高裁判決（大阪1陣訴訟）、19年11月の福岡高裁判決（九州1陣訴訟）などの高裁判決が出され、これらが最高裁に係属している。

なぜ、建材企業と国の責任か。建材企業らは、製造・販売当時から、欧米諸国における石綿建材による被害発生をよく知っていながら、利潤追求を最優先して石綿粉じんの危険性等を警告する義務を怠り、長期にわたって石綿建材を製造・販売し続けた。一方、国も、早くから石綿粉じんの危険性ばかりか建築現場での被害発生を知っていたにもかかわらず、防じんマスクの義務付けや製造禁止等の規制を長期にわたって怠った。ここに建材企業と国の責任の重大性がある。建設アスベスト被害は、いわば建材企業と国が一体となって引き起こした大規模な労働災害なのである。

焦点は何か

①　国の責任に関して

泉南アスベスト最高裁判決において、国の規制権限不行使が違法になる判断基準が示され、建設アスベスト訴訟においても、この判断基準に基づいて、労働者に防じんマスクを着用させることを使用者に義務付ける規制等が遅れた違法を認める判決が連続して出され、国責任の焦点は、労働者と同一条件のもとで作業を行っていた1人親方や零細事業主に対しても国は責任を負うかどうかに移っていった。

②　建材企業の責任に関して

一方、建材企業の責任追及においては、従来の大気汚染事案等にはない建設アスベスト事案特有の困難性が存在している。原告らが、石綿建材からの粉じんで病気になったことは明らかである。しかし、原告らは長期にわたって多数の建築現場で多種類の石綿建材を取り扱っていたことから、病気の原因となった石綿建材やそれを製造、販売した建材企業を通常の立証方法で特定することは極めて困難である。この点を突破するには、従来にはない主張立証の工夫が必要とされていた。

大阪1陣訴訟における主張・立証活動

では、村松が参加している大阪弁護団の高裁段階での主張・立証を振り返りたい。

16年1月に出された大阪1陣地裁判決は、労働者に対する関係では国責任を認めたものの、1人親方等に対する国責任は認めなかった。また、建材企業らの責任も否定した。

大阪弁護団は、高裁段階で、1人親方等に対する国責任について、研究者らの協力も得ながら、分厚い主張・立証を行うとともに、建材企業の責任に関しては、各被害者等からの聴き取りを徹底的に行い、それを基礎に、石綿建材ごとのシェア（市場占有率）と確率論を駆使し、各被害者ごとに、病気発症の原因となった石綿建材と建材企業を特定する作業を行った。さらに、阪神間の公共建物など約340箇所の設計図書を入手・分析して、石綿建材が実際の建築現場においてもほぼシェアどおり使用されていることを検証する作業も行った。同時に民法学者らとの勉強会を多数回行う中で、企業側との共同不法行為論に関する法解釈論争も積極的に展開した。

全国的には、こうした主張立証活動を連携して行うために、建設アスベスト訴訟弁護団連絡会議（全国弁連）において、時々の共通課題の検討や、シェア資料の収集、学者との研究会の共同開催等を行った。

高裁段階での前進

建設アスベスト訴訟は、なんと言っても、判決が積み重ねられる都度、とりわけ高裁段階になって大きく前進した点が最大の特徴である。

建設アスベスト訴訟判決は、12年5月の全面敗訴判決（神奈川1陣地裁）が出発となったが、その年12月の東京1陣地裁判決で国責任が、16年2

月の京都1陣地裁判決で建材企業の責任がそれぞれ初めて認められ、それが、高裁段階では、17年10月の東京高裁判決（神奈川1陣訴訟）が建材企業の責任を認め、18年3月の東京高裁判決（東京1陣訴訟）が初めて1人親方等に対する国の責任を認める画期的な判断を出し、これら成果を引き継いで、18年8月（京都1陣訴訟）と同年9月（大阪1陣訴訟）の大阪高裁判決が、1人親方等に対する国責任と建材企業の共同不法行為責任を共に認め、さらに、19年11月には、福岡高裁判決もこの流れを確実なものにした。

全国的な連携した闘いの重要性を改めて実感する前進である。

最高裁での勝利

最高裁での勝利に向けて、全国の原告団と弁護団は、公正判決署名の提出など毎月の最高裁要請行動を行うとともに、各高裁判決に関する判例評釈や各論点に関する学者論文等も逐次提出していた。とりわけ、著名な民法学者4名連名の「建設アスベスト訴訟における共同不法行為論」と題する大部の共同意見書は圧巻である。この意見書は、これまでの共同不法行為の理論史や、建設アスベスト訴訟の各判決はもとより大気汚染訴訟判決や薬害訴訟判決などを網羅的に振り返った上で、建設アスベスト訴訟における共同不法行為論について、最高裁にどのような判断が求められているかを精緻に鋭く論じている。

最高裁には、下級審判決及び学説の蓄積を踏まえた上で、判決が積み重ねられるにつれて、「原告側の主張と裁判所の応答による法律上の議論の深化」によって国責任と建材企業の共同不法行為責任を認める流れが定着してきている点を十分に考慮した、法的正義に適った被害者救済の判断が期待されていた。そして最高裁は、20年12月、東京1陣訴訟において、一人親方も含めて国の責任を確定させ、21年1月、2月には、京都1陣訴訟、大阪1陣訴訟において、建材企業の共同不法行為責任を確定させた。

建設アスベスト被害の早期救済と根絶に向けて

この間の司法判断の前進は、司法からの国と建材企業に対する早期解決への強烈なメッセージにもなっている。

国が同一内容の訴訟において地裁、高裁において14回連続で敗訴判決を受けたことなどわが国の裁判史上かつてないことであり、それを受けて最高裁の判断も確定している。それほどまで建設アスベスト被害に対する国の責任は明々白々であり、国は、これを早期解決に向けた司法からの強烈なメッセージとして真摯に受け止めるべきである。また、建材企業らの共同不法行為責任を認める司法判断も確定しており、建材企業もこれを真摯に受け止めるべきである。

全国の原告団、弁護団は、こうした司法判断の前進を受けて、全面解決要求を次のように整理している。

①すべての原告らに対して謝罪し、完全な賠償を行うこと
②「建設アスベスト被害者補償基金制度（仮称）」を創設すること
③解体作業などに対して抜本的な石綿粉じん対策を行うこと
④石綿疾患の新薬や治療法の研究、診療体制の確立を推進すること
⑤石綿健康被害救済法の抜本的な改正を行うこと

共通の目標を目指して闘いは続く

泉南アスベスト国賠訴訟と建設アスベスト訴訟の前進は、環境ばく露なども含めたアスベスト被害の全面的な救済と根絶にも直結している。「まずは、建設アスベスト訴訟の最高裁判決で確実な勝利を！　そして、すべてのアスベスト被害の救済と根絶を！」、これが、アスベスト問題に取り組む原告団、弁護団の共通の願いである。

第4部

市民のいのちと人間の尊厳をまもって

18

大衆の深部の力を信じて

——大阪維新との闘い

動乱の幕開け

08年1月27日（日）、この日、団員、とりわけ大阪支部団員にとって、10年の時を経てなお続く疾風怒涛の日々の始まりとなった。午後8時、投票時刻終了と同時に、NHKと民放テレビ局が一斉に「大阪府知事選挙で橋下徹氏当選確実！」とのテロップを流した。橋下徹は38歳、当時の史上最年少知事の誕生の瞬間であった。

支部の団員たちは、前日の選挙戦最終日も、午後8時ギリギリまで声を枯らして、2度目の府知事選挑戦をした団員梅田章二（当時57歳）を応援した。大阪市北区西天満に法律事務所を構える団員西晃もその1人だった。しかし、まったく歯が立たなかった。橋下は、有効投票総数約339万票のうち54%となる183万票、次点となる候補の2倍近い票を獲得しての、まさに圧勝であった。

大阪以外の地から見れば、「面白がり屋の集まる大阪で、なんかチョット変な現象が起こっているみたい」という印象だったかもしれない。

しかし大阪の地で暮らし、あるいはそこで日々活動する団員の肌感覚は違った。それは地殻変動がもたらした大きな変化の潮流の実感だった。その流れの主役は言うまでもなく橋下徹その人である。

選挙戦を通じての橋下の主張は実に峻烈なものだった。

「大阪府は破産会社同然！」「机を蹴り飛ばす勢いで府庁を変える」「汗をかかない人は去ってもらって結構！」と威勢のよい啖呵が切られる。連日それを報道するテレビ・新聞を前にして、「停滞する大阪経済の起爆剤になるかも？」「何をやるかわからないが、何かをやってくれそう」と無党派層を中心とする多くの有権者が彼の言動に高い関心をもった。これに呼応する形でマスコミ、特に在阪テレビのカメラは、先を競って彼の一挙手一投足を追いかけ回し、報道した。その報道を見て更に市民的関心が高まった。そんな構図が連続する日々だった。熱にうなされたような、高揚感に満ちた状況は、開票翌日の新聞各紙の社会面に踊るニュースタイトルがこれを端的に示していた。

「型破りキャラ独走：勢い・PR力府民期待」（朝日新聞）
「橋下氏圧勝トライ：『大阪再生』政党色薄め訴え」（読売新聞）
「未知数に行列180万票：橋下さん「一から立て直す」（毎日新聞）
「『破産』立て直しトライ：テレビ番組はしご」（産経新聞）

維新を生んだ大阪の土壌

疲弊した大阪経済を一からリセットして立て直す。この言葉の背景にはそれまでの歴代保守府政による停滞した利権政治があった。税金の無駄使い、職員厚遇問題、政治資金問題、……橋下の主張は、この停滞に対し否定的感情を抱いていた無党派層や一部の野党支持層の心を確実に掴んだ。それは、それまでの古い保守政治の枠組みの中でうま味を得ることのできなかった自営業者、自由競争と自己責任論を信条とする若年ホワイトカラー層の人々の心もまた引き付ける魅力があった。

大阪維新の強さの根底には、これらの民意があった。その民意の本質や形成に至る要因については当時も今も様々な評価がある。「意図的に誘導され作られた民意」「虚構の民意」という側面もある。しかしその「民意」には草の根からの願い、希望、祈り、期待、あるいは怒り……混ざりあったそれらが確かにあった。維新を生み出した大阪という土壌のリアルな現実を理解し、これと真正面から向き合うことなしに、これと対峙することはできない。これは、今後大阪維新が攻撃対象として仕掛けてくるものを想定するとき、大阪の団員たちの胸に共通して去来する確かな認識であった。

長きにわたる大阪維新との闘いを経験した西は、大阪維新の攻撃の特徴と感じている点が2つある。多くの団員も同じ思いを持っている。

攻撃手法の特徴1――分断と攻撃対象の設定

その1つは、「徹底した分断工作と明確な『敵』づくり」だ。国政にしても地方政治にしても、生きづらさ、苦しさ、……その根底には人間らしい生き方を阻む大きな背景と要因がある。日米安保による日本国憲法の蹂躙、大企業偏重の利権政治、新自由主義偏重による行き過ぎた競争原理の貫徹、それらを是とする勢力に都合のよい政策と世論づくり……ここにこそ、平和を享受し、豊かで活力のある生活を営むことを阻害する最大の要因がある。

維新政治の最大の特徴は、これらの要因によって被害を受けている人々に語りかけをする一方で、その最大要因には絶対に触れないところにある。そして巧みに、その要因を目に見えやすい別の「敵」にすり替えてしまう。非正規労働・不安定雇用に苦しむ労働者・市民に向けて、「公務員」「労働組合」を既得権益に守られた「敵」として描き出す。非正規・不安定雇用労働者が日々頑張っても頑張っても報われないのは、既得権に守られた公務員、あるいは正規雇用労働者だけを守る労働組合の存在が原因であるかのように断言する。そのような手法である。

少し冷静に考えてみれば明らかであろう。限られた予算の使い道として、アメリカの言いなりになって無駄の極致のような戦闘機の買いあさりをすることをストップすること、米軍基地の思いやり予算に金を使うより、国民生活のために金を使うべきことは自明の理のはずである。そして大企業を優遇する税制を正し、潤沢な内部留保に対してもきちんとこれを規制する方策を考えることこそが「生きにくさの是正」実現への道であるはずだ。正規であれ非正規であれ、あるいは民間であれ公務員であれ、これらの根本的な課題の実現のために、労働者として共に団結して闘うべき仲間であるはずである。しかし大阪維新はその中に敢えて楔を打ち込む。大阪維新は、「お役所で新聞読んでお茶を飲む公務員」「安定した給料のある市営バス運転手」などという形での攻撃対象を意図的に設定し、仕掛けてくるのである。

攻撃手法の特徴 2――民意と自己責任をふりかざす

大阪維新の攻撃手法のもう1つの大きな特徴は、民意を背景に徹底した「正当性」の強調と、「自己責任論」の過度の主張だ。

08年の初当選以来、橋下は「自分は選挙で大阪府民・市民に選ばれてきた代表者であり、僕の声は府民・市民の声。職員がその意思に従うのは当然のこと」と繰り返してきた。「府民・市民に選ばれた僕の言うことが聞けないのであれば役所を去ってもらって結構」と、自己の主張を「選挙で選ばれた民意」で正当化した。例えば選挙において対立候補を支持してきた市民の声や、己とは異なる価値観への配慮を求める声に対し、これを考慮しようとする姿勢はない。配慮しないどころか、異論を唱える相手に対し時に冷酷なまでの言動をとることもあった。

このようなエピソードがある。08年10月23日に行われた「大阪の高校生に笑顔をくださいの会（笑顔の会）」と橋下知事との意見交換会での出来事だった。橋下の打ち出した「（府政）改革プロジェクトチーム」による私立高校などへの経費削減に対し声を上げた高校生たちが、橋下に対し「自分たちの声を是非とも政策に反映して欲しい」と呼びかけた。当日府庁3階の特別会議室には高校生12名が参加。冒頭司会を務めた私立高校3年の生徒は、

「橋下知事は『子どもが笑う大阪』と掲げて知事に当選されましたが、私学助成削減や高校事務員の削減で、私たちは笑顔を持てません。私たちの声をぜひ政策に結び付け、大阪の未来につなげてください」と、心からの願いを伝えた。

それに対し橋下は、

「こうして政治の場で政治的主張をする以上、僕も意見を言う。社会の実態を知ったうえで主張しないと。『子どもたちのたわ言』にならないよう激しく反論する」と大上段から切り返した。そして、参加した高校生たちからの生活困難、学業困難、を訴え「希望を奪わないでください」との切実な願いに対し、橋下は、「なぜ公立高校に行かなかったのか」「不登校になって学校を変わらなかったのは何故か」「その道を選択したのはあなた」と執拗に追いつめた。

たまりかねた生徒の１人から「その自己責任がおかしいのでは」と反論されると、橋下は「なら国を変えるか、日本から出ていくしかない」と酷薄な言葉で突き放した。唇をかみ、目に涙を浮かべながらの高校生たちの悲痛な訴えはこうして為政者に一蹴された。

大阪維新に挑む――「職員基本条例」「教育基本条例」に抗して

衝撃的な形で大阪府知事となった橋下は、任期途中で職を辞し、狙いを大阪市長に定め、11年11月、自ら大阪市長選に立候補、ダブル選挙となった大阪府知事選挙には松井一郎（大阪維新幹事長）を擁立。その双方の選挙で維新が勝利することとなった。この時期以降、大阪維新の会は大阪府・大阪市において、特に教育行政、公務労働の分野における攻撃の姿勢を更に強めていった。

既にこの年６月には大阪府議会において、国旗の掲揚と国歌斉唱時の起立を義務づける日の丸・君が代条例がつくられた。さらに11月のダブル選で勢いを増した大阪維新の下、12年３月から５月にかけて、大阪府・大阪市のそれぞれの議会で「職員基本条例」と「教育基本条例」が相次いで制定された。「職員基本条例」は、職員の評価方法を５段階の相対評価とし、２年連続で下位5%の最低評価を受け、研修等でも改善しない職員を分限処分の対象とするなどの徹底した締め付けと職務命令による厳罰主義をその特徴とした。また「教育基本条例」は、教育における政治主導を名目として公教育に首長が介入することを内容とするものであった。

団も間髪を入れず全国常任幹事会において反対の表明をした。大阪においても、団支部、民主法律協会、自治労連弁護団に所属する弁護士、大阪労連など広範な市民団体が結集した「２条例反対大阪連絡会」が、数次にわたる市民・府民集会を開催するなど旺盛な運動を展開した。最終的に２条例は制定されてしまったが、広範な住民が連帯して果敢に闘った反対運動は、条例案を修正させ、また、全面的な職場・教育現場への介入を許さない取り組みに繋がることとなった。

大阪維新に挑む――組合事務所明け渡しに抗して

労働組合活動の拠点を攻撃の的に

大阪維新の戦術は、「民意」を背景とした独自の「正義」を演出し、「敵」とみなした公務労働の担い手としての公務員・公務員労組を攻撃の的とする。11年のダブル選挙で大阪府・大阪市の首長を押さえた大阪維新の攻勢はすさまじかった。矢継ぎ早に自治労系労組の労使癒着問題を巧みに利用した職員・労働組合攻撃を行い、マスコミがこれを連日報道するという状態が演出された。その異常性を物語るエピソードがある。それは13年3月末、大阪市当局が大阪市労組に対し組合事務所の貸与を行わないことを決め、退去期限を設定し、これを不当と考え法的手段での対抗措置をとる組合側と激しく対峙していたときに起きた。大阪の民放局の女性キャスターがカメラマンを同行して、突然、執務中の組合事務所を突撃訪問し、事務所内を勝手に撮影し始めた。組合が抗議すると、女性キャスターは、「だってここ本来市民の財産でしょう！　市長がこれ以上貸さないというのだから当然のこと」とうそぶいた。労使間の協議に基づいて正当に貸与されてきた便宜供与としての労働組合事務所の法的地位、憲法上の団結権の象徴としての組合事務所の持つ意味など一切眼中になかった。この件は不測の事態に備え警備にあたっていた弁護団からの強い抗議の申し入れで、キャスター本人が謝罪することで落ち着いたが、橋下市長の主張＝民意＝正義という極めて短絡的な発想しかできない在阪マスコミの識見のなさを物語る出来事だった。

裁判・労働委員会闘争

大阪市労組（自治労連）は06年以降、大阪市庁舎地下1階に地方自治法の規定に基づき公共財産の目的外使用許可を得て、1年更新で組合事務所の貸与を受け使用してきた。ところが橋下市長は12年度以降、自治労系組合の事務所と一緒に使用不許可とした。団体交渉を申し入れても「管理運営事項」としてこれを拒否した。そして13年3月末までに組合事務所を明け渡し、退去するよう通告してきた。これに対し、圧倒的多数派である自治労労組の方が早々と組合事務所を退去する方針を打ち出した。

大阪市労組としての決断が迫られた。そして、市労組は退去せず闘う方針を固めた。大阪労連による強制退去に備えた泊まり込み体制の支援が始まった。民主法律協会に所属する弁護士（そのほとんどが団員でもある）を中心する大弁護団が結成された。大阪地裁に行政訴訟を提起、併せて大阪府労委に不当労働行為救済申立てを行った。裁判では公務員労働組合事務所退去の適否や不当労働行為の成否、貸与拒否を決めた後に成立した大阪市の労使関係条例（便宜供与禁止を盛り込む）の違憲・違法性が正面から争われた。

大阪地裁判決（14年9月10日、中垣内健治裁判長）では、自治体の労働組合が庁舎内に組合事務所を設置する必要性を承認し、これを前提とした判断枠組みを採用。橋下市長の団結権侵害の意図、及びそれが継続していることを認定し、大阪市の不許可処分を違法と断罪した。労使関係条例に関しても、「これが適用されなければ違法とされる大阪市の行為を適法化するために適用される限りで憲法28条に違反し無効」とする、いわゆる適用違憲判決を下した。

しかし、大阪高裁判決（15年6月26日、志田博文裁判長）は逆転敗訴だった。大阪市長には貸与の拒否に関して広範な裁量権があり、また橋下市長は「組合の活動を市民感覚に合うよう是正する方針であり、支配介入の意思はなかった」と判示した。組合には便宜供与を求める権利がない以上、それを制限する労使関係条例も合憲・適法としてしまったのである（17年2月最高裁でも維持・確定）。

一審と二審、両者を分けたものは何か。橋下市長の支配介入意思の認定の有無、さらには継続して使用してきた貸与に関する権利性の尊重と管理権者の裁量への司法の姿勢が問われた。一審判決では権利性に重きを置き、支配介入意思の認定も正当に行った。他方、二審判決では逆に市庁舎管理権者の裁量権に重きをおき、支配介入意思の認定も消極となってしまった。弁護団はそのように分析した。

労働委員会闘争では、15年10月に出された中労委命令では大阪高裁判決とは逆に、支配介入意思を認め不当労働行為を認定する命令を下した。これに対しては大阪市も不服申立ては行わず、大阪市労組に謝罪文を交付するという結末となった。最終的に最高裁判決により大阪市労組は組合事務所の明け渡しに応じることにはなったが、多くの成果を受け継ぎ、労働組合への対応をめぐる大阪維新との闘いは、今新たなステージへと進んでいる。

大阪維新に挑む――思想調査アンケート国賠訴訟

思想自体への攻撃と反撃

団と大阪維新の闘いの中でも特筆すべきは、12年2月に橋下市長が行った職員アンケート調査にまつわる国賠訴訟とその勝利であった。大阪市長に就任した橋下市長は直ちに、組合適正化の一環と称して全職員にアンケート調査を行った。その内容は、1人ひとりの職員に対し、「街頭演説等の政治活動への参加」や「投票依頼の有無」など個人の政治活動の内容や、「労働組合活動への参加の有無」を確認し、「組合に加入するメリット」や「加入しない（脱退する）ことの不利益」に及んで尋ねるものだった。政治活動への参加を取り上げれば、勧誘した者の氏名や勧誘を受けた場所・時間帯（勤務時間の内外）にも及ぶ徹底したものだった。

このアンケートは、個々の職員個人の政治的思想・信条、さらにはプライバシー領域、また労働組合の団結に土足で介入するものであり、思想調査そのものだった。そして、この調査が市長の有する権力行使の一環として公権力を背景に断行されたことに西は驚愕した。橋下市長は全職員にあてた書面（12年2月9日付）の中ではっきりと、「このアンケート調査は任意の調査ではありません。市長の業務命令として、全職員に、真実を正確に回答していただくことを求めます。正確な回答がなされない場合には処分の対象となりえます」と懲戒処分の可能性を明示していた。

このアンケートは市職員1人ひとりを打撃し、苦悩におとしいれた。家族会議の末、家族に迷惑をかけられないとやむなく提出した者、誰にも相談することなしに1人で悩み続けて「不提出」を決断した者など様々であった。ある市職員は、2年あまり病気休職し、11年に職場復帰したばかりのときにアンケートに直面した。この職員は、仮に提出を拒否した後の生活が思い描けず、悩んだあげく、空白の多い本件思想調査アンケートを提出した。しかし提出後、「ホンマにこれでよかったのかな？　この内容で提出してよいものだったのか……でも生活がかかっているし……」と苦悩し、大きな後悔に襲われた。子どもに「断った」と言えない自分に嫌悪感を感じた、と振り返る。

このアンケート調査をめぐり、橋下市長の実施宣言とそれが実際に各職場に配布され混乱が広がるにつれ、全国の労働組合、大阪弁護士会、民主法律協会、団などの法律家団体、さらには研究者などから憲法・労働法違反である旨の声明が次々と発表された。また自治労労組からの申立てにより大阪府労働委員会は、同年２月22日、「支配介入の不当労働行為に該当するおそれ」があるとし、救済申立事件の判断が出されるまでアンケートを中止するよう勧告を発出した。これらの闘いの結果、ついに大阪市はアンケートデータの開封や集約作業を中止せざるを得なくなり、最終的にはデータの記録されたフロッピーを公開の場で「破棄」（ハンマーでたたき割る）という事態にまで追い込んだ。アンケートの手法・内容のあまりの酷さに全国的な批判が集中した結果、アンケート実施という作業そのものは比較的短期間で終わらせることができた。

人権侵害を問うた国家賠償裁判

しかし職員や労働組合が現に受けた被害は救済されておらず、これで終わりとすることはできない。市労組、組合員、これを支える自治労連、民主法律協会、団支部に所属する多くの弁護士などによる真剣な議論が重ねられた。12年７月、市労組の組合員55名（後に４名が追加参加）が、アンケート調査は、思想・良心の自由、政治活動の自由、プライバシー権、労働基本権、人格権を侵害する思想調査であるとして、大阪市を被告として損害賠償請求訴訟を提起した。代理人には常任弁護団としての団支部メンバー12名をはじめ全国の団員総勢100名規模の弁護団が結集した。以後、原告団・弁護団・支援団体ががっちりと支え合い、毎回の弁論では大阪地裁大法廷を満杯にし、さらに廊下にまで多くの人が溢れるという熱い支援の中、攻勢的な大衆的裁判闘争を展開した。

２年余の審理を経て、15年３月30日、大阪地裁（裁判長中垣内健治）は、アンケート調査項目につき、プライバシー権侵害及び労働基本権侵害を明確に認め、違憲・違法な権力行使であったと判断した。また翌16年3月25日に出された大阪高裁判決（田中敦裁判長）においても、労働組合活動への参加や勧誘についての質問と組合加入の有無やその理由に関する質問につき労働基本権侵害を明確に認定する判断を行い、原告全員に慰謝料の支払いを命令した。この判決に大阪市は上告しなかった。大阪市思想調査アンケートの憲法違反が確定したのである。

民意を背景にした行政の首長の持つ広範な裁量権、これを前提としても、なおそこには法の支配が及ぶこと、憲法やその下にある労働法規等当然に守らなければならないルールが存在することを、司法判断により明確に認めさせた。このことの意義は極めて大きい。これは、この闘いに全身全霊を込めて身を投じた西をはじめとした団員すべての共通の思いでもあった。

都構想住民投票の闘い

勝利の日

15年5月17日（日曜日）。この日は広島で団五月研究討論集会1日目が開催されていた。夕食後部屋で夜遅くまで固唾をのんで開票を見守った全国の団員、地域に張り付いて最後の最後まで「反対」を訴えた支部団員、それぞれにとって決して忘れることのできない濃密な歴史的一日となった。

この日大阪市で行われた住民投票は、「反対票」が70万5585票（得票率50.4％）、賛成票が69万4844票（同49.6％）、票差は実に1万741票（0.8ポイント）。大阪市内の投票所数（約360カ所）で単純に割ると1カ所の投票所で30票弱の差という、まさに薄氷を踏む僅差の勝利だった。

1人ひとりが本気で動いた

前年の14年秋、都構想の前提となる「協定書案」はいったん維新以外の政党の反対で否決されていた。その流れを変えたのは公明党であった。15年1月、大阪市議会において維新・公明の賛成多数で「協定書案」が可決され住民投票への流れが一気に加速した。それ以降、支部団員、団員事務所のベテラン・若手の事務局員の多くが、「大阪市解体NO！」の幅広い共同の闘いに献身的に身を投じてきた。

「維新の掲げる特別区設置により本当に住民本位の行政サービスとなるのか」「市民の命・暮らし、防災にとって本当に意味があるのか？」「二重行政という言葉だけが独り歩きしていないか？」「126年の歴史を持つ大阪市、いったん廃止が決まればもう2度と戻れないけどそれでいいのか」など、街中のあちこちで市民たちが対話を繰り広げていた。そのようなかつてない様相が出現していた。

西も闘いの渦中にいた。投票日3日前からは通常業務を入れずに都構想反対運動に専念し、特に前日土曜日と当日日曜日は居住する都島区で終日街宣活動に参加した。

梅田・北浜・淀屋橋……大阪市のビジネス拠点の1つである北区、若い子育て世代や、新たに市内に移住してきた住民も多い都島区、2つとも維新支持勢力の強い地域だ。現に宣伝行動を行っていると、都構想に対し親和性を持つ住民の方に接する機会が多かった。期日前投票では「反対」優勢と伝えられてはいたが、西は、投票日が近くなるにつれ賛成が増えてきていることを肌感覚で感じていた。西はかなりの苦戦を予想した。

維新の大量物量作戦

大阪維新側が都構想住民投票で勝利するために費やした費用は莫大なものだった。告示前には大阪市による40頁だての「協定書」パンフレットが170万部発行された。橋下市長が「僕の説明会」と公言しながら実施した大阪市主催の「住民説明会」は都合39回開催され、2億円が費やされた。告示後も維新の会は連日新聞折り込みビラ、100万部を超えるパンフの作成、そしてテレビCMの連日放映、さらには市内各家庭に無差別で橋下徹の肉声メッセージを入れた録音を一方的に流す「スパム電話」作戦を展開していた。これに抗して各地域に張り付く団員・団事務所の事務局も、明るい民主大阪府政をつくる会、大阪市をよくする会に結集し、あるいは独自に旺盛な反対運動を続けていたが、維新の攻勢は凄まじいものがあった。

一枚のビラの力

そのような中、投票日の10日前くらいであったであろうか、夜遅くに帰宅した西は郵便受けから１枚のビラを手にした。どう考えても素人の（しかも言葉遣いからも相当年配の方の）作成した手書きのビラだった。A3サイズの紙１枚に自筆で、「都構想が本当に住民の利益になるのか？」「実はトンでもない食わせ物になっていないか？　冷静に考えよう」と訴えていた。コピーして各家庭に配布したものであろうが、せいぜい数百部を配布するのが精一杯だろうと思われた。西は、その日のうちにSNS上で情報共有のために投稿しておいた。するとその後次々と今日は中央区からこんな手書きのビラが、次の日には西区でこんな手作りビラが……という具合に各行政区で同様のビラが各家庭に投函されていることが伝わってきた。内容はそれぞれまったく別のものであった。「この大勝負、もしかしたら勝てるかもしれない？」各地で老夫婦がコツコツとビラを手書きし、協力して近所に配布して回る……そんなシーンを勝手にイメージしながら西はかすかな希望をこのビラに感じていた。

勝利の要因と未来に向けて

１ポイントにも満たないほんの僅かの差、それでも最後に勝利した最大の要因は何か。西は考える。それはやはり最後の最後で「冷静さ」を失わなかった有権者の意思ではなかったのか。うつろいやすく「ふわっとした」民意と形容されつつも、ギリギリで立ち止まることのできた「理性」、私たちは今一度ここに注目する必要があるのではないか。闘うべき相手をきっちりと見据え、事実と道理を武器に、市民の理性を信じ集団的討議を基に団結する。それはまさに団が創造し、発展させてきた大衆的裁判闘争の精神そのものではなかったか。

大阪維新との闘いは決してこれで終わりではない。更に大きな試練が待ちかまえるに違いない。どんな状況になろうとも、次の世代にここから得られた教訓を繋いでいきたい。勝利の翌日朝５時に起き、昨夜携帯電話やメールで途切れぬ祝意を伝えてくれた全国の団員の仲間にお礼の報告をすべく五月集会２日目の広島に向かう新幹線の中、西はそのようなことを考えていた。

5年後、コロナ禍の下で

20年初頭からこの国を含む全世界を襲ったコロナ禍。人類が団結して対峙するべき非常事態である。団ももちろんその闘いの渦中にあった。

そのような中、同年4月はじめに呟かれた橋下徹のツイッターは多くの良識ある人々を呆れさせた。

「僕が今更言うのもおかしいいところですが、大阪府知事時代、大阪市長時代に徹底的な改革を断行し、有事の今、現場を疲弊させているところがあると思います。保健所・府立市立病院など。そこはお手数をおかけしますが見直しをよろしくお願いします。」

……大阪維新との闘いの本質はこの言葉に凝縮されている。

20年秋、コロナ禍の増大を危惧する多くの市民の不安を無視し、大阪維新は再び都構想住民投票を強行した。5年前は反対に回った公明党も今回は賛成に回った。9月頃までの世論調査では15ポイント程度の差で「賛成」が多数を占めていた。おそらくこの時点で彼らは勝利を確信していた筈である。

しかし大阪支部団員をはじめ大阪市を守りたいとの広範な市民の死力を尽くした壮大な闘いは、11月1日の投票日までの短期間に、見事な大逆転劇を実現させた。三密を避けながらも地道な路地裏での対話戦術を軸に、我が町大阪市での日々の暮らし・医療・福祉・教育など生活者目線での会話……まさに5年前と同じ状況が展開されていった。SNS等の利用で若い世代にも想いは伝わった。

2週間前の10月18日、例年に比して大幅に規模を縮小し実施された団神戸総会。終了後有志団員・事務局は淀川区十三で大宣伝を行った。参加した奈良支部の団員佐藤真理は内心「もしかしたら勝てるかも」と微かな希望を感じていた。

11月1日午後10時40分頃、NHKはじめテレビ各局一斉に「都構想反対勝利！」を伝えた。大阪維新の野望に再び「ノー」を突き付けた歴史的瞬間であった。

どんなに苦しくても諦めない。大衆の深部の力を信じて歩み続ける。大阪支部はじめ全国の団員・事務局の胸にこの思いが去来していた。

19

銚子市県営住宅追い出し母子心中事件

——居住の貧困と生活保護行政の実態調査活動

事件の発生

銚子市は千葉県の最東端に位置する。犬吠埼は、北海道・本州・四国・九州の平地で一番早い初日の出が見られる観光地として全国的に名が知られている。黒潮と親潮がぶつかる銚子の沖合は、日本屈指の漁場として古くから漁業が盛んで、銚子漁港は、近年日本一の水揚げ量をほこる。江戸時代には利根川水運の発展により江戸に物資を運ぶ交易都市としても栄えた。この地理的条件と適度な気候条件とが相まって、醤油の関東三大銘柄地にも名を連ねている。しかし、近年は、県内でも人口減少率が大きい地であり、公共事業への大きな投資が市財政を困難にしていることが報道されることもあった。

事件は、銚子市内にある県営住宅の母子家族で起きた。

14年9月24日、家賃滞納のため強制的に部屋を明け渡すこととなった日の朝、母親（43歳）は、娘（中学2年・13歳）の首を絞めて命を奪った。この家族は健康保険料も滞納するほどの生活苦にあり、母親は、「家を失ったら生きていけない」と思い詰めた果ての行動であった。母親の事件当日の所持金は、2,717円、母親と娘名義の預金口座の残高は1,963円だった。

この心中現場を最初に目の当たりにしたのは、強制執行の荷物の運搬や梱包を行うためにやってきた強制執行の補助業者だった。補助業者の証言では、母親は、居間で、うつ伏せになっている娘を横に、テレビで運動会での娘の姿が映ったDVDを観ていたそうだ。母親は業者に対し、「これ、うちの子なの」と画面に映る娘の姿を指した。「（運動会で娘が）頭に巻いていた鉢巻きで首を絞めちゃった」とも話し、「生活が苦しい」、「お金がない」などとつぶやいたという。

事件は全国的に報道された。社会的にも大きな反響を呼んだ。それは犯行への非難ではなく、母親を娘に手をかけるまで追い込んだ原因は何なのか、もっと早い段階でこの母子の生活状況を誰かが気づいて救うことはできなかったのか、そういった視点から多くの報道がなされ、評論家が事件を分析していた。

団が呼びかけて現地調査団を結成

団本部では、貧困・社会保障問題委員会（貧困問題委員会）を設け、貧困問題として生活保護を中心に社会保障上の制度の不備や各地事件の検討を行っている。事件発生の頃には、生活保護受給者向けのガイドブックを作成したり、全国生活と健康を守る会連合会（全生連）などの運動団体とも勉強会を開いたりして、貧困という１つのテーマを根っこに据えながら各団体が横断的に連携する方法を模索していた時期であった。

事件発生から１ヶ月後、全生連が、国交省に対し、再発防止などを求め緊急に申し入れを行った。しかし、課長補佐による30分程度の紋切り型の回答しか得られず、国から千葉県に事情を確認している段階にとどまっていた。

この全生連からの報告、そして、新聞やインターネット上の記事をみながら、貧困問題委員会のメンバーは、この事件の根っこには貧困の問題があり、この事件を母親の刑事責任を問うことだけで終わりにしてはならないとの共通の思いを抱いた。

同じような悲惨な事件を２度と起こしてはならないと人々が望んだとしても、家を失ったら……生きられない、母親がそこまで追いつめられた心理、その心理をもたらした背景事実や要因をつきつめなければ教訓は得られない、と貧困問題委員会は捉えた。

この事件には、母親を追いつめた要因に行政の問題があるようであった。行政が自らその検証をしなければならない。しかし、当時、千葉県や銚子市から表だった動きはみえなかった。行政が動かなければ市民運動として働きかけることが必要だ、委員会のメンバーはそこに思い至った。

全生連から事件の報告を受けたその日のうちに、現地調査と申し入れ行動が決まった。

10月の団総会で本部事務局次長になった藤岡拓郎（千葉支部）が貧困問題員会の担当としてこの調査活動を担うこととなった。藤岡は、現地調査や申し入れをどのように行うのか、ほとんどイメージが湧かなかったが、議論する中で今回の事件が誰もが同じ境遇になりうる生活困窮や住宅の問題であり、法律家の視点だけでなく市民運動との連携が重要であることに気づいた。団長就任早々の荒井新二が、貧困問題、特に住宅問題を扱う他の団体に広く呼びかけ、同年12月、「千葉県銚子市・県営住宅追い出し母子心中事件調査団」（調査団）が結成された。参加団体は、団、全生連、中央社会保障推進協議会、住まいの貧困に取り組むネットワークである。調査団の代表には、社会保障法、福祉政策論を専門とする井上英夫金沢大学名誉教授が就任した。

調査開始

現地調査と申し入れ行動にあたり、当時の行政の対応について新聞記事などに限らずもっと多くの情報を集める必要があった。藤岡は、この事件に行政の視点から熱心に取り組んでいた千葉県議会の丸山慎一議員（日本共産党）に連絡を取り、丸山議員を通じて県住宅管理課や銚子市から開示された資料を入手した。そこには県による公営住宅家賃減免の実施状況や銚子市の母親に対する面接記録票など、事件の背景となる重要な資料があった。

15年6月8日から12日にかけて、母親の刑事公判が千葉地裁で開かれていた。藤岡は、千葉支部の田村陽平や舩澤弘行ら若手団員と協力し、すべての審理を傍聴し、母親の話、元夫や娘の担任教師の証言、千葉県や銚子市の対応状況等、重要な事実を得ることができた。

「自己責任」社会の貧困の実相

そこから見えたのは、生活困窮の実態と社会から孤立して誰にも頼ることができない環境、そしてこれに対する行政の認識の欠如であった。

〈母親の生活実態〉

母親は、00年7月に結婚し、その年に娘が生まれた。夫には借金が600万円程度あったため、母親は、両親が住んでいる自分名義の住宅を担保に借金をして夫の借金返済にあてた。結局その借金が原因で2年後には離婚となった。07年に入り、元夫から銚子市に仕事があると誘われ、母親は娘とともに銚子市の県営住宅に2人で入居した。元夫は、当初、月1、2回は県営住宅の母子の下を訪れていたが、09年頃から途絶えた。

県営住宅の家賃は1万2,900円であった。母親は、給食センターのパートとして働き始めた。時給850円。土日祝日や学校が春夏冬休みのときは仕事も休みとなり、収入がなかった。児童手当（月額換算で約1万円）を受けていたほか、母子家庭であることから、児童扶養手当（月額換算で約4万円）を受給していた。元夫からは養育費として月3万円を支払ってもらう約束があったが、月1万円のときや払われないときもあった。

平均で月11～14万円と、母子家庭を含む2人世帯での一般的な生活費の水準からみると極めて厳しい状態が続いた。加えて児童扶養手当等が当時4ヶ月に1回の支給であり、毎月の収入に波があったため、家計の維持が難しく、娘の学校関係費用の臨時支出があったり、元夫の養育費が遅れたりすれば、たちまちに生活困窮に陥ってしまった。

母親は、09年頃、銚子市役所の生活保護相談窓口に相談に行った。生活保護を申請するつもりだったようだ。しかし、担当職員からは「申請してもお金がおりないよ」と言われ申請させてもらえなかった。母親が仕事をして収入を得ているからという理由だった。

行き詰まった母親は、娘が中学生となる13年頃に制服代などのために社会福祉協議会から借り入れをした。同じ頃にヤミ金から金を借りた。ヤミ金へは週ごとに1万円返済しており、返済が遅れると電話が何度もかかってきた。

〈家賃滞納と住宅の明渡請求〉

12年の娘の冬休みが明けた頃から、元夫が養育費を支払わなくなった。母親は日々の生活にかかる支出で手持ち金がなくなり、家賃の支払いを後回しにして児童扶養手当が入ったときにまとめて払う形になってしまい、滞納が常態化していった。滞納額が次第に増え、数ヶ月分の滞納が断続的に続く状態になった。13年3月には県からは住宅の明渡請求がなされ、間もなく入居許可を取り消す旨の通知書が出された。

〈再び生活保護相談窓口に出向く〉

母親は、県から県営住宅の入居許可を取消すという通知を受け取った数日後、銚子市役所の保険年金課を訪れ国民健康保険証の発行を願い出た。このときに担当者から生活保護受給を勧められ、保険年金課の隣にある社会福祉課に案内された。

しかし、母親は、生活保護の申請をせずに帰宅した。母親によれば、この頃どうしようもなくて1万円でも2万円でもいいからお金を貸して欲しいという気持ちで生活保護の申請窓口で相談した。前回の相談と同じように収入なども全部話した。しかし、担当職員からは、「申請してもいいけどあなたの場合は支払われる額はない気がする。」と言われ、前に相談したときと同じように仕事をしているとの理由で断られたため、あきらめるしかないと考えたという。

〈住宅の明け渡し〉

県による入居許可の取消し通知後、母親は滞納家賃の一部を送金するなどした。これは母親に居住意思があることをうかがえる事実だった。

しかし、県は、取消通知から3ヶ月後の13年7月には明渡裁判を起こした。母親が裁判に出頭しなかったため（母親は体調不良で裁判を欠席すると裁判所に事前に連絡していた）、同年11月には明け渡しを命ずる判決が出された。そして翌14年5月には強制執行の事前通知、8月には強制執行の申立てがなされた。執行官による自宅内への公示書の掲示、催告書の交付を経て、9月24日に強制執行が実行されることとなった。この日の朝、本事件が発生した。

この間、県は、母親本人と一度も接触する機会をもたなかった。母親は、14年5月頃、千葉県の担当者に電話し、強制執行を待ってほしいと伝えていた。しかし、県の担当者は「決まってしまったことだから」と取り合わなかった、という経過があった。

〈母親の心理状態〉

母親は、事件当日に至る心理状態を次のとおり吐露している。

8月末に自宅内への強制執行の催告書が自分の留守中に貼られていた。自宅に帰ってきてこれを見たときに「もうだめだな」と思った。その後には、引っ越しはお金がなくてできないと考え、9月から自分が死ぬしかないと思うようになり、自殺サイトにアクセスし、これから死ぬのだからと思って気力と体力がわかず9月12日を最後に仕事には行っていない。ぎりぎりまで娘と一緒にいたかったので明け渡しの日に死のうと思った。自分だけ死んで娘は国に保護してもらうつもりだった。娘を学校に送ってから死ぬつもりだった。娘が自分の体調を心配し学校を休むと言ったので計画が狂った。当日のことは今はまったく覚えておらず、なんで娘を殺すことになったのか……わからない。

現地調査と申入れ行動

15年1月19日、調査団は、千葉県と銚子市への現地調査と要請行動を行った。2班に分かれ、1班は、調査団代表の井上教授、貧困問題委員会委員長の黒岩哲彦（東京支部）、委員の笹田参三（岐阜支部）らが銚子市へ向かい、事件が起きた県営住宅を視察した後、銚子市役所への要請を行った。もう1班は、荒井、林治（東京支部）、藤岡らが千葉県庁への要請に赴いた。当日は、構成団体から50名以上の参加があった。

銚子市では、市の保険年金課や社会福祉課、住宅課の担当者が出席し、2時間にわたり調査団より事情を聴取するとともに、事件後とった改善措置について意見交換を行った。千葉県庁では、県土整備部住宅課や健康福祉部健康福祉指導課の担当者が出席し、調査団から要望書を示して申入れを行うとともに、2時間、詳しく事実関係を聴取した。

その後2つの調査班は千葉県弁護士会館会議室で合流し、報告集会を開いた。荒井から、再発防止のためには1回の要請で満足せず、母親の刑事裁判の進展を踏まえ、今後も調査や要請等の活動を続けていく必要があるとの発言があった。井上調査団代表は、県の職員が直接母親と連絡を取ろうとすらしなかったことなど県は最低限の手続的な義務を果たしていない可能性があり、県や市に対して厳しく責任を追及していく姿勢をとるべきであることを強調した。

同年3月、貧困問題委員会は、調査と要請行動をふまえて、具体的な改善に向けた提言とともに調査報告書としてまとめ、自治体や関係機関に送付した。

千葉県の責任を問う

母子が入居していた公営住宅では、入居者の世帯収入が著しく低い場合など、家賃の支払いが困難と認められる場合に、家賃を減額する制度が設けられている（公営住宅法16条4項）。この法律を受けて千葉葉県県営住宅設置管理条例にて減免制度が定められており、その減免基準によれば、認定された収入月額によって、20～80％まで家賃が段階的に減額される仕組みになっている。

この母子は、家賃減免制度の対象となり得た。母親の平均月収を約11万円～14万円とみた場合、減額率は60～80％となり、毎月7千円～1万円程度の家賃負担を免れることができたはずである。この金額は、生活困窮状態にあった母子にとって相当に大きい。

問題は、この家賃減免制度が、県から入居者に十分周知されていない実態にあったところにある。県の説明によると、滞納後の家賃を請求する通知書の裏面にわずかな記載をしていたこと、県のホームページに載せている程度であった。低額所得者は、インターネット環境も十分でない人が多く、また社会から孤立している人も多いため、このような方法による情報提供だけでは、家賃減免制度にたどり着けない。

公営住宅法は、健康で文化的な生活を営むに足りる住宅を、住宅に困窮する低額所得者に対して低廉な家賃で賃貸することを目的とする（1条）。その意味で、公営住宅は、社会的弱者のための居住権を保障する最後の砦、セーフティネットの役割をもつ。この根底には憲法25条の生存権保障の理念があり、その責任主体はいうまでもなく国や自治体である。したがって、個々の入居者が確実に目にすることができる方法での周知と、個々の入居者の収入実態の把握とそれに沿った積極的な減免申請への誘導が求められていた。

２つ目の問題は、県は、母親の家賃滞納に対して、入居許可の取消し、明け渡し請求、訴訟、強制執行と、一連の手続を職員が母親本人と一度も会うことなく進めたことである。

調査団が整理したところでは、明渡請求・入居許可取消の決定に至るまでの家賃滞納が続いていた期間が相当長期になっており、県の職員が母親本人と接触して状況把握をする機会は十分にあった。県は、入居許可を取り消す前に、母親と面談して実情を把握し、家賃減免申請や滞納解消に向けた話し合いが可能であった。また、明渡裁判を起こす前、遅くとも強制執行の前には、本人と接触の上、その後のフォロー（退去後の居住先の情報提供や相談等）を含めた対応が必要であった。そうでなければ、この母子に限らず退去させた市民を路頭に迷わせることになってしまう。

こうした調査と検討を通じ、行政の不作為による罪を藤岡は感じざるを得なかった。一度でも会うことがなぜできなかったのだろうか。行政自身が市民のために積極的に動くこと、市民１人ひとりが置かれた状況を想像することができなかったのはなぜだろうか。法律がどうこうではなく、１人の市民として素朴な怒りをもたずにはいられなかった。

県の対応に決定的に欠けていたことは、憲法上の人権である居住する権利の保障のために行政が主体的に責任を果たすことの意識でないか、藤岡をはじめとした調査団での議論は、そのような結論に至った。

そこで調査団は、県に対する要請において、居住権保障の必要性とそのことを趣旨とする公営住宅法を踏まえ、県が、最後のセーフティネットとしての役割を自ら放棄して入居者を退去させる際には、入居者との接触、面談は不可欠であること、入居者からの直接の接触ができていないときには明け渡しの請求をしないこと、少なくとも提訴しないことを制度化すべきあることを申し入れた。

銚子市の責任を問う

銚子市の担当者からの聴取でわかったことは、申請窓口において、家賃の滞納状況や現金等の保有状況などライフラインに直結する内容も含めて聴取していない重要事項が多いこと、そして、当時の担当者がどのような説明をしたかについて記録はなく、曖昧な記憶しか残っていないこと等、切迫した生活困窮者に対する意識の低さであった。

母親は困窮した生活状態を少しでも改善したいと思い、生活保護申請窓口に2度相談に行っていた。とりわけ2度目の相談は、母親がまず国民健康保険料の滞納で保険年金課の窓口に相談に行き、同課から隣の福祉課へと案内された上での相談であった。国民保険料の滞納は、母子の困窮状態を推認させる重要な事情である。ところが、福祉課の担当者は、2度とも、収入がはっきりしないことを理由に、生活保護の一般的な説明だけをして、保護の手を差し延べることをしなかった。当時の面接記録票をみても、担当者において母親に生活保護の申請意思を確認したのかも明らかでない。この点、厚労省による行政通達等では、家賃滞納を含め生活状況を十分聴取することも申請意思の確認も必須項目とされている。仮に当時から丁寧な事情聴取がなされ、母子の生活困窮状態が急迫したものであることがわかれば、市には生活保護法上の職権保護も義務づけられる。そのような救済に至る入口でなすべきことを怠った市の責任は重い。

弁護士になったばかりの田村は、後日、市の説明を聞きながら、この市庁舎のどこかの担当課のだれかが母親の生活状態を把握し、生活保護や家賃減免制度の利用を勧めていた場合、悲しい事件は起きずにすんだのではという気持ちを抱かずにいられなかったと述べている。

銚子市の対応は、行政内部における情報共有の課題も明らかにした。母親は当初、国民保険料の滞納から市の保険年金課を訪れ、そこで生活保護を勧められ、隣の社会福祉課に案内されたのであるが、この両課においてすら保険料滞納等の母親の生活状況に関する情報は共有されていなかった。また、銚子市と千葉県との間でも連携が取られた形跡はない。市は母親からの相談時に家賃の滞納状況を把握していないのであるが、これが少なくとも県との間で県営住宅の家賃滞納の状況を共有できていれば、母子の生活困窮の状態をより正確に把握でき、県と市との協力の下でその後の母子の住宅確保について何らかの対応が可能となったはずである（なお、これら情報共有は当然ながら各条例による個人情報の取り扱いに関わることとなるので、本人の同意の下で行われる必要がある)。

以上の調査団の要請に対し、県は市の未聴取等の対応の不十分さを認めた上で、県内自治体へこの点での注意喚起を行っていく考えを示した。

刑事判決と県への再度の要請

15年6月、千葉地裁は、母親に対し懲役7年の判決を宣告した。検察官求刑の半分の量刑だった。判決理由では、「被告人は、身近に頼りにできる者もおらず、長年にわたり生活に困窮する中、強制執行によって住む場所を失うことが現実になることを知り、自分が死ぬしかないという心境にまで精神的に追い込まれた状況で強制執行の当日を迎え、突発的に犯行に至っている。そのような状況を招いた原因のすべてを被告人自身にあったということはできず、被告人を強く非難できない事情も認められ、実の娘を殺害するに至った被告人に向けられる非難の程度は一定の限度にとどまるというべきである。」として事件の原因を母親のみに求めることはできないと指摘した。

15年10月、調査団は改めて県に対し要請を行った。県からは、事件後に家賃減免の周知方法を拡大し、減免世帯が増加したこと、滞納者への直接訪問数を増やしたことなどが報告されたが、訪問対象が限定されている等、まだまだ改善が十分ではなく調査団から引き続きの取り組みを求めた。

国の責任を問う

これらの活動の中で、調査団のメンバーは、自治体の公営住宅や生活保護における機械的で主体性を欠いた対応には、国の公営住宅や住宅政策、生活保護に対する基本的な方針や政策が大きく影響していることを実感し、銚子事件が投げかける課題は、そもそも国がその政策を見直さなければ根本的には解決しないとの認識に至った。

国会審議でも銚子事件を取り上げた質疑がなされていた。15年4月9日の参議院予算委員会で、辰巳孝太郎議員（日本共産党）は、公営住宅の家賃減免制度の周知徹底を政府に求め、また、民生部局との十分な連携がされなかったことも指摘した。これに対し太田昭宏国交大臣は、「入居者の状況把握や福祉部局との連携強化の徹底を図る」とする答弁をした。さらに、辰巳議員は、安倍晋三首相に対して、母親の生活保護の申請意思について「国保料も家賃も滞納しているこの世帯に申請の意思が本当になかったのか。行政側は命のとりでとして声なき声を聞く努力をしたか」と問うた。これに対し安倍首相は、「住宅部局と生活保護を扱う民生部局の間で情報共有して家賃の軽減策を講じるなど居住安定の支援策を要請した」と答弁した。

調査団は、15年12月、国交省に対して、さらに翌16年1月に、厚労省に対して、それぞれ要請行動を行った。

国交省は、07年、都道府県宛てに公営住宅家賃の徴収率の向上を進める旨の通知を出し、滞納家賃の徴収対策として民間事業者の積極的な活用を促し家賃の徴収率の向上を求めていた。そこでは経済的効率性が優先され、家賃減免制度の利用に対する配慮はまったくなされていない。公営住宅は、都心を中心に当選倍率が高く、所得が少ない者が入居したくても入れない社会実態にある。公営住宅の数が明らかに不足する中で、家賃徴収業務を民間業者に委託して効率化をはかり徴収率をあげることは、個別事情に配慮せず家賃滞納者をすみやかに画一的に追い出すことに行き着いてしまう。この07年通知が、千葉県の対応の背景にあった。

国交省は、銚子事件発生後の14年11月に、都道府県に宛てて、改めて公営住宅における入居者の収入等の生活状況の十分な把握と家賃の減免の適切な実施のための対応を徹底する旨の通達を出した。しかし、07年通知はそのまま放置した。

調査団は要請に際し、この矛盾を指摘した。国交省担当者は、この07年通知と16年通知は趣旨が異なり、徴収率向上に偏った扱いはしない、16年の通知の趣旨である家賃減免の周知、滞納者の早期の事情把握を徹底する旨回答した。また、家賃の減免が過去に遡って適用されるかは自治体の判断によるとして、その可能性にも言及、さらに厚労省との連携、意見交換も進めているとの回答もあった。

実際にも、その後の厚労省の生活困窮者自立支援制度の研修では、銚子事件が題材に取り上げられ、各部局の連携の重要性が説かれている。

調査団が銚子事件から学んだこと

調査団の行動の成果は、調査団メンバーによる本の刊行に結実した。井上英夫・山口一秀・荒井新二編『なぜ母親は娘に手をかけたのか――居住貧困と銚子市母子心中事件』（旬報社、2016年）である。藤岡は、この本の冒頭で、調査活動を踏まえて、母子家庭の生活困窮の実態と事件の経過から各行政の責任と課題を指摘した。

井上教授は、千葉県や銚子市、国の責任を問うことを通して、母親をここまで追い込んだのは、日本の貧困、すなわち、住宅政策、社会保障、社会福祉政策の貧困さこそが真因にあると強調している。

荒井弁護士は、銚子事件を経験して普遍化できる視点として２点を指摘している。

第１に、母子が住居を失うことの意味を関係者がもっと想像力をもって考えることである。母親は、家を失ったらホームレスになるしかないと考えた。公営住宅を退去したその先に娘と一緒に生きる姿を思い描けなかったのである。そのことが事件の動機に結びついている。行政が、社会が、想像力を働かせ、母子を社会につなぎ止める役割を果たすべきであった。

第２に、セーフティネットは単に網をはるだけでなくて、困窮者が積極的に利用できるように提供してこそ意味がある。母親のように社会から孤立し、精神的にも追い込まれている人間に対し、自発的に手を挙げて制度を利用せよと求めるべきだろうか。自己責任の発想は社会の実相をみない机上の議論である。むしろ行政から働きかけて積極的にセーフティネットを講じる義務がある、そういう認識が社会において確立されるべきである。

法律家による調査活動

この事件に取り組んだ藤岡は、弁護士７年目だった。弁護士の役割は法廷闘争による裁判の結果がすべてで、それこそが社会を変える手段と考えていた藤岡にとって、この調査活動はあるべき弁護士像を変えた。弁護士の仕事は法廷闘争だけではない。法廷の外にこそ、活動の広野がある。市民運動と一体となって現地で調査を行い、行政に申し入れを行う。このことは、権力的作用を有する行政を監視し、民主的なコントロールを直接的に及ぼすものとして、立憲的な民主主義政治を補完する役割も持つ。

この事件を通じて、藤岡は、事件が起きたとき、それを１つの悲惨な事件で終わりにしてはならないことを実感した。そして、法律家が社会との接点を持ちながら、市民とともに法廷の外で声を上げなければならないもう１つの意味も感じた。それは、事件の背景にある貧困などの社会の構造的問題を専門家の目をもって可視化し、社会においてその問題を共有することにより、率先して市民社会（民主主義）の成熟を促すことではないだろうか。

本事件における調査団の粘り強い活動は、法律家が市民運動と一体となってこれらの役割を果たすための１つの重要なモデルを提示した。

20

「被爆者は人類の宝」の言葉をかみしめながら

――原爆症認定訴訟

被爆者運動との出会い

まったく偶然のことから、団員安原幸彦は弁護士1年目から被爆者運動と関わるようになった。安原が弁護士登録をした年（77年）、原水協と原水禁に分裂していた原水爆禁止世界大会が久々に統一大会として開催されることになった。未だ弁護士に成り立てで時間に余裕のあった安原は、分裂下ではどちらにも参加できなかった青年法律家協会の代表として、統一大会に参加することになった。そしてその報告会で、初めて被爆者の団体である日本原水爆被害者団体協議会（日本被団協）と出会うことになった。そのとき一緒にいたのが、池田眞規団員、椎名麻紗枝団員、内藤雅義弁護士だ。これを契機にこの4人で被団協の運動に深く関わることになった。そして、いつからか、中国の江青らになぞられて、被団協「四人組」という呼び名が付けられた。男性3人・女性1人で、年齢構成もよく似ていたが、なにより各人の個性も「四人組」にぴったり合っていたようだ。

被爆者運動の2本の柱「核廃絶」と「国家補償」

安原は、被爆者運動との関わりの中で、被爆者運動の2つの柱を知ることになった。

広島・長崎の被爆者は、アメリカの占領政策や放射線被曝に対する差別・偏見から、戦後長く沈黙を強いられてきた。しかし、54年3月のビキニ被爆を契機に次第に声を上げるようになり、56年8月、日本被団協を結成して、核兵器を地球上からなくすこと、戦争に起因する原爆被害を国が補償すること、この2つ（核廃絶と国家補償）を掲げて活動を展開してきた。この2つは、原爆被害の実相を目の当たりにした被爆者が心の底から求めずにはいられない要求だった。

この物語の主題は、国家補償要求の一環として取り組まれてきた原爆症認定訴訟であるが、21年1月22日に核兵器禁止条約が発効したこともあり、そこから始めることにする。

核廃絶に向けた取り組み

核兵器禁止条約は、17年7月に国連総会で採択されたが、それに先だって、核兵器の使用等を国際法違反とする国際司法裁判所の勧告的意見があった。国際司法裁判所に勧告的意見を求めるには、国連の機関の決議が必要だ。そこで、国際平和ビューロー（IPB)、核戦争防止国際医師の会（IPPNW)、国際反核法律家協会（IALANA）の3団体が共同して国連決議の実現に取り組んだ。そこには、池田をはじめとする多くの団員がかかわっていた。その運動の中で被爆者は、被爆の実相を語り、核兵器の非人道性を訴えてきた。その努力が実って、94年12月、国連総会で国際司法裁判所の勧告的意見を求める決議が採択された。求めたのは「いかなる状況において核兵器の威嚇及び使用が国際法の下において許されるか」に関する意見だった。

国際司法裁判所は審理を開始し、95年10月ハーグで各国代表の意見陳述を聞いた上で96年7月、「核兵器の使用・威嚇は一般的に国際法・人道法の原則に反する」という勧告的意見を発表した。その実現に日本被団協とそれを支援した日本反核法律家協会の弁護士が関わっている。安原も95年10月にはハーグに行き、国際司法裁判所の法廷を傍聴するとともに、証言に立った広島市長、長崎市長を励ます活動に加わったが、その時の安原には、これほど明確な勧告的意見が出されるとは思えなかった。アメリカをはじめとする核保有国の強い抵抗があったからだ。日本政府もそれに与していた。

それを打ち破って国際司法裁判所の勧告的意見は出された。そしてそれをベースにして、核兵器禁止条約に向けた取り組みが開始され、紆余曲折を経て21年後の17年国連総会で核兵器禁止条約が採択された。この条約では、勧告的意見で言及された「核兵器の使用と威嚇」だけではなく「開発・実験・製造・取得・保有・貯蔵・移転」などが幅広く禁止されている。また冒頭には「被爆者及び核実験の被害者にもたらされた容認し難い苦難と損害に留意し」と書き込まれている。核兵器禁止条約は、国際司法裁判所の勧告的意見を発展させ、さらには被爆者の国家補償要求実現にも繋がる条約なのだ。20 年 10 月、50 カ国が条約を批准したので、21 年 1 月 22 日に核兵器禁止条約は発効することになった。核廃絶への取り組みは次の段階に入った。

原爆被害

原爆症の理解のためには、原爆被害を知る必要がある。

広島・長崎の上空で爆発した原爆は、爆風・熱線・放射線の 3 つを地上にまき散らした。

爆風

爆発と同時に爆発点に数十万気圧という超高圧の空気の固まりが生まれ爆風となった。爆心地の風速は 440m ／秒、爆心地から 2 ㎞地点でも 60m ／秒で木造建物は全壊した。

熱線

爆発と同時に空中に発生した火球は、その瞬間に数百万度に達し、爆心地の地表面の温度は 3,000 ～ 4,000 度（鉄の溶ける温度は約 1,500 度）、広島では爆心地から 600m 地点（長崎では 1 ㎞地点）の瓦が溶け、2 ㎞地点でも衣服が燃えた。こうして、原爆投下によって、広島・長崎の街は一瞬にして壊滅した。

放射線

そして、放射線が人々に襲いかかった。一般に、放射線の致死線量は 7 グレイ、半致死線量（50％の人が死亡する）は 4 グレイと言われているが（日常生活において 1 年間にわたって受ける放射線量は 0.001 グレイ）、爆心地から 500m 地点で広島市では約 40 グレイ、長崎市では約 80 グレイ、1 ㎞地点で広島市では約4グレイ、長崎市では約8グレイの初期放射線（爆発後1分以内に放射される放射線）が人体を貫いた。

その後、初期放射線が建材や人体などの原子核に衝突して原子核反応を起こし放射能が誘導されて誘導放射線を出すようになり、また「黒い雨」などの放射性降下物が降り注ぐなど、残留放射線の影響は、広範囲、長時間に及んだ。

死者

爆心地から500m以内の死亡率はほぼ100%、1㎞で約85%、1.5㎞で約50%で、45年末までに、広島市で約14万人、長崎市で約7万人が死亡した。また、爆心地近くの死者の中には、一瞬に身体全体が溶け、石などに付着した体脂らしきものによって、その存在の形跡を残した方もいると言われている。

放射線後障害（原爆症）

数万人の生命を瞬時に奪っただけでなく、生き残った人々の身体を放射線が蝕んだ。急性期（被爆直後～45年末）には、発熱、嘔吐、吐血、下痢、下血、脱毛、紫斑、歯齦出血、意識障害などの急性症状が被爆者に現れた。急性症状が収まった後も、ケロイド、白血病、ガン、白内障、染色体異常、造血機能障害などの様々な後障害が現れ、現在も、被爆者を苦しめている。このように被爆者が次々とかかる病気について、これを原爆放射線によるものであると国に認めさせ、補償させるのが、原爆症認定の闘いである。

原爆症認定制度とその運用

原爆被爆者は原爆放射線の影響によってガンをはじめとする様々な病気にかかる。そこで、これら放射線後障害に苦しむ被爆者を救済するため、被爆者援護法により、
①被爆者が放射線に起因する疾病に罹患し（放射線起因性）
②現に医療を要する状態にある（要医療性）
場合には、厚生労働大臣が「原爆症」と認定し、医療の給付と手当の支給

を行う制度（原爆症認定制度）が設けられている。しかし、08 年当時、「原爆症」と認定されている被爆者は、国が被爆者と認めて「被爆者健康手帳」を交付している 24 万 3,692 人（同年 3 月 31 日現在の被爆者数）のうち約 2,000 人にすぎなかった（約 0.9%）。多くの被爆者が、被爆後放射線に身体を蝕まれ続け、多くの病気に苦しめられているにもかかわらず、1%以下しか原爆症と認定されないという運用がされていたのだ。

なぜ、こんなことになっていたのか。それは、当時の原爆症認定実務が、もっぱら原爆爆発時に爆心地からどれくらいの距離にいたのか（被爆距離）によって放射線起因性を判断していたからだ。しかしながら、放射線被爆は原爆爆発時の直接被爆以外にも、「黒い雨」等の放射性降下物による被爆や原爆投下後に市内に入ったときの残留放射線による被爆（入市被爆）がある。にもかかわらず当時の原爆症認定実務は、放射性降下物や残留放射線による被爆の人体影響を認めようとしなかった。その結果、原爆爆発時に爆心地から概ね 2 キロ以内にいた者のみが放射線の影響を受けた者であり、それ以外の人たちはほとんど放射線の影響を受けていないことにされてしまった。

黒い雨を浴びた多くの被爆者や入市した多くの被爆者が、脱毛等の放射線固有の急性症状を呈して亡くなっていったことは、当時から知られていた。この事実に目をつぶって被爆の実相に即さない被爆者行政が展開されていた。

原爆症認定に関する個別訴訟（特に松谷訴訟について）

これまで、何人かの被爆者が、訴訟を提起して原爆症認定行政の非を問い、そして勝訴してきた。安原もその 1 つ、肝炎に罹患した被爆者に対する原爆症認定申請却下処分取消訴訟の弁護団に参加し、東京地裁・東京高裁で完勝した。そこで経験した専門家尋問は安原にとって大きな宝になった。

しかし、個別訴訟でいくら勝訴しても、原爆症認定行政は一向に改まらなかった。それどころか、後述の松谷訴訟では従来の認定方法を更に改悪する有様であった。そこで、個別訴訟ではなく、全国で集団的に訴訟を起こして国民運動に発展させ、国に被爆実態を正面から認めさせることによって、国の原爆症認定行政を根本的に改めさせ、国家補償の精神に基づいた被爆者行政を勝ち取ろうとした。それが原爆症認定集団訴訟だった。

個別訴訟の１つである松谷英子の裁判は国が最高裁まで争った。この判決はその後の原爆症認定訴訟に大きな影響を与えた。

事案の概要と最高裁の判断

事案は、長崎の爆心地から2.45km地点で被爆した松谷が、爆風で飛んできた屋根瓦が頭部に当たり頭蓋骨陥没骨折の傷害を受けた結果、右半身麻痺等の後遺症を残したというものである。

93年に長崎地方裁判所、97年に福岡高等裁判所で松谷は勝訴したが、国側が上告し、最高裁に係属した。そして、最高裁は、00年7月18日、放射線起因性の立証について「一点の疑義も許されない自然科学的証明ではないが、経験則に照らして全証拠を総合検討し、特定の事実が特定の結果発生を招来した関係を是認しうる高度の蓋然性を証明することであり、その判定は、通常人が疑いを差し挟まない程度に真実性の確信を持ちうるものであること」が必要であると判断しつつ、「(原爆放射線量の推定については) なお未解明な部分を含む推定値であり、現在も見直しが続けられていること (から) ……機械的に適用することによっては…… (松谷の被害の) 事実を必ずしも十分に説明することができない」として、被爆直後の松谷の身体に脱毛などの放射線の人体影響を伺わせる症状が現れていたことや現在の症状が単に瓦が当たったということだけでは説明できないことなどの事実を挙げて放射線起因性を認めた。

安原は、長崎地裁で行われた被爆医師肥田俊太郎の尋問に参加した。被爆の実相をリアルに述べた証言は勝訴への大きな足がかりになった。主尋問が終わった後、訟務検事たちが「これは放っておけない」と青い顔をしてささやき合っていたのが印象的だった。

松谷訴訟最高裁判決の意義

松谷訴訟最高裁判決の意義は、放射線起因性の判断に関して、机上の理論より被爆の実態を重視し、事実上被爆者の立証負担を軽減している点にある。最高裁は、原爆症認定に関して被爆者救済の観点を明確に打ち出したのだ。

最高裁は、別件訴訟で、被爆者に対する制度の根底には、そもそも原爆被爆が国の起こした戦争に起因するものであることから、国家補償的配慮がその制度の根底にある、と判断している。この判断は、松谷訴訟で最高裁が被爆者を勝訴させた要因の1つでもあると考えられ、被爆者の国家補償要求の支えにもなるものだ。

訴訟で勝つほど悪くなる——DS86と原因確率

松谷訴訟最高裁判決を受けて、厚生労働省は初めて明文で原爆症の認定基準を作成することにし、翌01年5月、「原爆症認定に関する審査の方針」（旧審査の方針）を策定した。ところが、その中身は、驚くべきものであった。すなわち、旧審査の方針は、各被爆者ごとに「DS86」（86年に作成された被爆線量を算定するシステム）に基づいて被爆線量を算定し、「原因確率」（病気の発症が原爆放射線の影響を受けている確率）と「しきい値」（原爆症発症に必要な被爆線量の値）を用いて原爆症と認定するかどうか決めるという考え方を柱としていた。このDS86や原因確率、しきい値自体が基準として不相当である上に、人体に影響を与えた原爆放射線を初期放射線だけに絞り、残留放射線の影響を過小評価し、内部被曝を無視するなど、まったく被爆の実相にそぐわないものだった。その結果、旧審査の方針による原爆症認定は従来よりも厳しいものとなり、例えば松谷を旧審査の方針にあてはめると原爆症認定されないというバカげた結論を導く認定基準であった。そして、このような認定基準を、国・厚生労働省は、科学的だと強弁した。

どうしてこれほど切り捨てるのか——アメリカ追随の核政策

国は、なぜこうまで被爆者の救済を拒んだのだろうか。それには、わが国の核政策が深く関わっている。日本は「唯一の被爆国」でありながら、アメリカの核の傘の下に入るという政策を取り続けている。アメリカの核の傘の下に居続けるためには、核兵器は保有や使用が許されない非人道的兵器であってはならない。ところが、被爆の実態は、核兵器の残虐性、国際法違反性を明らかにしている。アメリカがいつでも核兵器を使えるようにするためには、原爆被害の実態を覆い隠し、核兵器が半永久的に人体に害を及ぼすような非人道的な兵器であることを覆い隠す必要があったのだ。

原爆症認定訴訟は、個々の被爆者の救済にとどまらず、国に残虐非道な被爆の実態を正面から認めさせ、ひいては国の核政策を転換させることへ繋がるものである。そこに原爆症認定集団訴訟の社会的意義がある。

どうやって打ち破るか　集団訴訟

全国で立ち上がった被爆者

個別訴訟でいくら敗訴しても認定行政を一向に改めない、それどころか後退させた厚労省に対して、どう闘いをいどむか。日本被団協は全国の被爆者に呼びかけ、02年7月、原爆症認定集団申請を開始した。そして、03年4月から、却下された全国306人の被爆者が、15地裁に原爆症認定集団訴訟を提訴した。

安原も集団申請・集団訴訟の説明のため各地に赴いた。果たして高齢化してきた被爆者が集団申請・集団訴訟という問題提起に共感するか、正直不安でいっぱいだった。しかしそれはまったくの杞憂で、長年苦しんできた自分の疾病を原爆症と認めさせたいという被爆者の強い思いを肌で感じることができた。安原は改めて、これはやらなければと強く心に誓った。

審理を通じて、国が依拠してきた放射線量を推定するやり方（DS86）が、距離が離れるとともに過小評価となっていたことや、残留放射線による外部・内部被曝の影響が無視できないものであることが明らかになり、勝訴が相次ぎ、279名の原告が勝訴あるいは認定基準の改定で原爆症と認定された（勝訴率91.1％）。この勝訴率は行政訴訟としては極めて異例だ。

また、09年5月28日の東京高裁判決は、原爆症認定制度について「単なる社会保障的観点に基づくものではなく、戦争遂行主体であった国の国家補償的措置として行われるものである」と判示し、国家補償を求める被爆者運動にとって貴重な判断を示した。

法廷外の闘い

法廷の外でも、原告団は、全国の被爆者団体や反核・平和運動を進める市民団体などの支援を受けて活発な運動を展開した。集団訴訟の闘いを特徴づけるものとして、単に原告団・弁護団の法廷内の活動のみならず、広汎な人々の支援を受けた闘いが展開されたことが挙げられる。闘いのヤマ場には被爆者が文字どおり命をかけた厚労省前座り込みを行った。何次にもわたって、国会議員への要請を繰り返し、被爆者の要求に賛同する署名も集めた。国会では与野党を問わず、被爆者を応援する気運が高まっていった。

与党プロジェクトチームの提言

被爆者、支援者の運動を受けて、07年12月、自民党・公明党の原爆被爆者対策に関するプロジェクトチームは、がんなどの一定の疾病について、①爆心地から約3.5km以内で被爆した者、②爆心地から約2km以内に100時間以内に入市した者、③それ以降、爆心地から約2km以内に1週間程度滞留した者であれば、積極的に原爆症認定を行うという提言をまとめた。これは、一定の疾病については立証責任を転換するものであり、厚労省が被爆者切り捨ての切り札としてきた「原因確率」を廃止する画期的なものであった。

安原が国会活動の実務に携わって思うのは、常に超党派の活動を追求する一方で、決め手となるところは与党で押さえるという点だ。原爆症認定集団訴訟はこの原則を見事に貫いたと言ってよいだろう。

原爆症認定集団訴訟の終結

「新しい審査の方針」

法廷内外での闘いの成果を受けて、07年8月5日、当時の安倍晋三総理が、認定基準の見直しを厚労省に指示し、これを受ける形で、08年3

月17日、厚労省は、「新しい審査の方針」を策定した。

その内容は、与党プロジェクトチームの提案を受け入れ、①被爆地点が爆心から約3.5㎞以内である者、②原爆投下より約100時間以内に爆心から約2㎞以内に入市した者、③原爆投下より約2週間以内に爆心から約2㎞以内に1週間程度滞在した場合は、ⅰ悪性腫瘍、ⅱ白血病、ⅲ副甲状腺機能亢進症、ⅳ放射線白内障、ⅴ放射線起因性が認められる心筋梗塞について、特段反対する理由のない限り積極的に原爆症と認定するというものだ。これを適用した結果、全国の原告306名のうち165名の却下処分が自庁取消され、原爆症と認定された。

新しい審査の方針は、「原因確率」を廃し、「積極認定」の概念を持ち込んだ点で、従来の被爆者切り捨ての認定基準から被爆者救済の理念に立った認定基準へと転換したもので、03年の提訴以来5年間にわたる被爆者運動の大きな成果といえる。ただ多くの裁判例で放射線起因性が認められた甲状腺機能低下症や肝機能障害が除かれているなどの欠陥もあった。

「新しい審査の方針」の改訂

その後、厚労省は、被爆者の強い要求を受けて、09年6月、13年12月の2回にわたって「新しい審査の方針」を改訂し、甲状腺機能低下症、慢性肝炎・肝硬変を認定疾病に加え、非がん疾患についても直爆2㎞、翌日までに1㎞以内の入市については積極認定の範囲に入れた。

確認書の締結

09年8月6日、当時の麻生太郎総理と日本被団協の間で、原爆症認定集団訴訟の終結に向けて「原爆症認定集団訴訟の終結に関する基本方針に係る確認書」が締結された。その内容は、国は原告勝訴判決に対する控訴を取り下げ、今後原告勝訴判決に対しては控訴しないこと、立法により原告に係る問題解決のための基金を設けること、厚労大臣と被団協・原告団・弁護団の定期協議の場を設け、今後訴訟の場で争う必要のないよう定期協議の場を通じて解決を図ることである。原爆症認定集団訴訟はこれに従って11年12月の大阪地裁判決をもって終結した。そして基金の活用により、

27名の敗訴原告にも一定の救済が図られた。

この確認書締結では、河村建夫官房長官や舛添要一厚労大臣との間に太いパイプをつくることができたことが決め手だった。外堀を埋めて調印に持ち込んだのだ。渋々調印した麻生総理は、当日最後までにこりともしなかった。

厚労省の手のひら返し

確認書の締結によって、原爆症認定問題は、今後訴訟の場で争う必要のないよう定期協議の場を通じて解決を図られるはずだった。具体的には認定基準の改訂、さらに進んで原爆症認定制度の抜本的改定が図られるはずだった。現に担当課の課長（後に事務次官にもなった）は「制度改定をしないと駄目ですね。」と言っていたのだ。しかし、厚労省は13年の「新しい審査の方針」の改訂を最後とし、それ以後一切被爆者の要求を受け入れなかった。その手法は、10年12月に「有識者」による「原爆症認定制度の在り方に関する検討会」を発足させ、13年12月に基本的に現状を肯定する報告書の提出を受け、同月の改訂をもって最終とするというものだ。10年1月から定期協議は開催されてきたが、協議に出席した厚労大臣は厚労省事務方の用意した拒否回答を繰り返すだけであった。

ノーモア・ヒバクシャ訴訟の提起

「新しい審査の方針」は、従前に比べれば大きく前進したとはいえ、裁判例の水準からすると遙かに低い水準であった。行政認定と司法判断の乖離は全く埋められていない。これを打ち破るために、第2次の原爆症認定集団訴訟（ノーモア・ヒバクシャ訴訟）の提起を行った。この訴訟は、新しい審査の方針によって却下されたケースを対象に、その不十分さを突く訴訟だ。

120人のヒバクシャが提訴し、20年11月段階で113名のうち90名が原爆症認定を勝ち取っている（勝訴率79.6%）。

ノーモア・ヒバクシャ訴訟の攻防

ノーモア・ヒバクシャ訴訟で厚労省は、学者や医師を大量動員して反撃に出た。例えば総論として学者35名の連名意見書を提出して、低線量被曝は人体に対する健康影響が少ないとしたり、個別原告についても医師意見書を提出してその医師を証人申請してきたのだ。これに対しては、総論は民医連の協力を得て反撃するとともに、個別原告については当方も医師意見書を提出し、証人尋問の場で熾烈に争った。その結果、前述のように高い勝訴率を獲得した。

にもかかわらず、厚労省は、制度改定はおろか、認定基準の改訂も一切拒否してきた。訴訟になれば負けるのをわかっていながらだ。その理由ははっきりしている。被爆者の泣き寝入りを見込んでいるのだ。原爆症認定を却下された被爆者のうち、行政訴訟を提起できる被爆者は極めて限られていることを厚労省はよく知っている。高年齢であること（20年11月現在平均年齢83歳）がその主な原因である。だとすれば、訴訟で負けても却下した方が厚労省としては割に合う。残念ながら、今日それを打ち破れないままノーモア・ヒバクシャ訴訟も最終段階を迎えている。

要医療性での反撃

放射線起因性では勝てないことがほぼ確定したため、厚労省は要医療性で反撃に出てきた。原爆症認定の要件の1つである「現に医療を要する状態」を厳しく審査するという反撃だ。

要医療性は原爆症認定に当たって2つの役割がある。1つは原爆症認定の要件としての役割である。もう1つは手当の支給に関わる要件としての役割である。原爆症と認定されると医療特別手当（月額14万円強）が支給されるが、認定された疾病が治癒し要医療性がなくなると特別手当（月額5万円強）に減額される。厚労省は要医療性を厳格に運用することで原爆症認定を減らし、さらには医療特別手当を特別手当に減額するという反撃に出たのである。何という姑息なやり方であろうか。

具体的には、これまでの運用では要医療性ありとしてきた「経過観察」を要医療性無しという運用に変えてきた。「経過観察」が医療であることは疑いない。しかし、厚労省は、要医療性を肯定するには、投薬など積極的な医療が行われなければならない、経過観察については再発の可能性が極めて高い場合等に限られる、としたのである。

しかも残念なことに、20年2月25日、最高裁は要医療性が争点となった3件の裁判について、厚労省の主張を全面的に受け入れ、被爆者を勝訴させた2つの高裁判決を取り消した。この判決には、国家補償的配慮のかけらもなく、高額の手当をもらうのだから要件が厳格でもやむを得ないというスタンスが透けて見える。被爆者に残された時間が限られている中で、この判決にどう反撃していくか、また新たな課題が課せられることになった。

「被爆者は人類の宝」

これは、池田眞規団員の言葉である。安原は、原爆症認定訴訟を担当しながらそのことを心から実感している。75年も経った今日でも、自らの身体、人生をさらして、核兵器の被害、被爆実態を訴え、核兵器をなくして平和な世界を築く礎になるべく立ち上がっている姿に接するからだ。

安原は思う、被爆者の残したものとその闘いを若い世代に引き継ぐためにもさらなる取り組みをしていきたい、と。

21

東日本大震災からの復興

I　岩手において「人間本位の復興」は実現できたのか
——地方団員の活動の軌跡

激震

2011年3月11日14時46分。ドンという強い縦揺れの後、激しい横揺れが長時間続く。30分後、ラジオからアナウンサーの絶叫が耳に飛び込んできた。「眼下に信じられない光景が広がっています。津波が押し寄せています。人も車も家も津波で押し流されています……」

マグニチュード9.0、岩手県だけで死者4,674人、行方不明者1,112人、全壊・半壊を併せて26,079棟もの被害をもたらした日本観測史上最大の地震と津波の発生だった。

3月14日、岩手弁護士会は対策本部を設置して支援のための協議を開始した。いわて労連を中心とした労働組合や民主団体が設置した対策本部でも被災地の状況を確認しながら必要な支援体制を整えていった。法テラス岩手の所長を務めていた団員佐々木良博は、宮古の法テラス法律事務所の被災状況の確認や法テラス本部との協議のため地方事務所に詰める日が続いた。

被災地へ

3月20日、佐々木が初めて訪れた故郷釜石市の市街地は1階が空洞となった建物が連なり、道路の両側にはがれきや車がうずたかく積み上げられ異臭を放っていた。大槌町の市街地は津波と火災により鉄筋が残存するだけの廃墟と化していた。佐々木は、想像を絶する被害の大きさに圧倒され、言葉を失い呆然とたたずむばかりだった。

その後、佐々木は妻が所属する団体の支援活動に同行して釜石市や大槌町の避難所を幾度も訪れることになった。初めて訪れた避難所では、厳寒のなか暖房もなく１枚の毛布に体を包んで横たわっている人であふれ、建物に入りきれない被災者の車が列をなしていた。食事もおにぎりやパンのみという状態が続いていた。それでも、避難所では冷静さと秩序が維持されていた。また、在宅の被災者は「沢水もあるし、食料も何とかやっている。もっと酷い状況にある人に届けて欲しい」と言って食料を受け取ろうとはしなかった。被災地を訪れた外国のジャーナリストが「家も財産も家族をも失いながら、失っていないものがあった。それは人間としての尊厳であった」と語っていた。まさに多くの被災者は、互いに思いやり、支え合って懸命に危難と闘っていた。そこにも一歩分け入ってみると、被害の程度による被災者間での反目や軋轢、苛烈な自然の暴力にさらされ、やり場のない怒りを抑えきれない被災者の姿を目にすることもあった。

４月５日、当時の団岩手支部の団員４名（千田功平、石田吉夫、小笠原基也、佐々木）で陸前高田市を訪れた。白砂青松を謳われていた名勝高田松原は１本の松を残して姿を消し、中心市街地は鉄筋が骸骨のような姿をさらしているだけの広大な湿地帯に変わっていた。団員たちは、避難所で炊き出しを行い、その後自営業者などから話を聞くことができた。被災者は、「久しぶりに温かいものが食べられた。何より初めて外の人が訪ねて来てくれたことが嬉しい」と喜んでくれた。しかし、「会社が被災し解雇を言渡された。家も仕事も失って、今後どうしたらよいのか」とうつむく若者や、「水産加工工場は全壊し莫大な借金だけが残った」、「牡蠣、ウニ、あわびは出荷まで３年以上かかる。船も失われ漁協も機能停止の状態となっている。こんな状態の中で漁業を復興することができるのか」と不安を述べる自営業者や漁民を前にして語るべき言葉を見出すことができなかった。

被災地を訪れながら、佐々木は最初、何をなすべきか、何ができるか、わからなかった。自分が行う支援など単なる自己満足ではないのか、被災者でない者に復興について語る資格があるのか、佐々木はこの自問にとらわれた。そんな佐々木だったが、被災の現実に触れ、被災者の怒りや不安、もう１度この地で家族との暮らしを取り戻したいという切実な願いに触れる中で、被災者に少しでも役立つのであれば、そのことを自分にやれるところから足を踏み出すしかない、と腹をくくった。

「岩手県東日本大震災津波復興計画」に対する意見書の提出

6月に入り、岩手県は「岩手県東日本大震災津波復興計画（案）」を公表した。佐々木と小笠原も参加して岩手大学の教員を中心に立ち上げていた「岩手震災復興研究センター」では、直ちに、復興計画（案）について検討を開始した。そして、復興は「人間復興」の理念に基づくものでなければならず、防潮堤など公共土木中心の復興であってはならないこと、職や住居確保への道筋が示されなければならないこと、医療・介護、障害者、子ども等に対して十分な配慮がなされなければならないことなど多くの修正点を指摘した意見書を7月31日に岩手県に提出した。8月11日に決定された「復興計画」では、上記意見はほとんど取り入れられることはなかったものの、復興の理念として「被災者一人ひとりに寄り添う人間本位の復興の実現」を掲げている点は高く評価できるものであった。この理念を総論に位置づけたことは重要だった。岩手県の「人間本位の復興」に対し、宮城県は「単なる復旧にとどまらない抜本的な再構築」を復興の理念としており、この理念の違いが、復興特区の導入（規制緩和による企業の参入）を推進するか、被災者の医療費窓口負担の免除を継続するか、災害公営住宅の家賃の上限を設定するかなどいくつかの点でその後の岩手県と宮城県の施策の違いを生み出すことになった。

大槌町での活動

大槌町は死者・不明者が1,286人（関連死52名を含む）に達し町長ほか38人もの職員が犠牲となった県内最大の被災地の1つである。佐々木と小笠原は、大槌町から復興関係の委員を委嘱され、また岩手震災復興研究センターのメンバーとして調査を行うなど、大槌町を中心に活動を行ってきた。

大槌町復興まちづくり創造懇談会アドバイザー

被災地の自治体は国の復興予算の執行に間に合わせるため、復興基本計画の策定を急ピッチで進め、6月以降続々と復興基本計画が決定されていた。大槌町では8月まで町長不在の状態が続いていたこともあり、10月に入っても決定に至っていなかった。そうした中、佐々木は、「大槌町復興まちづくり創造懇談会」のアドバイザー就任の要請を受け、復興基本計画の策定にいささかでも関与できるのではないかと期待してこれを引き受けた。しかし、まちづくりの方針や復興基本計画案に関して意見を述べる機会を1度与えられたにすぎなかった。佐々木はまちづくりなど住民の納得と合意の下に進められるべき課題については拙速に決定されてはならないことなどを強調したが、12月にはほぼ当初案どおりの復興基本計画が決定された。

大槌町復興公営住宅建設委員会

11月、佐々木は、大槌町復興公営住宅建設委員会の委員として、復興公営住宅の建設計画にかかわることになった。復興公営住宅は、長年生活してきた集落を離れ避難所、仮設住宅と転々としてきた被災者が終の棲家として居住する場所であり、家族を失いあるいは家族とばらばらに生活せざるを得ない被災者も含まれている。そのため、復興公営住宅では、何よりも入居者を孤立させないことが重要であり、また、希望する限り居住を続けることができるようにする必要があった。そこで、委員会では、まず、分断する地域社会にしない、社会的弱者やコミュニティーの形成に配慮する、住居タイプと居住世帯のミスマッチを防ぐ、家賃の高額化を防ぐ、募集の公平性と効率性を確保し社会的弱者に配慮したものとすること等の基本理念が確認された。そして、この理念に基づいて、住戸・住棟の配置、高齢者の居住を支える仕組、家賃の低減策、コミュニティーの確保や管理運営の支援等の具体的な内容が決定された。また入居者のコミュニティーを確保し孤独死を防ぐため低層（平屋・2階建）の戸建・長屋住宅とすることや低減家賃期間の経過後に適切な価格で払い下げを認めることなどの方針も決定された。そして、その後大槌町ではこの提言に基づいて復興公営住宅の建設が進められてきた。

仮設住宅における調査

「岩手震災復興研究センター」では、数回にわたって大槌町の被災者を対象とした聴き取り調査や全仮設住宅を対象としたアンケート調査を実施してきた。そして、この調査から、食費や光熱費を節約せざるを得ないことによる栄養状態や住環境の悪化、仮設住宅間の格差、買物難民や通院難民の発生、家族や家を失った喪失感や先の見えない暮らしへの不安、長年住み慣れた地域を離れ見知らぬ者どうしが暮らす仮設住宅での孤独感、アルコールやパチンコ依存の発生、高齢者・障害者・子ども等に対するケアの不十分さといった仮設での生活上の問題が明らかになり、また多数の被災者が分住を強いられ、職を失い、住宅ローンや車・船舶等の多額の負債を抱えている実態も明らかになった。こうした調査結果を踏まえ、研究センターでは、その都度、岩手県や被災自治体に対して改善策の提言を行ってきた。

不明金に関する調査委員会

大槌町では震災により４分の１以上の職員の命が奪われ、多数の派遣職員によって業務が担われてきた。13年８月、派遣職員が担当していた定住促進住宅の使用料に関して合計約2,300万円にのぼる不明金の存在が発覚し、佐々木と小笠原は調査委員会の委員として調査を担うことになった。

そして、３か月余に及ぶ調査の結果、不明金発生の背景として、次のような事実が明らかになった。派遣職員は大槌町の復興に役立ちたいとの思いで派遣に応じ、張り切って業務を行っていた。しかし、他の業務だけでも毎月80時間以上の時間外勤務を強いられ、使用料徴収事務に時間を割くことができなかった。しかも、この事務は初めて経験する業務であったにもかかわらず１人ですべてを担わなければならず、多忙な他の職員への遠慮から相談することも協力を求めることもできなかった。その結果使用料徴収事務の処理は遅れ続け、やがて資料も散逸して処理不能の状態に至った。

後に述べる陸前高田市における派遣職員の自殺事案と同様、派遣のミスマッチと派遣職員への支援・フォロー体制の不備が招いた悲劇ともいえる事件であった。

復興岩手県民会議

岩手における復興支援において、大きな役割を果たしたのはいわて労連を中心に労働組合、民主団体等によって結成された「東日本大震災津波救援・復興岩手県民会議」であった。団支部も参加し、佐々木は代表世話人に名を連ねることになった。

復興県民会議では被災地や被災者の状況を確認しながらその時点で必要とされる支援活動を行ってきた。また、交流集会、シンポジウム、「岩手復興一揆」などを開催し、被災者生活再建支援金の拡充を求める「復興県民10万人請願署名」や国、県、被災自治体等への要請活動にも取り組んできた。そして、生活支援員の配置、福祉灯油や住宅建設資金の補助、一部損壊店舗等の修理費や全壊店舗等の再建資金補助、仮設診療所の設置や入院病床の整備などを実現させてきた。また、被災者の医療費窓口負担免除に関し、国が10割負担を中止した後も県及び自治体の負担において窓口負担を免除するよう要請し、現在においても窓口負担の免除を継続させてきている。さらに、20年12月4日には、これまでの「全壊」、「大規模半壊」に加え、「中規模半壊」についても支援金を支給する法改正を実現することができた。

復興県民会議の構成団体は、それぞれがその特性を活かした支援活動に取り組んできており、その活動を通して把握することができた問題点を出し合い議論してきたことが、こうした成果につながったといえる。

巨大防潮堤とこれを前提としたまちづくりへの疑問の提起

被災自治体の復興基本計画におけるまちづくりは、岩手県が国の防災基本計画に基づいて試算した湾ごとの防潮堤の高さ（12.5m ～ 15.5m）を前提としてかさ上げの高さやかさ上げ地の利用方法、集団移転の戸数や復興公営住宅の戸数等を決定していくという手法で進められてきた。しかし、巨大防潮堤の建設には、人と海の関係を遮断し、豊かな生態系と美しい海岸景観を破壊し、安全神話を生み出し、建設とかさ上げに莫大な費用と時間を要し復興を著しく遅らせてしまうことになるなど多くの問題が存在しており、住民による慎重かつ十分な議論、検討が必要なはずであった。しかし、ほとんどの地域では、こうした議論・検討も行われることなく県の試算どおりに防潮堤の高さを決定し、これを前提としたまちづくりが決定された。

佐々木は、これでは住民を主体とした復興とはなり得ず、復興も遅れることになり、景観や安全面でも将来に禍根を残すのではないか、と考えた。佐々木は、岩手地域総合研究所が12年から1年間にわたって開催した「いのち・くらし復興塾」における講座、集会やシンポジウムでの発言、さらには自治体首長との面談などにおいて、巨大防潮堤やこれを前提としたまちづくりの手法についてその問題点を繰り返し指摘した。しかし、「巨大防潮堤なしに安全を守ることなどできない」、「防潮堤の高さが変わるとまちづくりのすべての計画をやり直さなければならず復興が5年以上遅れることになる」として理解を得ることはできなかった。

岩手自治労連とともに

岩手では被災地の自治体職員組合のほとんどが岩手県自治体労働組合総連合〈岩手自治労連〉に加盟しており、岩手自治労連は、震災直後から被災者や被災地の支援とともに、被災者でありかつ被災地の復旧・復興の担い手である職員の支援に全力を挙げて取り組んできた。

派遣職員の自殺——職員派遣が生んだ悲劇

12年7月21日、盛岡市から陸前高田市に派遣された35歳の男性職員の自殺が報じられた。佐々木は、岩手自治労連から相談を受け、遺族（両親）の公務災害申請に協力することになった。そして、岩手自治労連の努力と陸前高田市職労の協力によって13年5月23日付で公務災害の認定が出された。

派遣職員は自ら希望して陸前高田市への派遣に応じ、12年4月1日から同市の水産課漁港係で漁港の復旧業務に従事していた。彼は盛岡市では道路管理の技師であり、漁港の実施設計、積算等の業務は初めて経験する業務だった。そこで直面した現実は、未曽有の大震災に伴う復旧事業であったことからくる膨大な作業量と、漁港等の復旧が基幹産業である漁業復興の最優先課題であることによる速やかな復旧実現への期待と要求であった。しかし、それに立ち向かうためにはあまりに人員が不足していた。水産課は課長以下７名、漁港係も係長以下２名の体制であったため、ほとんど単独で業務を行わなければならず、しかも多忙を極めていた他の職員に質問や相談を行うこともできなかった。そのため、彼は、１人で参考図書を探し、学び、調査し、判断し、決定していかなければならなかった。そして、６月に入ると食欲もなくなり口数も少なくなり、派遣から３か月余にして自ら命を絶つに至った。遺書には、自ら望んで陸前高田市に派遣されながら役に立たなかった自分を責める言葉が記されていた。

被災地のために役立ちたいと希望し高い志をもって派遣先に赴いた彼がなぜ自死を選ばなければならなかったのか。その原因の１つはミスマッチを生み出す派遣のシステムにあった。職員の派遣は市町村会を通して行われていたが、市町村会が派遣先における担当業務を把握した上で業務経験のある職員を派遣していたなら、こうした悲劇は生じなかったであろう。派遣職員は派遣先で即戦力となり得ない場合、期待に応えられないことに苦しむことになる。２か月目までは周囲もまだ許してくれる、しかし、３か月目に入っても戦力になれないときは周囲の目は急に厳しくなる、派遣職員として勤務した経験を持つ職員はこうした状況を「３か月目の壁」と表現しているが、彼の自殺が派遣から３か月余のことであったことを考えると、この壁に押しつぶされてしまったように思われてならない。また、彼は未経験の業務であったにもかかわらず、他の職員に相談したり質問したりすることができず、１人で背負い込み、苦しむことになった。派遣職員の立場としては即戦力として期待されていることを自覚しているだけに相談したり質問したりすることをためらい、他方プロパー職員の立場としては被災地のために来てくれた派遣職員に指示したり協力を申し出ることに遠慮や躊躇を感じることになる。これが、派遣職員とプロパー職員とのコミュニケーションの障害となり、悲劇につながったのではないかと佐々木は考える。その後も、大槌町や大船渡市でも派遣職員の自殺が発生した。佐々木は、この事件の教訓が生かされなかったことが無念でならない。

特殊公務災害の認定

被災地では震災により多数の一般職職員の命が奪われているが、だれ1人として特殊公務災害の認定を受けた者はいなかった。岩手自治労連から「被災自治体は、一般職には特殊公務災害の適用はないとしているが納得できない」という相談を受けて佐々木が調べたところ、法令上は災害応急対策に従事中に被災した一般職の職員についても特殊公務災害の適用が可能であり、現に地公災基金もその旨の通知を発していることがわかった。岩手自治労連は各職員組合と協議し、陸前高田市、釜石市、大槌町に対して公務災害の認定を受けた遺族に対する説明と申請の支援を行うよう要請した。その結果、各自治体は遺族に対する説明と申請の支援を行うことになり、申請した全件（陸前高田市62件、大槌町28件、釜石市2件）について、特殊公務災害の認定を受けることができた。しかし、臨時・非常勤職員については法の不備により特殊公務災害が適用されず、遺族からは不公平との声が上がっている。

復興の在り方に悩む現実

震災発生から10年が経った。土地区画整理、防災集団移転、災害公営住宅等のハード面の整備は一部地域を除いて終わりつつある。高速道路も整備され、被害が比較的少なかった地域では住宅や店舗が立ち並び、震災は過去のこととなったかのようにさえ見える。しかし、海岸線には高さ十数メートルもの巨大な防潮堤が三陸の美しい海を拒絶するかのように連なる。陸前高田市などでは防潮堤の建設とかさ上げに膨大な時間を要したために、造成された旧市街地は、広大な更地が広がったまま住宅や店舗建設の見通しも立っていない。事業者の3割以上が再建できず、人口も大槌町で27.6%、山田町で20.7%、陸前高田市で20.5%と大きく減少している。震災関連死も469人、仮設住宅や災害公営住宅での孤独死も91人に達している。

被災地を訪れるたびに、これまでいったい何をしてきたのだろうという思いとともに、これが「人間本位の復興」であったといえるのか、基本的なところで過ちを犯してしまったのではないかという疑念が佐々木の胸をよぎる。

未来へ

しかし立ち止まっているわけにはいかない。

災害公営住宅では孤独死が急増し、子どもや高齢者の「心のケア」の受診件数も増加している。「復興五輪」を銘打った東京オリンピック施設の建設ラッシュの影響もあって建設費が高騰し自力で自宅を建設できない被災者や、仮設店舗から本設店舗に移行する資金に苦慮したり、グループ補助金を受けられず２重ローンも解消されないため事業の再建を断念せざるを得ない事業者も多数に上っている。いまこそ、「人間本位の復興」の理念に基づく被災者１人ひとりに寄り添った支援が求められている。また、被災者生活再建支援金の増額や「災害ケースマネージメント」の法制化など制度の改善も実現させなければならない。自らのまちの歴史、文化、資源を見つめ直し、どのようなまちにしたいのかをみんなで考え、知恵を出し合い、まちを再生させていく、そうしたまちづくりにも取り組んでいく必要がある。

被災地は、これまで幾度も大津波に襲われながら、そのたびに立ち上がってきた地域だ。再生のエネルギーは間違いなく受け継がれてきた。佐々木も、そのことを信じ、ハード面の整備がほぼ終了した今こそ、真の「人間本位の復興」を実現するためのスタートにしていかなければならない、と考えている。

Ⅱ　新自由主義的復興に抗して——宮城の取り組み

あの日

宮城支部団員の菊地がパソコンで起案中、事務員に用件を伝えるため席を離れたその瞬間、激震が襲った。立っていることができず、机の下にもぐり、ひたすら揺れが収まるのを待った。事件ファイルが落ちてくる、棚が落ちてくる。「プチッ」という音がして停電になる。揺れの時間が異常に長い。菊地は思わず「なんじゃ、こりゃ！」と叫んだ。まるでこの世の終わりかと思った。

揺れがいったん収まってから妻や娘たちに電話するが、つながらない。事務所は早々に業務打ち切りを決め、弁護士・事務員全員帰宅することにした。バスも、電車もないので、歩いて帰ることになった。途中で雪が降ってきた。手をさすりながら4～5キロの道のりをとにかく歩いた。自宅マンションに着き、中に入って凍りついた。三女の机の後ろにあったタンスが倒れて三女の椅子と机を直撃している。思わずタンスと机の間に手を入れ、「いるのか⁉　大丈夫か⁉」と叫んだ。そこに三女はおらず胸をなでおろした。家の中はむちゃくちゃだった。

そのうちメールが繋がるようになり、妻と3人の娘は近くのコミュニティーセンターに避難していることがわかった。菊地は停電の真っ暗な中を妻とメールのやりとりをしながら、ようやく避難場所にたどり着くことができた。菊地は家族全員の無事を確認し、このときほどうれしかったことはなかった。とにかく寒かった。空を見上げると満天の星空だった。とても美しかった。

そこには多数の住民が避難し、足を伸ばすことも寝返りを打つこともできず、ひっきりなしの余震もあって、一睡もすることができなかった。

その間に宮城県では沿岸部を中心に未曽有の事態が進行していた。

宮城県内の被害状況

東日本大震災は宮城県にも甚大な被害を及ぼした。宮城県内の死者は1万0,567人、行方不明者は1,218人、重傷者502人、軽傷者3,615人、住家の全壊8万3,005棟、半壊15万5,130棟、一部破損22万4,202棟である（20年8月31日時点）。

11年末時点での宮城県内の被災地・被災者がおかれた状況は以下のようなものであった。すなわち、阪神淡路の教訓を学ばずにプレハブ協会に丸投げしてつくられた仮設住宅での寒さが問題になっていた。岩手・福島に比べて宮城県の寒さ対策の遅れは際立っていた。厚労省通知にもかかわらず、生活保護世帯が義援金を受け取ると、収入認定されて、保護が打ち切られた。宮城県内の稲わら業者、肥育農家、酪農家、シイタケ栽培業者、原木業者、炭焼業者、林業者、産直業者、観光業者等が、福島原発事故によるセシウム汚染や風評被害に苦しんでいた。宮城県は放射能の測定をまったくしない。親は子どもの健康に不安を抱えている。食の安全、給食の安全に不安を持っている。学校の校庭、公園、遊び場は安全なのだろうか。元の土地に戻りたくても地元の復興計画が決まらないためどうしたらよいかわからない。元の場所で店を再開したいが、建築制限がかかっていてできない。漁師は、漁に行きたいが船がない、漁具がない。浜の復旧も遅れている。農家は、元に戻るのか集団移転するのか、行政の方針が決まらないため決めかねている。農家の人々は、これまで住んだことがない狭い仮設住宅でストレスを抱えて生活し、家族間のトラブルが発生している。1日も早く自宅の建て替えをしたいが、2重ローンが足かせになっていて前に進まない。中小業者も、1日も早く事業を再開したいが、やはり2重ローンが足かせになっている。がれき処理を中央のゼネコンに一括発注したため、地元での雇用が生まれない。仕事がない。あっても中間でピンハネされる。雇用保険がまもなく切れる。その後の仕事の目途が立っていない……。

このように、宮城県内の復旧・復興、被災者の生活再建は著しく遅れ、被災者は皆一様に宮城県の無為無策ぶりに怒った。宮城県がやっていることは、仮設住宅のプレハブ協会への丸投げ、がれき処理の大手ゼネコンへの一括発注、仙台空港アクセス鉄道復旧工事への巨額の資金投与、「夢メッセみやぎ」復旧工事への資金投与等、まさに、大企業奉仕、ハコモノ復興行政であり、そこに被災者の生活再建という観点はなかった。

宮城県震災復興計画の特異性

復興計画

県は11年8月17日、宮城県震災復興計画最終案をまとめた。この計画は基本理念を「平成23年3月11日以前の状態へ回復するという『復旧』だけにとどまらず、これからの県民生活のあり方を見据えて、県の農林水産業・商工業のあり方や、公共施設・防災施設の整備・配置などを抜本的に『再構築』することにより、県勢の発展を見据えた最適な基盤づくりを図っていく」とした。「再構築」の具体的中身は、水産業での「水産特区構想」・漁港の3分の1集約化、農業での集約化・大規模化、まちづくりでの高台移転・職住分離、製造業での「富県宮城」構想、被災三県広域復興機構構想、被災者・被災家族を遺伝子研究対象にする「メディカルメガバンク」構想等とされた。

「水産特区構想」は、村井宮城県知事が独自に考えたことではなく、従前より財界が導入を提唱してきたものだった。農業の集約化・大規模化も同じであり、かつTPPに道を開くものである。広域復興機構は財界がもくろむ道州制に通じる。「メディカルメガバンク」は製薬企業に巨額の利益をもたらす。

このように、宮城県の復興計画は住民不在の新自由主義的復興計画であり、震災を奇貨として構造改革を宮城県で強力に推し進めようとするものだった。岩手県復興基本計画が「暮らしの再建」、「なりわいの再生」というしごくまっとうな基本理念を掲げているのと真反対だった。

また計画には復旧・復興が被災者の権利であるとの視点、被災者・住民の意思に基づくとの視点がまったくない。その代りにあるのは、「単なる復旧にとどまらない再構築」とのキーワードだった。

宮城県震災復興会議の委員構成

宮城県震災復興会議の議長は小宮山宏三菱総研理事長、副議長は寺島実郎日本総研理事長、その他地元宮城以外の人間ばかりが選出された、地元の利益代表は選ばれていなかった。岩手県復興会議の委員が、例えば岩手県漁協会長、岩手県農協会長、岩手県医師会会長、岩手県建築士会会長等全員地元選出の委員であることと比較するとその特異性は際立っている。

宮城県震災復興会議の第2回会議、第3回会議は東京で開催された。一体どこの震災復興会議なのだろうか？

菊地の取り組み
――県民センター事務局長として

東日本大震災復旧・復興支援みやぎ県民センター

11年5月29日、県民400名の参加で県民センターが設立された。医師、弁護士、建築士、学者、市民団体、労働組合、議員等で構成され、菊地が事務局長に選出された。県民センターは、村井県政の新自由主義的復興構想に対抗し、憲法に基づく被災者・被災地が主役の復旧・復興を目指し様々な活動を行ってきた。

復旧・復興は憲法上の権利

菊地は、震災からの復旧・復興が日本国憲法に基づく権利であることをことあるごとに訴え、実践した。宮城県の復興計画は、震災を奇貨として財界が求める構造改革を宮城県で実現しようとするものであった。県民センターは、それに対抗して被災地・被災者が主人公の復旧復興を目指して活動していくことになるが、その際、復旧・復興が日本国憲法に基づく人権であるとの観点が重要であると訴えた。

阪神淡路大震災の際には、復旧・復興は住民の単なる財産権（営業権）の問題として扱われ、国は住民の財産権を保障しない、復旧・復興は自己責任とされた。この国の政策の変更を求めて立ち上がった住民運動によりその後生活再建支援法が成立し、国が住民の再建について不十分ながら一定の給付を行うことになった。また、財産権、営業権は「公共の福祉」による大幅な制約を受けるとの前提で、復興は都市計画、再開発事業、区画整理事業によるハコモノづくりに一面化し、生存権の保障は最低限度でよいとされた。これにより、仮設住宅、復興住宅への押し込み、生活保護による最低生活の保護で足りるとされ、その結果コミュニティーの破壊、孤独死が多発した。

東日本大震災により住民は生命、身体、自由、財産、住居、工場、店、船、網、事業、コミュニティー等を失った。復旧・復興は、これら奪われた権利をできるかぎり回復することである。

日本国憲法は、第二次世界大戦で日本中焼け野原になった中で制定され、「ひとしく恐怖と欠乏から免れ、平和のうちに生存する権利」を高らかに宣言した（前文）。菊地は、今回の大震災は第二次世界大戦の被害に匹敵すると言っても過言ではない被害であり、今こそ日本国憲法の理念が最大限発揮されるときであると考えた。具体的には、復旧・復興の権利は自由権的側面（前文、13条、14条、22条、29条）、社会権的側面（前文、25条）、参政権的側面（16条、92条）という各側面からアプローチすべきであると考えた。

県民センターの取り組み

県民センターで取り組んできた課題は多岐にわたるが、以下、ほんの一端を紹介する。

医療・介護自己負担分免除措置復活問題

隣の岩手県では、国8割、県1割、市町村1割の負担で現在も自己負担分免除措置が継続されているが、宮城県では国が10割負担を止めた13年4月以後すべての免除措置が打ち切られた。そこで、県民センターは各地の仮設住宅自治会長とともに復活を求める署名運動を展開し、その結果14年4月から2年間非課税世帯に限定してではあるが免除措置が復活した。しかし、宮城県が財政支援を行わなかったために、実施自治体が次第に減り、19年3月末ですべての自治体で終了となった。

避難所問題、仮設住宅問題

避難所問題では、その劣悪な環境問題、食事問題、避難所に入れない人の車中泊問題、自宅PTSDのため避難所入所希望の人が入所拒否された問題、ペット問題等の問題に取り組み、一定の成果を上げている。

仮設住宅問題では、結露問題、バリアフリー問題、風呂の追い焚き問題、孤独死・突然死問題等に取り組み、一定の成果を上げている。

原発に関する問題

女川原発再稼働を阻止する取り組み

宮城県女川町にある女川原発の敷地は高さ13.8メートル、到達した津波の高さは13メートルだった。女川町内を襲った津波は17～20メートルの巨大なものだった。もし同じ高さの津波が女川原発を襲っていたら、福島第一原発事故と同じ事故が起こっていたかもしれない。まさに紙一重の事態だった。また、11年3月11日の本震と同年4月7日の余震でいずれも5系統ある外部電源のうち4系統が遮断され、しかも生き残った1系統はそれぞれ違っていた。これはすべての外部電源が遮断される可能性が十分あったことを意味する。女川原発の廃炉なくして宮城県の復興はあり得ない。これに対し東北電力と村井知事は着々と再稼働の準備を進めている。そこで県民センターは、女川原発再稼働阻止を求める署名運動を展開し、全県で10万筆を超える署名を集めた（地元女川町は過半数以上)。

東京電力に対する損害賠償請求

福島第一原発事故による宮城県内の放射能被害も深刻である。県南の酪農農家、県北の稲わら業者、肥育（畜産）農家、県南のシイタケ栽培業者、原木業者、炭焼業者、林業者、産直業者等はセシウム汚染、風評被害に苦しんでいる。そこで県民センターは、センター内に原発被害相談センターを設置し、電話相談を受け付けている。同時に、団員が中心になって宮城原発賠償弁護団を立ち上げ、相談センターから配点される事件を受任し東電に対し請求を行ってきた。その結果、東電から6億円を超える賠償金を獲得する成果を上げた。農民連も肉牛を中心に同様の成果を上げている。また、当初の中間指針では宮城県の農林水産業が対象に入っていなかったのが、23年の第3次追補で賠償の対象に入る成果を上げた。

宅地地すべり被害の問題

宮城県内の宅地地すべり被害は仙台市を中心に深刻である。県民センターは11年7月に被害ネットワークを結成し、そこに多数の地区の住民が結集し、仙台市や国に要請活動を行ってきた。その結果、仙台市内の宅地被害（4031宅地）の約8割について公共事業による宅地復旧、残り2割について仙台市独自の支援制度（擁壁等の宅地復旧工事のうち100万円を超える部分の9割を仙台市が助成する）が創設された。住民運動の大きな成果である。ただし、住民の1割負担の問題は残っている。

漁業・水産特区問題

県民センターではこの問題で宮城県漁協とも懇談を重ね、協力関係を築いた。水産特区は村井宮城県知事にとって目玉政策であり、強引に導入を図ったが、運動の成果により限定的導入にとどめることができた。

農業復興・TPP問題

県民センターは、農家住民と懇談を重ねてきた。集団移転か、元の場所に戻るのか、住民は決めかねていた。また、慣れない仮設住宅暮らしはストレスが大きい。TPPは復興に向けて立ち上がろうとしている農家をつぶす。TPP反対も位置づけて取り組んできた。

労働問題・雇用問題

宮城県内の雇用情勢は深刻となった。下請労働者のピンハネも横行している。震災後ソニーや商業施設の労働者に対する便乗解雇事件が発生したが、労働者の粘り強い闘いにより勝利解決をみた。

また、被災4県に対する公契約法（特別措置法）の成立を求め、重層的下請であっても適正な賃金が保障されることを求めている。さらに、失業者対策として労働組合を受け皿に労働者供給事業を立ち上げた。

菊地の取り組み――弁護士として

宮城原発被害弁護団の活動

放射能被害というと福島県内のことと思われがちだが、実は宮城県も大変な被害を受けた。原発事故直後、宮城県内では農民連、民商を中心に相談活動、請求活動が行われていたが、その後相談件数が爆発的に増大したため、菊地が事務局長をしているみやぎ県民センター内に新たな相談窓口を設置し、これと連携して12年2月に、菊地が団長となり、団員を中心として仙台弁護士会の弁護士15名で宮城原発被害弁護団を立ち上げた。この弁護団は、主に宮城県内の個人、事業者を対象にしているのが特徴である。今までに、ADRを中心に30を超える個人・法人で総額金2億円を超える解決実績がある。

震災・津波関連個別事件の弁護団活動

名取閖上大橋コンクリート杭圧死事件

運送会社の運転士が大型貨物自動車を運転して宮城県名取市の閖上大橋を走行中、東日本大震災が発生し、貨物自動車を停止させていたところ、地震（震度6弱）の揺れで生じた遠心力により輸送物資が移動したことによって固縛用ワイヤーロープ等が破断し、折から対向車線上で停止中の普通乗用自動車にコンクリート製杭7本を落下させ、乗用自動車を運転していた方を圧死させた。菊地は遺族から依頼を受けて、運送会社と運転士を被告に損害賠償請求訴訟を提訴した。14年12月24日仙台地裁は、遺族原告にとってほぼ全面勝訴の判決を出し、被告らはこれに控訴することなく確定した。判決は、運送会社の過積載の事実（2回運送すべきところを1回で済ませようとした点）、側面スタンション（落下防止のための壁面）を設置すべき義務があるのに過積載のため設置できず側面スタンションを設置しないで輸送を行った事実を認定し、被告らの責任を認めた。宮城県においては震度6弱程度の地震は十分想定されていたのであるから、輸送業務に関わる者はそれを前提として注意・行動しなければならないということである。

常磐山元自動車学校津波被害事件

宮城県の県南部沿岸の山元町にある常磐山元自動車学校の教習生23名が、学校の構内で教習中または教習待ちのために待機していたところ、東日本大震災が発生した。午後2時49分頃山元町で大津波警報が発令され、直ちに町、消防、警察の広報車によって避難指示の伝令がなされた。広報車は学校前の道路も走行し学校側は当然伝令の事実を認識していた。また、学校では地震後1分間停電したが、すぐに電源は復活し、その後午後3時20分に停電するまで通電していた。その間、学校にある2つのテレビが大津波警報を伝える特別番組を放映しており、役員、校長、教官らはそのテレビを観ていた。

このように学校側は大津波来襲の危険を十分認識していたにもかかわらず、授業を再開することだけを考え、その間、教習生らを校庭にあるバスに乗せて待機させた。学校側は午後3時20分頃に停電になってからようやく教習再開を断念し、教習生らを帰宅させるために行先別に教習生らを送迎車に割り振り、午後3時35分から同45分頃にかけて順次送迎車を出した。この段階においても学校側に危機感・緊迫感はなく、単に通常どおりの送迎という認識であった。そして、午後3時50分頃発車した送迎車のうち4台に津波が襲い、乗車していた教習生23名が亡くなった。

別の教習生2名は宮城県亘理町（津波被害はなかった地域）で路上教習中に地震が発生し、教官は教習を中断して教習生2名をわざわざ海の近くの学校敷地に連れ戻した。この2名は送迎車に割り振られることはなかった。そして、2名は徒歩で帰宅途中津波に襲われ亡くなった。

この事実関係の下では学校側に大津波襲来について十分に予見可能性があり、かつ大津波警報発令から津波襲来まで1時間もあったことから十分に結果回避可能性もあった。そこで、教習生の遺族48名は、11年10月、学校、役員・校長（死亡の場合は相続人）、2名の教習生を連れ戻した教官等を被告に総額約19億円を求める損害賠償請求訴訟を仙台地裁に提起した。菊地が団長となり、仙台弁護士会の弁護士8名によって弁護団が組まれた。

3年3ヶ月の審理を経て、15年1月13日、仙台地裁は、自動車学校の責任を認め、学校に約19億円の支払を命ずる判決を言い渡した。役員等の個人責任は否定された。仙台地裁は判決の中で、学校側は消防の広報車が指定避難場所への避難を呼びかけていたのを聞いており、大津波襲来の予見可能性があったと明確に判断した。「大津波襲来は予見できなかった」、「不可抗力である」と繰り返し主張してきた学校の責任を断罪した意義は大きい。双方とも仙台高裁に控訴したが、16年5月仙台高裁で遺族側の勝利的和解で解決した。

不可抗力か人災かをめぐる攻防

1番目の事件では、当初警察は「不可抗力である。事故ではない」と言ってまったく動こうとせず、遺族を相手にしなかった。しかし、遺族が粘り強く警察、検察に働きかけ続けた結果、ようやく検察は加害者を道路法違反で立件した。業務上過失致死罪での立件は見送りとなったが、検察が遺族に開示した刑事記録が民事裁判の大きな力になった。

2番目の事件でも、学校側は「不可抗力である。津波をまったく予見できなかった」と主張し続け、遺族をまったく相手にしなかった。そして、あろうことか「教習生は18、19歳のいい大人なんだから自分で逃げることができた」とまで主張した。

たしかに東日本大震災は未曽有の大災害であり天災であった。しかし、この2つの事案を見ればわかるとおり、どちらも人災なのである。天災＝不可抗力ではない。そこで思考停止してはならない。

今後、明日なのか、はたまた何年先、何十年先なのかわからないが、首都圏直下型地震、東南海地震（津波地震）は必ず発生する。それに備えて、またはそのときに、企業、学校は何をすべきかを東日本大震災は問いかけている。2つの仙台地裁の判決が社会に投げかけている意味は大変重い。

22

福島第一原発事故の責任追及と被害救済に立ち上がった人々

原発事故の発生

11年3月11日午後2時46分、三陸沖を震源とするマグニチュード9.0の巨大地震が発生した。この巨大地震に伴い、北海道から関東地方北部の太平洋側を中心とした東日本太平洋岸の広範囲にわたり大津波が押し寄せた。この東日本大震災により、死者、行方不明者合計2万人に近い犠牲者を出すに至った。

この地震及び津波は、福島第一原子力発電所の過酷事故を引き起こした。

福島第一原発は、地震発生当時、1号機ないし3号機が運転中であったが、地震のため、運転中の原子炉はすべて自動停止した。地震による送受電塔の倒壊、遮断器の破損等により、すべての外部電源を喪失したため、当時、定期検査中であった4号機を含めて、いずれも地震発生直後に、非常用ディーゼル発電機が起動した。

同日午後3時27分頃、福島第一原発を津波が襲った。津波は、防波堤を乗り越え、主要建屋敷地まで遡上した。この津波により、1号機ないし4号機の非常用ディーゼル発電機や配電盤が被水し、同日午後3時41分頃までに全交流電源喪失に至り、原子炉を冷却する機能を喪失した。

3月12日午後3時36分、福島第一原発の1号機で水素爆発が発生した。その瞬間は、福島第一原発から17キロメートル離れた地点から福島中央テレビにより撮影され、全世界に報道された。この時代の人々の記憶には、この水素爆発の映像や爆発後のがれきに埋もれた福島第一原発の映像が鮮明に残った。しかし、原発が爆発し、放射性プルーム(雲)が拡散していく中で、そこに住む人々がいかに生きたかについては、当事者の紡ぐ言葉に耳を傾けるほか知るすべはない。

「福島に生きる」という覚悟

「生業を返せ、地域を返せ！」福島原発訴訟の原告の１人（福島県二本松市居住民）は、１号機が水素爆発を引き起こしたときの様子を次のように語る。

「福島第一原発１号機が水素爆発。私たち農民連スタッフ３名は、第一原発から12キロメートルの南相馬市小高区『浮舟文化会館』にいた。被災者支援のため『炊き出し』の最中だった。テレビが報じる『原発爆発』の画面を、多くの被災者が虚ろな目で見つめていた。一緒にいった若いスタッフに動揺が走る。しかし、このまま自分たちだけが『避難』するわけにはいかない。大鍋の前には多くの避難者が列をつくっている。200人ぐらいと聞いていたので、200人分のお椀しか準備していなかった。人の列がどんどん増える。お椀が足りない。仕方なく、紙コップで渡す。不満が出るかと思ったら、『ありがとうございます』と受け取る。力ない言葉に、私は頭を下げた。

『被曝』したのだ。その言い知れぬ『恐怖』が心の奥底から湧いてくる。人の列が途切れた時、その場にいた女性が『早く戻ったほうがいいわよ』と呟く。『この鍋おいて行きます』と言った自分の言葉に『なんてことを』という思いがよぎる。私たちはワゴン車に東京へ帰るというサラリーマンと地元農民連のスタッフを乗せて、飯舘村を通り福島へ戻った。」

被曝とは、放射線に曝（さら）されることをいう。その後も、この原告らは、被災者支援を継続していたが、次のような課題に直面し、ある答えを出した。

「しかし、放射能は私たちの支援の足を止めた。『こんな高い線量でここにいていいのか』『子供たちは直ちに避難させるべきだ』『逃げろといわれてもどこに逃げるんだ』『避難所の人はどうすればいいんだ』『年寄りはどうすればいいの』など答えのない議論が続く。これはまずい。3月21日、ある医師の話を聞く。『（この事態に）恐れおののいて右往左往しているわけにはいきません。もう半世紀も前に日本国民の一部がこうした体験を強いられて、この半世紀生き抜いてきた。』この話に私は、ハッとした。そして、決意した。『被曝者』になる。そして、闘う。単なる『仕返し』ではなく。受け止めは、一様ではない。この医師への不信を口にする人たちも多い。でも、私たちは、その場その場で自分で物事を決めなくてはならない中で生きている。」

鈴木雅貴は、11年11月に司法修習生として福島市に来た。福島には縁もゆかりもなかったが、鈴木の地元静岡には浜岡原発がある。小さい頃から東海大地震は必ずくるものと教え込まれていたから、福島第一原発事故がどうにも他人事には感じられなかった。修習を終えた鈴木は、福島で弁護士人生をおくることを決め、団にも入団した。

鈴木が福島に来たばかりのころ、福島駅周辺で、ガイガーカウンターを片手に子どもの手を引っぱり、険しい顔をして歩く母親の姿を見たことがあった。12年中は福島市内の公園や屋外で遊ぶ子どもの姿がとても少なかったことや、雑草の生い茂っている土地が自家菜園であったことは、鈴木が福島市で生活を送る中で気づかされたことである。

原発事故前の福島での当たり前の生活が、放射能汚染により制約を受け、住民らは、何をするにしても被曝のことを否が応でも考えさせられていた。

鈴木は11年12月、地元新聞のある投稿に目を引かれた。福島市内の中学校に通う若者が「この先いつまで続くか分からない放射能と、うまく付き合っていくことを、考えていこうと思うようになりました。私は、福島県が大好きです。この福島県で子供を産み、育てられる日が来ることを、心より祈ります。」と記していた。鈴木は、福島の未来ある若者が放射能とうまく付き合っていくと述べたこと、あるいは述べざるを得なかったことの意味を十二分に考えなければならないと思った。

ただ、「福島に生きる」ということに相当な覚悟が必要であったことは間違いない。

国策民営の歴史

福島第一原発事故は、広島、長崎に続く第3の核被害を日本にもたらした。原発は、核エネルギーという巨大な危険を内包するものであることから、いったん事故が発生した場合には、甚大な被害がもたらされる。わが国においても、60年に、原発の本格的な導入を前にして、原発事故が発生した場合の被害の推計が行われている。この推計は、当時、建設が予定されていた東海原発を念頭に行われた。損害額に関しては、最大で3兆7,300億円に達しており、当時の国家予算約1兆7,000億円の2倍以上に相当するものである。原子力事業者だけで負担できる金額ではないことから、原子力損害賠償法により、国が必要な援助をすることとした。

国は、50年代より、原子力政策を推進し、損害賠償リスクを引き受け、原子力発電導入計画を立てた。電力会社は、国の計画に従い、60年代以降、原子力発電所の建設、運転を開始するに至った。

福島第一原発については、71年の1号機の運転開始から79年の6号機の運転開始まで、約8年間に6つの原子炉が集中的に建設された。

原子力発電の研究、導入、建設、稼働及び廃棄物処理等のすべての過程にわたり、国家政策に基づいて事業活動が進められるという体制が原子力関連の法制度により構築されかつ実施されており、これを一言でいえば、原子力事業は強力な国家統制の下で、国策で進められているといえる。

安全神話と設置許可処分取消訴訟

国は、国内外で大小様々な原発事故が続く中でも、国民に対して、「日本の原発は安全である。」という「安全神話」を電力会社と一体になってふりまき、原発推進政策を進めてきた。

日本社会全体がこの「安全神話」にどっぷり浸かっており、裁判官もまた、わずかな例外を除いて同じ意識をすり込まれた。

生業訴訟弁護団共同代表を務める団員安田純治は、かつて、福島第二原子力発電所原子炉設置許可処分取消請求事件の原告404名の弁護団長として、取消訴訟に取り組んでいた。75年に福島地方裁判所に提訴された取消訴訟は、84年に敗訴判決が出され、原告33名は仙台高等裁判所に控訴した。仙台高裁の審理が続く中、87年に世界最悪の原子力事故と評されるチェルノブイリ原発事故が発生し、この事故が裁判所の判断に影響を与えるかが注目された。

しかし、90年の仙台高裁判決も住民敗訴判決を出した。この判決において、裁判官は、「わが国は原子爆弾を落とされた唯一の国であるから、わが国民が、原子力と聞けば、猛烈な拒否反応を起こすのはもっともである。しかし、反対ばかりしていないで落ちついて考える必要がある。最近の資料によれば、わが国の全発電量の約３割が原子力発電であり、あと、水力発電が約１割、火力発電が約６割である。原発をやめるとしたら、代替発電は何にするのか。水力発電は増加を望めないから、火力発電をふやすというか。火力発電は石油、石炭などを燃焼させて発電するものであるが、これら化石燃料を燃焼させることによって、第１に、二酸化炭素を発生して地球温暖化問題を生じ、第２に、硫黄酸化物・窒素酸化物を発生して酸性雨問題を生じている。かように、火力発電は地球環境を汚染するので、原発は危険だが、火力発電は安全だ、とはいえない。これに対し、原子力発電は核分裂によって生ずるエネルギーによって発電するもので、燃焼を伴わないから、二酸化炭素や硫黄酸化物・窒素酸化物を発生させず、火力発電のように地球環境を汚染することはない。ただし、原子力発電は放射性廃棄物の処理、使用済核燃料の再処理という困難な問題を生じている。結局のところ、原発をやめるわけにはいかないであろうから、研究を重ねて安全性を高めて原発を推進するほかないであろう。」と判示した。

「原発を推進するほかない」という判示は、裁判官も「安全神話」に毒されていたことを端的に示すものである。

続く最高裁判所においても92年に上告棄却の判決がだされ、国側の勝訴が確定した。

原発被害の現れ方

福島第一原発事故により、大量の放射性物質が原子炉から放出された。放射性物質は県境をこえて広がり、福島県にとどまらず、東日本の広範な地域が汚染され、数百万人規模の住民の生活環境を汚染した。

放射性物質は、目に見えず、においも味もなく、音も出さない。そのため、汚染地域の住民は、今、自分がいる場所は高線量ではないか、どの食べ物が危険か等、常に「目に見えない危険」と対峙しなければならない。また、短時間に強い放射線を浴びる急性被曝とは異なり、放射線を持続的に被曝し続けることによる健康影響については、いまだ定説が存在しない。

「この放射線量なら問題はない」と専門家の１人が言えば、別の専門家は「子どもの健康を考えれば安全とは言えない」と否定する。住民は、そのたびに心は乱れ、どちらの話も信じられなくなってしまう。

健康影響のリスクの捉え方や、そもそも原発事故そのものや居住地域の汚染状況をどの程度深刻に受け止めるかは、人それぞれだ。ある人は政府による避難指示によってふるさとを追われ、ある人は自身や子どもの健康影響のリスクを考慮してふるさとを去る決断をし、ある人は避難するべきかどうか迷いながら、暮らし続ける。その結果、住民に多種多様な被害が現れてくる。

被害者の分断

他方、住民らの被害救済は、当初からまったく不十分なものであった。

国と東京電力は、被害救済を金銭的賠償の問題に矮小化し、地域で線引きし、被害者を分断させた。客観的・合理的根拠がまったくないにもかかわらず、まず、20、30キロメートルの同心円で線引きをし、住民たちの中から被害者を選別した。

この被害者の分断は、被害者どうしの不和を生む。

生業訴訟原告の１人（原発事故時：富岡町在住）は、美容師の仕事を生業としていた。60歳になった04年にショッピングモールに出店していた美容室を長男に譲り、自宅敷地内に美容室を建て、美容師の仕事を続けた。美容室には、近所の人や昔からのお客さんだけでなく、わざわざ双葉町や大熊町から通ってくる客もいた。お客さんと接しながら髪を扱う時間はとても楽しく、笑いが絶えない日々を送っていた。髪を切った後に次のお客さんがいないときには、そのまま一緒にお茶を飲みながら、人生相談を受けることもあったという。

この原告の自宅は、避難指示等対象区域に指定された。

この原告は、法廷において、避難の過酷さを次のように訴えた。

「避難するのはどういうことなのか、その大変さをわかっていただきたいです。原発事故のために苦しんでいるのは私１人ではありません。

郡山市内のショッピングモールに行ったときに、私の美容室のお客さんだった人（60代女性）がイスに腰かけているのを見かけました。私が声をかけると、彼女は私の手を握り、大声で泣き、借り上げアパートの隣の人に避難者とは付き合いたくないと無視され、周りの人も同じような態度で、もう限界だと、富岡に帰りたいと私に訴えました。私も一緒に泣きました。

家を追われ、見知らぬ土地で生活することは年を重ねる程に大変です。心安らかに過ごせるところがないのです。いつも先の見えない不安や寂しさがつきまとい、満ち足りたと思うことがありません。この重い荷物を背負い、このまま年をとって死んでいくのでしょうか。……国や東電には、『あの日の私を返してください。』と言いたいです。」

様々な公害事件を通じて、国や企業などは、被害を小さく見せること、被害者を分断すること、被害者の声を抑えつけることをしてきた。救済を受けられない被害者の不満の矛先は、同じ被害者にも向かい、被害者どうしが傷つけあうという悲しい事態が発生する。こうして被害者が声を上げることが困難な状況がつくり出されるのである。

「あの日の私を返してください。」という願いは、原発事故被害者の共通の願いである。時計の針を戻すことはできないが、政治や司法の力により、加害者による心からの謝罪、償い、生活再建の支援を実現させることができる。

被害救済の取り組み

団と団員弁護士たちは、東日本大震災及び福島第一原発事故の発生直後から懸命な取り組みを続けてきた。

11年3月14日、団本部は、被災者の救助・救援、生活再建のため全力を挙げること、被災地団員を支援することを確認し、東日本大震災対策本部が立ち上げられた。全商連・福商連や、福島県内の民主団体で結成された復興共同センターからの要請に応え、11年5月以降福島県内8箇所で開かれた原発事故被害の相談説明会に、首都圏を中心に全国から100人以上の団員が参加した。

11年10月には、福島市といわき市で弁護団が結成された。福島県外では、各地に避難した避難者に対する支援弁護団が次々と結成されていった。弁護団は、団員ばかりで構成されているわけではないが、あらゆる悪法と闘い、人民の権利が侵害される場合には、その信条・政派の如何にかかわらず、広く人民と団結して権利擁護のために闘うため、弁護団に参加することは自然なことである。鈴木と所属する法律事務所の弁護士全員が福島市の弁護団に加わった。

12年12月には、避難指示等対象区域からの避難者が福島地裁いわき支部にて集団訴訟（福島原発避難者訴訟）を提訴した。さらに、13年3月には、4つの原告団が、国と東京電力を被告として、福島地裁本庁、福島地裁いわき支部、東京地裁、千葉地裁にて集団訴訟をおこした。このうち、福島地裁本庁に提訴した訴訟が、福島原発訴訟では最大規模の原告集団からなる生業（なりわい）訴訟である。

生業訴訟は、原状回復、被害の全体救済、脱原発を掲げ、法廷内外で闘いを続けている。

多くの福島第一原発事故をめぐる集団訴訟において、国も被告としている。その理由は、国が規制権限を行使することにより原発事故を防ぐことができたからである。

「想定外」の事故ではない

福島第一原発事故以来、国と東京電力は、「想定外の巨大な地震と津波だった」と繰り返し述べ、原発事故について自らに過失責任はないと主張している。

原発は、「止める、冷やす、閉じ込める」という考え方で安全を確保するように設計されている。福島第一原発事故では、地震発生時、原子炉は自動停止したから、止めることはできた。自動停止の後も、核燃料は核分裂により大量の熱を発生し続けることから、長期間にわたり冷やし続けなければならない。福島第一原発では、電源を維持するために必要不可欠な非常用ディーゼル発電機や配電盤など、重要機器のほとんどは高さ10メートルの敷地上に建てられたタービン建屋の地下1階に設置されていた。津波は、福島第一原発の敷地高さ10メートルを超えて建屋を襲い、地下にあった重要機器が浸水により機能を失い、全交流電源が失われた。電気による動力が失われ冷やす機能が崩壊した結果、炉心が損傷し、建屋内で水素爆発が発生し、大量の放射性物質が外部に放出される過酷事故が発生した。

国や東京電力は、敷地高さ10メートルを超える津波が福島第一原発に襲来することを「想定外」であったと主張しているのであるが、本当に「想定外」であったのか。答えは否である。

02年7月、地震調査研究推進本部地震調査委員会は、「三陸沖から房総沖にかけての地震活動の長期評価」を発表した。その内容は、三陸沖北部から房総沖の海溝寄りのプレート間大地震の今後30年以内の発生確率は20%程度、今後50年以内の発生確率は30%程度であり、明治三陸地震と同様の規模の地震が、三陸沖北部から房総沖の日本海溝付近の領域内のどこでも発生する可能性がある、というものである。

国の専門機関である推進本部の見解である「長期評価」は、原発における津波対策においても最大限尊重されるべきものであった。

そもそも、地震本部は、多くの犠牲者を生んだ95年の阪神・淡路大震災の後、地震の調査研究の成果が国民や防災を担当する機関に十分に伝わっていなかったという反省から、行政施策に直結すべき地震に関する調査研究の責任を負う機関として設置された国の公的機関である。

しかし、東京電力は「長期評価」による津波対策をとらなかった。東京電力を監督する立場にある保安院は「長期評価」発表直後に、いったん東京電力に「長期評価」に基づく津波予測をすべきだと見解を示したのに、東京電力から激しく抵抗されると、その見解を撤回し、以後福島第一原発事故発生に至るまで、「長期評価」に基づく試算を自ら行うことも、東京電力に対し対策を指示することも一切しなかった。

国と東京電力の長期評価に対する姿勢は、住民の生命と安全よりも、原発のコストを優先したものと言わざるを得ない。

福島第一原発事故後になって初めて、東京電力が08年に「長期評価」

の考え方に基づき、明治三陸地震と同じ規模の地震が福島沖の日本海溝沿いで発生したと想定した試算を行っていたことが明らかになった。試算の内容は、福島第一原発の敷地南側で津波高さが15.7メートルというものであった。これは、高さ10メートルの敷地を大きく超え、建屋内への浸水により全電源喪失を生じることが確実な試算結果である。

08年に行われた試算は、02年の時点で行うことができたのであり、想定される津波に対する対策をとっていれば、原発事故を防ぐことができたのである。

生命尊重社会への転換を

国は、福島第一原発事故後、1度だけ、脱原発に舵を切ろうとした。12年9月、民主党政権は、30年代に原発稼働ゼロを目指すエネルギー政策を発表した。

しかし、12年12月の衆議院議員総選挙で自民党が大勝し、政権交代が起き、第2次安倍政権が発足すると、再び原発推進へと舵を切った。

13年1月、安倍首相は、民主党政権が打ち出した原発ゼロを目指すエネルギー政策を、ゼロベースで見直すとの考えを表明し、原発推進姿勢を明らかにした。14年4月に閣議決定したエネルギー基本計画で原発を「重要なベースロード電源」と位置づけ、原子力規制委員会の規制基準に適合した原発の再稼働を進めるとともに、30年時点の原発比率を20～22%と定めるなど、将来的にも原発を活用することとしている。

だれも福島第一原発事故の責任を取らず、事故の教訓もないままに、「経済的合理性」の名の下に原発政策が推進される。事故前から、国と電力会社は、住民の生命と安全よりも原発のコストを優先させてきたが、事故後も、その姿勢はまったく変わっていない。

20年9月現在の東日本大震災における震災関連死の死者数は3,767人であり、そのうち福島県の死者数は2,313人にも上る。他方、福島県で地震や津波で死亡した直接死の人数は1,606人であり、震災関連死が直接死の人数を上回っている。

福島第一原発事故がなければ、失わずに済んだ生命がどれほどあったことか。平穏な生活を送ることのできた人間がどれほどいたことか。なぜ同じ被害者である住民どうしが分断され、いがみ合わなければならないのか。

約1万2,000人の原発事故被害者が、各地で訴訟を提起し、司法の救済を求めている。今、訴訟の原告となった被害者らは、裁判官に対し、自らの、そして家族の被害を懸命に訴えている。

原告となった被害者らは、近所の人や知り合いがあるときは自分たち以上の被害に苦しんでいることを知っている。そして、こうした被害が2度と起きることがないよう、強く願っている。だからこそ、被害の根絶のために裁判闘争に挑んでいるのである。

かつて、わが国は国策を誤り、戦争への道を突き進み、多くの人命が失われる結果を引き起こした。

その反省の上に成り立つ日本国憲法は、平和主義を旨とし、人々は個人として尊重され、生命、自由及び幸福追求権が、立法その他の国政の上で最大限尊重されることを保障している。

日本国憲法は、人の生命や健康よりも経済的利益を優先することを認めていない。しかし、現実には、福島第一原発事故をはじめとする様々な公害事件において、経済的利益が何よりも優先され、その結果、人の生命や健康が損なわれるといった事態が繰り返されてきた。そして、福島第一原発事故の教訓虚しく、政府と電力会社は、原発を推進し続けている。

再び事故が繰り返されるようなことがあってはならない。

生業訴訟原告団長中島孝は、法廷で次のように訴えた。

「放射能の危険におびえることのない平穏な環境で生活をすることは、我々の最も基本の権利であります。そうした状況のもとでこそ、学び、働き、家族をもち、幸福を追求できます。

南海・東南海大地震や大津波が遠くないと専門家が指摘する中、第二の福島が起きてしまうこと、我々が味わった痛みや苦しみを他の人々にも体験させることは、あってはなりません。それはおそらくこの国の終わりを意味します。福島原発事故はそのために活かされなければなりません。

我々原告団は、原発事故で多くの人が困難に直面したが、日本人はそのことから確かな教訓を得て大きな前進を遂げたと、世界的に評価されるようでありたいと考えています。

そして、この裁判が『人類史に画期をなす大きな変化を作り出した』と後世に語り継がれる大義あるものにしなければならないと考えます。」

福島第一原発事故は、次世代にどのような社会を引き継いでいくかという社会のあり方そのものを問うている。

高裁勝利判決、そして最高裁へ

20年9月30日、生業訴訟の控訴審判決で、仙台高等裁判所（裁判長上田哲）は、福島地裁判決に続いて、国と東京電力の責任を認め、両者に賠償を命じた。

仙台高裁は、東京電力を規制する立場にある国が、規制当局に期待される役割を果たさなかったこと、東京電力とともに津波の試算自体を避けようとしたこと等を厳しく批判した。

そして、国の責任を東京電力の2分の1とした福島地裁判決を見直し、全部責任を負うと結論づけた。

国も被告とする集団訴訟での初の高裁判決は、国の責任を認め、避難指示区域の原告に対しふるさと喪失慰謝料も認め、賠償の対象地域も拡大したことから、多くの原発事故被害者を励ますものとなった。

国と東京電力は、判決を不服として最高裁判所に上告し、これに対抗して原告らも上告したことから、舞台は最高裁に移った。

住民側の訴訟団は、今後、より一層団結して国と東京電力と闘っていくことが、被害の全体救済を実現するために重要である。

真の意味で生命が尊重される社会を実現するために、司法は、原発事故被害者の闇を照らす光とならねばならない。

23

原発ゼロへの闘い

——原発なくそう！　九州玄海訴訟

福島第一原発事故の衝撃

2011年3月11日、マグニチュード9.0の東北地方太平洋沖地震が起きた。福島第一原発は、地震によって全外部電源を喪失し、地震及び津波によって非常用電源も喪失し、全交流電源喪失による冷却水喪失となった。そして、1、2、3号機の溶融核燃料はメルトダウン・メルトスルーした。12日には1号機が、14日には3号機が、15日には4号機が水素爆発した。放射性物質が大量に外部に放出された（6月6日現在で77万テラベクレル＝広島型原爆168.5個分）。約1,100㎢もの広大な土地が避難指示区域（「緊急時避難準備地域」も入れると約2,100㎢）となり、約16万人もの人々が避難することとなった（3.11事故）。

九州の団員やその他の弁護士は、3.11事故より前には原発訴訟に関わっている弁護士はほぼ皆無だった。3.11事故前から九州電力玄海原発のプルサーマル運転の差止を求めるプルサーマル裁判が提起されていたが、九州の弁護士はだれも関与していなかった。そこに、3.11事故が起こり甚大な被害が発生し、「原発安全神話」は完全に崩壊した。

脱原発への目覚め

団員をはじめ九州の弁護士を中心に、玄海原発の稼働差止を求める脱原発裁判を圧倒的多数の人々の力を背景に起こそうという準備が始まった。最初に池永満団員が問題提起をした結果、09年度の九州の9つの弁護士会会長経験者のほとんど及び長谷川照佐賀大学元学長（原子核理論）、原田正純医師（水俣学）をはじめとする研究者10数名が呼びかけ人となり、訴訟準備が始まった。提訴時点までで九州を中心にして原告側弁護団の弁護士約150名、実働約40名が固まった。

弁護団は、共同代表3名（池永満団員、河西龍太郎団員、板井優団員）、幹事長・東島浩幸団員、副幹事長・椛島敏雅団員、事務局長・長戸和光弁護士の体制であり、原告団長は長谷川照である。

訴訟の基本方針は、大きくは、

①　九州電力のみならず国を被告として原子力政策を問う

②　フクシマの被害を出発点であり終着点とする（被害で団結する）

③　圧倒的多数の人々とともに闘う

とした。

なぜ、国をも被告とするのか

原発推進は、国策により数十年続いてきた。本来は危険な発電方法である原発で事故の責任などを一民間企業が負えるはずがない。地元対策のための費用や使用済み核燃料の処理費用なども考えれば、国による膨大な援助がなければ手を出せないものだ。それを国が超優遇で様々な名目で援助をし、電力の地域独占、総括原価方式による電気料金設定などの制度で保護してきた。実態は、国が政策的に電力会社に原発稼働をさせているのである。だからこそ、3.11事故後には総理大臣の鶴の一声で浜岡原発が稼働停止したのである。

そこで、九州玄海訴訟は、九州電力のみならず国をも被告として、玄海原発の稼働差止等を請求することにした。

なぜ、福島の甚大な被害を出発点であり終着点とするのか

3.11事故前から原発訴訟は数多く起こされてきた。しかし、3.11事故前においては終局判決では敗訴が続いてきた。なぜ、負け続けてきたのだろうか？

弁護団では、2つの原因を考えた。1つは、日本で原発過酷事故が現に起こってこなかったことから、司法も巻き込んでの「原発安全神話」があったからではないかと考えた。3.11事故後も、政府は「念のための避難指示」「直ちに健康被害が生じるレベルではない」との発言に象徴される事

故を過少に見せかける言動を繰り返していた。それならば、フクシマの被害の実態を余すところなくきちんと明らかにすることが不可欠と考えたのである。

もう１つは、3.11 事故前は原発に反対する人々が世論上圧倒的少数者であり、かつそれらの人々がばらばらに闘っているのみだったことだ。数十年続いている国策を変更することに裁判所も躊躇する側面もあったのではないかと考えた。3.11 事故前において脱原発を志向する人々は原発事故の被害に現実にあったことがない人々がほとんどで、共通体験性やもともとの人的つながり等がない場合が多いが、違いを乗り越えて一緒にできないか。しばしば、水俣病はじめ反公害闘争などでは、政治的思想等で対立と分断が生じた苦い歴史もあり、その違いを乗り越えるのは、「被害」を共有する団結である。

訴訟の進め方においても、従来の原発訴訟は、科学技術的問題点のかなり細かい点を突くことを中心としていた。それは、92 年の伊方原発訴訟最判が、原発訴訟は高度の専門技術訴訟で原発の安全性審査は「多方面にわたる極めて高度な最新の科学的専門技術的知見に基づく総合的判断が必要」で行政庁の判断を尊重するとしている点にも表れている。実際の 3.11 事故前の原発訴訟でも、初期の時代から地震と立地審査、炉心燃料、蒸気発生器、圧力容器、一次冷却系配管、放射線の危険性などの科学技術論争が繰り広げられてきた。しかし、あまりにも細かい科学技術論争はほとんどの人々には理解できず、ときには裁判所ですら理解できない場合もある。その場合に専門的権威のある人の意見に乗った方が楽だし、いわゆる「お任せ」になっていたのではないか。その態度が福島第一原発事故を防げなかった一因ではないか。放射能の危険性のある原発の安全性は理系の専門家のみが判断すべきことではなく、社会科学的知見も含めた社会的許容性の問題である。

圧倒的多数の人々が一番納得できるのは、“フクシマの甚大な被害が起こってそれは取り返しがつかないこと。フクシマを２度と繰り返さないためには原発をやめることが最も確実な方法である”ということだ。九州玄海訴訟では科学技術論争をしないわけではないが、知性のある一般市民が理解できる常識的な科学論争を志向して、あまりにも細かい論争をしないこととし、科学論争を中心的争点としないとした。

なぜ、圧倒的多数の人々ともに闘うことが必要なのか

原発が危険であることは、3.11事故で現実化した。しかし、原発から自由になることを志向する人々が少数である限り、数十年続いた原発推進という国策に反する判決を裁判所が自信を持って書くことはハードルが高い。原発が安全ではないことの科学的論拠を突き付けても、国や電力会社側の理屈に乗る方が楽であれば、そちらに流れるだろう。単なる「正義」ではない圧倒的な世論の裏付けも持つ「力ある正義」によって展望を切り開くべきと考えた。これは水俣病訴訟以来九州で公害訴訟を闘ってきた歴史的教訓から出てきたものだった。例えば、水俣病をはじめ数々の公害訴訟を闘ってきた馬奈木昭雄団員に言わせれば、水俣病第3次訴訟第2陣判決では国の責任を認めたが、その基礎にあったのは社会一般の認識＝社会通念がそこにあったからだということになる。

そこで、弁護団は「1万人原告による訴訟」を提起し、圧倒的多数とともに闘うことを提起した。そして、いわゆる運動家だけが担うものではない、原告団に加入しやすい雰囲気をつくるために、ピンクを基調としたのぼり旗や、訴訟シンボルマークをつくった。このシンボルマークは、原発のドアから再生可能エネルギーのドアへと行進する子どもらが原発のドアから離れるほど笑顔に変わるデザインを選んだ。

さらに、弁護団は、今までバラバラに闘ってきた各脱原発訴訟弁護団の共闘団体として、脱原発弁護団全国連絡会（共同代表＝河合弘之弁護士、海渡雄一弁護士）に結集して、椛島などは大飯原発訴訟控訴審（名古屋高裁金沢支部）には毎回応援に行った。また、3.11事故の被害者との連帯を重視し、板井、東島らは福島地裁本庁の「地域を返せ！　生業を返せ！　福島原発訴訟」の応援に毎回通い、他の訴訟についてもエポックのときには応援に行くなどして、原発差止訴訟と3.11事故の被害者の闘いを共闘できるものにしようとした。もちろん、きょうだい訴訟である「原発なくそう！九州川内訴訟」（鹿児島地裁）にも毎回2～3名の玄海の弁護団が常に応援に行っている。

能動的に動く原告団

１万人原告への取り組み

12年１月31日、第１次提訴原告1,704名は、国及び九州電力を被告として玄海原発１～４号機すべての稼働停止等を求める訴訟を佐賀地裁に提起した（原発なくそう！　九州玄海訴訟）。

その後、次々と、口頭弁論期日の前に毎回新規提訴を積み上げ、15年11月の第16次提訴で原告総数１万人を突破した。47都道府県すべてに原告が存在し、うち、佐賀県2,043名、福岡県5,504名、長崎県546名、熊本県496名、東京都321名、福島県26名、韓国23名、フランス２名、スイス２名、イタリア２名である。みんな、3.11事故の被害を目の当たりにして、“フクシマを繰り返してはいけない”との思いで多くが原告となった。様々な人権活動をしてきた者やそれらの団体に加入している人々もいる。いままでそのような運動などの経験のない多くの人々も加わった。子どもや孫のために原発はゼロしたいという思いから多くの年配の方々が参加したし、農業者もそして3.11事故の被害者・避難者も加わった。“生命を大切にする”という意味で多くの宗教者の方々なども加わった。また、地域的広がりについても、“玄海原発は日本列島の西端にあるので、放射能の大量放出事故となれば偏西風で日本全国に拡散される”ということを１つの柱にして、原告加入を呼びかけた。これらの原告拡大の活動は、地域ごとにつくっていった原告団や原告が知り合いその他に積極的に働きかけて、１万人原告の達成をした。原告団・弁護団では、16年２月、福岡市内で、「『1万人原告』達成フェスティバル」を開催し、原告・支援者その他の市民合計で、約1,200名の参加で成功させた。記念講演は、脱原発の経済人である吉原毅城南信用金庫元理事長で行い、幅広い連帯を実現しようとした。

原発の危険の見える化

原告団を中心にして、原発の過酷事故が起きた場合、放射性物質はそのくらいの範囲・距離に拡散されるのかを調べることにした。「風船プロジェクト」と銘打ち、春夏秋冬の各季節に玄海原発付近から放射性物質に見立てた風船1,000個を飛ばしてどこまで飛ぶかを調べたものである。

第1回目（12年12月8日）は、7時間で約400㎞離れた徳島県まで飛んだことや、最遠は奈良県の山中で発見された風船（約554㎞）もあったことがわかった。偏西風に乗れば、それだけの拡散をするということである。第2回目（13年4月14日）は瀬戸内海方面に落ちた風船が多く、最遠は徳島市付近に落ちた。第3回目（7月28日）は北九州から大分県にかけて多く落ち、第4回目（10月27日）は、佐賀県小城市、有明海、福岡県柳川市、熊本県菊地市、同県阿蘇地方方面に多く落ちた。それらは、冬、春、夏、秋ごとに風の方向もばらばらであり、原発の過酷事故の場合に同心円状に避難地域も設ければよいものではないこと、放射性物質がどの程度の高度まで上がるかで偏西風の影響をどの程度強く受けどのくらい遠くまで飛ぶかが違うことを実証した。

裁判所外の文化会館等での弁論開催要求

弁護団は、当初から数千人の原告を擁することから、「口頭弁論期日に数百人の原告が裁判所に来る。そのため、出頭した原告を法廷に入れるために裁判所外の文化会館等を借りて法廷を開くよう要請した。裁判所法69条3項は、最高裁の許可を受けて裁判所外での期日開催を認めているところ、最高裁が許可することは実際は難しいだろう。しかし、訴訟当事者が裁判に参加することの保障の見地から重要な問題提起であることは間違いない。様々な訴訟進行に関する協議の結果、裁判所大法廷での口頭弁論に原告側が同意するともに、新規提訴がある限り、裁判所は新規原告の中から合計15分以内の意見陳述を毎回の弁論期日で認めるという進行にすることで合意した。

毎回の意見陳述

12年12月の第3回口頭弁論から19年11月の第31回口頭弁論まで、毎回1ないし2名の新規原告の意見陳述をした。意見陳述者には3つのパターンがある。

まず何よりも、3.11 事故の被害者（福島県内にそのまま居住している者も県内外に避難している人も含む）が法廷に立ち、被害実態を生の声で告発した。3.11 事故から時間が経過すると事故の被害については毎年 3 月 11 日前後での報道以外薄くなってきており、特にフクシマから遠い九州ではなおさらである。フクシマの被害が既になくなったかのような感覚にもなりがちである。国が原発再稼働政策を進め、フクシマの被害について「風評被害論」「年間 20 ミリシーベルト受忍論」「リスクコミュニケーション戦略」を進める中で、毎回の弁論期日で 3.11 事故の被害をリアルに明らかにすることは裁判所が覚醒することとともに、原告らの確信を維持・発展していくのに大きな意味を持つと考えた。

九州各地の様々な立場の人々も意見陳述に立った。原発近くでの農業者（有機農法、6 次農業等）、漁業者、医療関係者（医師・医療機関の人）等々がそれぞれの分野から万が一原発事故が起きたときの被害の甚大さを訴えた。さらに、多くの学者・文化人、著名人も原告となり、意見陳述席に立った。戦後の反公害運動に多大な貢献をされた宮本憲一大阪市立大学名誉教授、講談師神田香織、作家の早乙女勝元、元日弁連会長宇都宮健児もその 1 人である。意見陳述はそれぞれ格調高いヒューマニズムにあふれるものであった。東島は、第 3 回において、作家の片山恭一（「世界の中心で愛を叫ぶ」の原作者）が「私たちは歴史上初めて未来の者たちから憎まれ軽蔑される先祖になろうとしているのかもしれない」と述べたことが忘れられない。

弁護団が突き付けた原発過酷事故の被害の特質

人間の生活は、現在居住している環境の下で仕事・人間関係・自然との営み・文化などを育み、それを積み重ねて安定的な生活を営んでいる。時代とともに変化はあるけれどもある程度の連続性の下に生活を営むところがその安定性を支えている。ところが、3.11 事故は、広大な範囲の多数の人々の、仕事、居住環境、財産、その土地土地での人間関係、文化等の人間生活全般を根こそぎ奪った。それは、日本史上でも「最大最悪の産業公害事件」であった。

弁護団は、この加害構造の特質を、①国策民営（民間ではリスクが高いために手が出せない原発を国が超優遇で民間電力会社に高下駄をはかせて民営で原発を運営させる）、②徹底した公害企業性、③徹底した利潤追求、④徹底した情報秘匿性、⑤地域支配の５つと捉えた。これを、これまでの公害訴訟の歴史に遡って公害との共通性を導き、さらに原発事故被害の特殊性を分析して明らかにした。

また、3.11 事故被害の特質は、環境経済学その他の研究者の中でも研究が進められている。弁護団は、その成果を取り入れ、被害の矮小化・被害者の分断、責任のあいまい化、地域社会のかかわり等の柱を立てて、８年以上経過しても被害が回復するどころか、被害の隠蔽と拡大が続いていることを突き付けた。

審査合格の方針に抗した運動の展開と集中

九州電力は、13 年７月、玄海原発３・４号機の再稼働の申請をした。原子力規制委員会での審査は遅々として進まず、16 年 11 月に合格の方針が出された。これに対し、原告団・弁護団では、はがきタイプも含め多数の反対意見を集中させる方針で臨み、4,000 通を超えるパブコメの提出を達成した。

しかし、17 年１月に同委員会が審査合格の正式決定をしたため、原発設置自治体（佐賀県、玄海町）の手続での取り組みをした。佐賀県知事は「佐賀県のことは佐賀県で決める」をキャッチフレーズに初当選した人だった。そこで、原告団・弁護団は、佐賀県内の世論を手続に反映させようと考えた。佐賀県が主催して県内５か所で開催された原発再稼働についての県民説明会では再稼働への疑問等を集中させた。５か所で参加合計 1,048 名であり、そこでの意見・質問はすべて再稼働に反対・懸念を示すものだった。次に、佐賀県は県内の代表的団体の長ら 30 名を集めて玄海原発再稼働に関する第三者委員会を設置し、議論をした。原告団・弁護団はすべての第三者委員を訪ねて再稼働についての懸念等を伝え、面会できた場合には意見交換をした。第三者委員会では、再稼働についての不安・懸念等を述べる委員も相当数いたが、３回で打ち切られた。また、県知事は県内各基礎自治体の首長を集めて会議をしたところ、20首長のうち玄海原発再稼働賛成8、反対3であり、賛否以外にも避難計画等への不安懸念は強いものであることが判明した。また、佐賀県にかぎらず30㎞圏内自治体のうち、伊万里市、松浦市、壱岐市、平戸市の4自治体が再稼働に反対を表明した。

しかし、佐賀県知事は、県議会で再稼働賛成決議がされたことをもって、民意であるとして、17年4月24日再稼働に同意した。“佐賀県住民の意思は、自民党が多数を占める県議会議員の意思”に置き換えられてしまった。原発再稼働の是非1本での民意は反対が多数であるにもかかわらず…。なお、玄海町は同年3月7日に電話1本で再稼働の同意を九電に伝えた、という。

原発設置自治体への働きかけの努力と並行して、原告団・弁護団は、17年1月27日、佐賀地裁に玄海原発3・4号機の再稼働差止仮処分の申請をした。しかし、佐賀地裁は、18年3月20日、同仮処分申請却下した。その3日後、玄海原発3号機が再稼働を開始した。

また、原告団・弁護団は、原発周辺の地方自治体への働きかけも重視してきた。原告団・弁護団では、17年秋、18年秋から19年初頭にわたって、佐賀県内の自治体等へのアンケート・要請、首長との話し込み等を行ってきた。再稼働前には再稼働反対の首長も佐賀県内で20分の3いた（福岡県長崎県も併せて30㎞圏内自治体8のうち、再稼働反対は4）。しかし、再稼働がされてしまうと自治体の目下の関心は避難できるのかに集中している。避難についての不安等が強いことは原発稼働反対運動の共闘の基礎であるが、自治体側からはハード面での国への意見は出るがソフト面での意見が出にくいなどの問題点もわかってきた。また、福岡県久留米を中心とした原告団「ちっごの会」は、久留米市に対し、原発事故の場合の避難計画の不備の指摘及び質問を粘り強く繰り返して、よりよい避難計画を希求しつつ、実質的には実効的避難計画が立てられないことを明らかにしつつある。

原発差止訴訟・仮処分で一進一退の闘いが続く

福井地裁（樋口英明裁判長）は、14年5月21日、関西電力大飯原発差止訴訟で差し止めを命ずる判決を下した（樋口判決）。樋口判決では、個人の生命、身体、精神及び生活に関する総体的な利益である人格権の優位性を高らかに謳い、3.11 事故の被害について 15 万人もの住民が避難生活を余儀なくされ、避難の過程で入院患者等 60 名の命が失われたこと、福島第一原発から半径 250㎞圏内の住民の避難勧告の可能性も検討されたことなどに言及し、原発過酷事故の被害に匹敵するものは自然災害以外では戦争くらいしかないと判示した。そして、9 年間に 5 か所の原発の地震動が基準地震動を超えたこと等を理由に基準地震動の策定方法が信頼に値しない等と判示した。

大津地裁（山本善彦裁判長）は、16 年 3 月 9 日、関西電力高浜原発差止仮処分で、稼働差止の仮処分命令を出した（山本決定）。山本決定は、その理由として、“3.11 事故の原因究明が不十分な状態でそれに意を払わず、新規制基準に合わせる関西電力に不安を覚える、非常用電源も十分との社会的合意はない、津波も天正地震の記録もあり、関西電力の調査で大規模津波がないとは言えない”などと判示した。

広島高裁（野々上友之裁判長）は、17 年 12 月 13 日、四国電力伊方原発について、稼働差止の仮処分命令を出した（野々上決定）。野々上決定は、その理由として、火山ガイドに基づき、火山の破局的噴火（阿蘇カルデラの阿蘇Ⅳ噴火を想定）で火砕流が原発敷地に到達するから立地不適と指摘した。

しかし、これら 3 つの司法判断は、その後、すべて上級審で取り消された。（樋口判決については 18 年 7 月 3 日、山本決定については 17 年 3 月 28 日、広島高裁野々上決定については 18 年 9 月 25 日）。

3.11 事故後の原発差止訴訟においても、住民側の負け判決、負け決定の流れができたかにみえた。その特徴は、① 3.11 事故の被害を正面から直視していないこと、②原子力規制委員会の専門的裁量を尊重した行政優位の判断、②基準地震動策定に不合理性があっても合理的であると認定してしまうこと、③火山事象において火山ガイドの不合理性を認めながら、「社会通念」をもとにして破局的噴火のリスクを結果的に無視するなどである。

この流れに抗し、20 年 1 月 17 日、広島高裁（森一岳裁判長）は、四国電力伊方原発の稼働差止仮処分命令を出した（原審山口地裁岩国支部）。森決定は、その理由として、①中央構造線の近傍（600m台）に原発があり、そのような場合に活断層調査を詳細にすべきなのにそれをしていないこと、②火山の破局的噴火に至らない最大の噴火の火山灰を想定すべきところ、四国電力はその３分の１から５分の１の想定しかしていないから安全性が確認されていないとの２点を指摘した。

今までの住民側勝ち判決・決定の理由は、基準地震動の策定方法の不合理性や火山の破局的噴火の場合の火砕流のリスクの考慮であった。森決定は、考慮事項をそれ以外のリスク要因（＝噴火の火山灰）に拡大して、原発の安全性確保に疑義を投じたものとして画期的であった。また、この火山灰の問題は九州電力の玄海原発・川内原発にも当てはまる問題なのだ。

また、その後、大飯原発の設置変更許可処分取消訴訟の大阪地裁判決（2020年12月）では地震動策定の経験式のバラツキを考慮していないという理由での住民勝訴判決、さらには東海第２原発差止訴訟の水戸地裁判決（2021年３月）では避難計画の不備を理由とする住民勝訴判決まで出されるに至っている。

「原発なくそう！　九州玄海訴訟」は佐賀地裁の審理がいまだ続く。引き続き司法と運動の両面での闘いが続いていく。

脱原発へ向けての希望をもって生きる

国はいまだに原発に固執している。13年に新規制基準を策定し、それに合格した原発は稼働させるという方針を掲げている。その方針に基づき、3.11事故後において現在までに９基の原発（川内原発１・２号機、伊方原発３号機、玄海原発３・４号機、大飯原発３・４号機、高浜原発３・４号機）の再稼働がされた。国の原発推進政策の根幹には、第５次エネルギー基本計画があり、それによると、30年に原発20～22%、石炭火力26%、再生可能エネルギー22%等などと規定しており、脱原発への見通しがまったく描けないものとなっている。3.11事故が大きなきっかけとなって、太陽光発電の固定価格による買取制度、家庭用電力供給の自由化、発送電分離へ動き出した。ところが、太陽光の固定価格買取制度が10年間で打ち切りとなり、太陽光発電等の接続抑制、発電・送電の分離が不徹底で大電力会社の意向から独立できていないことなど、原発と大電力会社保護の姿勢から転換しているとはいいがたい。

弁護団幹事長の東島は、原発再稼働反対の民意が賛成よりも多数であることに希望の芽をみる。これが3.11事故の経験をもとに形成された社会通念であり、「1万人原告」は1つの原動力であった。同時に東島は、それだけで脱原発が実現するには至っていない現実に直面している。17年12月の東京女子大の広瀬教授らのアンケートでは、自民党支持層も含めて、原発再稼働反対、原発は危険だ、再生可能エネルギーを進めるべきというのが多数である。しかし、“再生可能エネルギーで原発をなしにする”ということの支持は、自民党支持層で過半数を割り、野党支持層と大きな差がある。つまり、「今すぐ脱原発」ではなく「将来的に脱原発」に留まっており、「再生可能エネルギーは不安定」との原発推進派の宣伝に絡められているところに乗り越えなければならない壁がまだある、と東島は考える。

社会通念に裏打ちされた「力ある正義」とするため、原告団・弁護団は、「今すぐ脱原発」「再生可能エネルギーで脱原発にできる」とする世論形成へステップアップさせていくことになる。

そのステップアップを後押しするものとして、原発コストの上昇、福島第一原発事故処理コストの上昇、再生可能エネルギーのコスト低下、原発輸出政策の総崩れ、原発は急速に実現すべき温室効果ガス削減対策としては劣っていること（建設期間・コストが小さい再生可能エネルギーの方が優れている）など、経済合理性の観点の突き出しが有効ではないだろうか。リチウムイオン電池をはじめ、蓄電技術の進展も、原発なしの再生可能エネルギー進展への大きな武器となるのだ、と東島は考える。

当然、脱原発への希求は、3.11事故の未曽有の被害の経験から刻み込まれた「人格権」の重要性が出発点であり核である。人格権は、もともと、生命・健康を中核とした種々の生活利益と捉えられるが、3.11事故を経験し、人格権の中心の1つは、“これまで居住してきた生活環境を維持し、その意思によらずにその生活環境を一方的に奪われない利益”であることを刻み付けた。この考えは広島高裁の森決定にも取り入れられたものであるが、それは原発被害者の闘い（ふるさと喪失に対する闘い）の成果が結実したものである。

あらためて、東島は決意する。脱原発を志向する者どうしの連帯から、3.11事故の被害者の人々との連帯を大きな武器にしていくところに希望を実現する道が開けるだろう、と。

24

逆転裁判・B 型肝炎訴訟

――最高裁判決まで

日本の肝炎患者の多さ

「食道静脈瘤が破裂して天井まで血を噴き上げたり、腹水でおなかパンパンにして亡くなっていくの。肝炎患者さん、最期は悲惨よ」

肝臓治療専門病棟担当の看護師の話だ。

80 年代後半、肝がんや肝硬変でなくなる患者は日本で年間 4 万人を超えていた。そのほとんどがウイルスを原因とした。その 1 つである B 型肝炎ウイルス（HBV）は血液を介して感染し、免疫機能が未発達の乳幼児（7 歳頃まで）が感染するとウイルスが体（肝臓）に棲みつく状態となる。この状態を HBV キャリア（キャリア）という。キャリアは思春期から若年成人期になると免疫反応を起こして HBV を排除しようとする。この免疫反応が肝炎である。多くは一過性の肝炎を起こした後、肝炎が治まり非活動性の状態になる。しかし、慢性肝炎、肝硬変に進行し、さらに肝がんを発症する人もいる。キャリアから直接に肝がんを発症する場合もある。日本は先進国の中でもキャリアが多く、その数は 120 万人から 140 万人と推定された。

なぜ拡がったのか

どうして日本にはキャリアが多いのか。

肝炎患者会と協力関係にあった医療チームがこの疑問の解明に取り組んだ。HBV は人類誕生前から存在し、キャリアの母親から出産時に子に感染する「母子間感染」で代々受け継がれてきたと考えられていた。しかし、患者の中には母親がキャリアではない人も多い。

欧米では第 2 次世界大戦前後から血液を介して感染する肝炎「血清肝炎」

の存在が知られ、それが滅菌不十分な医療機器で感染することが指摘されていた。予防接種の際に針を取り替えても注射筒を連続して使用すると血清肝炎になるとの報告もあった。53年にWHOは、血清肝炎をB型肝炎と名付け、社会に1%程度の割合でウイルス保持者がいるので、とりわけ予防接種の際には注射の針だけではなく筒も1人ごとに取り替える必要があると勧告していた。

日本にB型肝炎の被害を拡げたのは、行ってはいけない注射器を使い回して行った集団予防接種だ。国の厚生行政、予防接種行政の誤りがHBVを蔓延させたのだ。

この国の責任をそのままにせず、裁判で明らかにして、国に医療費助成などの肝炎対策を取らせるべきではないか。

裁判提起に向けた原告探し

患者会や医療チームは弁護士にこの問題を持ち込み、検討のすえ国家賠償請求訴訟を提起することとなった。

訴訟を起こすには原告がいる。

家族や近親者にHBV感染者がいない、乳幼児期に大きなけがや輸血歴がない、母子手帳で予防接種を受けたことが証明できる患者を探した。国相手の裁判の原告になることのハードルは高い。ようやく、51年から64年生まれ（当時20代から30代）の男性4人と83年5月生まれの少年が名乗りを上げた。少年（和徳君）はもちろん両親が決意したからであり、原告としての活動は本人が中学生になるまですべて母親愛子が代わって行った。

この5人を感染被害者の代表として訴訟を始め、裁判が進む中で、原告を追加し全国にも広げていくことにした。

弁護団は、スモン訴訟やHIV訴訟を担当した佐藤太勝団員を代表格として、団員に限らない10名で結成された。89年4月に登録した新人弁護士2人も参加した。2人は声をかけられたときこんな話をした。

「この裁判どうやったら勝てるんだろう。感染の証明には、予防接種で注射器を連続して使ったというだけでなく、接種のときに原告の前にウイルスの感染者がいて、その人のウイルスと原告のウイルスが同じ型だということをまで証明しなければならないけど、そんなことできないよ」

「そうだよなあ。昔の予防接種の時に誰と一緒に注射を受けたかという記録だって残っていないだろうし。結局、ほかに感染原因がないという消去法での証明になると思うけど、それで因果関係認められるのかな」

２人は、弁護団の先輩から「この裁判は集団予防接種が感染拡大の大きな原因だということを裁判で認めさせて、肝炎患者さんへの支援対策を取らせることが目的なんだ」との説明を受けて、そうかと納得した。

提訴

89年6月30日、5人は国にそれぞれ1,000万円の慰謝料の支払いを求めて札幌地裁に提訴した。

この裁判を広く社会に知ってもらうために、患者会、医療従事者らが「肝炎訴訟を支える会」を結成し、広報活動も積極的に行った。

提訴は大きな反響を呼んだ。マスコミの扱いも大きく、テレビ各社も全国ニュースで報道した。「報道ステーション」に佐藤太勝が札幌のスタジオから生出演し、久米宏キャスターと「久米さんも経験あるんじゃないですか。小さいころ、予防接種を並んで受けましたよね。同じ注射針、注射筒で何人にも打っていませんでしたか。それが日本に肝炎を広めた大きな原因なんです。それを、裁判で明らかにするんです」とやり取りして裁判の標的をわかりやすく打ち出した。

国の答弁

国は、HBVの感染力は強く、注射の針・筒を連続して使うとHBVが感染する可能性があるとは認めた（ただし、ツベルクリン反応検査は皮内注射なので針・筒を連続使用しても感染しないと主張）。他方、感染力が強いことからこそ感染経路は予防接種に限らず、医療行為による感染や家庭内感染、子ども同士のけんかなど日常生活での接触でも感染する、だから原告の感染原因が予防接種であるとは言えないと答弁した。また、予防接種の実態については調査をしていないから知らないと無責任な認否を行った。

ガイダンス証人——飯野証言

92年9月、原告被告の双方申請で、B型肝炎やHBVの医学的な知識を得るための「ガイダンス証人」の尋問を行った。ウイルス性肝炎の治療・研究の第一人者と言われていた東京大学の飯野四郎医師が証人となった。飯野医師は、その著書で「昭和33年に予防接種法では一針一筒を推奨しているが、実際には昭和45年頃まではアルコール消毒による同一針での多回接種がしばしば行われていたことから、水平感染が頻繁にみられ、乳幼児ではキャリア化の原因になっているものと推察される」と書いていた。水平感染とは母子間感染（垂直感染）以外の感染をいうが、集団予防接種がHBV水平感染の原因であるとの当時の医学常識を飯野医師も自分の著書に書いていた。

ところが、飯野医師は、尋問で、B型肝炎の水平感染の主な原因は一般医療行為にあると述べた。その知見を載せた新たな医学誌の抜刷りも証拠として提出した。原告代理人から「あなたは注射の針も取り替えない集団予防接種が原因だとご自分の本に書いていますね」と質問されて、「予防接種も原因になっているが、いろいろなものを見てくると、予防接種よりもほかのものの比重のほうが多いんじゃないかとこの何年かの間に考えが傾いてきている」と答えた。この何年かとはこの裁判を提起した後ということなのであろう。原告代理人が事前に面会を求めても自分は中立の立場だから会わないと断っていた飯野証人だが、実は国側とは打ち合わせを行って自分の論文を渡してもいたのだった。原告も弁護団も支える会もみな驚きあきれた。同時に、国相手の裁判の難しさ、国の圧力、いやらしさを感じた出来事だった。

弁護団は、一般の医療機関での注射器具の使い回しがあるのか、全国の医師会や保険医協会に照会を行った。20団体からの回答を得た。どれも注射針・筒の連続使用はなかったと答えた。全国保険医団体連合会は「患者個々に病状・症状が異なるため当然使用する医薬品も患者個々によって異なります。連続して注射針・筒を使用することは、使用した異なった医薬品が化学反応を起こし禁忌になります。医学的に見ても注射針・筒の連続使用はあり得ないと思量致します」と回答した。

予防接種の現場――保健師の証言

95年3月、予防接種の実態を、現場で予防接種業務に携わっていた2人の保健師に語ってもらった。

1人は、51年から71年まで北海道内の市町村に勤務し、毎年1,000人以上に予防接種を行ってきていた。その経験の中で1人ずつ注射器を替えたという経験は「一度もありません」と述べ「注射針も、切れなくなれば替えましたけれども、やはり替えなかったです」と証言した。ツベルクリン反応検査（ツ反）では、1人分0.1ccの検査液を1cc入りのガラスの注射器に入れて次々と接種したという。その他の接種についても、注射液量や注射器の大きさあるいは皮下注射の場合は針が血管に入っていないか確認するため1度注射器の内筒を引く手順が入るが、それ以外はツ反検査の手順とまったく同じであったという。

もう1人の保健師は62年から地域住民の予防接種に携わるようになり、その後学校での予防接種も行っていた。接種方法は前の証言と同じだったが、学校では対象者が多いのでツ反では2cc入りの注射器で14、15人に連続して接種していたという。78年ころ、BCG接種器具が「管針」に替わり1人ごとに接種するようになり、これをきっかけとして、その他の予防接種についても1人ごとに注射針を取替えるべきだと自治体に自ら提案をして81年ころ以降1人1針になったと証言した。

美馬医師、西教授の証言

その後、肝臓専門医でこの訴訟のけん引役である美馬聡昭医師と公衆衛生学の西三郎教授の尋問が行われた。美馬医師はB型肝炎に関する医学知見や予防接種数の推移とキャリア率・既往感染者数などの相関性などから、集団予防接種がHBV感染の主要原因であり、原告たちの感染原因もそれ以外あり得ないと述べた。

西教授は予防接種の接種方法や規則について詳述し、針の1人ごとの消毒、取り替えが行われないという一般医療行為では考えられないことが予防接種の現場で行われていたのは、戦前の社会防衛の考え方が戦後も残っていて、1人ひとりの人権を尊重する考え方が衛生行政にいきわたっていなかったからではないかと証言した。

吉澤証言

96年、国側の証人の広島大学吉澤浩司教授の尋問が行われた。吉澤証人はウイルス性肝炎の先端的研究者であるとしてその医学知見を国側の立場で証言し、HBVの感染力は極めて強く、HBe抗原が陽性の場合10のマイナス8乗パーミリリットルで感染する、すなわち、血清1ccを1億倍に希釈したもの（100トンの水に溶かしたもの）を1cc注射しても感染する、だからHBVの感染経路を特定するのは非常に難しく、「我々の想像を超えるルートを含めた感染経路というのが存在し得る」と証言した。

和徳君と一緒にツ反接種を受けた者の調査

吉澤証言が終わったころ、国の代理人が、和徳君と同じ日にツ反とBCG接種を受けた人の問診票が残っており、それをもとに全員ではないが住所を調べてある、原告側が同意するのであればその人たちのウイルス検査をしたいと言い出した。原告側は今さら何を言うのかと反発した。弁護団は提訴の当初から国に原告たちの予防接種の記録を出すように求めていた。特に、和徳君については接種から6年しか経っていないので記録はあるはずだと強く求めた。しかし、国は、和徳君の接種を行った札幌市は予防接種台帳は整備しておらず、被接種者を特定できるものは存在しないと答えていた。そうであるのに、国は提訴の翌年に札幌市に和徳君と一緒にツ反とBCG接種した人の調査を命じ、その所在調査の結果を受け取っていた。国はその事実をそれまで8年間隠していたのだ。弁護団はこの点厳しく批判した。しかし、調査自体は真実発見のためと判断して、実施に同意した。

和徳君の母子手帳には、生後3か月の83年8月23日と28日に札幌中央保健所でツ反とBCGを接種したとの記録が残っている。記載はそれだけだった。母愛子の記憶では、ツ反とBCGは健診の時に保健所で受けたが、それ以外は一般の病院等で受けたという。和徳君の感染原因はこのツ反とBCGのどちらかに絞られる。札幌市の調査によれば、同じ日に受けた人（幼児）は和徳君を除いて 72 人だった。

国は札幌市にこの 72 人の調査を命じた。担当者が連絡をして面談をし、協力を求め、同意を得られた人の採血をした。その結果は、北海道外居住者は調査を断念し、道内居住で所在判明者が 54 名、そのうち調査に協力して採血に応じた人が 39 名、調査を拒否した人が 15 名で、ウイルス検査の結果は 39 名全員が陰性だった。全体の 54.2%が陰性だということになる。国は、原告の主張からすれば和徳君の前に感染者がおり、さらに後にも感染者がいる可能性があるのだから、54.2%が陰性という結果からしてその主張は成り立たないとした。ただ、調査拒否者の拒否理由の中に母親がキャリアだからという人もいた。原告側は、調査拒否にはそれぞれ理由があるからであり、調査結果を単純な割合では評価できないと主張した。

国が結審時に持ち出した除斥期間論

その後、訴訟は原告本人尋問などを行って 98 年 12 月に結審した。

国の主張の中心はあくまで因果関係の点、HBV の感染力は強く様々な感染経路がありうるのであるから、原告の感染原因が集団予防接種であるとは到底言えないというものだった。さらに、国は最終書面の段階になって初めて、除斥期間論を持ち出した。和徳君以外の原告が受けた多くの予防接種の接種時期から提訴までに 20 年以上が経過していた。国は仮にそれらの予防接種で HBV に感染したとしても、それを原因とする損害賠償請求権は消滅していると主張した。弁護団は国の主張は言語道断だと述べたが、除斥論についてはまともな反論もできないまま一審を終了した。

一審判決

00 年 3 月 28 日、札幌地裁判決（持本健司裁判長）が言い渡された。

請求棄却の敗訴判決だった。判決は、原告が受けた注射針の連続使用がなされた集団予防接種が原告の HBV 感染の「相当程度有力な要因であることは否定し難い」としたが、一般医療機関での医療行為でも HBV 感染の危険性は相当程度あったし、他の感染可能性もあった、そして、HBV の感染力の強さから「想像を超える感染経路」が存在し得るとして、原告の感染が集団予防接種に起因すると証明されたとはいえないと判示した。飯野証言、吉澤証言がそのまま使われた。和徳君については、ツ反とBCGを同日に受けた人のウイルス検査の結果で過半数が陰性であったことも因果関係を否定する理由とされた。

原告も弁護団も支える会も敗訴判決に落胆した。しかし、判決が「集団予防接種がHBV感染の相当程度有力な要因」と認定したことは大きな前進だと捉えた。判決後厚生省に赴き、集団予防接種がHBV感染の大きな原因になっていると判決で認められたのだから国の責任で肝炎対策を充実させろと求めた。しかし、厚生省は要請書を受け取りはしたが、何の反応も示さなかった。やっぱり、裁判は勝たなければダメだということを原告も弁護団も痛感した。

逆転に向けた課題の明確化

敗訴判決であったが、この判決は控訴審での課題を明らかにしてくれた。１つは、判決でいう「一般医療機関での感染」や「日常生活での感染」などはなく、まして「想像を超える感染経路」などないということを医学的に証明することである。もう１つは、本件のような訴訟では、因果関係の証明負担は軽減されるべきであり、提出済の証拠や尋問の結果で因果関係は肯定できるとの法的な主張を行うことだ。１点目は、そう証言してくれる医学証人を探すことであり、２点目は法的主張を裏付ける意見書を提出すべきだと弁護団は考えた。

２点目の法的主張については、北海道大学の瀬川信久教授に協力を求め、勉強会を定期的に行った。そして瀬川教授に「B型肝炎札幌訴訟における意見書――因果関係の証明負担の軽減について」との書面を作成してもらい提出した。意見書で瀬川教授は、感染の危険のある予防接種を行っていた国が、他にも感染可能性があるといって責任を免れるのは信義誠実の原則に反するとして、本件では因果関係を認定すべきだとの意見を述べた。

断られ続けた証人探し

他方、１点目の課題である医学証人探しは困難を極めた。一審の国側の証言を覆すまでいかなくてもそれを弱める証言をしてくれる証人でなければならず、相当な識見と実績を積んだ学者、研究者でなければならなかった。弁護団はいろいろなつてを頼って依頼をしたが断られ続けた。手紙を出し、電話をし、会ってくれるという人には会いに行った。自身の著書で HBV の感染原因として集団予防接種が考えられると書いている学者に会いに行ったら反対のことを言われた。あるいは「厚生行政に重大な影響を与える裁判であり、相当の根拠がないと因果関係は認められないだろう。申し訳ない」と断られたりもした。

たどりつけた与芝教授

控訴後 2 年近くなり、弁護団は、証人尋問なしで審理を終えることもやむを得ないかと考え始めた。

そのころ、支える会を通して神奈川県の患者会から 1 人の医学者を紹介された。昭和大学医学部の与芝真彰教授だった。02 年春、弁護士は、最後のチャンスという思いで昭和大学藤が丘病院に行き、与芝教授に、裁判の意義や経過を伝えた。一審での飯野証人や吉澤証人の証言の説明もして、「想像を超える感染ルートがあるなど普通の医師は言わないと思います。普通のことを言ってもらえる証人が必要です。先生に証人になってもらえませんか」と迫った。与芝教授は自分の専門は劇症肝炎でありB 型肝炎の感染原因など専門外であるけど、資料を見てみようと言ってくれた。弁護団は裁判資料一式を郵送し、改めて面談を求めた。そして、芳芝教授から証人になることの了解を得られたとの判断をした。弁護団はすぐに札幌高裁に証人申請をし、協議の上 02 年 10 月に尋問を行うことになった。そのことを与芝教授に伝えた。与芝教授は夏休みを返上して内外の論文を精査し、9 月上旬に意見書を完成させて、10 月 11 日の尋問に臨んだ。

与芝証言

与芝証人は、通常の生活で HBV は感染しない、一般医療機関で滅菌不十分の注射器具が使われるということは自分の経験からも考えられないと述べ、一審での飯野証人や吉澤証人の、一般医療機関で滅菌不十分の医療器具が使われていたなどとの証言について「個人の経験でしかない。証言するのであれば科学的エビデンスに基づいたものでなくてはならない」と述べた。そして、「想像を超える感染経路」などというのは科学ではないと証言した。

また、与芝証人は、予防接種数とキャリア率等の推移をみれば集団予防接種とHBV感染には相関関係があるとし、さらに、86年に全国で開始されたHBV母子間感染阻止事業の実施により、それ以後のキャリアはほとんど消失しており、このことは、日常生活での水平感染はそもそもなかったことを示していると証言した。すなわち、日常生活での感染というものがあるのであれば、母子間感染を阻止しただけではキャリアはいなくならないはずだが、キャリアがいなくなったということは、日常生活での水平感染、まして想像を超える感染というものがそもそもなかったということを疫学的に論証したのだ。

与芝教授の決断の裏に

尋問期日の翌日、帰京まで少し時間のあった与芝教授は、石狩川の河口を見てみたいと言い、弁護士の車で石狩市の先まで行った。与芝教授は河口右岸の堤防に立って、小雨交じりの茫洋とした風景と、にごり加減の大量の水が海に流れ込むのを観ていた。帰りの車中、弁護士は関係者から耳にした話を与芝教授に聞いてみた。「先生、この裁判の証人になることになった後、東大医学部の先輩の先生から『キミそんなことしたら教授になれないよ』と言われたそうですね、でも先生は『もう教授になってるよ』と答えたということですが、本当ですか」。与芝教授は「ああ、まあ」とだけ答えた。与芝教授は前年01年10月に昭和大学藤が丘病院消化器内科教授になっていた。

与芝教授の意見書の内容や証言に至る経過については、与芝教授の『B型肝炎訴訟——逆転勝訴の論理』（かまくら春秋社、2011年）という本に詳しい。そこには「一審の証人となった飯野教授も吉澤教授も日本のウイルス肝炎の疫学の二大権威ともいうべき存在で、控訴審で原告側に立つとすれば、国に抗って、かつこの2人の証言を覆す必要があるわけで、確かに日本中を探してもそんな酔狂な証人を引き受ける肝臓病医はいるはずはなかった」と書かれている。与芝教授も本当は証人を引き受ける気持ちはなかったところ、弁護団から証人に決まった、尋問の日も決まったと聞いて仰天したという。

逆転勝訴　札幌高裁判決

04年1月16日、札幌高裁（山崎健二裁判長）の判決日を迎えた。判決言い渡し前弁護団の事務局担当のところに高裁の書記官から電話があり、原告の名前の読み方を聞いてきた。弁護士は、控訴棄却なら名前を読むことはしないから、もしかしたらとその時から胸の動悸が高まった。

判決は、一審判決を変更し、3人の原告の請求を認容した。5人全員について因果関係を認め、国の責任、損害の発生を認めた上で、ただ2人については除斥期間が経過したとして請求を棄却した。

2人の請求棄却は残念であるが、現実に予想はしていなかった驚きと喜びの判決だった。代表的立場の原告は、テレビ取材に対して「この判決をもって、国に肝炎対策の実現を求めます。肝炎を直す薬の開発を求めます」と長く裁判を闘ってきた被害者原告の思いを述べた。

ところが、厚労省に要請に行っても担当者は「最高裁がありますので」と言うだけだった。

高裁判決理由を精査すると、因果関係について「高度の蓋然性」論を用いず、集団予防接種による感染の可能性の高さと他の感染可能性が具体的ではないなどから因果関係を認めるのが相当であるとしていた。

これは、瀬川教授の意見書が強く効いた判決だと思われた。

しかし、この判決を受けて坂口厚労大臣は「直接証拠も間接証拠も見当たらないけど因果関係がある？　わけのわからない判決だ」とコメントした。

上告受理申立および最高裁判決闘争

原告、被告双方が上告受理申立をした。

原告側は原告2人について除斥期間経過を理由に請求棄却したことは不当だと主張した。被告国は、原審が因果関係を認めたことは「高度の蓋然性」の証明を要するとする最高裁判例に違反するとした。

最高裁（第二小法廷）は、原告、被告両方の上告受理申立を受理した。受理をするということはその申立てに理由があると最高裁が考えたからだ。国の申立ても受理したということは、原審の因果関係を認めた判断が覆される可能性もあることになる。関係者は大いに気を揉んだ。日本肝臓病患者団体協議会（日肝協）や支える会は適正判決を求める要請署名活動を行い、最高裁に届けるなどした。

完全勝訴　最高裁判決

06年6月16日、最高裁は5人全員の請求を認めた。

判決は、因果関係について、母子間感染阻止事業の開始後、同年生まれ以降の世代における新たな持続感染者の発生がほとんど認められなくなったということは、垂直感染による感染者の発生だけでなく水平感染による感染者の発生もほとんどなくなったことを意味し、「一般に、集団予防接種等による注射器の連続使用によるもの以外は、家庭内感染を含む水平感染の可能性が極めて低かったことを示すものということもできる」として、高度の蓋然性論を用いて集団予防接種と原告らの感染との間の因果関係を肯定したのである。

これは与芝教授の証言に基づくものだった。与芝理論が、高裁では十分吟味検討する時間がなかったからか判決には現れなかったが、最高裁で開花した。また、最高裁の判決理由中に、一審での和徳君と一緒に接種を受けた人のウイルス検査の調査結果が引用されている。この調査で、一緒に接種を受けた人の母親がキャリアであったことが明らかにされていたが、最高裁はこれを社会内に一定数のキャリアがいることの1つの証拠としたのだ。一審では敗訴の理由に使われた証拠が、最高裁では勝訴の証拠に使われた。

もう1つの争点、除斥期間論については、B型肝炎の除斥期間の起算点はウイルスが体内に入ったときではなく発症のときからであるとして、5人全員について除斥期間を経過していないとした。

判決にあたって、勝訴の時はどのような旗を出そうかと弁護団で考えた。もし5人全員勝てば完全な勝訴だから、それまであまり使われていなかった「完全勝訴」としようと決めた。判決言い渡し後、最も若い弁護士が、最高裁の正門を駆け抜け、その旗を高く掲げた。

肝炎対策を取ろうとしない国との新たな闘いに

最高裁判決の反響はとても大きかった。全国の肝炎患者に計り知れない励ましを与えた。弁護団の弁護士事務所に全国から500件以上の問い合わせがきた。弁護団は、この最高裁の判決を受けて、国、厚労省は何らかの救済対策をとるはずだと考えた。

原告、弁護団、支える会は日肝協とも協力して厚労省と交渉し、医療費助成を含む肝炎患者への支援策を講ずるよう求めた。毎月のように厚労省に通った。しかし、厚労省は肝炎治療に関する研究費を一部増額する程度の対応しかとらず、また、原告と同様の立場にいる肝炎患者への救済策もとらなかった。

原告、弁護団は、そもそも厚労省はこの判決をどう捉えているのかと問うた。判決は幼少児の感染原因のほとんどが集団予防接種だと言っているのと等しい。このことを厚労省はどう考えているのか、正式に回答してもらいたいと求めた。

07年1月、厚労省は、この判決は5人の原告に対するものでそれ以上のものではない。5人に限ったもので5人に賠償をしたのでそれ以上の対応を行う考えもないと答えた。5人に対して厚労大臣が面会して謝罪する考えもないとも答えた。

この回答を聞いた弁護士は心底腹が立った。

これじゃだめだ。全国で裁判を起こして国の態度を変えさせると決心した。

厚労省との交渉を打ち切り、全国訴訟の準備を開始した。

25

宝の海・有明海の再生をめざして

――よみがえれ！　有明訴訟

老漁民の叫び

「あと何人漁民が死んだら、開門してくれるとですか！」

凛とした老漁民の怒りの声が法廷に響き渡った。

相次ぐ不漁の中で、漁民たちは生活苦にあえいでいた。多くの漁民が漁業をあきらめて陸に上がり、自らの命を絶った者も少なくなかったのである。

意見陳述の最後に、老漁民が放った絞り出すような叫びは、一瞬、法廷を凍らせた。裁判長と左右の陪席裁判官は目を下に落として身じろぎもしない。

佐賀地裁（榎下義康裁判長）が、諫早湾干拓事業工事差止仮処分事件において工事続行禁止を命じたのは、それから数ヶ月が経過した04年8月26日のことであった。裁判所正門前で弁護団の大倉英士、紫藤拓也、森永正之、塩澄哲也が掲げた「勝訴」「農水省を断罪」「工事中止命令」「直ちに開門せよ」の4本の旗を前に沸き返る漁民と支援者たち。

有明海は宝の海と呼ばれていた。9万年前の阿蘇山の大噴火によって降り積もった膨大な火山灰は、川の流れに乗って有明海に運ばれ、ガタと呼ばれた。このガタは、日本の干潟の4割を占める広大な干潟を形成し、ガタの微粒子は浮泥と呼ばれ、波間を漂って吸着した栄養塩の循環を媒介する。また、日本最大の6メートルにもなる干満差と早い潮流は、ガタに吸着した栄養塩を有明海全体へとほどよく循環させ、広大な干潟とあいまって、生物生産性の高い、生物多様性の宝庫としての漁場環境を形づくった。有明海漁業は、有明海沿岸地域における地域経済、地域文化の基盤となっている。国営諫早湾干拓事業はそのすべてを根底から覆そうとしていた。国営諫早湾干拓事業がもたらした有明海の環境悪化は「有明海異変」と呼ばれるようになった。

その国営諫早湾干拓事業が着工されたのは89年11月のことである。潮受け堤防が締め切られたのは97年4月14日。潮受け堤防の最後に残された約1.2キロの区間が、さながらドミノ倒しのように海中に落下する293枚の鉄板によって一気に締め切られる様は、有明海の生き物と漁民たちの命を奪う死刑台のギロチンに例えられた。

工事が本格化した92年には早くも高級貝柱を持つ主要漁獲物のタイラギが大量死滅し、翌93年から先は、諫早湾内のタイラギ漁は完全休漁になった。

ギロチン以後、漁業被害は有明海全域に拡大した。ギロチンから3年後の00年12月には、かつてない大規模な赤潮が発生した。赤潮プランクトンに栄養塩を奪われ、有明海の主要漁獲物である養殖ノリは見るも無残に黄色く色落ちして商品価値を失った。

海の変化は漁業を生業とし、海の様子を日々見守っている漁民が一番よく知っている。漁民たちは干拓事業こそが犯人であると確信し、01年元旦以降、波状的に海上デモを行い、1月28日には沿岸4県の漁連・漁協が企画した6,000人の漁民と1,300隻の漁船による大規模な海上デモが実施された。漁民たちは「宝の海をかえせ！」と口々に怒りの声を上げ、陸側からは多くの市民団体が潮受け堤防排水門開放のシュプレヒコールを上げた。

漁民の1人は、このときの様子を、後の法廷で次のように意見陳述した。

――「宝の海を返せ」という叫びは、有明漁民の生活と人生をかけた命がけの叫びだったと思います。諫早湾に行ってみると、北部排水門前には海苔を色落ちさせたリゾソレニアというプランクトンが大量に発生して30㎝下も見えないほどで、ここがプランクトンの発生源だということを、誰もが確信しました。

たまらずに国は、01年3月にノリ不作等第三者委員会を立ち上げて、原因究明に乗り出さざるを得なかった。第三者委員会はこの年12月19日、有明海異変の原因は干拓事業にあると想定して、短期（2ヶ月程度）・中期（半年程度）・長期（数年）の開門調査を提言した。以後、開門調査は、「有明海異変」から有明海を再生し、宝の海・有明海を取り戻す闘いの共通のスローガンとなった。

このギロチンの前後から、優良農地造成と防災を目的とした事業費2,500億円の大事業である国営諫早湾干拓事業は、「ムダで有害な、公共事業」、「走り出したら止まらない公共事業」として知られるようになった。

「よみがえれ！　有明訴訟」の提訴

「よみがえれ！　有明訴訟」は、このような状況の中、02年11月26日に佐賀地裁に提訴された。工事中止を求める民事訴訟の提訴と仮処分申請である。

集まった人々の熱気でむせかえる提訴集会において、弁護団団長の馬奈木昭雄は、提訴の意義について次のように熱弁をふるった。

「この訴訟の目的は有明海漁民の被害救済だけにはとどまりません。有明海漁業はもとより、それを基盤にした有明海沿岸地域の地域社会全体を再生する闘いでもあります。この訴訟を『よみがえれ！　有明訴訟』と名付けたのは、そうした思いからであります。漁民も住民もいっしょになって闘おうではありませんか。」

団長馬奈木、副団長河西龍太郎、事務局長堀良一の団員弁護士を核とした弁護団員は、結成当時からの者も、途中参加の者も、ほとんどが弁護士登録したばかりの、文字どおり、新進気鋭の弁護士たちで、多くが団員であった。宝の海・有明海の価値に焦点を当てた第1準備書面の起案を担当した団員後藤富和は、弁護士になって初めての起案がこの書面であった。弁護団会議で何度も書き直しを指示され、毎回悔しそうに持ち帰りながら、遂には、写真や居酒屋の有明海特産物のお品書きも盛り込んだユニークで説得力のある書面を完成させた。

提訴の翌年の03年には公害等調整委員会に原因裁定を申請した。申請はそれまでこの問題にかかわってきた4つの訴訟が統一した代理人団を結成して行った。この共同行動によって、その後の運動体の統一と団結が固く保たれることになった。

この手続を申請したのは、裁判所の審理だけでは限界のある重要論点の因果関係について、集中的・効果的に論争するためである。弁護団からはこの手続の事務局長として団員吉野隆二郎を当てた。この手続においては有明海漁民と市民がいっしょになって漁場再生を目指すための市民団体「漁民・市民ネット」の羽生洋三が大活躍した。羽生は、海洋生物や海洋物理など学際的な知見を要する因果関係解明のため、研究者を開拓し、そうそうたる研究者チームを立ち上げ、自らも在野研究者として論陣を張った。

佐賀地裁において、弁護団は、ノリ第三者委員会の検討資料を中心に段ボール箱いっぱいの書証にまとめ、これを基礎に膨大な書面を提出し、03年8月1日の弁論期日までには基本的な主張・立証を終え、少なくとも仮処分決定は1日でも早く出されたいと裁判所に迫った。

こうして年が明けた03年のはじめには、国の抵抗を振り切り、いつ仮処分の判断がでてもおかしくないという状態に持ち込むことができた。

抵抗する国は、連休明けの5月11日に農水大臣が中長期開門調査の見送りを正式に発表した。同時に、農水省は中長期開門調査に代わる取り組みとして、新たな調査研究や再生事業、調整池の水質改善などを3年間を目処に行うと発表して、中長期開門調査見送りに対する批判をかわそうとした。この調査研究や再生事業、水質改善の取り組みは3年を経過しても奏功せず、15年以上が経過した今もなお、500億円を超える巨額の費用を投じて続けられている。

こうしたせめぎ合いにもかかわらず、なかなか佐賀地裁は仮処分の決定を出さない。冒頭に紹介した老漁民の意見陳述は、じりじりとした気持ちが蔓延している中で開かれた本訴の弁論期日における、漁民を代表しての心の叫びだった。

そして、やっと04年8月26日、工事続行禁止を命ずる仮処分決定を出したが、国は福岡高裁に不服申立をした。

福岡高裁における仮処分事件逆転敗訴の逆流に抗して

翌05年5月16日、福岡高裁（中山弘幸裁判長）は工事差止仮処分事件の抗告審で佐賀地裁の工事続行禁止仮処分を取り消した。

決定は「本件事業と有明海の漁業環境の悪化との関連性については、これを否定できないという意味において定性的には一応認められるが、その割合ないしは程度という定量的関連性については、これを認めるに足りる資料が未だないといわざるを得ない」と述べ、定量的に明らかにしないと因果関係を認めないとした。佐賀地裁の仮処分決定が、「中、長期開門調査が行われないことによって事実上生じた『より高度の疎明が困難となる不利益』を債権者らのみに負担させるのはおよそ公平とはいいがたい。」と述べて因果関係を肯定したのに比べると、極めて対照的な因果関係認定の高いハードルの設定であった。

こうした因果関係認定の高いハードルの設定は、因果関係について「その可能性までは否めないものの、これを裏付けるに足りる客観的データがなく、高度の蓋然性をもって認定することが困難であった」と述べた05年8月30日の公害等調整委員会の原因裁定の結論においても繰り返された。

逆流の中で開かれた集会に参加した漁民たちの表情は暗かった。

雰囲気を一変させたのは弁護団長馬奈木のこの言葉である。

「みなさんは裁判所のこんなおかしな判断に到底納得できないでしょう。主人公である漁民は納得していない、怒っている。こんな裁判所の判断では紛争は決して解決しない、漁民はくじけない、そのことを思い知らせてやろうではありませんか。漁民が怒って次々に裁判に加わってきた、そうやって怒りを形にしてぶつけていこうではありませんか。原告を増やしましょう。」

目を輝かせて馬奈木の言葉を聞いたリーダー格の老漁民は、集会の最後に団結頑張ろうの発声を指名されたものの、団結頑張ろうでは生ぬるいと直感したのか、感情の高ぶりの中で、思わず「えい、えい、おぅ！」と声を張り上げ、全員がこれに続いて拳を突き上げた。

反転攻勢

こうして、その年の暮れには、漁民原告の数は197人から1,449名へと飛躍的に増大した。

その結果、佐賀地裁の本訴において、一気に攻勢をかけて自らの勝訴判決を早期に迫ろうとした国の思惑は挫かれ、現地進行協議、研究者尋問、各地域の漁民本人尋問へと、審理は精力的に続けられた。

この間、07年中には工事が終了し、08年4月からは干拓地において営農が開始することを踏まえ、本訴の請求の趣旨を工事中止から、潮受け堤防撤去と排水門開放に変更した。同時に、国とともに干拓事業を推し進める長崎県を相手に、県内の76人の支援者を原告として、干拓事業への公金支出差止を求める住民訴訟を長崎地裁に提起した。国営諫早湾干拓事業は、所管する農水省の試算においても費用対効果は0.81しかないと認めざるを得なくなっており、事業としても失敗であることが明らかになっていた。

佐賀地裁の開門訴訟と長崎地裁の結審を目前に控えた07年9月12日、漁民、支援者、弁護団は東京の支援者とともに国会活動を強めていこうと、国会議員会館に集結した。隣の首相官邸において、第1次安倍内閣時代の安倍総理大臣が体調不良を理由に突然の退陣を表明したその日だった。それ以後、毎月のように上京し、公共事業チェック議員の会に依頼して、同会主催で、担当の農水官僚を相手になぜ開門できないかの論争を行った。この論争には主催した国会議員はもとより、漁民、支援者、弁護団だけでなく、漁民市民ネットが組織する研究者チームの研究者も参加した。漁民市民ネットの羽生は論点を整理しつつ研究者の発言を促し、そうした論点の解明を基礎に全員で農水官僚を追い詰めた。この論争は5回にわたって行われ、参加した国会議員から「開門できない理由をこれ以上説明できないんですね」と問い詰められると、農水官僚は、「それでも予測できない悪影響がある」などと苦し紛れにうそぶくありさまだった。

08年1月28日の長崎地裁住民訴訟判決は、問題がないとは言えないものの、社会通念上著しく不相当で合理性を欠くような裁量権の逸脱・濫用があるとまでは言えないとして、ここでも証明責任の高いハードルの前に敗訴となった。

佐賀地裁開門判決

そして迎えた同年6月27日の佐賀地裁判決期日。熱気でむせかえる法廷で神山隆一裁判長が判決主文を読み上げる。「本判決確定の日から3年を経過する日までに、防災上やむを得ない場合を除き、国営諫早湾土地改良事業としての土地干拓事業において設置された、諫早湾干拓地潮受堤防の北部及び南部各排水門を開放し、以後5年間にわたって同各排水門の開放を継続せよ。」

裁判長の声が続く中、一刻も早く正門前に集まった漁民と支援者に結果を届けようと、弁護団の数名が法廷を飛び出して勝訴の旗を掲げる。沸き上がる歓声。

翌日から休む間もなく上京して、「控訴するな」の要請行動。マスコミはいっせいに佐賀地裁の判決を支持した。日本弁護士連合会、世界自然保護基金日本委員会、日本自然保護協会、野鳥の会などからは判決支持の声明や要請書が発表された。追い詰められた国は、「開門アセスメントを行い、開門調査を含め今後の方策を検討する」、「有明海の再生に向けた取り組みをこれまで以上に拡充・強化する」などと、05年に見送りを表明した中長期開門調査を改めて検討するなどと言い訳がましいことを述べながら控訴する旨の大臣談話を発表した。そして、控訴期限の前日、裁判所の夜間受付にこっそりと控訴状を提出した。裁判所の認定があるのに、改めて開門の是非をアセスメントする必要はない。どうせ、開門しないことを合理化するに決まっている。農水省前で座り込みを続けていた漁民や支援者、弁護団は、真っ暗になった農水省前で抗議行動を続けた。日頃は口が重い漁民たちも次々にマイクを握り、農水省の建物に向かって「こらぁー」、「おまえたちなぁー」と言葉にならない怒りの声を振り絞り、なりふり構わず、「なんば、しよらすとかー」などと、使い慣れた方言で農水省に怒りをぶつけた。

福岡高裁においては、改めて現地進行協議を実現して担当裁判官に現地で訴え、短期決戦を目指した。

この間、訴訟外では紛争の長期化を避け、紛争を早期に決着するための方針の検討を行い、漁民市民ネットワークの羽生の発案に基づく「農・漁・防災共存の段階的開門」の提案をまとめ上げて公表した。これ以後、「農・漁・防災共存の段階的開門」は開門を求める漁民、支援者、弁護団の共通のスローガンになった。

08年11月12日には韓国環境府や同国の放送局、NGOが共催する水環境大賞の国際部門ガイア賞を弁護団が受賞することなった。人気歌手の華やかなステージを交え90分間にわたって韓国全土に放映された受賞式において、団長の馬奈木は感謝のメッセージとともに、諫早湾干拓事業の無謀な実態を訴えた。馬奈木が同国の集会で語った「われわれは決して負けない。なぜなら、被害があるかぎり、勝つまで闘うからだ」というメッセージは、その後、同国のNGOのみならず、日本各地で困難に立ち向かいながら闘う住民運動、市民運動を励ました。

福岡高裁開門判決確定と開門義務履行をめぐる闘い

こうして迎えた10年12月6日、福岡高裁（古賀寛裁判長）の判決が言い渡された。

佐賀地裁に次ぐ、再度の開門判決であった。

弁護団は、漁民や支援者とともに上京して「上告するな」の要請行動を行った。菅直人首相の判断で上告をしない旨の国の方針が伝わったのは上告期限の12月20日であった。国会議員会館でそのニュースに接した堀が農水省前で座り込んでいた漁民、支援者、弁護団に連絡をとろうとするが、みんな興奮していてなかなか携帯電話に出ようとしない。ようやく漁民市民ネットワークの羽生が電話口に出た。国の上告しない決定を伝えると、羽生は「やったーっ」と絶叫し、その声を聞きつけた座り込みメンバーの「万歳！」の声が電話口の向こうに響いた。

確定した開門判決は開門義務の履行に3年間の猶予を与えている。この猶予期間は、国が潮受け堤防が果たしている洪水時の防災機能や湛水被害の改善機能等を代替する工事には3年程度要するなどと主張したことに配慮したものである。

判決後、弁護団は、国に対し、有明海漁民に謝罪するとともに、開門を不安視している背後地の人々や08年4月に営農を開始した干拓地農民などへは判決の内容をきちんと説明し、開門したら背後地の防災が果たせなくなる、営農ができなくなるなどと危機感をあおったことを謝罪すべきだと主張した。ところが国は判決主文にはしたがって開門はするが、理由中に述べられている裁判所の判断には同意できないので、謝罪はしないなどと居直った。

そのような中、11年4月19日、干拓農地の農業者や背後地住民などを中心にした開門阻止訴訟と仮処分が提起された。開門を不安視する人々が、その不安をたきつけた開門したくない国を相手にする訴訟である。福岡高裁の開門確定判決の勝訴漁民やこの訴訟に続いて提訴された開門訴訟の当事者漁民は、国のなれ合い訴訟を許さない決意の下に、直ちに補助参加を申し立て、福岡高裁開門確定判決の基礎になった主張と関係証拠を同訴訟に提出した。ところが国は、「補助参加人の訴訟行為は、被参加人の訴訟行為と抵触するときは、その効力を有しない」とする民事訴訟法の規定を悪用して、その主張と証拠の大部分を国の主張と抵触するとした。そのため、この訴訟は文字どおりのなれ合い訴訟となり、開門確定判決の履行期である13年12月20日を前にした同年11月2日、長崎地裁は開門差止の仮処分決定を出した。

間接強制の申立と国の請求異議訴訟

13年12月20日、開門義務履行の3年の猶予期間が遂に経過した。

漁民と弁護団は、同月24日、佐賀地裁に間接強制を申し立てた。国が確定判決を守らないのは、憲政史上初の暴挙であり、当然ながらそのために強制執行を申し立てられるのも初めてである。

年が明けた14年1月9日、国は間接強制を争うと同時に請求異議訴訟を提起した。準備工事が地元の反対で着工できない、開門禁止仮処分で開門禁止義務を負ったなどと、自らのサボタージュを棚に上げたなりふり構わずの請求異議訴訟であった。佐賀地裁は同年4月11日、間接強制を認め、申立人漁民の各人に1日1万円の間接強制金を支払うよう国に命じ、その後、間接強制金は1日2万円に増額された。請求異議については同年12月12日に国の請求を棄却する判決を出した。国は間接強制決定に対しては執行抗告を、請求異議に対しては控訴を、それぞれ福岡高裁に申し立てて激しく争った。執行抗告は控訴審・最高裁において退けられ、間接強制の決定は確定した。

他方、福岡高裁の請求異議控訴審において、国は、漁業権は10年で消滅するという漁業権消滅論を新たな請求異議事由として主張した。現に漁業を続けている以上、10年目のチェックを受ければ、従前どおりに漁業を継続できるという漁業法の仕組みと家族経営で技術と漁具を後継者に継承していくという漁業の実態を無視した苦し紛れの主張であった。漁業権10年消滅論によれば、福岡高裁開門確定判決が命じた13年12月20日の国の開門義務は履行期よりも前に、猶予期間中の同年8月31日の経過によって消滅することになる。民事訴訟の原則である確定判決の既判力をも無視する主張であった。

和解協議と逆流の中での最高裁勝訴判決

この間、開門確定判決の当事者となった諫早湾外の漁民たちに続いて、諫早湾内漁民を中心に湾内1陣、湾内2、3陣の開門訴訟が長崎地裁に係属していた。このうち、湾内1陣が長崎地裁において敗訴になるという逆流がみられ、湾内漁民の1陣開門訴訟が福岡高裁に、湾内2、3陣が併合されて長崎地裁にそれぞれ係属していた。

転機となったのは15年1月22日の間接強制上告審の最高裁決定だった。最高裁決定は国の抗告を退けるとともに、「(開門義務と関門禁止義務という相反する義務を負うこと自体は制度上あり得るとしても)そのような事態を解消し、全体的に紛争を解決するための十分な努力が期待されるところである。」と述べて、和解協議の事実上の勧告を行った。

これを受けて、同年10月5日、福岡高裁は「当裁判所もその想いは同じである」と述べて和解協議の開始を勧告した。これに続いて翌16年1

月18日には長崎地裁においても和解協議の開始が勧告され、実質的な協議は長崎地裁において行われることになった。

ところが、長崎地裁は開門阻止訴訟の当事者が開門をテーマにした和解協議のテーブルに着くことを許否していることを理由に、非開門の和解を協議したいと言い出し、国に非開門の解決案を提出するように要請した。国が提出した案は、100億円の基金を創設して、これまで続けられてきた有明海再生事業を加速させるというものであった。弁護団は05年5月の農水大臣談話以来続けられてきた新たな調査研究や有明海再生事業が、この間500億円が投じられているにもかかわらず奏効していないことを明らかにし、国の基金案は解決案として不適格であることを訴えて、改めて段階的開門論を踏まえた農・漁・防災共存の和解案の検討を求めた。

国は基金案に反対する漁業者団体への執拗な攻撃を強め、漁業者団体には基金案を受け入れなければ、再生事業予算を減額、消滅させられるのではないかなどという不安と動揺が生じた。その結果、漁業者団体の中に分断と混乱が持ち込まれただけで、結局、17年の年明け早々に長崎地裁の和解協議は、農・漁・防災共存の和解協議を開始することなく打ち切られた。福岡高裁も独自の和解協議を模索することなく和解協議を終了させた。

この間、福岡高裁は諫早湾内1陣の開門訴訟において漁民の控訴を退け、また、長崎地裁は、和解協議終了後の17年4月17日、開門阻止訴訟において、開門阻止の判決を言い渡した。国は開門を逃れるために控訴しない方針であることが窺われたので、漁民らは独自の控訴が可能になるよう独立当事者参加の申立てを行って闘いを継続しようとした。

しかしながら、福岡高裁（西井和徒裁判長）は18年3月18日、独立当事者参加申立を却下し、これに続いて、同年7月30日、事もあろうに国の主張する漁業権10年消滅論を請求異議事由に該当すると認めて国の請求異議を受け入れた。まさに荒れ狂う逆流の渦の中で、漁民、支援者、弁護団は最高裁での闘いに望みをつなぐこととなった。

弁護団は訴訟法関係の論点を吉野が、漁業法関係の論点を紫藤が担当して、上告理由書と上告受理申立理由書を練り上げた。紫藤は歴史的なものを含め漁業法関連の文献を総当たりした。

翌19年5月22日、上告受理申立事件における既判力関係の争点について上告を受理する旨の最高裁決定がなされ、同年6月27日には諫早湾内1陣の開門請求と独立当事者参加申立はいずれも上告棄却及び上告不受理となったものの、同年7月26日の最高裁弁論を経て、同年9月13日、最高裁は請求異議訴訟において原判決を破棄し、事件を福岡高裁に差し戻した。

農・漁・防災が共存する開門と有明海再生を目指して

こうして20年2月21日の福岡高裁差戻審第1回弁論期日を迎えた。

国は意見陳述で、確定判決後、漁獲量は増加傾向にある、開門対策工事ができず開門は不可能になったなどと、確定判決後の事情変更を述べ、間接強制は権利濫用に当たるなどと述べた。国に続いて、顔を紅潮させながら意見陳述に立った漁民代表の平方は「本当に漁業を回復させてくれたら、間接強制金なんか全部返しますよ。代わりに宝の海を返してください」と声を荒げた。弁護団の紫藤もまた、意見陳述の冒頭、確定判決上の義務をサボタージュして期間が経過したからといって、それを事情変更などというのは許されない、と予定外の陳述をして、国の不遜な態度を弾劾した。弁護団は当日までに農・漁・共存の和解協議を開始するように求める上申書と提出した。

法廷には傍聴人があふれ、終了後、裁判所の建物の隣の弁護士会館大ホールには180名の漁民、支援者、研究者などが参加し、むせかえるような熱気の中、立錐の余地もない状況であった。

干拓地営農者の営農は既に破綻し、08年4月の営農開始時には42名いた入植者の中からは、10年が経過した今日、12名もの離脱者が出ている。残った営農者のうち2名は開門阻止請求権を放棄し、漁民の弁護団を代理人として農地の欠陥解消を求める開門や損害賠償の訴訟に立ち上がっている。また、離脱者2名も欠陥農地がもたらした損害の賠償を求めて、ともに闘っている。既に、闘いの上では農・漁共存が実現されているのである。

漁民、農民、支援者、弁護団はこう誓い合っている。

私たちは、逆流を乗り越えて、より強く闘いを進めたいと思う。

私たちは負けない。なぜなら、被害があるかぎり、勝つまで闘うからだ。

26

えひめ丸事件

——日米のピープルズロイヤーが共同して闘った

事件の発生

01年2月10日、テレビの画像に衝撃的な映像が映し出された。大海原に浮かぶ、原子力潜水艦の真っ黒な巨体。そのまわりには、小さなオレンジ色の救命いかだが波に洗われ漂っている。「米原子力潜水艦が宇和島水産高校の実習船と衝突」「生徒や教師、船員ら9名が行方不明」……そんなテロップが流れるが、衝突されたという実習船の姿は影も形もない。

生徒の顔写真が映し出され、救出された生徒の氏名が発表されると、狂気の如く飛び上がって喜ぶ母親の姿、苛立った様子を隠そうともしない消息不明の生徒の父親の姿が、画面に現れた。そこには既に事故直後から、「生と死」を分かつ言いようもない溝が漂っていた。

その後の状況

愛媛県立宇和島水産高等学校実習船「えひめ丸」は、全長58.18メートル、499トン、定員67人の水産実習船である。えひめ丸は、01年1月10日に、13人の生徒と2人の教師、20人の乗組員を乗せて神奈川県三崎港を出港し、74日間の実習の航海に出た。

ハワイのホノルル沖を航行していたえひめ丸に悲劇が訪れたのは、現地時間2月9日13時43分のことである。深い海の底を潜行していた巨大な原子力潜水艦「グリーンビル」が、約120メートルの深さから一気に「緊急浮上」し、えひめ丸の船底を切り裂いた。直後から船体を傾かせ、沈み始めるえひめ丸。甲板に上がることができた者は、海に飛び込んだり投げ出されるなどして一命をとりとめたが、船底に近い生徒食堂やコンピューター室、機関室などにいた者たちには、沈むえひめ丸から脱出する術はない。乗組員3名と教師2名、そして生徒4名が、行方不明となった。

事件発生直後、アメリカ海軍は、原潜グリーンビルが通常の訓練を行っていたと説明していた。しかし、その後のNTSB（アメリカ国家運輸安全委員会）等の調査により、衝撃的な事実が次々と明らかになる。当時の原潜グリーンビルが民間人を乗せた「体験航海」の最中であり、その司令室は石油会社重役ら多数の民間人でいっぱいだった。「緊急浮上」は、その体験航海の見せ場として行われたものであり、しかも、艦が緊急浮上するまさにその瞬間、民間人が操舵桿を握っていたのである。

こうした事実は、日本でも人々の中に大きな怒りを巻き起こした。当時の森喜朗首相は、事件発生の第1報が届いた当時にゴルフに興じていたが、事件発生の報告を受けても、関係閣僚との緊急連絡会議も開かないままに引き続きゴルフに熱中していたとして痛烈に批判され、そのことが直接の原因となって総理大臣の職を辞することとなった。

3月6日からは、米太平洋艦隊による査問会議が開始。その様子は連日テレビで放映され、査問会議で証言するスコット・ワドル艦長らの映像のほか、怒りに震える被害者家族たちの様子も繰り返し報道された。大きな注目を集めた査問会議であったが、結局、だれ1人として軍法会議にかけられることもなく、事故原因の詳細も「体験航海」の危険性も明らかにされることなく手続は終了し、4月24日、ワドル艦長ただ1人が、減給2ヶ月と戒告処分という行政的処分を受け、後に名誉除隊となった。

地元団員弁護士の奮闘と被害者弁護団の結成

愛媛県宇和島市の団員井上正実の下に、初めてこの「えひめ丸事件」の相談が持ち込まれたのは、事件発生から10日ほど経過した日のことである。相談者は、救助された生徒の親たちであった。

えひめ丸の乗船者35名は、救助されたか否かに関わらず米原潜グリーンビルの公海上における無謀な体験航海の被害者である。特に、救助された生徒らは、17歳前後の若者で精神的に成熟しきっていなかったにもかかわらず、太平洋のど真ん中に放り出されるという恐怖の体験者であったことなどから、精神的にも異常を来していると思われる生徒がほとんどであった。

しかし、事故直後のハワイにおいては、日本人ボランティアの対応だけで、日本政府の対応はまったくと言ってよいほどなされず、救助者に対する医師の診察もなされていなかった。また、帰国後に生徒を診察した臨床心理士と保健所長らは、「子どもらは楽しそうにしている」などと記者会見の席上で発言し、地元紙では、救助された生徒らが元気であるかの如く報道された。さらに、学校長は、行方不明者らの安否確認に奔走させられ、救助された生徒らの対応に行き届かないままに、愛媛県が派遣しようとしていたケア職員の受け入れすらも断っていた。これらのことなどから、救助された生徒の親は今後の対応に不安を抱き、相談先もわからないままに、井上の法律事務所に相談に駆けこんだのである。

井上は、当時たまたま交通事故による「心的外傷後ストレス障害」（PTSD）の事件を担当していた関係で、救助された生徒の症状がPTSDではないかとの疑いを抱いた。そこで、愛媛大学精神科の教授に生徒らの症状を詳細に報告し、同教授の指導の下で行政機関へのPTSD対策を要請した。そのような中で、生徒らのPTSD問題は急速に社会的な注目を浴びるようになった。

他方で生徒の親たちは、今後予想される米海軍との交渉についても途方にくれており、井上にその法的支援を相談した。しかし、地方の一法律事務所の弁護士で、世界の憲兵を自認する米海軍を相手とする交渉などできるはずもない。そこで、井上は直ちに団本部に連絡をし、「被害者とその家族の受入体制」を確立してくれるよう申し出を行った。そして、01年3月28日の団の常任幹事会の席上で、弁護団の結成を訴えた。

スモン訴訟やトンネルじん肺訴訟にもかかわっていた井上が、その経験から訴えたのは、えひめ丸事件の解決にあたっても、①正当な補償、②事故原因の究明と再発防止、③関係者の被害者に対する謝罪、という3つの観点が必要だということである。こうした井上の訴えに呼応して、数々の公害事件を解決に導いた団員・豊田誠や篠原義仁、愛媛出身で米国への留学経験がある池田直樹、団国際問題委員会メンバーらが、弁護団参加の意を表明していった。

国と県による被害者の切り崩し

このような動きが進む中、01年4月上旬になって、補償に関する説明会が宇和島市で開催されるとの一報が入った。聞けば、愛媛県が被害者らを一堂に集め、米海軍と愛媛県側弁護士がアメリカの法制度を説明した上で、とるべき行動を助言するという。弁護団結成の準備を進めていた団員鈴木亜英らは、躊躇なく宇和島へ飛ぶこととし、当時、東京の大学に留学中であったピーター・アーリンダー弁護士に同行を求めることとした。

アーリンダー弁護士は、アメリカの法律家団体ナショナル・ロイヤーズ・ギルド（NLG）の前議長という立場にあった。NLGは37年創立の進歩的法律家団体であり、戦後は全米を吹き荒れた赤狩りと闘い、黒人の公民権運動を支援してきたことで知られている。団はこのときまで10年あまりにわたってこのNLGとの交流を重視してきており、相互の信頼関係は十分であった。

説明会の前日、宇和島の井上の事務所の和室に、アーリンダー弁護士と、被害者35名のうち33名の家族が集まった。車座に集まった被害者らを前に、アーリンダー弁護士は、「将来の被告側代理人が将来の原告たちに法的援助を与えることなどアメリカでは考えられない。真相もはっきりしないのに和解ばなしなど納得できるのか。自分たちの代理人を探して欲しい」と訴えた。

そして迎えた4月10日の説明会には、井上が33名の家族の代理人という立場で臨んだ。しかし、説明会では、愛媛県が船体補償交渉を依頼している県弁護団が、被害者家族と向き合う形で着席していた。そして愛媛県は、被害者家族の1人ひとりと県弁護団との面談を個別に行い、県弁護団に損害賠償についての交渉を依頼するように勧めていった。愛媛県を雇い主とする船員らは、愛媛県の勧めに逆らえないままに、県弁護団に米国との補償交渉を依頼していった。

こうした中、愛媛県が勧める弁護団に依頼することに不安を抱いていた2組の遺族がいた。生徒として乗船し被害にあった寺田祐介（当時17歳）の両親と、機関長の古谷利通（当時47歳）の家族である。この2組の遺族は、県からの圧力に屈することなく、団員らで組織した弁護団に依頼することを選択した。そして、救助された生徒7家族とともに、01年5月10日、東京と宇和島で、豊田誠を団長とする「えひめ丸被害者弁護団」結成の記者会見が行われた。東京での記者会見に参加した寺田祐介の父寺田亮介は、最愛の息子を亡くした悲しみに耐えながら、「適正な補償は、真相究明と責任の明確化でしか導かれない。政府は日米関係の安定を重視し、事件の幕引きをしようとしている」と述べ、その心情は広く共感を呼んだ。

ところが、こうした弁護団結成の背後で、宇和島市長が、えひめ丸被害者弁護団に依頼していた7名の救助生徒家族に対し、県弁護団に依頼をすれば金銭的にも有利になるなどの話を持ちかけ、弁護団結成の記者会見を見合わせるように働きかけていた。救助された生徒の家族らは、弁護団結成の記者会見後に急に井上の事務所を訪れ、理由も釈然としないまま、被害者弁護団への委任の撤回を表明したのである。

井上は、救助生徒7名の家族が弁護団を離脱することに断腸の思いで、豊田にその旨を報告した。豊田は、「依頼者が1人でも弁護団に残ってくれさえすれば、闘いは続けていくことができる」と言った。

こうして、えひめ丸被害者弁護団は、寺田と古谷の2組の遺族とともに、えひめ丸事件に取り組んでいくこととなる。弁護団には、アーリンダー弁護士、そして、NLG所属の米海事法専門のドットソン弁護士も加わり、日米共同の弁護団がスタートした。そして、6月18日に米海軍と初めての交渉を行い、真相の究明と加害責任の追及、再発防止が、補償交渉とともに重要な課題となるとの立場を明示した上、資料の全面開示を要求した。

船体引き上げ

真相究明とともに、被害者家族にとってまず非常に大きな問題だったのは、えひめ丸の船体引き上げと不明者の捜索作業であった。約600メートルもの深海に沈んだえひめ丸を引き上げるのは不可能と、当初は消極的であった米海軍であった。しかし、被害者家族や日本国民の声と運動の力は大きかった。米海軍は、01年7月に船体引き上げに着手。試行錯誤を重ねた後、この年10月12日にはえひめ丸のつり上げに成功した。

米海軍は、被害者家族の渡航費・滞在費の支払いを約束しつつも、「身元が判明してから連絡するので、連絡を受けてから現地入りするように」「滞在費支給は4泊分のみ」等の条件を付していた。しかし、それまで耳にしていた情報から祐介の遺体発見は困難だろうと感じていた寺田夫妻は、せめて船体引き上げの成功を見届けようと、つり上げられたえひめ丸の曳航が始まった日からハワイ入をした。ここには、被害者弁護団の事務局長であった団員富永由紀子も同行した。

水深約35メートルまで引き上げられたえひめ丸の船内捜索は、この年10月17日に開始された。約8ヶ月も深海に沈んでいた船からの遺体発見は困難だろうと予想されたが、捜索開始の当日には1人目の遺体を発見、収容に至る。他の被害者家族たちやメディア関係者らも続々と現地入りし、船内捜索を固唾をのんで見守った。

その後は、連日のように遺体が発見され、滞在中の家族の下に身元判明の知らせが届いた。おびただしい数のマスコミが被害者家族の言葉を記事として発信していくが、米海軍側の巧みな情報操作もあって船内捜索の様子は美談として報じられ、次第に「これで区切りがついた」「海軍はよくやってくれた」という論調になっていった。そのような中、最後に発見された祐介の遺体と対面した寺田夫妻は、深い悲しみをこらえながらカメラの前に立ち、「決して、これで事件が終わったわけではない」と、必死に自分たちの思いを訴えた。

えひめ丸の船内捜索は、1名の実習生の遺体を発見できないまま11月に打ち切られ、再びえひめ丸は、ホノルル沖の深海に沈められた。

困難を極めた交渉

海事法専門のドッドソン弁護士が弁護団に加わったことにより、本件についての法的論点も整理された。ハワイ沖9マイルのアメリカ領海内で生じた事故ではあるが、海軍による不法行為については連邦不法行為法の特則としての公共船舶法が適用され、事故から2年以内に提訴しなければ時効となること、なども明らかとなった。

日米の弁護団の中で、被害補償のみを優先せず、事故の真相究明と再発防止を求めることが不可欠であるとの認識は、完全に一致していた。それが被害者家族の本当の願いであることを、メンバーの誰もが共有していたからである。

とはいえ、その道筋は困難を極めた。

日本の弁護団は米海軍に対し、真相究明と再発防止が補償交渉と不可分との立場を前面に押し出して、まずは真相究明のための資料提出を再三にわたって求め続けた。情報公開制度なども活用した結果、査問会議では非公開とされていた重要な資料が複数開示された。弁護団は、これら資料をもとに、コンピューターグラフィックスで作成された潜望鏡映像がえひめ丸を現認していることを明らかにしたり、原潜のパッシブソナーが捉えたえひめ丸航跡が実際の航跡と大きく食い違っていることなども突き止め、米海軍の責任を追及した。提出されたわずかな資料だけでも、本件事故がいかに重大な過失に基づくものであるかを示してあまりあるものであった。

これに対し、米海軍側は、真相究明と再発防止という非金銭的な課題についていっそう抵抗を強めていき、補償の問題1本に絞るという意図をあからさまにしてきた。01年10月に船体引き上げが成功し、02年2月にはハワイと宇和島であいつぎ慰霊碑の除幕が行われたのを契機に、あとは補償の問題だけだという社会的雰囲気が醸成されつつあったことも、こうした米海軍の意図を後押しした。

日米被害者弁護団の内部では、真相究明の取り組みは日本側で、補償交渉は米国側でという役割分担がいつの間にか生まれていたが、補償交渉という面からみても、他の弁護士事務所に依頼している多数派の遺族・家族との統一交渉が実現できない中、苦しい対応を強いられていた。日本側弁護団は、真相究明等の非金銭的要求を全面に米海軍と交渉を重ねながらも、県弁護団との共同ができないかを模索し続けた。そして、01年12月、賠償額を提示された県弁護団が「納得できない数字だ」と答えたと報道されたのを受け、共同して交渉に臨む重要な段階にさしかかっていると考え、豊田団長名で朝日新聞（「私の視点」）に、「米海軍の幕引き許すな」を投稿、共同交渉の提案をオープンにした。さらに、その後も県弁護団に、共同オファーの共同討議、共同記者会見、共同交渉、共同解決を提案したが、県弁護団はこれらの提案について検討したいというにとどまり、ついに実現しなかった。

訴訟を提起する期限は、事故後2年。このままではズルズルと時が経ち、非金銭的課題の1つも実現できずに、多数派の補償解決を押しつけられて終幕を迎えるのではないか。被害者弁護団メンバーは、そんな悩みと焦燥にかられた。

解決の道筋決断への苦悩

日米共同の被害者弁護団が発足した当時、この事件について、米国内での提訴も視野に入れていた。米国は、訴訟手続における証拠開示（ディスカバリー）制度が日本より特段に進んでおり、訴訟の中でより真相が明らかになるのではないか、と考えたためであった。

しかし、そのような方針で交渉を進めていた中で、方針について再検討しなければならない大きな事件が発生していた。01年9月11日に米国内で発生した「同時多発テロ」である。周知のとおり、この事件以後、米国内では「テロとの戦争」という名の下に「国家機密」が重視されるようになった。軍事、特に隠密行動を旨とする原子力潜水艦に関する情報など「機密」の最たるものである。アーリンダーら米国弁護士と協議をする中で、米国内ではこうした国家機密重視の考え方が、裁判所を含めたあらゆる分野に及んでいることがわかった。しかも、訴訟になれば、米側で対応するのは司法省であり、その司法省のトップは超保守派のアシュクラフト長官である。他の33家族を代理していた県弁護団が早々に和解解決の方針を出していた中、2家族のみで訴訟に踏み切ったとして、依頼者の負うべきリスクはあまりに大きいと考えざるを得なかった。

他方、被害者家族の方たち、特に寺田夫妻は、以前から、「ワドル元艦長に直接会って、真実を聞きたい。息子があの日まで生きてきた事実を伝えたい。」という強い希望をもっていた。そんな思いを実現するためには、訴訟は必ずしも適切ではない。仮に訴訟の場で元艦長を尋問できたとしても、それはあくまで弁護士による作業であって、被害者が望んでいるような「人と人としての対話」ではないからである。

そうであれば、訴訟の可能性は最後に残しつつも、まずは交渉の中で、どれだけ勝ち取れるか最大限の努力をしよう、弁護団はそう方針を決めた。

02年5月、弁護団は米海軍に対し、全面解決の現実的な最終提案をした。「仮に賠償金額において合意に達し得たとしても、非金銭的課題が解決しない限り最終的な和解はあり得ない」と明記した上、真相究明の説明会の開催、ワドル元艦長の来日謝罪、（再発防止のための）訓練情報等交換システムの構築を、同時に解決することを求めたのである。

説明会の実施

上記のような方針決定後、まずその実現に軸足を置いたのは真相究明のための説明会開催であるが、これに米海軍は頑迷に抵抗した。弁護団の最終提案について、説明会は弁護団が政治的に求めているだけで、被害者家族からの要求ではない、質問があったら質問書を出してほしい、会う必要はない、と頑なな答弁を繰り返してきた。再三にわたる弁護団の交渉に、しぶしぶ開催を大筋で認めても、説明会の開催場所をどこにするか、出席人員数は、開催時間は、など細部にわたり難航を極めた。米海軍には、弁護団排除の意図が明白だったが、弁護団は譲らなかった。そして、説明会の開催が決まるや、弁護団と遺族たちは何度も打合せを行い、質問事項についても検討に検討を重ねた。

こうした紆余曲折を経て、米海軍の説明会は、02年10月23日、都内で開催された。県弁護団にも参加を呼びかけたところ、弁護団団長と、同弁護団に依頼している3名の被害者も出席し、初めて、端緒的な共同行動が実現した。

説明会は、同時通訳を入れて約2時間、2遺族からの質問に対し、回答者として臨席したチャップリン在日米海軍司令官が答えるという形で進められた。回答の大枠は査問会議の枠を出るものではなかったが、それでも、遺族からの質問に、チャップリン司令官が答えに詰まる場面がいくつもあった。例えば、衝突直後にえひめ丸の位置が書き替えられたようなデータになっているが、それはなぜか。また、原潜グリーンビルは、緊急浮上をするにあたってえひめ丸の方向に急激に進路を変えているが、そんな不自然な動きをしたのはなぜか。こうした遺族からの質問について、チャップリン司令官は明確な回答をすることはできなかった。そして、最終的に司令官は、事故当時原潜グリーンビルに乗っていた民間人が事故の発生に大きな影響を与えたということを、認めざるを得なかったのである。さらに米海軍は、体験航海における民間人の人数を制限する、民間人の立入区域を制限する、民間人の動静を監視する等の再発防止策を講じることとした旨も回答した。事故直後に行われた査問会議では、民間人の責任は不問にされ、「体験航海は海軍にとって有益である。今後も引き続き進められるべきである。」とされていたものであり、説明会におけるチャップリン司令官の発言は、これまでの米海軍の見解から大きく踏み出したものであった。

ワドル元艦長の来日謝罪

　このように説明会の開催が実現し、以後の米海軍との交渉の重点はワドル元艦長の来日問題に移行することとなった。

　ワドル元艦長の来日で大きな役割を果たしたのは、アーリンダー弁護士である。アーリンダー弁護士は、米海軍を除隊していたワドル元艦長との接触に成功し、ワドル元艦長が、事故直後に来日謝罪を約束しながら実現できていないことを悔やんでいるとの情報を日本側弁護団にもたらした。

　ワドル元艦長の来日につき、米海軍側がきわめて強い拒否反応を示したことは言うまでもない。米海軍所属の弁護士が元艦長に対し「私人としての訪問は日米地位協定の枠外だから、身の安全は保障されない」という趣旨の警告をするなど、その妨害はあからさまなものであった。ワドル元艦長本人も、身体の自由や安全に不安を持ち、また、宇和島の人々はいまさらの謝罪訪問を歓迎していないのではないかと心配していた。こうしたワドル元艦長に対しアーリンダー弁護士は面談を重ねて説得をし、その心配を取り除くべく日本側弁護団に要請して、日本側弁護団もこれに応えて様々な準備を行った。このような日夜の努力によりワドル元艦長はアーリンダー弁護士に信頼を寄せ、正式に来日の決意を固めた。

　ところが、元艦長の愛媛県入りについては、直前まで愛媛県サイドによる執拗な抵抗があった。元艦長来日予定の情報が伝わるや、県側は「来日は救出生徒らの PTSD の症状を悪化させるおそれがある」との主治医の談話を発表。そして、宇和島水産高校は「ワドル元艦長の献花を拒否する」と記者発表したのである。他の家族は嫌がっているのに、一部の家族がわがままを通そうとしている、そんな心ない批判につながりかねない状況であった。

こうした状況の中でも、宇和島で暮らす寺田夫妻の思いは変わらなかった。事故の責任は海軍とワドル元艦長の双方にあると確信し、地元で孤立しながらも様々な圧力に負けずワドル元艦長の謝罪訪問がなければすべては解決しないと信念を貫く寺田夫妻に、日米の弁護団も突き動かされた。ワドル元艦長の来日実現のために奔走し、そして、その実現の見通しが立ったのは、提訴期間との関係で和解期限まであと 2 ヶ月と迫った、12 月上旬のことであった。

ワドル元艦長は、02 年 12 月 14 日に日本に到着。アーリンダー弁護士が同行し、完全に私人の立場での来日であったワドル元艦長は、翌 15 日には宇和島へ行き、宇和島水産高校内の慰霊碑に献花した後、救出された生徒やその親たちと面談した。そして、翌 16 日、東京都内のホテルで 2 時間にわたって、寺田夫妻と元艦長との面談が行われた。

面談は、当事者のみの完全にプライベートな形で行われた。2 時間にわたる面談の中で、寺田夫妻は祐介君のこと、祐介君への思いをワドル元艦長に語るとともに、なぜあんな事故がおきたのか、疑問をぶつけた。元艦長は、あらかじめ航跡図などを用意しており、出された質問に、彼なりに答えていた。そして、祐介君のこと、祐介君への思いを語られると、声をあげて泣いていた。

寺田夫妻は、そんなワドル元艦長の姿を見て複雑な思いを抱いたという。「私の最愛の息子、私の生きがいであった息子を奪ったのは、グリーンビルに乗っていた乗組員でワドル艦長が責任者であった事実は決して一生涯消し去ることはできません。事故そのものを私は許すことができません。でも、ひょっとしたらワドル元艦長も、海軍という組織の中でのある意味被害者なのかなと、そういうふうにも感じられました。」面談後の記者会見で、寺田夫妻はそう語っていた。

補償協定調印

このような経過を経て、03年1月31日、補償協定調印の日を迎えた。本件では、手続法として米国の「公共船舶法」が適用され、提訴するのであれば事故後2年以内に行わなければならないこととなっている。その意味でも、まさにギリギリの段階での和解成立であった。

補償協定の調印式は、アメリカ大使館で行われた。賠償額は、県弁護団に依頼した33家族と同水準であった。寺田夫妻は「祐介は優しい子。よくやったと言ってくれると信じたい」と声をふりしぼり、古谷は、「いまだに兄のことを思わない日はありません。いくら立派なマニュアルをつくっても、機械を操るのは人。安全策の徹底をしていただきたい」と要望。H・ベーカー大使は、「遺族の皆さまに改めて謝罪します」とのコメントを寄せた。

この問題を追い続けてきた地元紙・愛媛新聞は、補償協定成立にあわせ、「交渉は2つに分かれて行われたが、原因究明や再発防止策など被害者に共通の願いは、二遺族の弁護団による交渉で前進したのが実情だ」「二遺族が交渉で引き出した成果は大きかった」「交渉過程で県や国の支援は皆無。来県したワドル元艦長と被害者との面会問題の経緯が象徴的だ」と報じている。地元で孤立しながらも、2家族だけで闘い続けてきた遺族たちの努力に、世論が寄り添った瞬間だった。

当事者の声と日米の弁護士の共同で切り拓いた

和解を決意した際の記者会見の席で、寺田真澄は、以下のように語っている。「この日まで、夫婦で歩んできた過程は、突然の事故で子を失った親にとっての心の叫びだったんです。そういう中で、私たちは、息子の命を無駄にしたくないという思いから、真相究明、再発防止を要望してきました。親として何がしてあげられるだろうかと考えたとき、そういうことをせずにいられなかった私たち親がいたということです。でも、私たちにとっても、生きるためにはそういうプロセスを踏む必要があったのです。」

被害者の方たちにとって重要だったのは、和解の結果そのものではなく、和解に至るまでのプロセスであった。事故原因についての真摯な説明や、心からの謝罪というのは、被害者がそんなプロセスをたどる上で不可欠の要素であり、それらは、加害者が誰であろうと、どんな複雑な情勢がからもうと、追求されるべきものであることは、言うまでもない。

当事者の声を最大の武器にして闘えば、必ず展望は開ける。「えひめ丸事件」は、日米のピープルズロイヤーが共同して闘った初めての本格的事件であり、貴重な第一歩となるものであった。

第5部

立ち上がる市民と法律家の群像

27

憲法をより“広い”人々へ
――あすわかの誕生

「これヤバくない？　何かしないといけないよね」

12年12月17日早朝、黒澤いつき（元団員、育児のため弁護士登録を抹消）から同世代の団員早田由布子に、1通のメールが届いた。

「これヤバくない？　何かしないといけないよね」

自民党が政権を奪還した衆議院議員総選挙の翌朝のことだった。

自民党は、憲法改正を結党以来の党是と掲げている政党である。自民党総裁は、その第1次政権において教育基本法の改正、国民投票法の制定を行った安倍晋三であり、改憲と教育を政策のトップにかかげている。そして何よりも、自民党は野党であった同年4月、「日本国憲法改正草案」を発表していた。

この自民党改憲草案は、天皇を元首とし、国民に国旗国歌尊重義務を課し、集団的自衛権を正面から認めて国防軍を創設するなど9条を変え、何の限定もない緊急事態条項を定めるなど、問題点を挙げればきりがないものである。中でも早田らが注目したのは、「個人の尊重」が「人の尊重」とされること（13条）、近代立憲主義が覆された内容となっていることであった。

このような改憲草案を掲げた自民党が衆院選に圧勝し、政権を奪還した。黒澤と早田は、「これヤバくない？　何かしないといけないよね」という直感に基づき、それぞれの同期の弁護士に声をかけ始めた。

「イケてる9条の会」をつくろう

話はその約1年前に遡る。黒澤と早田は、激務の疲れを癒すために遊びに行った温泉で、ある構想について話し合っていた。憲法についての集まりに、同年代である20代の友人たちを誘っても、誰も来ない。「憲法」や「平和」と口に出しただけで、なんとなく距離をとられてしまう。黒澤も早田も、そのとき20代。同世代の人たちが「憲法」や「平和」を避けていることに危機感を募らせていた。

このままの状況が続くと、いつかは現在の「九条の会」メンバーがほとんどいなくなってしまう、そのときに日本の平和はどうなってしまうのか。そのために、20代30代も参加しやすい、“イケてる”9条の会をつくらないといけないんじゃないのか。

この“イケてる”9条の会構想は、そのときは単に、夜の温泉のおしゃべりにすぎなかった。しかしこれが、「明日の自由を守る若手弁護士の会（あすわか）」の設立の原点となった。

「あすわか」の誕生

13年1月、黒澤と早田に声をかけられた同期の弁護士たちは、即反応した。「ヤバい」という感覚は、若手弁護士たちに共通であった。最終的に、28名の弁護士が呼びかけ人となって、「明日の自由を守る若手弁護士の会」が立ち上げられた。この28名は全員が弁護士になって2年目～4年目である。そのほとんどが団員であった。この中には後に参議院議員となった団員山添拓もいた。実は、正式名称よりも定着することとなった「あすわか」という略称を言い出したのは山添だった。団とつながりのない若手弁護士に多くの会員を持つことになるあすわかも、設立当初は団員が中心となっていた。

20代～30代を対象とするため、「若手の」弁護士が憲法の活動をしているというアピールが必要だった。そのため、会員資格を弁護士登録後15年以内に限った。当時は、特定秘密保護法に反対する学生有志の会SASPLや、自由と民主主義のための学生緊急行動SEALDsが結成される前である。平和運動の集まりで「60代が最若手」ということも珍しくない。「若い人」が憲法について語るということがそもそも絶無であり、「若手弁護士」が憲法について語っているということは、どこに行っても珍しがられた。

しかし、若いというだけでは、その賞味期限はすぐに訪れる。

カラフルに、可愛く、わかりやすく

これまでにない視点で、これまでになくポップに、憲法を語る。そのためにまず力を入れたのは、まずはインターネット上の発信だった。13年4月の公職選挙法改正によってインターネット上での選挙運動が解禁されたこともあり、Twitter、Facebookといった SNS による発信はいまや当然のものとなっている。あすわか設立はインターネット選挙運動解禁の直前期。誰もが手探りの中、インターネットでの政治的発信が始まった。

フルカラー漫画形式のリーフレット「憲法が変わっちゃったらどうなるの？　自民党案シミュレーション」。立憲主義のなりたちを物語形式にした紙芝居「王様をしばる法～憲法のはじまり」。これらの宣伝素材を市民に提供し、弁護士自身も講演活動がやりやすいようにした。

これがあすわかの活動の始まりであった。

「96条を最初に改正しよう」事件

13年春、安倍政権はさっそく憲法改正の第一手として、「96条の改正」を言い出した。96条は、憲法改正の要件を定めた条文である。日本国憲法を改正するには、衆議院・参議院それぞれ総議員の3分の2以上の賛成による「発議」と、「国民投票」による承認という2つのハードルを越えることが必要である。安倍政権は、このうち「発議」について、総議員の3分の2から過半数へ、そのハードルを下げようというのである。

これに反対するため、あすわかが中心となって、弁護士と憲法学者有志の声明を出した。

声明を出すということは、実は大変である。説得力があり、正確であり、タイミングよく、しかも賛同者が異議のないものでなければならない。ましてや、「これから改正しよう」という案に対する反対声明であるから、どこを最大公約数と捉えるかが難しかった。賛同人も、人脈をフル稼働させて賛同してもらえるようお願いしなければならない。2～3年目の若手にとってはかなり負担のある作業となった。

そのような手間をかけても、法律の専門家である弁護士や学者が、憲法改正に関連して声明を出すことは極めて重要である。弁護士が声明を出し、これをもって働きかけることで、国会での議論やマスコミ、ひいては世論に訴えることができる。団も必要なときに団長声明を発表しているが、それは団が果たしている大きな役割である。

しかし、それだけでよいのか。しかも、「若手弁護士の」活動として、声明を出すだけでよいのか。声明を出したことが新聞の社会面に数行の記事として載っても、それを読む市民がどれだけいるのか。ましてや新聞をとらないといわれる若い世代がどれだけ読むのか。そして、憲法に関心のない人が「弁護士たちが憲法96条の改正に反対している」という新聞記事を読んでも、どれほど心に響くのだろうか。

これでは、運動手法としてこれまでとまったく変わらないのではないか。もっと、市民に広くアピールする方法が必要なのではないか。

あすわかは、さっそく戸惑っていた。

「憲法カフェ」の誕生

団員太田啓子は、12年秋頃から、ママ友たちとカフェで憲法を語る「憲法カフェ」を行っていた。憲法に関心はあるけれど、勉強したこともなく、集会になんてもちろん行ったことがない、行きづらい、という人たちが多くいた。太田がつながっていたのは、福島第一原発の事故から食の安全に関心を持ち始めた子育て世代である。国や自治体は放射能に関する情報を適切に公開しているのか。私たちは安全な食べ物を子どもたちに食べさせることができているのか。これまで必ずしも憲法に関心を持ってこなかった人たちが、食の安全を通じて国家と国民の在り方に関心を持った。

太田は、そういったママ友たちと、カフェで憲法を語り始めた。太田自身も幼い子がおり、参加者にとっても身近な存在であった。カフェでの「女子会」の延長で憲法カフェをする。ママ友とのランチ会で憲法を語る。これによって「5.3集会には近寄りづらい」「公民館での憲法学習会には行きづらい」という人たちと憲法との距離がぐっと縮まったのである。

その太田があすわかに加入し、憲法カフェを広げることを呼びかけた。

あすわかの活動の大きな柱として「憲法カフェ」が位置づけられることとなった。

さて、クイズです。

「憲法を守らないといけないのは、誰でしょうか？　①国民、②内閣総理大臣、③天皇。さぁ、どれでしょうか。」

憲法カフェは、このようなクイズから始まる。

今では、当たり前のように答えられる人が多いかもしれないこのクイズ。太田が憲法カフェを始めた当初、ほとんどの参加者が①国民に手を挙げた。憲法の三大義務として、教育を受けさせる義務、勤労の義務、納税の義務を勉強するからだろうか。それとも、法務省の人権週間といえば「まわりの人を大切にしましょう」といった標語が思い浮かぶように、人権とは、自分が何かを求めることができるものではなく、何かをする義務のことだというイメージを持たれているからだろうか。

正解は、②内閣総理大臣と③天皇である。天皇や国務大臣、国会議員、裁判官その他の公務員の「憲法尊重擁護義務」は、日本国憲法99条に明記されている。この正解を発表すると、参加者からはどよめきが起きた。まったく意外な正解だったのである。このように参加者が意表を突かれてから、講師役の弁護士が、憲法とは自由と人権を守るために権力者を縛るものなのだ……という説明をする。

実は憲法を守らなければならないのは国民の側ではなく、天皇や内閣総理大臣といった権力者の側なのだという発想こそが、近代立憲主義をわかりやすく伝える上での核心部分である。「人を殺してはならない」「運転するときは制限速度を守って」など、法律とは守らなければならないものだという発想が市民に根付いている。立憲主義とはそれとは違い、憲法は権力者に向けられたものだという理解がなされれば、憲法の様々なことについての理解も容易になる。

このように憲法カフェでは、クイズ形式（三択問題や○×クイズなど）、グループディスカッション方式など、参加者が文字通り「参加」することができる形式をとることが多い。また、「カフェ」と名が付くからには、美味しいコーヒーや手づくりのお菓子などが供される。カクテルが供される「憲法バー」をしたこともある。必然的に、参加者の数は 20 ～ 30 名程度に限定された。

憲法カフェのように楽しみながら憲法について考えるイベントを行うことによって、これまで一度も憲法集会に足を運んだことのない人々が、憲法カフェにつながるようになった。

憲法カフェの発展

太田が始めた憲法カフェは全国に広がり、あすわかの中心的な活動となった。そこでは、あすわか会員でもある若手団員の多くも、北は北海道から南は沖縄まで、全国を駆け回って憲法を語った。

あすわかには、Twitter や Facebook を通じての憲法カフェ申し込みもたくさん飛び込んでくる。開催した憲法カフェの参加者が、次は自分が主催者となる、前回は近所の集まりだったが、次は趣味の集まりで憲法カフェをする、といった形で、憲法カフェは広がりをみせていった。

その後、憲法カフェは、『ベルサイユのばら』で立憲主義を語る「ベルばら憲法カフェ」、映画「スターウォーズ」で緊急事態条項を語る「スターウォーズ憲法カフェ」、たくさんのブースで興味あるテーマの憲法カフェに参加することができる「大憲法カフェ」、棣大樹弁護士の著書『檻の中のライオン』（かもがわ出版）を使った憲法カフェ「檻ライ」シリーズなどバリエーションを増やし、様々な発展をとげていった。

憲法カフェを担う弁護士への経済的サポート

どの運動体も必ずぶつかる問題がある。お金である。

最初は、やる気と気合でできるのだ。ボランティアでも。

しかし、ただでさえ忙しい弁護士業務。昨今は弁護士人口激増のあおりを受けてか、弁護士の収入は一昔前と比べて激減している。特に、経済的基盤の薄い若手弁護士はなおのことである。「これではもたない。社会的な活動ができない」という悲鳴は、団員を含む多くの若手弁護士から聞かれるようになっていた。

あすわか設立当初の資金はカンパによってまかなった。立ち上げ中心メンバーが１人２万円ずつ設立資金をカンパし、まわりの弁護士にもカンパを呼びかけて設立費用とした。しかし、カンパによる活動はそう長くは続かないのではないかという懸念があった。そのため、前述のリーフレットや紙芝居は重要な資金源としての位置づけであった。リーフレットは１部15円（10枚単位）で販売している。また、紙芝居は、パワーポイントの紙芝居データと台本データの提供をした際に2,000円のカンパを求めている。これらを財源として、あすわかが様々なチラシやグッズを作成する際の費用（イラスト代、印刷代など）、イベントを企画する際の会場費や講師謝礼などを支出することができる。あすわかが行った活動が、次の活動を行うための資金源となるというサイクルをつくっている。

また、あすわかには、兵庫支部（あすわか兵庫）、京都支部（あすわかKYOTO）、大阪支部（あすわか大阪）、北九州支部（あすキタ）といった支部が存在する。地域での活動は、こういった各支部が起点となっている。支部を設立する際には、あすわか本部の会計から５万円の活動費補助を行い、支部活動のために使うリーフレットは無料で提供するなど、支部としての活動を活発に行うことができるよう、本部としてサポートしている。これも、活動の中で常に資金源を確保することを意識しているからできるサポートである。

次の問題は、憲法カフェを担う弁護士の経済的サポートである。「憲法の講演は無料でしょう、交通費も自腹が当然」という団員は少なくない。こういった団員の献身によって、これまで憲法運動が支えられてきた側面は確実にある。

しかし、弁護士をとりまく環境が激変している今、「どこでも無料で行きますよ」では、体力も気力も経済力ももたない。しかも、あすわかは、子育て世代の弁護士が圧倒的に多かった。例えば事務局長の早田は、あすわか立ち上げ後に２人出産した。乳児子育て中は、業務に割ける時間が圧倒的に減少する。土曜日の講演を引き受ければ、土曜保育料を払って子どもを預けることになった。そのような中、経済的な裏打ちがなくて、憲法運動を続けられるだろうか。否である。

憲法カフェを始めた当初は、弁護士によって様々な工夫があった。ある弁護士は、参加者から資料代とコーヒー・お菓子代込みで会費（1,000円程度）を徴収し、500円×参加者数を講師代とする、というやり方で行ったこともあった。しかし、この方法では、主催者が参加者集めをあまりがんばってくれない等の悩みがあり、方法を変えることになった。

そこであすわかは、団体として憲法カフェを広げるという方針を立てた後まもなく、憲法カフェの講師料として2万円＋交通費実費を提示するという方針を立てた。地域によっては難しい場合もあるので、あくまでも原則である。

交渉の負担を減らすという側面もあった。あすわかホームページを通じてなされた憲法カフェの申し込みに対しては、あすわかの扱いとして、講師料2万円＋交通費実費である旨を説明する。憲法カフェの依頼主との講師料交渉を、あすわか事務局が引き受けることによって、憲法カフェを担当する会員弁護士の負担を減らしたのである。

こうしてあすわかは、憲法カフェを担当する弁護士の負担をできるだけ減らして、憲法運動を担うことができる若手弁護士を増やし、それによって、持続的な運動をつくろうとした。

特定秘密保護法がやってきた

13年秋。特定秘密保護法案が国会に提出された。

この年の春、安倍政権は、憲法改正手続を定めた96条の先行改正をとりあえず言い出し、伊藤真弁護士らをはじめとする多くの識者から立憲主義違反であるとの批判を浴び、立ち消えになっていた。しかし、憲法を骨抜きにしようという安倍政権の目論見は、水面下で眈々と進んでいた。

同年8月8日、小松一郎が内閣法制局長官に就任した。当時まで、内閣法制局は憲法9条の下では集団的自衛権の行使は憲法違反であると解釈していた。しかし、小松は、この解釈を見直す旨を就任会見で明言した。法律解釈の専門家である内閣法制局の長官に、畑違いであるはずの元外交官・小松を配置するこの人事は、憲法9条を変えなくても集団的自衛権行使できるという解釈変更のためであることは明白であった。

そして、日本版NSC法案が国会に提出。安全保障に関する議論を原則として4大臣会合だけでしようとする日本版NSC法案と、国民に安全保障に関する情報の取得を禁じる特定秘密保護法案は、安全保障に関する議論を特定の大臣と官僚のみで独占しようという点でセットの法案であった。このうち日本版NSC法は、特定秘密保護法案ほどの大きな反対運動を巻き起こすことはないまま、13年11月27日に成立した。

意外な20万リーチ

特定秘密保護法案に対する反対運動は、大きな盛り上がりを見せた。連日にわたって国会前に多くの市民が抗議のために押し寄せ、多くの団員が見守りに駆けつけた。

そんな反対運動にもかかわらず、11月26日、衆議院国家安全保障に関する特別委員会において、特定秘密保護法案が採決、可決された。ここであすわかは、Facebook上にて「まだ終わっていない」という投稿をした。今はまだ衆議院の担当委員会で可決されただけで、衆議院本会議、参議院委員会、参議院本会議と3回の採決が残っている。まだ特定秘密保護法が成立したわけじゃない。まだ終わっていない。

この投稿が、Facebookで多くの人にシェア（拡散）され、20万リーチを獲得した。20万人のFacebookタイムラインに表示されたという意味である。あすわかFacebookの普段のリーチ数は約1万。段違いのリーチ数となった。

まだ終わっていない、まだ参議院がある、まだ採決は3つある。そんな投稿がここまで反響を呼ぶというのは意外なことかもしれない。SNS上では「他人が言っていないことを言う」ことが多くのシェアのきっかけとなるという側面はある。しかしそれ以上に、発信する人たちに希望を与える、まだがっかりする必要はないと励ましたことが多くのシェアにつながった。

団長声明も親しみやすく？

そうはいっても12月6日、特定秘密保護法は参議院本会議で可決、成立した。

その日の夜、団はいち早く、特定秘密保護法の成立に反対する団長声明を出した。

日付が変わった深夜3時。早田は、当時の行きつけだった寿司屋のカウンターでノートパソコンを開いていた。団長声明を「超訳」するためである。

超訳した団長声明のタイトルは、「秘密保護法案強行採決なんかダメ！まだまだやりましょう！」

団長声明らしくない。らしくないからベテラン団員に怒られるかも。でもいいや、と深夜のテンションで団のメーリングリストに投稿したところ、意外にこれが受け入れられ、団ホームページに載せてもよいというはこびになった。

難しい文章を「超訳」することはあすわかが得意とするところであるが、こういった「あすわか的な」発信も、団でも受け入れられるようになった。

『超訳　特定秘密保護法』

その得意分野「超訳」は、特定秘密保護法の成立後にも必要とされることになった。岩波書店から、あすわか会員7名の共著による『超訳　特定秘密保護法』が出版されるはこびとなったのである。

「超訳」は、10年頃からよく言われるようになり、様々な分野で「超訳」本が出版されてきていた。あすわかの得意分野が、そのときの時流とマッチした。

14年6月。『超訳　特定秘密保護法』の出版記念パーティーが表参道のカフェバーで開かれた。「出版記念パーティーとは銘打っているけれど、これを決起集会としたい」というねらいの下、国会議員からマスコミ、運動にたずさわる多くの人が集まり、これがその後の活動の人的基盤となった。

今後の運動のために

特定秘密保護法の後も、安倍政権は、様々な憲法破壊といえる政治を繰り返した。

14年7月1日、憲法9条の下でも集団的自衛権を行使できるとする閣議決定。

15年9月19日、安全保障関連法成立。

17年6月15日、共謀罪の創設を含む改正組織的犯罪処罰法が成立。

そのたびに、反対運動は大きく盛り上がり、あすわかには多数の憲法カフェ依頼が寄せられた。そしてそのたびに、成立してしまってしばらくすると、憲法カフェの依頼は減っていった。

11年の東日本大震災頃から政治に関心を持ち始め、第2次安倍政権の憲法をかえりみない政治のひどさから運動に加わるようになってきた市民が、「運動疲れ」を起こして運動から離れるさまも見られるようになった。

安倍政権がひどいことをしようとするたびに、様々な運動ができては終わる、そのときは盛り上がるが普段はそうでもない。そのような運動の問題点は、各方面から指摘されるようになってきた。

そのような中で、市民が権力を批判的にチェックする力、「主権者力」はどこまで育っているのだろうか。

20年、コロナ禍の中、安倍首相と親しいとされる黒川検事長の定年延長をもくろんだ検察庁法の改正案に対し、Twitter上でハッシュタグ「#検察庁法改正案に反対します」が大きな盛り上がりを見せ、結果として検察庁法改正案はいったん撤回された。第2次安倍政権の7年間で、市民の反対運動の盛り上がりによって法案が撤回された希有な例である。

あすわかが憲法関連の発信をする中で、三権分立や民主主義に関する発信は市民に届きづらいテーマの最たるものであった。市民にとってそのテーマが身近でないとされたのである。早田にとって、このハッシュタグの盛り上がりは正直なところ意外であった。これは、主権者力の成果なのだろうか。

結局、あすわかや憲法カフェは、どこまでの市民にアプローチできたのだろうか。

15年に18歳選挙権が導入され、学校での「主権者教育」がにわかに脚光を浴びた。どこでも「主権者教育」の重要性が語られるようになった。

しかし、主権者力を育てることはできているのだろうか。憲法の条文知識を教えるのではない、選挙授業ではない、主権者力を鍛える授業が必要なのではないか。あすわかは今、現役教員とコラボレーションして、学校での憲法授業に取り組もうとしている。

この物語は起承転結も何もない。しかし、憲法運動とは、「不断の努力」（憲法12条）によって成り立っている。「不断の努力」とは「普段の努力」でもある。起承転結もなく、クライマックスもなく、ただ連綿と続いていかなければならない。しかしそれは「不変」であることを意味しない。変わらなければ、続かないのである。

「あすわか」の現在

設立から7年。20年3月現在、あすわかの会員数は660名を数える。全国から憲法カフェへの講師依頼が寄せられ、会員弁護士がこれに応じて憲法カフェを行っている。

憲法をより身近なもの、自分自身の生活にかかわるものであると感じてもらうためのゲーム開発にも力を入れている。憲法ビンゴ（あすわか大阪が開発）、憲法ボードゲーム（まちづくりコンサルタントの安藤哲也と共同開発）、憲法かるたなどである。憲法かるたは、未就学児童でも楽しめるように、「かけがえのないそんざい　わたしらしく生きていく」（13条）、「ほしいのは、にじ色の社会　バイバイ差別！」（14条）などの読み札と、条文番号入りのイラスト取り札で、憲法の様々な条文に触れてもらえるようになっている。

関心を持ってもらうための入口として、わかりやすさが必須であるとして活動してきたあすわかである。しかし、ものごとはそうわかりやすいわけではない、「わかりやすさの罪」（武田砂鉄の著書名。朝日新聞出版）も指摘されるようになってきた。わかりやすさを優先することが、かえって理解を阻害することもある。「超訳」だけではもう届かない。訴えるためにポップな外観にするというアピール方法は、皮一枚はさんでルッキズム批判と隣り合わせである。しかし、そういった問題点にぶつかっても柔軟に、ときにはこれまでの考えを変えることができることが、あすわかの利点でもある。

20年初頭からのコロナ禍で、集会をすることが難しくなり、伝える手段を再構築しなければならなくなった。あすわかは、従前から行ってきたSNSでの発信に加え、オンライン憲法かるた大会などの企画で、コロナ禍でも発信する工夫を続けている。

立憲主義や民主主義の価値を広く伝えるというあすわかの核心部分を変えることなく、方法はしなやかに、これからも憲法を語っていく。

28

司法修習生の給費制維持・復活運動
――ビギナーズ・ネットで繋がった若き団員たち

給費制の延長法案成立　議員会館前で

12年1月、雪が降り積もった日の早朝、参議院議員会館前に多くの若者たちが集まった。彼らは「給費制維持に感謝します　裁判所法改正よろしくお願いします！　ビギナーズ・ネット一同」の横断幕を掲げ、ハンドマイクで声をあげた。彼らの多くは10年に司法試験に合格して1年余りの新64期司法修習を終えたばかりの新人弁護士たちだった。

彼らは新63期で廃止される予定だった給費制の1年延長を自分たちで勝ち取った希望に満ちていた。そして新65期以後の後輩らにも給費制が存続することを切望して、全国各地から集まり、国会議員に訴えた。彼らは2年前には互いを知らない司法試験受験生どうしだった。それが、ビギナーズ・ネットで出会い、自分たちが法曹になることの意義を見つめ直し、互いに議論し、署名、パレード、集会、議員要請に一緒に取り組む中で知り合った。司法修習期間も一緒に勉強して理想の法曹を共にめざした中で、信頼し合えるかけがえのない友人となった。そしてその多くが団の目的と活動に共感して団員となった。

法曹養成における給費制

国費による給費制は、47年日本国憲法施行と同時に裁判所法が施行され、民主的な平和国家を構築する三権の一翼である司法権を担う法曹を養成する新しい統一修習制度の中で始まった。

戦前の法曹三者は、1922年までは判事検事登用試験と弁護士試験に分離され、23年からは高等文官司法科試験に統一されていた。しかし、裁判官・検察官の司法官試補修習は国費で行われる一方、弁護士は35年まで修習制度もなかった。36年から弁護士試補制度ができたが無給で（ただし専念義務無し）、生活苦で諦める者も出たという。さらに、当時の弁護士は、各地の弁護士会が所在する地方の検事正の監督の下、裁判所による懲戒処分を受ける「官尊民卑」の制度の下にあった。

戦後の裁判所法により、法曹三者の統一修習制度が実現し、司法修習生は公務員に準じる身分となり国費による給費制が導入された。修習期間は50年以上2年間であったが、98年に1年6か月に短縮され、さらに1年4か月となった。法科大学院立ち上げ後の06年新司法試験開始以後は1年1か月となっている。

国費による給費制は、司法制度という国民のための社会インフラを担う資格者を養成するための財政支出である。弁護士は、民間人であるが、基本的人権を擁護し、社会正義を実現することを使命とし、在野法曹として、刑事弁護、国家賠償や行政訴訟等で国家権力と対峙する公益的・公共的役割を担う。日本国憲法には裁判官・検察官と共に弁護士の存在も明記され（憲法34条、37条3項、77条1項）、司法制度に不可欠な存在であり、弁護士を含む法曹三者を統一修習で養成することは国の責務なのである。

給費制の廃止

01年6月の司法制度改革審議会意見に基づき、04年12月に裁判所法改正が成立した。ここに給費制廃止が盛り込まれた。当初の給費制廃止に関する裁判所法改正原案は、新司法試験対象の最初となる新60期修習の06年11月施行予定だった。これに対し、日弁連が反対の立場からの働きかけをして、10年11月まで施行を延期することとなった。

この法律によって、新64期司法修習生からは国費による給費制がなくなることとなった。

ビギナーズ・ネットの誕生

ビギナーズ・ネットとは、司法修習生の給費制維持・復活を求める若手法律家のネットワークである。「しゅうしゅうくんとくりーむちゃん」のゆるキャラが付いた青いTシャツを着て、議員会館前で元気にあいさつしてビラを配り、議員会館内で次々と議員要請していくことで、国会議員にも知られた存在となった。

10年11月からの給費制廃止で無給・貸与制への移行予定を前にして10年6月に結成された。メンバーは、法曹をめざす大学生、法科大学院生、司法試験受験生、司法修習生、若手弁護士等当事者的立場にある者たちで、北海道から沖縄まで全国にネットワークができた。当時、多くの学生・受験生らは、司法試験をめざしながらも司法修習生に対する給費制が廃止されることなどほとんど知らなかった。このとき、法科大学院学費の奨学金借り入れの多さ、弁護士の就職難と大幅な収入減の状況の中、修習時代にも貸与金300万円の借金を背負うことへの危機を感じた仙台の新62期司法修習の団員渡部容子らの呼びかけから、当事者団体を作ることになった。

メンバー集めは口コミだった。団員宮本亜紀は、5月の司法試験受験を終えて9月の合否発表を待っている間に、給費制維持運動に参加しないかと友人の友人であった団員渡部容子から電話を受けた。宮本は、突然のことにびっくりしたが、最初は「今年も不合格で自分が修習生になれるかわからないのに、合格確実な人が運動すればよい。合格して将来が開けたなら、お金なんて卑小なこと。」と考え、正直にそう答えた。それに対し、電話の向こうで渡部団員が、「あなたは何のために弁護士になりたいのか？社会的弱者が救われる世の中をめざすなら、自分が合格するかしないかの問題ではないのでは？単なるお金の問題ではない、司法の将来に関わる問題だ。」と語った。宮本は、その言葉に突き動かされて同じ法科大学院の中に一緒にやろうという仲間を見つけ活動を始めた。

ビギナーズ・ネットの活動

ビギナーズ・ネットは、給費制維持を求める人がメーリングリストに登録してできることからやろう、交通費や印刷代は先輩弁護士からカンパしてもらおうという、緩いネットワーク作りで広げて行った。宮本は、7月初めに、弁護士のカンパから交通費をもらって全国で先陣となった仙台パレードに参加した。そこで目にした、工夫をこらした色彩鮮やかな幟旗、プラカード、風船におそろいの青Tシャツを着て全国の受験生らと一緒に歩いた光景に大きく心が動かされた。ベテラン弁護士が揃って先頭の横断幕を持って歩き、声を嗄らして沿道に訴えかけていた中の1人が宇都宮健児日弁連会長であることに驚き、当事者だけの問題としない弁護士会の姿勢を見て勇気づけられた。宮本は地元に帰り早速、自分の法科大学院の友人たちに広め、弁護士の援助で近隣の法科大学院に宣伝に行き、そこで新たに活動的な学生に出会い、毎日何十通ものメーリングリストで情報共有してメンバーを広げて行った。全国各地で同様の動きがあり、結成集会は20名程度だったのが、数ヶ月後には1,000名を超えた。

ビギナーズ・ネットのメンバーは、最初は署名集めもハンドマイク宣伝も集会で登壇するのも怖々だった。マスコミ関係や国会議員と直接話すときには声が震えた。しかし、自分たちが、どんな夢を持って法曹をめざし困難な受験勉強をしているのか、社会的弱者に寄り添いたい、市民の権利を守って社会の役に立ちたいという自分たちの言葉に、先輩弁護士たちも、市民も、国会議員も暖かく頷いてくれることに力を得た。そして、単なる自分たちにお金を下さいというのではなく、司法権を担う法曹として国に育てられる存在であるとの自覚が生まれた。

宮本は、9月の司法試験合格発表会場にも、いつものビギナーズ宣伝グッズを持って行った。もし合格していなければ宣伝する元気がでるか不安で仕方なかった。結果は、無事に合格して仲間と弁護士と喜び合いながら、発表会場での宣伝にいそしんだ。そして司法修習生採用申し込み手続後、東京パレードの準備に奔走し、宣伝カーでの弁士をおえて降りた時に、家族からの電話で修習地決定通知が届いたことを知った。その後も修習事前課題や引越準備に追われながらも、修習開始直前まで奮闘した。

日弁連から連日、政治の動きの情報が届き、各修習地での記者会見を企画すれば、修習地の弁護士が援助してくれた。全国各地のビギナーズ・ネットのメンバーは、毎日メーリングリストに投稿し何度か顔を合わせていた中で厚い信頼関係が生まれた。

日弁連・宇都宮執行部の奮闘

10年4月、日弁連は、給費制の維持を選挙公約に挙げて会長となった宇都宮健児会長の下、司法修習費用給費制維持緊急対策本部を設置した。5月の定期総会で「給費制が廃止されれば、経済的な事情から法曹を志すことを断念せざるを得ない事態が拡大する。法曹としての職務の公共性・公益性にかんがみ、適切な経済的支援の下に法曹を養成することは国の責務である」旨の決議を採択した。そして、日弁連は、市民連絡会・ビギナーズ・ネットと協同して、全国約40カ所での市民集会、街頭宣伝活動、議員要請に取り組んだ。

「司法修習生」の存在自体が市民に浸透しておらず、議員もよく知らなかった。こんな状況から始まったが、日弁連をあげての大運動は、院内集会を5回開催し、9月に国会前2,000人パレードと市民の個人署名約68万筆に到達した。ベテラン・中堅の団員らも依頼者等に署名用紙を発送し、街頭でハンドマイクとビラ配り、議員要請の先頭に立った。

そして、臨時国会閉会直前の11月26日に、無給・貸与制導入を1年延期する裁判所法改正が成立した。実は、同月1日に給費制廃止の法律は施行されていた。しかし、ここで諦めることはなく、ビギナーズの若者たちが連日のように議員会館前で「諦めない宣伝」をし、日弁連も一緒に行動した。当時の与党民主党、野党の公明党・自民党と、法務省、財務省、最高裁判所らとの折衝に最後の最後まで粘った成果だった。いったん施行された法律が1か月以内に覆ったのは奇跡的な出来事だった。

その後1年限りという限界

給費制1年延長の裁判所法改正には、司法修習終了者の経済状況等を勘案し法曹養成制度全体を検討するという衆議院法務委員会附帯決議がなされていた。これを受けて政府内に検討組織が設置される予定だった。

日弁連は、ビギナーズ・ネットや市民連絡会と共に、11年1月国会開会時から活動を始め、3月から順次全国各地での市民集会等を計画していた。そこに、3月11日の東日本大震災が起きた。全国民が被災地救済を祈る中で、給費制存続に税金投入を叫ぶことはためらわれた。その中で、5月にようやく設置された「法曹の養成に関するフォーラム」は、8月まで5回の会議を開き「いったん決まった制度だからまずは実施すべき、弁護士経済調査結果から返済可能」と結論を出し、同年11月の新65期司法修習生から無給・貸与制が実施されることになった。日弁連は、フォーラムの取りまとめ後も、与野党対策、計6回の院内集会、1,000人請願パレード、街頭宣伝、全国各地での市民集会を展開し、被災地で活動する弁護士の公共性・公益性をアピールしたり、修習生のボーナス・カットで予算削減を提案して同年臨時国会閉会直前に三党合意直前まで迫った。しかし、給費制復活は実現しなかった。

給費制廃止の理由に合理性はない

司法制度改革が行われた2000年代初頭の小泉内閣は司法修習生の給費制廃止の理由として、①法曹資格を得る者が負担すべきという受益者負担論、②大半は弁護士になり高収入で返済に困ることはない、③財政難で公務員でない者に対する国費投入に国民の理解を得られない、④司法試験合格者を3,000名に増加させる他、裁判員裁判導入や法テラス設置の司法改革により司法予算が不足する、という理由を挙げた。

しかし、①について、法曹資格は単なる個人の資格ではなく、国の司法権を担う公益的・公共的な存在としての資格であって、受益者は、単に司法修習生個人ではなく、司法制度で権利擁護される国民である。②について、04年当時はサラ金過払金事件でそれなりの収入があったが、弁護士数の急増と事件の減少により、04年当時の若手弁護士の収入概算は通用しない。また、11年にフォーラムが根拠とした弁護士経済調査結果も調査自体が実態を適切に反映したものか疑問である上、11年当時からさらに収入は下がり続けているのである。③については、国民が司法修習の意義と内容を知った上で給費制に反対したものでない。結局は、④のように、三権分立の司法権であるにもかかわらず、国家予算の0.3%程度にすぎない司法予算の増額改善しようとせずに、少ないパイの奪い合いで、立場の弱い司法修習生を無給に陥れたのである。しかし02年の3,000人合格の政府方針は13年に撤回され、司法修習生は2,000人程度から増えることなくその後減少し、07年給費制だった新旧司法修習生の合計2,000人超より多くならなかったので、予算は確保できるはずだった。

貸与制の実施後の司法修習生の生活実態

新65期からは、基本月額23万円の13か月分の約300万円が借金となる貸与制が導入され、修習生の約8割が申し込んだ。修習終了後5年据え置き、利子無し10年年賦で毎年7月に約30万円返済する制度である。無利子だが、連帯保証人2人又は2.1％の保証料天引きの機関保証を付けなければならない。給費制度にあった交通費実費支給はなし、住宅手当の代わりに貸与金2万5,000円の上乗せ、扶養手当の代わりに貸与金2万5,000円の上乗せである。裁判所共済組合に入れないので、国民健康保険と国民年金の保険料を貸与金から支払うしかない。

そのため、無給・貸与制の導入は、司法修習生の生活に大きく影響した。貸与制を申し込んだ修習生は、毎月基本23万円が振り込まれるものがすべて借金で、修習終了時には約300万円の借金になっていることを極力考えないように過ごす者も多かったようである。しかし、司法試験合格までの奨学金等借金に貸与金が加わると1,000万円を超すことを恐れた一部の修習生は、無給に耐えようとして、食費を削って空腹で集中できなかったり果ては倒れたり、書籍代を惜しんで勉強できない不安を抱いたりした。また、裁判・検察・弁護の実務修習の指導担当が、借金で生活する修習生に修習時間外の修習をさせることに躊躇するとの声もあった。さらに、司法修習生が裁判所共済組合に加入できないためか医務室利用を断られたり、保険関係もよくわからないということで、証拠保全や捜索押収の危険がありそうな現場に同行させてもらえなかったという話もあり、司法修習の充実さえ阻害されていたようである。

特に新65期は、1年早く合格すれば給費制適用だったのに、いきなりゼロという落差で修習内容は変わらないことに不合理きわまりないと感じ、国から切り捨てられた感覚に意欲を失いそうになるという声もあった。

司法修習で1年余り平日フルタイムで拘束し、修習専念義務でアルバイト等の兼業を原則的に禁止する中では、修習生の生活費保障は必須である。人として食費や住居費、修習生としてビジネススーツ代、パソコン代、書籍代等が必要である。貸与制は、生活保障のために借金させるものであり、代わりになり得ない。

そして、充分な貯蓄や親族の援助など経済的に恵まれた環境でなければ、修習を全うできず法曹をめざせないのであれば、法曹の多様性がなくなり、多種多様な市民の権利擁護にとって不利益が生じる。給費制廃止以後、法曹志願者は明らかに減少した。04年に4万人を超えていた法科大学院受験者が、15年に1万人を切ったことが大きく報道された。

再度給費制を復活させる政治への働きかけ運動

11年11月に無給・貸与制が始まってしまった。しかし、日弁連、ビギナーズ・ネット、市民連絡会は諦めることなく、12年7月に貸与金の返還猶予措置を追加させる裁判所法改正と再度検討すべきとの附帯決議を勝ち取り、同年8月に政府に「法曹養成制度検討会議」が設置された。

12年12月に再び自民・公明党政権（安倍内閣）となり、議員の構成が大きく変わったので新しい議員と面談しては理解を求めた。また、衆・参の法務委員も多く交代したことから、改めて法務委員会で取り上げてもらえるよう議員要請を繰り返した。日弁連給費制本部のベテランと若手弁護士と、これから司法試験をめざすビギナーズ・ネットのメンバーが協同して動いた。議員の中には「無利子で貸与されるだけでも充分な経済的支援だ」と木で鼻をくくったような回答さえあり、理論的な説明だけでなく、当事者としての熱い気持ちを訴えることが重要だった。

給費制運動としては、13年4月にパブリックコメント活動をし、6月に自民・公明の党内で「国家が特別の義務として課する実務研修」に「本来財政的事情のみで私費負担とすべきでない」との提言を得て、10月からは自民・公明の支援団体を中心に団体署名2,100筆をとり、院内集会で日本医師会会長から専門職を国が育てる重要性について発言をもらった。これらにより、15年1月から全国会議員面談で賛同メッセージ集めを始め、6月に法曹養成制度改革推進会議において、ようやく「『貸与制を前提とした』経済的支援を検討する」の『』の文言が消えた決定を得た。これが16年6月の政府の骨太の方針に盛り込まれ、10月の院内集会では100人以上の議員本人と代理出席があり、与野党を問わず一致して給付の経済的支援が必要だとの発言を得て、国会議員賛同メッセージは最終的に453名

（全717名中、63%超）となった。12月に、法務省から71期司法修習生以降を対象に新たな給付金制度を創設するとの発表、17年4月の裁判所法改正に至った。

勝因は、諦めず粘り強く、一気に勝てなくても「検討が必要」との次の活動の足掛かりをつくっては、そこから新たに足で稼ぐ運動を展開していったことであろう。しかし、11年から17年の間は、給費制運動の渦中に居なければ、なかなか進展が見えないものだった。新65期以後6年間も無給・貸与制の修習生が生まれた。その当事者は、不満はありながらも、諦め感や、返済開始までは嫌なことは考えない人が多かった。上の世代の弁護士は、給費制1年延長だけでも大きな成果だとして終わった感があった。微妙な政治情勢を適時に明確に伝えることが難しかったためだが、限られた人員だけの運動になってしまった感がある。

日弁連の給費制本部委員には、ビギナーズ・ネットとして活躍した60期代の若手が多く選任され、各地元で、東京の議員会館で、体力の限り動いた。64期修習生であった団員橋本祐樹（札幌）は宮本と共に、議員会館での集会の司会進行役を何度も務め、多くの国会議員の名前と顔を覚えてしまった。

ビギナーズ・ネットも、活動が長引くにつれ中心メンバーの入れ替わりが多かった。修習生の政治活動自粛、受験勉強や学業の本分を優先させる、法曹志望を諦めるなど、様々な事情で運動から離れざるを得ない人も多かった。それでも、政治情勢に合わせ議員会館前にて青Tシャツ姿で連日あいさつ運動や議員要請を、東京近辺のメンバーが限られた人数でシフトを組んで頑張った。そして、誘われて参加し、運動の重要性をわかった者が友人らを連れて参加して、運動は繋がっていった。

給費制廃止違憲訴訟

新65期司法修習生の中では、政治への働きかけ運動に加えて、弁護士として裁判で闘いたいという声が高まり、給費制廃止違憲訴訟が提起された。

その訴訟は、当事者自身が修習期間から準備し、新65期は、東京、名古屋、広島、福岡で13年8月に提訴、66期は、札幌、東京、熊本で14年に提訴、67期は大分で15年8月に提訴した。

17年9月以後一審判決が続いた。給費制を受けた裁判官らは、憲法が法曹養成を要請し、司法修習は重要な制度で、給費制の手当が望ましい旨の一定の評価を示しながらも、給費を受ける権利は憲法上保障されていないとの請求棄却判決を出した。18年5月以後の控訴審判決でも、法曹養成制度の内容は国会の政策的な判断に委ねられる旨の判断となった。この中で、19年5月30日言渡しの名古屋高裁判決は「谷間世代の者に対しても一律に何らかの給付をするなどの事後的救済措置を行うことは、立法政策としても充分に考慮に値する」と判示し、これを政治への働きかけ運動に活用する成果もあった。

新給付金制度の意義

給費制維持・復活活動を続けて7年目の17年4月、71期以降の修習生に対し、基本給付金月額13.5万円、住居給付金月額3.5万円、移転給付金を支給する新たな給付制度を創設する裁判所法改正が成立した。司法試験受験生らは、経済的不安が緩和されて喜んだ。大きな前進だった。

「給費制復活！」と一時的に誤解されたが、その存在意義も内容もかつての給費制とは大きな違いがある。月額13.5万円の金額算出の根拠の詳細は不明であるが、日弁連が新65期からとり続けた修習実態アンケートの家計収支や世界各国の同様の制度を参考にしたようである。だが、新65期以降の借金額を抑えようと萎縮した修習生活の最低ラインの金額を参考にした生活保護水準の低額では、安心して勉強に専念できる修習生活が送れるものではない。また、専念義務の有無など完全に比較できる制度が国内にも世界にも無いことは明かである。新給付金に加えて基本月額10万円の修習専念資金の貸与制度も併存させたことは、金額不足を国自ら認めているといえる。

また、国保料や国民年金を支払い、確定申告で雑所得として経費控除が認められずに所得税等を支払えば、手取りはさらに下がるなどの問題も出ている。今後の修習実態アンケート等で金額が不足するとの立法事実を明らかにして、新給付金の金額引き上げ運動も続ける必要がある。

そして、喫緊は谷間世代問題である。新給付金の立法理由が「近年の法曹養成制度をめぐる状況の変化に鑑み、法曹となる人材の確保の推進等を図る」という法曹志望者激減への対応とされたため、すでに司法修習を終えた新65期から修習途中であった70期までの司法修習生には適用されなかった。ここに、新64期以前の「給費制世代」、71期以後の「新給付金世代」の谷間に当たる新65期から70期の「谷間世代」が生まれた。その数は、約1万1千人で、20年現在は全法曹の4分の1も占める。そのうち約8千人が貸与金債務を抱えている。

谷間世代問題の解決に向けて

谷間世代問題について議員要請すると、これはひどいという理解がある一方で、「不公平の感情はわかるが、制度の変わり目に不公平が生じることは他にも多々ある」「国は充分に経済的支援をしたのだから、弁護士会内部で救済措置をすべき」「実際に年30万円が払えない人がどれだけいるのか」という声が聞こえてくる。

日弁連給費制本部やビギナーズ・ネットは、谷間世代への一律給付を求めて活動を続けようとしたが、日弁連執行部も、不公平だけでは政治は動かない、新たに給付を必要とする立法事実が必要だと一時立ち止まってしまった。

5年の据え置き期間も過ぎて貸与金返済が始まったのを機に、各弁護士会は総会決議で谷間世代への給付や会費減額等を実施し、日弁連も19年3月に総額20億円を投じて、谷間世代一人当たり20万円の給付を決めた。これは国が負うべき債務の代位弁済といってよい。

しかし、国民のための司法権を担う法曹を国が育てる責任であるとの根源から考えれば、単なる不公平の感情の問題ではなく、実質的に谷間世代に金が回る代替措置があればよいものではない。谷間世代問題は、決して当事者だけの問題ではなく、国が法曹を育てる責任を法曹全体で追求していくべき問題である。

若手団員の絆

ビギナーズ・ネットは、自分たちの要求を実現するために、メーリングリストだけで繋がった当時は新しい形の社会運動であった。

若手弁護士らの多くが、給費制運動を通じて、給費制とは何か、法曹とは何かを議論し、それぞれの法曹をめざしたきっかけや理想の法曹像を互いに知り合う中で、団の目的や活動に共感し、就職先にも恵まれて、団員となった。そして、給費制から派生して奨学金問題や、同時期に発生した東日本大震災の弁護団をはじめ、あらゆる人権課題に取り組むようになった。ビギナーズ・ネットの初代学生代表から新64期となった団員山添拓は参議院議員（日本共産党）となって国政で活躍している。

ビギナーズ・ネットは、若手団員を繋げ、彼らの弁護士人生の起点となったのである。

29

ヘイト・スピーチと闘う

13年2月、新大久保の路上で

一体、なんなんだ、これは！

神奈川支部の団員神原元は、呆気にとられて立ち尽くしていた。

13年2月9日午後2時、そのデモ隊は、大久保公園を出発した。

まだ物陰に隠れているうちから、街には古くさい軍歌のような音楽が溢れてきた。軍艦マーチに似た、なにか人を煽るような音楽。やがて、警官隊に先導されビルの物陰から彼らが現れた。デモ隊は、職安通りの横断歩道を渡り、やがて全容を露わにする。神原は、そのときに受けた衝撃は忘れられない。

デモ隊は、その手にもつプラカードを街を歩く人々にこれ見よがしに見せる。その文言。

「よい韓国人も、悪い韓国人もみんな殺せ」

「朝鮮人、首つれ、毒のめ、飛び降りろ」

「除鮮　害虫駆除」

「韓流にとどめを」

職安通りを渡りきると、デモ隊は、立ち並ぶ韓流ショップに一斉にメガホンを向けた。

「こ〜ろせ、殺せ、朝鮮人！」

「こ〜ろせ、殺せ、朝鮮人！」

「こ〜ろせ、殺せ、朝鮮人！」

街は凍り付いた。人々は呆気にとられ、言葉を失った。神原はすぐ近くにいた警官に抗議した。

「営業妨害じゃないか、すぐ止めさせろ」。

警官は無表情でこう答えた。

「許可を得ているので違法じゃありません。邪魔しないでください」。

許可を得ているから合法。これが警察の論理だ。神原は目の前で起こっていることが信じられなかった。

在特会のデモ隊は、職安通りから明治通りに入り、さらに通りを左に曲がって大久保通りを西に向かう。ここは韓流街の中心だ。神原は、イケメン通りを走って抜け、大久保通りに出た。そして、黄色いパチンコ屋の前で再び彼らを見た。

デモ隊はますますボルテージをあげていた。

「ゴキブリチョンコを叩き出せ〜」

先頭車両でマイクを握る者が連呼する。

「文句あったらゆうてこいや」「へたれのクソちょん、こら！こら！」

「韓流ババアは、ぶっ、ぶっ、ぶっ、見るに堪えない、ぶっ、ぶっ、ぶっ、」

「韓流ババアを日本から叩き出せ〜」

「ゴキブリ朝鮮人を日本から叩き出せ〜」

「ゴキブリ、毛虫、ウジ虫、生きてる価値のない朝鮮人を日本から叩きだせ〜」

デモ隊が叫ぶ。警察はそれを守っている。まさに合法的な人権侵害だ。

デモ隊はイケメン通りの前にさしかかる。デモ隊は、一斉にイケメン通りを通行する女性たちに手持ちの拡声器を向ける。

「朝鮮人は出て行け〜」「叩き出せ〜」「ゴキブリ〜」「日本の風紀を乱す朝鮮人ども〜」

デモ隊による罵声が、女性たちに一斉に浴びせられた。

ガラガラ。シャッターを閉める店が出始める。

桜井誠（「在特会」の当時の会長）の甲高い声が響く。

「おチョンコを愛している、そこの醜いネエちゃんたち、突っ込んでこいよ〜！」

「おばちゃんね、あんたね、朝鮮人に体売ってどうするよ！」

「いくらね、日本の男に相手にされないからって恥ずかしいぞ」

「朝鮮族を叩き出せ〜」

「朝鮮ババアを血祭りにしろ〜」

デモ隊が去り、悪夢の時間が終わった。人々は何もなかったように買い物を始めた。

しかし、神原の胸にはどす黒い、ガスのようなものが詰め込まれた気がした。

一言でいえば、それは「怒り」だった。

目の前で繰り広げられた、不条理な人権侵害に対する怒り。

あの、人権侵害団体を、ひたすら守って歩く警官隊に対する怒り。

そして、何もできなかった自分に対する怒りだった。

ヘイト・スピーチとカウンター

13年は、「ヘイト・スピーチ」という言葉が「流行語大賞」のトップ10入りした年だった。

「ヘイト・スピーチ」。

そのとき、神原は、まだその言葉を知らなかった。

始まりはTwitterだった。福島原発事故のあと、数万人といわれる人々が原発推進政策に抗議するために、毎週金曜日に官邸前に集まるようになった。その民衆運動をリードしたのが新しいタイプの市民運動「首都圏反原発連合」（反原連）であり、彼らの有力な武器はインターネット、とりわけFacebookやTwitterなどのSNS（ソーシャル・ネットワーキング・サービス）であった。「反原連」のメンバーのうち、何人かは、古くから在特会と闘う「カウンター」でもあった。その彼らが、13年1月、Twitterに「2月9日に在特会が新大久保でデモをやる。抗議をしよう」と書き込んだ。神原が新大久保を訪れたのは、このツイートに呼応したものであった。

「在特会」の正式名称は、「在日特権を許さない市民の会」（会長は桜井（高田）誠。現在は八木康洋）。日本国内に居住する在日韓国・朝鮮人（在日コリアン）の「在日特権」に反対する等と称し、周辺団体とともに「行動する保守」と称するグループを形成して、急成長を遂げていた。

在特会は、京都府南区にある京都朝鮮第一初等学校校前で「戦争中、男手がいないところ、女の人レイプして虐殺して奪ったのがこの土地」「ろくでなしの朝鮮学校を日本から叩き出せ」「日本から出て行け。何が子供じゃ、こんなもん、お前、スパイの子供やないか。」等とヘイト・スピーチをした京都朝鮮襲撃学校事件（09年12月4日)、や徳島県教組事務所に乱入して「朝鮮人の犬」「こら非国民」等とトラメガを使って叫んだ徳島教組事件（10年4月14日）等で逮捕者を出していた。

在特会ら「行動する保守」グループは、やがて首都圏屈指のコリアンタウン、新大久保に狙いを定めて活動を開始した。12年8月には、新大久保の韓流料理店街である「イケメン通り」に桜井誠とその仲間が出没し、「朝鮮人を皆殺しにしろ〜」「日本人なら朝鮮人の店で買い物なんかするな〜」と叫びながら店の営業を妨害して回る映像がYouTubeに残されている。

在特会による、新大久保への本格的なデモは、翌13年1月12日に行われた「韓流にトドメを！反日無罪の韓国を叩きつぶせ国民大行進in新大久保」デモが最初だ。「朝鮮人を叩き出せ」「締め殺せ」と叫びながら歩くデモ隊。Twitter上では主にK-POPファンの女子高生を中心に、一斉に非難の声が上がった。

神原が見たのは、13年2月9日に行われた、在特会の2度目のデモであった。その名も「不逞鮮人追放！韓流撲滅デモin新大久保」。関東大震災時（1923年）の朝鮮人大虐殺を想起させる「不逞鮮人」という言葉。彼らの思想は、まさに1923年当時の日本人の思想を、現代の日本に蘇らせたものであった。

「神原さん、どこにいますか？」

他のカウンターから神原の携帯に電話が入る。デモ隊は柏木公園で解散し、「イケメン通り」を襲撃するため、東に向かっていた。どこから来るか？カウンター部隊は、敵の大軍を待つゲリラ部隊のように、街のあちこちに身を潜め、敵の動きを監視していた。

4時過ぎ、在特会のメンバー約20名が「イケメン通り」を目指して職安通りを東に向かっていた。軍艦旗や（ふざけたことに）北朝鮮の旗を手に持っている。これで「お散歩」と称して嫌がらせをするのだろう。

デモ隊は、高架をくぐり、新宿職業安定所が見えるあたりまで来た。そこで、ほぼ同数のカウンターが立ちふさがる。周到に配置されたゲリラ部隊だ。カウンター勢は、デモ隊の行く手を手でふさいだ。

「デモは終わりだろ！とっとと解散しろ！」

警官隊が介入する。両者を分けようとする。

「こちらは新宿警察署である。ここは一般の人が通行する道である。道を空けなさい」

警官隊が在特会側に解散を命じる。彼らはほうぼうに散っていった。

立ち上げる市民社会

レイシストたちは、新大久保を狙うデモを継続した。

2月10日、「日本侵略を許さない国民の会」なる団体の主催で、新大久保駅周辺において、「北朝鮮は拉致被害者を即刻返せ！ in 新宿」なるデモが行われた。神原たちは、ビルの屋上に身を隠し、「朝鮮人を射殺せよ～！」「ソウルを火の海にせよ～！」というデモ隊の奇声を、息をこらしながら聞いていた。

2月17日、「韓国を竹島から叩き出せ！ in 新大久保」と称するヘイトデモ。

この日、沿道には、デモ隊に向けてプラカードを掲げ、デモ隊に直接抗議する人々が現れた。カウンターの彼らのプラカードは、上段に「仲良くしようぜ」とあり、その下に2人の腕が握手している絵がある。その下にはハングルで、同じく「なかよくしよう」とある。「朝鮮人を叩き出せ」という在特会のメッセージに対する強烈なアンチテーゼだった。

当初、カウンターの彼らは少数の目立たない存在にすぎなかった。しかし、やがて多くの人がこれに参加するようになり、徐々にその人数が増えていった。そして、3月17日の時点では、プラカードを挙げて抗議している人の数は、デモ隊を圧倒するようになってきた。

「帰れ」「帰れ」

「レイシストは恥を知れ」

「排外主義、くたばれ！」

人々はデモ隊に罵声を浴びせた。デモ隊のヘイト・スピーチは徐々に「帰れ」コールにかき消されるようになっていった。

カウンター行動も徐々に多様化、多彩化するようになっていった。もっともすばらしかったのは3月31日のカウンター行動だった。

ある市民は、「(韓国と）仲良くしようぜ」「排外主義くたばれ」「差別はやめろ」等と書いたプラカードを持って沿道に立ち、差別デモ隊に抗議した。

ある市民は、「憎悪の連鎖は何も生まない」等と書かれた横断幕を掲げて差別デモ隊に抗議した。

ある市民は、差別デモのコースを変更させ、新大久保を差別デモから守るために署名運動を始めた。

ある市民は、沿道の店舗に向けて「これから差別デモが通過します」と書いたプラカードを見せて歩き、多くの市民が人種差別に反対していることをアピールした。

ある市民は、「なかよくしようぜ」「好きです。新大久保」等と書かれた赤いハート型の風船を通行人に配った。

ある市民は、ゲイパレードのドラック・クイーンの姿で、差別デモ隊の前で踊りを始めて、デモ隊をからかった。

さらに、ある市民は、「なかよくしようぜ」のプラカードを貼った車を差別デモ隊の後に走らせ、「人種差別はいけません。人と人は国籍に拘わらず仲良く生活するべきです。」などとアピールした。

新大久保通りのオーロラ・ビジョンには、ちょうどデモが通りに差しかかるタイミングで、ヘイト・スピーチを批判する識者の映像が流された。

まさにカウンターの勝利であった。デモ隊の2倍、3倍の人数の人々がデモ隊を包囲し、「帰れ」を唱和した。デモ隊のヘイト・スピーチはカウンターの声にかき消され、うわずったデモ隊のシュプレヒコールは、聞いていて哀れなほどであった。

デモ隊は、カウンターに追い立てられるようにして、大久保通りから、北新宿一丁目の交差点を左に曲がり、終点の柏木公園につながる道に入った。カウンター勢がこれを追尾しようとするが、交差点で、警官隊に止められる。日が傾き、レイシストたちはビル影の闇に吸い込まれた。太陽はカウンター勢を明るく照らしだす。

突き抜けるように青い3月の空は、「仲良くしようぜ」等と書かれた赤い風船でいっぱいになった。ドラック・クイーンの手にあったラジオから、ルイ・アームストロングの「what a wonderful world」が流れる。

美しい光景だった。レイシストたちの罵声で汚された世界が、人々の声と美しい音楽で浄化されていった。それは、人々の良心の勝利であり、民主主義の勝利であった。

動き出す世論

カウンターの盛り上がりを受け、在特会に対する批判の世論も動き始めた。

この年3月14日、参議院会館講堂でヘイト・スピーチ問題を考える、最初の院内集会「排外・人種侮蔑デモに抗議する国会集会」が開催された。

マスコミも反応を始めた。3月16日、朝日新聞は、「『殺せ』連呼　デモ横行」という記事を掲載。東京新聞は、3月29日付けで「ヘイト・スピーチ　白昼堂々」とする記事を掲載、毎日新聞も3月18日夕刊に「デモ目立つ過激言動『殺せ』『叩き出せ』」を掲載した。

団員たちも動いた。3月26日、神原は、有田芳正参議院議員らとともに6,000名を超える署名を携え東京都公安委員会を訪れて、デモコースの変更を訴えた。29日、団員の梓澤和幸、澤藤統一郎の呼びかけで、中川重徳、神原、田場暁生ら団員を中心に11人の弁護士が結集し、警視庁への申し入れと人権救済の申し立てを行った。

やがて、在特会は、デモの告知に「殺せ等のコールは不用です」と記載せざるを得なくなっていった。デモ参加者は目に見えて減っていった。彼らの怒りはカウンターに向かっていった。

6月16日、デモ隊とカウンター側は両者の衝突でそれぞれ4名の逮捕者を出した。デモ隊の逮捕者のうち2名はデモ中にカウンターに暴力を振るったというもので、とりわけ悪質であった。これに対して団員を中心に150名以上の弁護士が代理人となり、在特会デモ参加者に対して刑事告訴を行った。神原は、カウンター関係者の刑事弁護に奔走した。

6月30日、デモ隊は、警察の指導でデモコースの変更を余儀なくされた。それでも、カウンターは容赦しなかった。デモの出発点である大久保公園周辺に「人間の鎖」をつくり、デモの出発を阻止しようとした。

7月7日、予定された在特会のデモが突然中止になった。理由は定かでない。運動団体であれば、事前に告知されたデモの中止は致命的なはずである。

7月27日、団は、「ヘイト・スピーチに対抗して抗議行動に立ち上がった良識ある市民たちと連帯しつつ、在日朝鮮・韓国籍の人々に対するヘイト・スピーチを断固として糾弾し、2度とこのような行動をしないよう強く求める」との声明を公表した。

9月8日、レイシストは、再び新大久保を襲撃した。「東京韓国学校無償化撤廃デモin新大久保」と称するデモだ。カウンターは、この日、職安通りの路上で座り込みを行い、文字どおり、体でデモを止めようとした。「シットイン」だ。結果的にシットイン部隊は警官隊に排除されたものの、この日を最後に新大久保での差別デモは終焉した。レイシストたちは、自ら選んだ決戦場で決定的な敗北を喫したのだ。

川崎・桜本に向かう攻撃と市民の反撃

川崎市臨海部は、戦前から、在日コリアンが多数居住する地域であり、特に川崎区桜本地区はその集住地域であった。ここにも、「行動する保守」による襲撃が始まっていた。

「五十六パパ」を自称し、「行動する保守運動」の活動家Tがいる。Tが呼びかけ、13年から15年6月にかけて、川崎市内で合計10回のデモを行った。デモの呼びかけ文には「反日国の外国人犯罪者が増加。犯罪外国人から川崎を取り戻す為に立ち上がり、外国人に特権を与えようとする政治家や弁護士がいる事を川崎からニッポン中に、お伝えしましょう」等とあった。

やがて、Tらは、在日コリアンが集住する臨海部・桜本を襲撃するようになった。15年11月8日、Tが率いる「川崎発！日本浄化デモ」。Tらは、桜本の周辺でシュプレヒコールをあげた。

「嘘と捏造で、日本に居座り、日本人にユスリ、タカリを繰り返すザイニチを許さないぞ～！」

日本を貶め、日本人の先祖を貶めるザイニチを日本から叩き出せ～！」

犯罪を犯し、反日行為を繰り返すザイニチの特別永住権など剥奪してやるぞ～！」

桜本には日本人と在日コリアンが手を携えて共生の街づくりをしてきた歴史がある。事前にデモを知った住民の呼びかけにより、市内外から約300名の人々が集まり、桜本の街の入り口でデモ隊に立ちふさがった。デモ隊は進路変更を余儀なくされた。

16年1月、Tは、桜本地区への「川崎発！日本浄化デモ第二弾！」を予告した。1月23日、これに反対する市民が「ヘイト・スピーチを許さない・かわさき市民ネットワーク」を結成した。結成集会で、在日コリアンの少年が訴えた。

「僕の大切な家族や友人や地域の人たちを傷つけるヘイト・スピーチが許せません。オモニがオモニと呼ばれる。アンニョンとあいさつを交わせる。商店街の『日本まつり』で朝鮮のブンムルノリをするのを街のみんなが喜んでくれる。フィリピンのバンブーダンスやフィリピン料理に人気がある。こんな共に生きる街、川崎にヘイト・スピーチなんていりません」

1月31日、それでもヘイトデモは強行された。桜本に近い富士見町公園で、デモ隊参加者が演説した。

「朝鮮人はわが国にとって敵であります。敵に対して出ていけだの、死ねだの、何を言ってもこんなものは差別には当たりません。こんなヘイト・スピーチなんて言葉に惑わされてはいけません。みなさん、堂々と言いましょう！」

「朝鮮人は出て行け！朝鮮人は出て行け、ゴキブリだ！ゴキブリ朝鮮人は出て行け！何を言っても構わないんです。」

「敵に対してぶち殺せというのは当たり前でしょう。敵の人権を守ろうなんて馬鹿はいませんよ。敵はぶち殺していくべきです。」

団員らの反撃

16年3月22日、桜本地区に住む在日コリアンの女性が、参議院法務委員会で意見陳述をした。

「私が生まれ育ち暮らす川崎市では2013年から12回にわたりヘイトデモが行われてきました。」「私たちの街、桜本は、日本人も在日もフィリピン人も日系人も、誰もが違いを尊重しあい、多様性を豊かさとして誇り、共に生きてきた街です。その共に生きる人々の暮らしの場に、その思いを踏みにじるかのようにあのヘイトデモが行われました」

彼女の声を聞き入る議員の中に、仁比聡平団員がいた。3月31日、仁比は、他の国会議員らと共に桜本地区を視察した。視察を終えた議員らは「ここは生活の現場。子どもも高齢者もいて、商売もしている。多文化共生に取り組む中でのヘイト・スピーチにあらためて心を痛めた」等と口々に語った。

5月15日、Tは、「川崎発！日本浄化デモ第三弾」を実施すると予告した。5月24日、衆議院本会議にて、「本邦外出身者に対する不当な差別的言動の解消に向けた取組の推進に関する法律」（ヘイト・スピーチ解消法）が成立した。

仁比は「審議に当たって川崎・桜本を視察して感じたのは、桜本の街での共生の取り組みがどれだけの苦闘の上につくられていったか、ということだった。」「だからこそ、その玄関口に蹂躙してくるヘイトデモに対する住民の皆さんの怒りや恐怖は大きかったのだと肌で感じることができた」と述べ、さらに「6月5日に予告されているデモだが、『日本の浄化』などとうたって告知しているというのは、ヘイトデモの宣言そのものだ」と怒りを込めて弁舌した。

5月27日、団員の三木恵美子、神原、宋惠燕らは、桜本で民族差別撤廃の取り組みをしてきた社会福祉法人・青丘社の代理人として、Tを債務者とする仮処分命令申立を行った。

6月2日、横浜地方裁判所川崎支部（橋本英史裁判長）は、Tに対して、桜本地区（半径500メートルの円内）の近隣を徘徊し、大声を張り上げ、街宣車あるいはスピーカーによる演説を行うなどの行為をしてはならないとする接近禁止仮処分命令を発した。決定は、Tらのデモは「不当な差別的言動」に該当すると認め、「もはや憲法の定める集会や表現の自由の保障の範囲外である」と明確に判示した。

民衆の勝利

それでも、Tらは、デモの場所を桜本地区から川崎市の中原平和公園前に出発地点を変更し、「川崎発日本浄化デモ第3弾」を強行しようとした。

6月5日午前11時、デモ隊は、平和公園前の路上に集結した。

Tらの掲げたプラカードの文言。

「超汚染塵（ちょうおせんじん）」

「超賤神（ちょうせんじん）」

「基地外朝鮮人（きちがい、ちょうせんじん）」

「暴れるな朝鮮人」

デモ隊の眼前の路上には、再び大勢の市民が立ちふさがった。両側の歩道も抗議の市民で埋め尽される。その数ざっと1,000。デモ隊は30人にすぎなかった。

「ヘイトデモ中止！」

「ヘイトデモ中止！」

市民が唱和する。彼らの手には、「差別扇動デモを許さない！」「ヘイト・スピーチは許さない」「共に生きよう、共に安寧に」など思い思いのプラカードがあった。神原、宋、永田亮、太田伊早子、三嶋健、川岸卓哉、その他多くの団員が路上に出て事のなりゆきを見守った。

「あいつらを排除しろよ」「それはできない。これが国民世論の力なの」。警官隊が彼らを説得する。

デモの先導車の前にいた数人の市民が座り込みを始める。それを機に市民が次々に路上に座り込む。13年のあの日、カウンターが行った「シットイン」だ。

デモ隊が立ち往生する。人垣をすり抜けて、1人の女性がTに1通の手紙を渡した。彼女は川崎区桜本に居住する在日コリアンであり、参議院法務委員会で意見陳述をした人だった。手紙には彼の名を明示して次のように書かれていた。

「○○さん。私たち出会い直しませんか。加害、被害の関係から、今この時を生きる一人の人間同士として出会い直しませんか。加害、被害のステージから共に降りませんか。」「○○さん、私たちは文句があるのではありません。共に生きようとラブコールを送っているのです。」「○○さん。共に幸せに。あなたとあなたの家族の安寧な生活を、幸せな生活を心から祈っています。共に。」

デモの立ち往生が続く。神原らはその成り行きをじっと見つめる。やがて、人垣の中から声が聞こえた

「みなさん、デモは中止になりましたんで。とりあえずカウンターの人はさがってください」

人々がどっと歓声をあげる。勝った！ついに勝ったのだ！

民衆の猛烈な抗議を前にして、レイシストたちはついに根をあげた。警察も人々を排除することは不可能と判断し、デモの強行を断念させたのだ。

歓声を上げる人々の頭上に青い空が広がった。神原の胸に感慨がよぎった。あの新大久保での闘いから３年が経過していた。レイシストはカウンターの数で押され、声と迫力に押され、シットインを含む捨て身の反撃に圧倒された。そして、なにより、捨て身で闘うカウンターは、人種差別を訴えるレイシストの集団に道義の上で優っていた。道義の上に立つカウンターは「差別はいけない」という社会的合意を日本社会につくり上げ、この合意に反するレイシストたちを、路上で打ち負かしたのだ。

レイシズムとの闘いは続く

路上での闘いはカウンターの圧勝に終わったものの、レイシズムとの闘いは続いていた。弁護士への攻撃が始まったのだ。

17 年頃夏頃から、神原や宋、東京の金竜介団員、札幌の団員・池田賢太、皆川洋美らのところに大量の懲戒請求書が届くようになった。レイシスト

たちは、インターネットを使い、レイシズムに反対すると見られる弁護士を、弁護士法に基づき片っ端から懲戒請求するよう呼びかけた。狙われたのは、反差別に熱心な弁護士、民族名の弁護士、朝鮮学校への適正な補助金交付を求める声明を出した弁護士会の弁護士であった。懲戒請求の総数は全国で実に13万件。金竜介、池田、皆川、神原、宋は、素早く訴訟による反撃に出た。金竜介が原告となった事件で、19年6月18日、東京地裁（小川直人裁判長）は、懲戒請求が人種差別であることを認める判決を出した。

19年11月26日、路上で敗北したレイシストたちは、今度は、デモ妨害を共謀したとして、神原元に対する損害賠償請求訴訟を提起してきた。これには団員を中心に150人以上の弁護士が代理人となった。団神奈川支部は「訴訟に名を借りた、弁護士の活動に対する妨害、ヘイトデモの正当化を断固許さない」との声明を発表、支部幹事長の杉本朗は記者会見で「マイノリティーの人権のために闘う弁護士に対する攻撃は許さない」との決意を述べた。

「かわさき市民ネットワーク」の粘り強い運動の結果、19年12月12日、川崎市議会は、「川崎市差別のない人権尊重のまちづくり条例」を全会一致で可決・成立された。ヘイト・スピーチ規制について、違反者への刑事罰を盛り込んだ全国初になるものであった。歓喜する人々の輪の中には、川崎で差別に苦しめられてきた人々を陰で支え続けた神原の姿もあった。

「生くべくんば民衆とともに。死すべくんば民衆のために」

自由法曹団の創立者の1人である布施辰治は、韓国併合に反対し、植民地からの独立を主張する朝鮮の活動家の弁護に奮闘した。民衆と連帯し、レイシストと闘った21世紀の自由法曹団が、布施辰治の思いや活動を引き継ぐものであることは言うまでもない。

30

性的少数者の尊厳と平等を求めて

目の前にあるのに、見過ごされてきた差別

「セクシュアル・マイノリティーへの差別は『新しい問題』なのだろうか？」18年、初めてセクシュアル・マイノリティーをめぐる差別を取り上げる分科会を実施した団五月集会の全体会において、分科会企画者が問いかけた。

近年、社会も、団員もこの問題への関心を高めている。しかし、この社会には、“変わり者”に対する侮辱と嘲笑が、長い間存在してきた。そして、団員の目の前にもそれはずっと存在してきた。多くの団員たちもまた、セクシュアル・マイノリティーへの無理解や偏見を内面化し、そこに差別と当事者の苦悩があることに気づかずにいたのではないだろうか。

国も煽った偏見

79年に文部省が発行した「生徒の問題行動に関する基礎資料」では、「同性愛」を「性的な行為が同性間で行われる場合である」と定義した上で、「この同性愛は、アメリカなどでの“市民権獲得”の運動もみられるが、一般的に言って健全な異性愛の発達を阻害するおそれがあり、また社会的にも、健全な社会道徳に反し、性の秩序を乱す行為となり得るもので、現代社会にあっても是認されるものではないであろう。」と記載されていた。当時における国の異性愛を前提とした同性愛者に対する偏見を露呈するものだった。この記載が削除されたのは92年のことである。

エイズの恐怖により強化された同性愛への偏見

85年3月22日、日本でエイズ（AIDS）の「一号患者」が確認されたとの報道がされた。厚生省のエイズ調査検討委員会の発表によれば、アメリ

カ在住の日本人男性がエイズと認定され、その男性と同居していた男性が83年にエイズで亡くなっていたという報道であった。87年、日本で最初の女性エイズ患者の死亡が報道された。その際、女性の感染源が「男性同性愛者の疑いもある外国人船員」である可能性も報じられた。88年に、厚生省は「男性同性愛者」と「性産業従事者」を対象にした疫学調査を実施した。

このような中で性的指向とエイズへの感染リスクを結びつけるイメージがつくられ、同性愛を嫌悪する偏見が社会の中で強化されていった。

「異常性欲」との社会的評価

当時発行されていた『広辞苑　第三版』（岩波書店、1983年）では、「同性愛」は「同性を愛し、同性に性欲を感ずる異常性欲の一種」と定義されていた。

マスメディアも、セクシュアル・マイノリティーを嘲笑と侮蔑の対象として扱い、「オカマ」「ホモ」「レズ」という差別用語を用いて偏見を強化させていた。

傷つけられてきた当事者の尊厳

12年の内閣府「自殺総合対策大綱」（同年8月28日閣議決定）の中では、セクシュアル・マイノリティーには自殺念慮の割合が高く、自殺のハイリスク層であることが指摘され、「無理解や偏見等がその背景にある」と論じられている。

司法の場での闘いの始まり――「府中青年の家」事件

司法の場で初めてセクシュアル・マイノリティーへの差別が問題として可視化されたのは、90年代前半、東京都立「府中青年の家」における同性愛者グループへの差別的対応をめぐる裁判であった。

事件の概要

闘いの主役となったのは、同性愛者の当事者団体「動くゲイとレズビアンの会」、通称「アカー」のメンバーらと中川重徳団員ら弁護士であった。同性愛者同士が知り合う手段が現代のように豊富ではなく、当事者が孤立しがちであった当時の日本社会の中で、当事者同士がつながることで同性愛者であることを隠すことなく生き、自分を肯定することを目指して10代（設立当時）の若者たちが86年に設立したのが「アカー」（現在はNPO法人）である。アカーは同性愛者相互のネットワークづくりや同性愛に関する正確な知識と情報の普及、同性愛者に対する社会的な差別や偏見の解消を活動目的に掲げ、真摯に活動に取り組んでいた。

問題のきっかけは、アカーの男性メンバー18名が、90年2月11日から12日にかけての勉強合宿のため「府中青年の家」を利用した際に他の利用者らから嫌がらせを受けたことにあった。

この日、この施設には他にも利用グループがいた。青年男性のみのキリスト教団体、小学生サッカークラブの小学生男子と引率の成人男性、大学の女性合唱サークルであった。

この施設では、団体間の交流を目的に、同じ日に施設を利用する団体の代表が集まり自己紹介する会議が行われていた。アカーの代表はこの会議で、自分たちが同性愛者の団体で同性愛者の人権を考えるための活動をしていると自己紹介した。

すると、会議後、施設内で小学生たちやキリスト教団体のメンバーから同性愛を揶揄するような発言をたびたび受けるという嫌がらせを受けた。アカーのメンバーが入浴中に小学生に浴室をのぞき込まれて笑われる、施設内ですれ違う際にキリスト教団体の青年から「こいつらホモなんだよな、ホモの集団なんだよな。」、小学生から「一番後ろに並んでいる人ホモ。」、「またオカマがいた。」などと声をかけられた、などである。

アカーのメンバーは、どうしたら良いか夜を徹して話し合い、施設職員に他団体と話し合いの場を設けることを要求したが、彼らの傷つきが真摯に受け止められることはなかった。それどころか、キリスト教団体メンバーは、旧約聖書の一節を引用し、「女と寝るように男と寝る者は、ふたりとも憎むべき事をしたので、必ず殺されなければならない。」と読み上げ、同性愛は決して許されるべきものではないことを力説した。アカーのメンバーがそれに反論しようとしても、施設職員はその発言を制してしまった。

3月24日、アカーが「青年の家」所長に対して嫌がらせに対処するよう要請したところ、所長の回答は、今後のアカーの宿泊利用を拒むというものだった。所長は「(同性愛者は) 他の青少年の健全育成にとって正しいとはいえない影響を与える。」「(同性愛のことを指して) それは、例えば『イミダス』[1]なんかをみますとね、性的行為も含まれていますよね。」「同性愛の人が同じ部屋にいるんだということは、余計なことを想像させるわけです。」「所（府中青年の家）以外でもそういうこと（同性愛者が性的行為をもつこと）はないんですか」と述べた。所長の言及した平成2年版『イミダス』には、「男性ホモの場合は強迫的で反復性のある肉体関係がつきまとい、対象を変えることが多い」との記述があり、所長は、その記述を同性愛者と性行為を強く連想づけて嫌悪する自らの偏見の根拠としたのだった。

とても残念なことに、所長が根拠としたのは、このような否定的記述のある文献だけではなかった。所長は、アカーとの面談に先立って団員弁護士に法律相談を行っていた。この相談の内容は判決では明らかになっていないものの、法律相談も踏まえて所長は「同性愛は健全な異性愛の発達を阻害するおそれのあるもので、健全な社会道徳に反し、現代社会にあっても到底是認されるものではない」との結論に達したことが判決で指摘されている。

中川団員の奮闘

所長及び都の差別的判断に抗うべくアカーのメンバーの代理人に就任したのが、中川重徳団員であった。

4月9日、中川は都教育長に電話し、アカーの宿泊利用を認めるように要求した。対応した課長は中川に対して以下のように述べた——「(アカーは) まじめな団体だって言ってるけど、本当は何をしている団体か分か

1) Imidas, 集英社刊の現代用語辞典

りませんよね。イミダスなんかをみると、アカーも何のために青年の家を利用するんだか分かりませんよね。」「お風呂でいろいろあったっていうけど、そっちの方が何かそういう変なことをしていたんじゃないでしょうかねえ。」「同性愛者が一緒にいるっていうだけで、子どもたちは悪い影響を受けますよ」。

その２日後、アカーのメンバーが「府中青年の家」を訪れて利用申込をしたところ、使用申込書の受け取りを拒否された。４月23日、アカーのメンバー及び中川は、都教育委員会に対して、アカーから意見聴取することなどを求める請願書、アカーの活動状況を伝える資料を提出するとともに、都教育長に対して、「府中青年の家」の使用申込書を提出した。26日、都教育委員会の審議において中川は約15分にわたり、同性愛者は何ら病的なものではないことや、少数者である同性愛者は自分を否定的にとらえがちであり、傷ついていることなどを説明した。しかし、その後の審議は非公開とされた上、アカーの「府中青年の家」の利用は承認されなかった。その理由は、都青年の家条例８条１号「秩序を乱すおそれがあると認めるとき」及び２号「管理上支障があると認めたとき」にあたるというものであった。

司法の場へ

91年２月、この不承認の違法・違憲性を争ってアカーのメンバーが都を被告に提訴した。

当時、セクシュアル・マイノリティーに理解を寄せようとする弁護士の中にも、行政の広い裁量権をおもんばかって、「時期尚早ではないか」という声もあった。しかし、アカーのメンバーたちは、勝つか負けるかわからなくても、訴訟を通じて自分たちの将来を少しでも明るくしたい、裁判をすることで全国の同世代の仲間にエールを送りたいとの思いをもって提訴を決意し、中川もともに闘う決意をした。彼らは、海外で同性愛者の権利のために闘ってきた人々の励ましにも支えられた。

アメリカでは日本よりも先んじて同性愛者の権利獲得運動が進められており、73年に既に精神医学・心理学の分野で同性愛は精神障害のリストから外されるなどの前進を勝ち取っていた。「自分たちだって何もないところから、勝つか負けるかわからない裁判を起こして、それが1つの流れになった。どんどんやりなさい。あなたたちのやろうとしていることは、自分たちが10年、20年前に踏み出した一歩と同じだ」――この米国自由人権協会の弁護士からの励ましに応え、中川は、裁判において、サンフランシスコ教育委員会委員長トム・アミアーノの証人尋問を実現した。アミアーノは、自身がゲイであることをカムアウトした上で教育委員にトップ当選した人であった。アミアーノは法廷で、同性愛者の生徒たちを同じ部屋に宿泊させたことがあるが何もトラブルはなかった経験を紹介し、ルールを伝えれば守るのだからそれで十分だということ、そして、同性愛者の青少年も等しく教育の機会が保障されるべき対象であることを忘れてはいけない、と語った。

その後約3年間の闘いを経て、94年3月30日、一審判決を迎え、アカー側が完全勝利した。

社会へのインパクト

訴訟は、その判決を待たずに審理の段階から社会を動かしていた。毎回の裁判期日で、同性愛者の若者たちが傍聴席を満員にしていた。当時も同性愛者の多くは自らの性的指向を隠して生きるしかなかった。しかし、「これまでとは違う生き方をしたい、そのためには社会を変えていきたい」という熱い思いで傍聴席に足を運んだのだった。そして、自分の家族を裁判に引っ張ってきて、「同性愛者の子を持つ親の会」までつくった。

そうした審理を経て出された判決には「同性愛・同性愛者について」という項目が8頁分も設けられていた。同性愛も異性愛も人間の性的指向の1つとして同列に並べて定義づけ、「従来同性愛者は社会の偏見の中で孤立を強いられ、自分の性的指向について悩んだり、苦しんだりしてきた」と判示した。異性愛中心主義の社会での当事者の苦しみの存在を司法が認めた瞬間であった。

社会の中に温存されてきた差別

「府中青年の家」事件裁判は、97年9月16日の東京高裁判決でもアカーの全面勝訴となり終結した。しかし、社会の中で同性愛者に対する偏見や差別が解消されてきたのかといえば、残念ながらそうではない。国会議員や地方議員など公の立場にある人々は、本来、差別や偏見を解消する方向での言動を積極的にするべきだといえるが、むしろ、差別や偏見を追認したり助長するような言動が繰り返されている。

10年12月初旬、石原慎太郎東京都知事は、メディアにおける同性愛者の扱いを批判し「子供だけじゃなくて、テレビなんかにも同性愛者が平気で出るでしょ。日本は野放図になり過ぎている。使命感を持ってやります」と述べ、会見で記者に発言内容を追及されると、同性愛者について「どこか足りない感じ」があると述べ、遺伝的に問題があると発言した。この発言に対して、同性愛者たちが弁護士会に人権救済申立てを行い、14年4月に、日弁連は石原に対して、他人の人権を侵害する差別発言を繰り返すことのないよう警告を発した。

15年11月29日、神奈川県海老名市の鶴指眞澄市議（自民系無所属）は、自身のツイッターで「同性愛は異常なのだ。異常人間の行動を正当化した報道はするな」、「異常人間が多くなれば人類の破滅、まじめな人間をほめる方法を考えろ、異常なことをすることを取り上げる必要はない」と発信した。

16年3月10日、新潟県三条市の西川重則市議（自民クラブ）は、市議会委員会において、ローカルFM局のパーソナリティを「おかま」と呼び、「正常な形でない人を支援する必要はない」と発言した。

17年11月23日、自民党の竹下亘総務会長は、岐阜市内の党支部パーティーでの講演において、宮中晩餐会の来賓が事実婚パートナーを伴ったことに触れ、「（国賓の）パートナーが同性だった場合、私は（晩餐会への出席には）反対だ。日本国の伝統には合わないと思う」と述べた。

18年8月号『新潮45』において、自民党の杉田水脈衆議院議員は「LGBTのカップルのために税金を使うことに賛同が得られるものでしょうか。彼ら彼女たちは子供を作らない、つまり「生産性」がないのです。そこに税金を投入することが果たしていいのかどうか。」と述べる論考を寄稿した。

19年1月3日、同じく自民党の平沢勝栄衆議院議員は「LGBTで同性婚で男と男、女と女の結婚。これは批判したら変なことになるからいいんですよ。もちろんいいんですよ。でもこの人たちばっかりになったら国はつぶれちゃうんですよ」と述べた。

20年9月25日、東京都足立区の白石正輝区議（自民党）は、区議会の一般質問で「L（レズビアン）とG（ゲイ）が足立区に完全に広がってしまったら、子どもが1人も生まれない」「LだってGだって、法律で守られているじゃないか、なんていうような話になったんでは足立区は滅んでしまう」と述べた。

これらの公の地位にいる人たちの言動が、社会の中で偏見や差別が解消されないことの一因にもなっているといえるだろう。

結婚の自由を求めて――声を上げた日弁連

日弁連への人権救済申立

長らく闘いの遠い目標になってきたもの――民法で定められている法律婚。

戸籍上同性にあたるカップルは、共同生活を営み、支え合い、どれだけ男女の夫婦と本質的にかわらないパートナー関係を築いていても、法律婚という選択肢をとることができない。婚姻制度が生まれて以来ずっと存在していたこの差別に対して問題が提起されるようになったのは、数々の闘いの中で、「LGBT」という言葉が市民権を得始めた頃になってようやくであった。

「府中青年の家」事件を闘った中川、「府中青年の家」事件当時アカーに所属し、事件後自らも弁護士になった永野靖弁護士、若手では加藤慶二団員らが、日弁連に対して人権救済申立を行い、闘いを開始した。日頃からセクシュアル・マイノリティー支援活動に取り組む「LGBT支援法律家ネットワーク」所属の弁護士有志が弁護団を結成し、申立人を募った。ようやく同性婚を求める闘いが始まると期待して申立人に名乗りを上げたのは、全国の41都道府県で453名にも上った人々であった。申立ては15年7月7日、賛同署名は1万1,680人（申立時点）も集まり、当事者たちの期待と希望を背負ったスタートとなった。

日弁連声明

弁護団は日弁連が結論を出すまでの間当事者の声を届け続け、申立てから約4年を経た19年7月18日に、1つの成果を迎えた。この日、日弁連は、同性婚ができないのは人権侵害である旨の声明を出した。「同性婚を認めないことは、憲法13条、憲法14条に反する重大な人権侵害であると評価せざるを得ないこと、及び憲法24条は同性婚を法律で認めることを禁止する趣旨とは考えられないことに照らせば、我が国は、速やかに同性婚を認め、これに関連する法令の改正をすべき」と結論づけた。この声明は、法務大臣、内閣総理大臣、衆議院議長、参議院議長宛に届けられた。

犯罪被害者給付金における差別

14年12月、名古屋市内で殺人事件により男性が亡くなった。この男性には長年共に暮らした男性パートナーがいた。16年12月、このパートナー男性が「遺族」として犯罪被害者等給付金の受給を申請した。

給付金を受けられる「遺族」の第1順位は「犯罪被害者の配偶者（婚姻の届出をしていないが、事実上婚姻関係と同様の事情にあった者を含む）」と規定されている（犯罪被害者等給付金の支給等による犯罪被害者等の支援に関する法律5条1項1号）。ところが、17年12月、愛知県公安委員会は、パートナー男性に対して不支給の裁定を行った。その理由は、申請した男性が「配偶者」に当たらないというものだった。

そこで、18年、団愛知支部の堀江哲史団員や岡村晴美団員、矢﨑暁子団員らが代理人として国家公安委員会に審査請求を行った。しかし、この請求は棄却され、名古屋地裁での取消訴訟へ発展した。

原告側は、2人が長年同居し生計を同じくしている内縁関係にあったこと、支給法に性別に関する文言はなく、原告への支給が被害者救済の趣旨に当てはまることを訴えた。これに対して、愛知県は「憲法や民法上の婚姻は男女が前提で、同性は想定していない。事件前の原告らの生活状況も明らかにされていない」と反論し、裁判では、同法の「事実上婚姻関係と同様の事情にあった者」に同性カップルも該当するかどうかが争点となった。

名古屋地裁判決は「給付金支給に関する法律は、保護の範囲を『社会通念』によって決定するのが合理的」とした上で、「（愛知県公安委員会が不支給の裁定を下した）2017年当時において、同性パートナーとの共同生活の関係を婚姻関係と同じだとみなす『社会通念』の形成はされていない」として、原告を支給法上の「配偶者」と認めず、原告の請求を棄却した。

同性婚訴訟――問われる司法の役割

全国一斉提訴

19年2月14日、同性同士のカップルが結婚できる制度をつくらない不作為が憲法に違反するという国家賠償請求訴訟が札幌、東京、名古屋、大阪で一斉に提訴された。続いて9月5日には、福岡でも追加提訴され、全国5か所での闘いに発展した。

「結婚の自由をすべての人に訴訟」と名付け、全国的に弁護団が結成された。中川を中心にして、LGBT支援法律家ネットワークの有志が集い、多くの若手団員も結集した。

原告の思い――大江・小川

東京都中野区で25年以上にわたりパートナーとして暮らしてきた大江千束と小川葉子も原告カップルとなった。2人は、セクシュアル・マイノリティーの支援事業に取り組み、中野区内でレズビアン女性の交流の場をつくり支えてきた。

2人をはじめとする中野区内のセクシュアル・マイノリティー当事者らの奮闘により、18年、中野区にはパートナーシップ制度が誕生した。9月6日、2人は制度にのっとってパートナー関係にあることを宣誓し、中野区での宣誓書等受領の第1号カップルとなった。

それでも、この制度では法律婚の壁は越えられない。19年1月17日、

2人は水谷陽子団員とともに中野区役所を訪れ、婚姻届けを提出したが、法律上同性であることを理由に不受理とされた。男女のカップルであれば何の問題もなく、祝いの言葉とともに受け取られる婚姻届という書類1枚が、後日、不受理通知とともに2人の下に返送された。

2人には「結婚をするか、しないか」を選ぶという選択肢がない。男女のカップルと同じスタートラインには立つことができない。婚姻制度には家制度の名残という問題点もあるし、人には結婚をしないという生き方もこの社会で尊重されなければいけないが、それでもまずは同じスタートラインに立ちたい――それが、2人が訴訟に立ち上がった理由であった。

繰り返される「想定していない」という弁明

訴訟において、国の反論の最大のポイントは、「憲法は同性同士の結婚を想定していない」というものだった。「想定していない」ということは、禁止なのか？、何も言っていない（要請もしていないが禁止もしておらず許容している）のか？――国はこの点を明らかにしていない。

法廷で中川が「想定していないというのは、禁止しているという意味かどうか法的意味を明らかにせよ」と求めても、国の代理人は「想定していないというのは、想定していないという意味です」と何度も何度も繰り返すだけだった。

この哀れな姿は国会でも繰り返された。全国提訴当日の19年2月14日、尾辻かな子衆議院議員（立憲民主党）、20年1月23日、志位和夫衆議院議員（日本共産党）、同月30日、石川大我参議院議員（立憲民主党）が次々と、同性婚の法制化を求める質問を行った。しかし、安倍晋三首相も法務大臣も「想定してない」という答弁を繰り返した。

訴訟の全国提起から丸1年となる20年2月14日、初鹿明博衆院議員（無所属）の質問主意書で同性婚が法律で認められていないことは憲法が定める「法の下の平等」などに違反しているのではないかと指摘されたことに対し、政府は「現時点で同性婚導入を検討していないため、憲法に適合するか否かの検討も行っていない」とする答弁書を閣議決定した。

同性婚の実現に反対する勢力は、憲法24条の定めである「婚姻は両性の合意のみによって成立する」という文言を挙げて、憲法が同性婚を禁止しているかのように主張してきた。しかし、憲法上の結婚の自由を掲げる市民の声が広がる下で、もはや政府は憲法が同性婚を禁止しているとは到底答弁できないはずである。「想定していない」という説明は、憲法による禁止説に拠って立つことができないことの象徴ともいえる。

不誠実な認否拒否

性的指向は自分の意思では変えることができないという原告の主張に対しても、国は認否を明らかにしないという姿勢をとっている。訴訟以外の場面では、国はこの認識を前提にしているにもかかわらず、である。例えば、法務省は難民認定において、同性愛が理由で迫害を受け難民申請した者を難民と認めており、その事例について「申請者は、同性愛指向という人格又は自己同一性に密接に関わり、変更することが困難な特質を有し、……」と紹介する文書を公表している。訴訟ではこの前提を認めないという態度にも、国の不誠実さが表れているといえよう。

「同性愛者でも異性と結婚できる」との国の主張

同性婚訴訟の中で最初に判決を迎えた北海道訴訟では、20年10月、国からさらなる稚拙な反論が飛び出した――「同性愛者でも異性と結婚でき、婚姻制度を利用できるので、その点に法令上の区別はない」。

原告たちが、共に人生を歩むかけがえのないパートナーとして同性の相手と生きている事実を無視した無茶な論立てに、SNS上でも批判の声が上がった。

北海道訴訟で代理人として闘う加藤丈晴団員は、意見陳述で見事に反論した。「国の主張は、詭弁でしかありません。私たちは、愛する人と結婚する権利を求めているのです。また、そのような愛する人との関係を、国から認めてもらいたいと望んでいるのです。そして、愛するパートナーとのかけがえのない関係が、公認されない関係として、社会に受け入れられないことで、日々尊厳が傷つけられているのです」と反論した。そして、自身の経験を語った。高校生のころに同性愛者と自覚し、社会に認められない存在であることに悩み始めたということをカムアウトし、「この裁判は、誰もが自分らしく生きることを国から保障されるという意味で、すべての人の尊厳に関わる。裁判所には、ひるむことなく、堂々とした違憲判決を下されることを望みます」と陳述を締めた。

マイノリティーの声を聞こうとしない裁判所の態度

全国５地裁の裁判所の態度は大きく分かれる。札幌地裁では、当初から「この問題は結論を先送りにできるものではない」という裁判官の問題意識の下、２年で結論を出すという目標が立てられた。21 年３月 17 日、判決が言い渡された。武部知子裁判官は法廷で声を震わせながら、同性カップルが婚姻できないのは憲法 14 条に違反するとの違憲判断を示した。国賠請求は棄却されたものの、実質勝利をつかんだ。法廷の原告、弁護団員、傍聴する支援者たちが涙を流し、その判決の意義を噛みしめた。

一方、東京では、裁判官は原告の意見陳述にも本人尋問にも消極的である。なぜ原告の声を聞かないのか？　裁判長は、進行協議において、原告個人の事情は「夾雑物」であると発言した。「夾雑物」とは、物理学の用語で、純度を落とす余計な混じり物という意味である。ここには、裁判官自身のセクシュアル・マイノリティーに対する不当な嫌悪感が込められているようにも疑われる。いかに裁判官に原告の声を聞かせる訴訟指揮をさせるかが課題となっている。

問われる団員の役割

団では、17 年総会議案書で初めて「LGBT に関する取り組み」が取り上げられた。18 年５月集会に向けた特別報告集で各団員から事件の報告がなされ、５月集会でこれをテーマとする分科会が開催された。

まだ団員の中にもセクシュアル・マイノリティーについて理解は十分浸透していないのが偽らざる実態ではあるが、確実に団としての取組みの一歩は踏み出された。二歩目、三歩目を踏み出し、平等実現のために役割を果たすことができる組織になっていけるかどうかが、今、問われている。

あとがき

自由法曹団創立百年の節目の３冊

2018年11月、自由法曹団創立100周年記念事業・出版事業検討会議が開かれ、ここで、出版事業を推進する編集委員会が発足しました。編集委員長を船尾徹、副委員長を渡部照子・吉田健一・今村幸次郎、事務局長を中野直樹、年表担当を荒井新二としました。

編集委員会での討議で、団100年をまとめる歴史本、団員の活動を描く物語本、そして団100年の年表の３冊を刊行すること、刊行予定を2021年と決めました。

本書はそのうちの１冊です。

30話に共通する３つの気風

編集委員会の責任で、団員が取り組んできた事件活動および社会運動から30のテーマを選び、それぞれのテーマごとに、その分野で情熱を注ぎ、展望をひらくべく努力をしてきた団員１名ないし２名に執筆を依頼しました。そして本書全体の統一性の観点から、編集委員会と主執筆者との間で意見交換をして修正を行いながら仕上げました。文責は編集委員会にあります。

私たちは、どの物語にも自由法曹団と団員が取り組む活動に通ずる３つの気風を感じ取ります。

１つは、裁判活動においても社会運動においても、正確な事実の調査と現場の実態をつかむことから出発し、確定した事実と道理にもとづいて裁判所を説得し、あるいは社会につたえる気風です。

２つは、困難な裁判や運動をすすめるための態勢と組織運営づくりを大事にし、個人プレーではなく、団内外の弁護士のチームワークの力によって切りひらいていく気風です。

３つは、弁護団は、事件の当事者、支援者と協働しながら、裁判を進める気風です。事案によっては学者、専門分野の技術者等との連携もあります。

憲法を生かし社会を変えるこころざし

30話で取り上げたテーマは、当然のこととして社会的・政治的背景事情をもっています。自由法曹団と団員は、個別の事件、運動に取り組むにあたり、憲法の視線でこの背景事情を分析し、争点と課題の本質がどこにあるのかを探究していること、そして、個別問題の解決のためにも、個別問題の解決の枠を越えて制度の在り方を変える、国や自治体の政策を変えることを強く志向していることも本書でつたえたいことです。

謝意

本書の刊行に向けて、執筆協力者一覧記載の団員には原稿執筆とともに編集委員会からの要望に対する対応をしていただきました。執筆支援協力者一覧の団員には物語のテーマの選定、原稿への意見交換、校正作業等にご協力をいただきました。本書はこれらの多数の団員のもとで刊行されたものです。これらの方々にあらためてお礼を申し上げます。

日本評論社の柴田英輔さんには、編集作業の仕上げに丁寧なご指導をいただきましたことに感謝申し上げます。

2021年　春

自由法曹団物語編集委員会

『自由法曹団物語――世紀をこえて(上)(下)』〈目次〉

日本評論社刊／2002年11月／本体価格(上)(下)ともに2500円＋税／
ISBN：(上)978-4-535-51319-8 (下)978-4-535-51320-4

執筆協力者一覧

伊藤和子（東京支部）	ミモザの森法律事務所
川口創（愛知支部）	名古屋第一法律事務所
加藤裕（沖縄支部）	沖縄合同法律事務所
石口俊一（広島支部）	石口俊一法律事務所
佐藤博文（北海道支部）	北海道合同法律事務所
三澤麻衣子（東京支部）	第一法律事務所
谷萩陽一（茨城県支部）	水戸翔合同法律事務所
西川研一（東京支部）	（弁）響
山田秀樹（岐阜支部）	（弁）ぎふコラボ西濃法律事務所
久保田和志（埼玉支部）	埼玉中央法律事務所
大森典子（東京支部）	町田法律事務所
澤藤統一郎（東京支部）	澤藤統一郎法律事務所
木村真実（東京支部）	日野・子どもと家族法律事務所
伊須慎一郎（埼玉支部）	埼玉総合法律事務所
狩野節子（秋田県支部）	第一合同法律事務所
村山晃（京都支部）	京都第一法律事務所
岩城穣（大阪支部）	いわき総合法律事務所
村松昭夫（大阪支部）	大川・村松・坂本法律事務所
西晃（大阪支部）	西晃法律事務所
藤岡拓郎（千葉支部）	千葉第一法律事務所
安原幸彦（東京支部）	東京南部法律事務所
佐々木良博（岩手支部）	もりおか法律事務所
菊地修（宮城県支部）	一番町法律事務所
鈴木雅貴（福島支部）	あぶくま法律事務所
東島浩幸（佐賀支部）	佐賀中央法律事務所
奥泉尚洋（北海道支部）	公園通り法律事務所
堀良一（福岡支部）	福岡東部法律事務所
井上正実（四国総支部・愛媛県）	井上正実法律事務所
富永由紀子（東京支部）	三多摩法律事務所
早田由布子（東京支部）	旬報法律事務所
宮本亜紀（大阪支部）	きづがわ共同法律事務所
神原元（神奈川支部）	武蔵小杉合同法律事務所
水谷陽子（愛知支部）	（弁）名古屋法律事務所

執筆支援協力者一覧

今村幸次郎（東京支部）旬報法律事務所
岩田研二郎（大阪支部）きづがわ共同法律事務所
川口彩子（神奈川支部）川崎合同法律事務所
久保木亮介（東京支部）中野すずらん法律事務所
佐野雅則（静岡支部）　静岡合同法律事務所
森　孝博（東京支部）　渋谷共同法律事務所
斉藤耕平（埼玉支部）　埼玉東部法律事務所
酒井健雄（東京支部）　代々木総合法律事務所
瀬川宏貴（東京支部）　東京合同法律事務所
田井勝　（神奈川支部）横浜合同法律事務所
中野直樹（神奈川支部）（弁）まちだ・さがみ総合法律事務所
並木陽介（東京支部）　旬報法律事務所
船尾徹　（東京支部）　東京南部法律事務所
増田悠作（埼玉支部）　埼玉中央法律事務所
山添健之（東京支部）　東京東部法律事務所
吉田健一（東京支部）　三多摩法律事務所
横山　雅（東京支部）　東京合同法律事務所
渡部照子（東京支部）　代々木総合法律事務所

自《じ》由《ゆう》法《ほう》曹《そう》団《だん》物《もの》語《がたり》——人間《にんげん》の尊厳《そんげん》をかけてたたかう30話《わ》

2021年5月3日　第1版第1刷発行

編　者——自由法曹団
発行所——株式会社　日本評論社
〒170-8474 東京都豊島区南大塚3-12-4
電話 03-3987-8621（販売：FAX－8590）
03-3987-8592（編集）
https://www.nippyo.co.jp/　振替　00100-3-16
印刷所——株式会社平文社
製本所——牧製本印刷株式会社
装　丁——図工ファイブ

ISBN978-4-535-52493-4　Printed in Japan